SHIMING SHENGXUN YANJIU

云南民族大学学术文库
YUNNANMINZUDAXUEXUESHUWENKU

释名声训研究

吴 锤 著

民族出版社

图书在版编目（CIP）数据

释名声训研究/吴锤著. —北京：民族出版社，2010.10
（云南民族大学学术文库）
ISBN 978–7–105–11173–2

Ⅰ.①释… Ⅱ.①吴… Ⅲ.①训诂②释名—研究 Ⅳ.①H131.3

中国版本图书馆 CIP 数据核字（2010）第 198568 号

释名声训研究

著　　者：吴　锤
策划编辑：张宏宏
责任编辑：千　日
封面设计：晓玉工作室
出版发行：民族出版社
地　　址：北京市东城区和平里北街 14 号　邮编：100013
电　　话：010–64228001（编辑室）
　　　　　010–64224782（发行部）
网　　址：http：//www.mzcbs.com
印　　刷：北京市迪鑫印刷厂
经　　销：各地新华书店
版　　次：2010 年 11 月第 1 版　2010 年 11 月北京第 1 次印刷
开　　本：787 毫米×1092 毫米　1/16
字　　数：405 千字
印　　张：24.75
定　　价：65.00 元
ISBN 978–7–105–11173–2/H·763（汉 234）

该书如有印装质量问题，请与本社发行部联系退换。

《云南民族大学学术文库》委员会

学术顾问
郑杭生　孙汉董　汪宁生　马　戎　杨圣敏
李路路　姚　洋　文日焕　陈振明　陈庆德
彭金辉

主　任
甄朝党　张英杰

副主任
和少英　马丽娟　王德强　张桥贵　王四代

委　员
安学斌　尤仁林　李若青　李　骞　张建国
高梦滔　孙仲玲　谷　雨　赵静冬　陈　斌
刘劲荣　李世强　杨光远　马　薇　杨柱元
高　飞　郭俊明　聂顺江　普林林　高登荣
赵世林　鲁　刚　杨国才　张金鹏　焦印亭

总　序

甄朝党　张英杰[①]

　　云南民族大学是一所培养包括汉族在内的各民族高级专门人才的综合性大学，是云南省省属重点大学，是国家民委和云南省人民政府共建的全国重点民族院校。学校始建于 1951 年 8 月，在毛泽东、邓小平、江泽民、胡锦涛几代党和国家领导人的亲切关怀下，得以创立和不断发展，被党和国家特别是云南省委、省政府以及全省各族人民寄予厚望。几代民族大学师生不负重托，励精图治，经过近六十年的建设，尤其是最近几年的创新发展，云南民族大学已经成为我国重要的民族高层次人才培养基地、民族问题研究基地、民族文化传承基地和国家对外开放与交流的重要窗口，在国家高等教育体系中占有重要地位，并享有较高的国际声誉。

　　云南民族大学是一所学科门类较为齐全、办学层次较为丰富、办学形式多样、师资力量雄厚、学校规模较大、特色鲜明、优势突出的综合性大学。目前，云南民族大学拥有 1 个联合培养博士点，50 多个一级、二级学科硕士学位点和专业硕士学位点，60 多个本科专业，涵盖哲学、经济学、法学、教育学、文学、历史学、理学、工学和管理学 9 大学科门类。学校从 1979 年开始招收培养研究生，2003 年被教育部批准与中国人民大学联合招收培养社会学专业博士研究生，2009 年被确定为国家立项建设的新增博士学位授予单位。国家级和省部级特色专业、重点学科、重点实验室、研究基地的数量以及国家级和省部级科研项目立项数、获奖数等衡量高校办学质量和水平的重要指标持续增长。民族学、社会学、经济学、管理学、民族语言文化、民族药资源化学、东南亚南亚语言文化等特

[①] 甄朝党系云南民族大学党委书记、教授、博士研究生导师；张英杰系云南民族大学校长、教授、博士研究生导师。

色学科实力显著增强,在国内外的影响力不断扩大。学校科学合理的人才培养体系和科学研究体系得以形成和完善,特色得以不断彰显,优势得以不断突出,影响力得以不断扩大,地位与水平得以不断提升,学校的改革、建设、发展不断取得重大突破,学科建设、师资队伍建设、校区建设、党的建设等工作不断取得标志性成就。通过人才培养、科学研究、服务社会、传承文明,为国家特别是西南边境民族地区发挥作用、做出贡献的力度越来越大。

云南民族大学高度重视科学研究,形成了深厚的学术积淀和优良的学术传统。长期以来,学校围绕经济社会发展和学科建设的需要,大力开展科学研究,产出了大量的学术创新成果,提出了一些原创性的理论和观点,得到了党委、政府的肯定和学术界的好评。早在20世纪50年代,以著名民族学家马曜教授为代表的一批学者就从云南边疆民族地区的实际出发,提出了"直接过渡民族"理论,得到了刘少奇、周恩来、李维汉等党和国家领导人的充分肯定并直接转化为指导民族工作的方针、政策,为顺利完成边疆民族地区社会主义改造以及维护边疆民族地区的团结稳定和持续发展发挥了重要作用,做出了突出贡献。汪宁生教授是新中国成立后较早从事民族考古学研究并取得突出成就的专家,其研究成果被国内外学术界广泛引用,为民族考古学中国化做出了重要贡献。最近几年,我校专家主持完成的国家社会科学基金项目数量多,成果质量高,结项成果中有多项由全国哲学社会科学规划办公室刊发《成果要报》,报送党和国家高层领导,发挥了资政作用。主要由我校专家完成的国家民委《民族问题五种丛书》云南部分、《云南民族文化史丛书》等都是民族研究中的基本文献,为解决民族问题和深化学术研究提供了有力的支持。此外,还有不少论著成为我国学术界中具有代表性的成果。

改革开放三十多年来,我国迅速崛起,国际影响力越来越大,这就为高等教育的发展创造了机遇,也对高等教育提出了更高的要求。2009年,胡锦涛总书记考察云南,提出了要把云南建成我国面向西南开放的重要桥头堡的指导思想。云南省委、省政府作出把云南建成绿色经济强省、民族文化强省和我国面向西南开放重要桥头堡的战略部署。作为负有特殊责任和使命的高校，云南民族大学将根据国家和区域的发展战略，进一步强化人才培养、科学研究、社会服务和文化传承的功能，围绕把学校建成"国内一流、国际知名的高水平民族大学"的战略目标，进一步加大学科建设力度，培育和建设一批国内、省内领先的学科；进一步加强人才队伍建设，全面提高教师队伍整体水平；进一步深化教育教学改革，提高教育国际化水平和人才培养质量；进一步抓好科技创新，提高学术水平和学术地位，把云南民族大学建设成为立足云南、面向全国、辐射东南亚、南亚的高水平民族大学，为我国经济社会发展，特别是为云南边疆民族地区经济社会发展做出更大的贡献。

学科建设是高等学校建设工程的核心和基础，科学研究是高等学校的基本职能与重要任务。为更好地促进学校的科学研究工作，加强学科建设，推进学术创新，学校领导班子决定出版《云南民族大学学术文库》，其意义主要体现在以下三个方面：

第一，本套文库的出版体现了科学研究为经济社会发展服务的宗旨。当前，我国处于快速发展的时期，经济社会发展中有许多问题需要研究，解决问题的思路和办法可以为社会发展提供智力支持。我们必须增强科学研究的针对性，加强学术研究与经济社会发展的联系，充分发挥科学研究的社会作用，提高高校对经济社会发展的影响力和贡献度，并在这一过程中实现自己的价值，提升高校的学术地位和社会地位。我们相信，随着本套文库的陆续出版，学校致力于为边疆民族地区经济社会发展服务及促进民族团结与进步、社会和谐与稳定的优良传统将进一步得到发扬，学校作为社会思想库与政府智库的作用将得到进一步的增强。

第二，本套文库与我校学科建设紧密结合，体现了学术积累和文化创造的特点，突出了我校学科的特色和优势。我校2009年被确定为国家立项建设的新增博士学位授予单位，这是对我校办学实力和办学水平的肯定，也为学校的发展提供了重要机遇，同时也对学校的发展提出了更高的要求。博士生教育是高校人才培养的最高层次，它要求有高水平的师资队伍、高水平的科学研究能力和研究成果的支持。学科建设是培养高层次人才的重要基础，我们将按照国家和云南省关于新增博士学位授予单位立项建设的要求，遵循"以学科建设为龙头，以人才队伍建设为关键，以创新打造特色，以特色强化优势，以优势谋求发展"的思路，大力促进民族学、社会学、应用经济学、中国语言文学、公共管理学等重点学科的建设与发展，将这些学科产出的优秀成果体现在这套学术文库中，以更好地带动全校各类学科的建设与发展，努力使全校学科建设体现出战略规划、立体布局、突出重点、统筹兼顾、全面发展、产出成果的态势与格局，用高水平的学科建设促进高水平的大学建设。

第三，本套文库体现了良好的学术品格和学术规范。科学研究的目的是探寻真理、创新知识、完善社会、促进人类进步。这就要求研究者必须有健全的主体精神和科学的研究方法。我们倡导实事求是的研究态度，文库作者要以为国家负责、为社会负责、为公众负责、为学术负责的高度责任感，严谨治学，追求真理，保证科研成果的内在品质。要谨守学术道德，加强学术自律，按照学术界公认的学术规范开展研究、撰写著作，提高学术质量，为学术研究的实质性进步做出不懈努力。只有这样，我们才能产出有思想深度、有学术创见和有社会影响的成果，也才能让科学研究真正发挥作用。

我们相信，在社会各界和专家学者的关心、支持及全校教学科研人员的共同努力下，《云南民族大学学术文库》一定能成为反映我校学科建设成果的重要平台和汇集我校科学研究成果的精品库，一定能成为我校知识创新、文明创造、服务社会的宝贵的精神财富。

我们的文库建设肯定会存在一些问题或不足，恳请各位领导、各位专家和广大读者不吝批评指正，以帮助我们将文库的出版工作做得更好。

2009 年国庆于春城昆明

目 录

序（一） …………………………………………………………… 1
序（二） …………………………………………………………… 3
引 言 ……………………………………………………………… 1
第一章 绪 论 …………………………………………………… 2
  第一节 《释名》成书考 ……………………………………… 2
    一、《释名》与刘珍的关系 ………………………………… 2
    二、《释名》成书的时间 …………………………………… 6
  第二节 《释名》的整理与校勘 ……………………………… 21
    一、《释名》的版本以及清人对《释名》的整理 ………… 21
    二、《释名》声训中的"俗字" …………………………… 23
  第三节 释名声训的体例和材料的有效性 …………………… 31
  第四节 《释名》声训的传承关系 …………………………… 33
    一、释名与今文说 …………………………………………… 33
    二、刘熙和郑玄 ……………………………………………… 35
    三、释名声训的时间断限 …………………………………… 35
  第五节 释名中的方音 ………………………………………… 56
    一、释名中方音现象的分布范围 …………………………… 56
    二、释名声训和郑玄音注中的齐方音现象 ………………… 59

第二章 歌月元 …………………………………………………… 62
  第一节 歌部的主元音 ………………………………………… 62
    一、释名的歌部主元音 ……………………………………… 62

二、郑玄歌部主元音 ………………………………………… 80
　第二节　歌部的韵尾 ……………………………………………… 88
　　一、Pulleyblank（1962-3）………………………………… 88
　　二、从麻、支韵看歌部韵尾 *-l 的变化 …………………… 88

第三章　微物文 ……………………………………………………… 107

　第一节　释名微部 ………………………………………………… 107
　第二节　郑玄微部 ………………………………………………… 115

第四章　脂质真 ……………………………………………………… 120

　第一节　释名脂部 ………………………………………………… 120
　第二节　郑玄脂部 ………………………………………………… 128

第五章　鱼铎阳 ……………………………………………………… 133

　第一节　鱼　虞 …………………………………………………… 133
　　一、虞韵 …………………………………………………… 133
　　二、鱼虞 …………………………………………………… 134
　　三、见于《释名》外材料中的虞鱼 ……………………… 135
　第二节　麻　三 …………………………………………………… 145
　　一、《释名》中鱼韵精组、章组、以母、邪母和鱼部麻三的表现
　　　 ………………………………………………………… 146
　　二、应劭、服虔、高诱音注中鱼麻三和鱼韵精组章组以母邪母的表现
　　　 ………………………………………………………… 146
　　三、郑玄音注中鱼韵精章以邪组和鱼麻三的表现 ……… 147
　第三节　庚　韵 …………………………………………………… 148

第六章　之职蒸 ……………………………………………………… 150

　第一节　职部 ……………………………………………………… 150
　第二节　蒸部 ……………………………………………………… 150
　第三节　之部 ……………………………………………………… 151

第七章 幽宵 153

第一节 幽宵 153
一、释名幽宵 153
二、郑玄幽宵 163
第二节 东冬 167

第八章 唇韵尾韵部 168

第一节 谈侵三分 168
一、释名谈侵部 168
二、郑玄谈侵部 175
第二节 唇音韵尾的变化 178
一、异化 178
二、同化 180

第九章 以 -s 收尾的古入声字 183

一、释名中来自以 -s 收尾的古入声字的表现 186
二、郑玄音注中来自以 -s 收尾的古入声字的表现 191

第十章 章组和腭化 197

第一节 从舌根（唇）音腭化来的章组字 197
第二节 从舌齿音腭化来的章组字 209

第十一章 舌齿鼻音声母 215

第一节 《释名》泥母和泥母声训 215
第二节 《释名》日母和泥母声训 216
第三节 郑玄的日母和泥母的音训 217

第十二章 边音：以母以及和以母有密切关系的几个声母 218

第一节 以 母 218
第二节 邪 母 220

第三节　书　母 …………………………………………… 223
第四节　禅母和船母 …………………………………… 223
　　一、禅母和船母的同与异 ……………………………… 223
　　二、禅母 ………………………………………………… 226
　　三、船母 ………………………………………………… 227

第十三章　重纽问题 …………………………………… 230

第一节　重纽和"重纽类" …………………………… 230
　　一、重纽 ………………………………………………… 230
　　二、重纽类 ……………………………………………… 241

第十四章　CL-型复辅音声母 ………………………… 245

第一节　来母与舌根（小舌）音、唇音声母声训 …… 245
第二节　端知组与舌根音（唇音）声母声训 ………… 251
第三节　以母与舌根音声母声训 ……………………… 255
第四节　其他有关的声训 ……………………………… 256

第十五章　带 s-的复辅音声母 ………………………… 260

第一节　鼻音前：sN-类型（鼻音声母和齿音声母的接触） ……… 260
第二节　流音前：sl-/sr- ……………………………… 262
第三节　塞音前：sK-/sP-类型（精庄组和见帮组的声训） ……… 265
　　一、精清从（庄初崇） ………………………………… 265
　　二、心、邪 ……………………………………………… 270

第十六章　清鼻流音声母 ………………………………… 275

第十七章　鼻冠音 ………………………………………… 280

第十八章　中古喉音声母古读塞音 …………………… 285

第一节　影母和晓母 …………………………………… 285
　　一、《释名》中影母~见组、晓母~见组的声训 ……… 285

二、郑玄经传音注中影母～见组晓母～见组的相训 …………… 286
　第二节　匣母和云母 ……………………………………………… 287
　　一、《释名》中的匣母和云母 …………………………………… 287
　　二、郑玄音注的匣母和云母 …………………………………… 292

第十九章　开合口问题 …………………………………………… 295
　第一节　舌根音声母字的开合口声训 …………………………… 295
　第二节　圆唇舌根音和唇音字声训 ……………………………… 302

附录一：释名声谱 ………………………………………………… 303
附录二：释名声训声符索引 ……………………………………… 327
附录三：刘熙著述辑佚 …………………………………………… 360
参考文献 …………………………………………………………… 368
后　记 ……………………………………………………………… 377

序（一）

中国语言学史上，对后世的正面意义和负面影响最为悬殊的著述，当推东汉刘熙之《释名》。

先说其负面影响。《释名》乃声训之书，用声音相同或相近的字解释字义。语言是用声音表达意义的符号系统。派生法产生的新词，与被派生词在声音上会有一定的关联，例如英语sing，其过去时作sang。但非派生词声音与意义的配合是任意的。古代声训之法，往往两者相混，训释牵强附会。例如"天，坦也"，因为"天"与"坦"声母都是th-，故而刘熙将二字意义关联，实际上"天"字从来没有"坦"的语义。此法直接导致清儒的一声之转，最终走向无所不通，无所不转。

但另一方面，声训所揭示的古代声韵信息及其和语义的联系，为历史音韵学、历史形态学的建立，提供了珍贵的材料。

《释名·释水》："水正出曰滥泉。滥，衔也，如人口有所衔，口阖则见也。"

"滥"来母谈韵，中古音为 lɑm；"衔"匣母衔韵，中古音为 ɦɣam。两者的声母相差很大。但刘熙以"衔"声训"滥"，说明汉时两者声母应是非常接近。近年来的汉语上古音研究得出，"滥"的上古音为 *g-raam，"衔"的上古音为 *graam，这个声训正可以证实二字的声母构拟。

《释名》此类声训例字，不仅提供了研究上古音极其重要的材料，还提供了上古方音的重要信息，例如：

"天，豫司兖冀以舌腹言之：天，显也。青徐以舌头言之：天，坦也。"

声训字"坦"、"显"分别为透、晓母，可知"天"在古代的一些方言读 th-，与现代人多数方言相同。但也有一些方言读作 h-，如现代武夷方言读 hiŋ，台山方言读 hen。同时，正是通过这一声训例子我们得以知晓为何古人会用"天竺"去对译印度的古名 Hinduka。

所以,我们大致可以这样认为:只有当汉语上古音研究有长足进步的时候,《释名》才逐渐显示出它的正面价值,对《释名》的研究,也才真正走上科学的道路。这些科学的研究,当首推 Bodman 的 *A Linguistic Study of the Shih Ming, Initials and Consonant Clusters*。其次便是 Coblin 的 *A handbook of Eastern Hah sound glosses*。吴锤君的《释名声训研究》是在他们的研究基础上做的进一步研究,而且是在国内外的汉语上古音研究取得重大突破的背景下继续深入,再加上吴君的考证与分析之功,其学术价值,不言而喻。为此,我乐见此书出版,并为之序。

潘悟云于上海师范大学
2010 年 3 月 5 日

序（二）

《释名声训研究》是吴锤先生于2006年在上海师范大学完成的音韵学方面的博士论文。《释名》为东汉末年刘熙所著，是我国首部语源学著述，是继《尔雅》、《方言》、《说文》之后的一部集先秦两汉声训之大成的训诂书。历来被视为汉代四部重要的训诂学著作之一，在训诂学史上占有重要地位，具有较高的学术价值。清人毕沅在《释名疏证·序》中对它的评价是："其书参校方俗，考合古今，晰名物之殊，辨典礼之异，洵为《尔雅》、《说文》以后不可少之书。"《释名》对研究训诂学、语言学、社会学来说，都是极为重要的著作。此书自乾嘉以来始得到学者系统的整理，早期的研究工作偏重于校勘和注解。1954年，包拟古的论文用现代语音学、音韵学的方法对《释名》的声母系统做了研究。近年来，音韵学理论又有了许多新的发展。

《释名声训研究》以郑张一潘的上古音系构拟为主要参照，对《释名》的语音系统作了比较全面的研究，并从文献学方面对《释名》的成书年代作了详细的考证。全文共分为十九章。第一章"结论"，主要讨论了《释名》的成书年代、版本与校勘，《释名》声训的体例、传承和断代，以及《释名》中的方音现象。第二章至第八章讨论韵部、韵母的问题。第九章讨论了韵尾的有关问题。第十章以后讨论声母、重纽和开合的问题。作者站在语言学而不是语文学的立场上审视《释名》，深入发掘和充分认识它在语言学研究方面的独特价值，吸收其精华，以服务于科学的语言学建构，书中寸常闪耀的智慧光芒和独到见解，为汉语词源学获得长足的发展做出了积极贡献。

吴锤先生师从潘悟云教授，在上海师范大学攻读博士学位学习期间，深入学习语言学理论，尤其在音韵学的学习上孜孜不倦，锲而不舍。公开发表《"释名"成书考辨》、《汉末齐地诗文用韵考》、《喻四邪等母从上古到东汉的演变》等学术论文。《释名声训研究》是吴锤先生几年来倾注心血钻研的最主要成果之一，其中的艰辛自不必赘述，他的执著和毅力经常让我慨叹，真可谓"锲而不舍，金石可镂"，如此的求学精神，终将收获硕果。

记得第一次认识吴锤先生时被他这样的一句话深深打动："我是奔着云南少数民族语言来的"。一个生活在条件相对优越城市里的人，远离父母和亲人，愿意留在我国西南最边陲的城市工作、执教，他说这话时流露出来的对这片红土地的热爱和对专业学科的追求，让我印象深刻。他平时寡言少语，却是一个适合做学问的人。他在教学工作中治学严谨，刻苦努力，为人师表，受到师生们的广泛好评。

吴锤先生来云南民族大学工作的第二年就被遴选为硕士生导师，之后又被列为博士点建设支撑学科骨干成员。我们期待他能够取得更多的成果。

是为序。

刘劲荣
2010 年 3 月 8 日于云南民族大学

引 言

一、对《释名》的研究，可以分为两个阶段：清代乾嘉以来小学家们的整理和校注是第一个阶段，这个阶段是从文献学方面对《释名》作了基础性的工作；第二个阶段是 20 世纪以后从现代语言学层而作的研究，主要的有包拟古 1954 年的博士论文：A Linguistic Study of the Shih Ming: Initials and Consonant Clusters. 柯蔚南 1983 年的著作：A handbook of Eastern Han sound glosses。其中《释名》材料的部分，在包拟古声母研究的基础上，又对《释名》声训的韵母作了研究。在这之后，汉语音韵学特别是上古音构拟有许多新的讨论。《释名》声训中包含的上古音的现象，对于研究上古音和上古音到中古音的转变，都有十分重要的价值。本书在前人的基础上对《释名》做了新的研究，主要有两个方面：一是对《释名》成书年代的考证，这对于确定《释名》声训材料的时间是必不可少的；二是从声韵学的角度对《释名》声训的梳理和分析。

二、说明

1. 疏证补/补 = 释名疏证补。

2. 纯训/纯 = 纯声训（音训），谐训/谐 = 谐声声训（音训），本训/本 = 本字声训（音训）。

3. 中古韵一般以平赅上去。

4. 郑张－潘系统拟音参照郑张尚芳先生《上古音系》之《古音字表》。

5. 反切凡未另加说明的都是根据《广韵》。

第一章 绪 论

第一节 《释名》成书考

一、《释名》与刘珍的关系

《隋书·经籍志》载《释名》八卷,注:刘熙撰。而《后汉书·文苑列传》称:刘珍"撰《释名》三十篇,以辩万物之称号云"。明人郑明选"颇以为疑":《秕言》卷三·释名

《后汉书》刘珍字秋卿,一名宝,撰《释名》五十篇,以辩万物之称号。今世所见《释名》乃刘熙所撰,非刘珍也。熙自作释名叙其书凡二十七篇。名既不同,篇数亦异,特刘姓同耳。岂有两《释名》耶?

称《后汉书》刘珍"撰《释名》五十篇",篇数似有误。
后人对于《释名》一书的作者遂有两种看法:一是认为今本《释名》与刘珍有关;二是认为今本《释名》与刘珍无关。
《释名疏证序》持前一看法,主张《释名》一书应为二刘合撰:

熙自序云二十七篇,而《文苑刘珍传》云三十篇,篇目亦不甚悬远。疑此书兆于刘珍,踵成于熙,至韦曜又补官职之缺也。

严可均（1762—1843）则以为不可考：铁桥漫稿·对可氏问

> 又问曰：《后汉文苑传》刘珍撰《释名》三十篇，今所见《释名》八卷、二十八篇，题"汉北海刘熙成国撰"，旧本或题"征士"，或题"安南太守"。隋唐《志》但题刘熙撰，不书官位。请问：刘熙何许人？其书即刘珍撰乎？抑各自一书乎？对曰：刘珍书隋唐《志》不载，盖久亡，或珍刱始而熙踵成之，不可考也。

赞同今传本《释名》与刘珍无关看法的又分为两种意见：一者认为范蔚宗误；一者认为二刘各撰《释名》，而珍书失传。

毕沅（1730—1797）《补释名》曰：

> 今《释名》二十七篇，无《释爵位》之目。据成国自叙言凡二十七篇，则今之《释名》不复有亡篇矣。乃韦昭谓《释名》爵位之事又有非是，而唐宋人诸书于官职类辄引《释名》及韦昭《辩释名》，不一而足，何也？沅案：范蔚宗《后汉书文苑传》称刘珍撰《释名》三十篇，窃意蔚宗误尔，当是刘熙。熙之《释名》盖三十篇，后有亡失，则或据其见存之篇数以改熙自叙之三十为二十七尔。不然韦昭何见而云然？唐宋诸人何据而引之乎？《释名》必实有《释爵位》篇矣。

说与前《释名疏证序》不同。《卷施阁文甲集》卷十①载此篇《释名疏证序》，下小注"代"字。内容相同，疑该《序》为洪亮吉代作。洪氏于乾隆四十六年（公元1781年）抵西安做陕西巡抚毕沅的幕僚②，而《释名疏证序》下署作序时间为乾隆五十四年（公元1789年），时间也相吻合。《补释名》似为毕沅自作，故两说相抵牾耳。

《三国吴志韦曜传》曰：

---

① 见《洪北江全集》。
② 见洪亮吉《年谱》。

> 又见刘熙所作《释名》,信多佳者,然物类众多,难得详究,故时有得失。而爵位之事,又有非是。愚以官爵今之所急,不宜乖误。囚自忘至微,又作《官职训》及《辩释名》各一卷。

曰"而爵位之事又有非是"、"官爵今之所急不宜乖误",明谓刘熙之书有爵位篇,不过"有非是"、有"乖误"罢了。毕曰"《释名》必实有《释爵位》篇",其说是也。

毕沅《续释名》又曰:

> 《御览时序部》引《释名释律吕》之名谊,于春释太蔟、夹钟,于夏释蕤宾,于秋释夷则、南吕,于冬则先引《风俗通》一条,乃后承之以"又曰"而释应钟、大吕。然则三时所引《释名》,其果《释名》文与?非与?顾《风俗通》未有律吕,所引律吕之谊,惟《白虎通五行篇》有其文,且十二律具备,其文法正与本书相类。或所引实《白虎通》与?

则《释名》似乎又本有《释律吕》篇。

钱大昕(1728—1804)也主张前说:

> 范蔚宗以《释名》为刘珍所撰,今据《吴志》则为熙撰无疑。承祚去成国未远,较之蔚宗为可信矣。(见《跋释名》,潜研堂集)

主张后说的有张介侯(1781—1847),他反驳钱氏说曰:_{正钱竹汀刘珍未作释名说}

> 按刘熙注《孟子》、注《谥法》、作《三礼图》、作《释名》。钱氏晓征以《后汉书刘珍传》珍作《释名》为范蔚宗之误,非也。岂有蔚宗不见其书而妄嫁之秘孙者,此乃钱氏之误说,未尝详考之也。

张氏认为刘熙、刘珍都曾作《释名》。《四库全书总目》也认为今书为刘熙所作,而刘珍书久佚:

《后汉书刘珍传》称珍撰《释名》五十篇，以辨万物之称号。其书名相同，姓又相同。郑明选作《秕言》，颇以为疑。然历代相传，无引刘珍《释名》者，则珍书久佚，不得以此书当之也。

然《四库全书总目提要》谓《释名》二十篇，"明选又称此书为二十七篇，与今本不合。明选万历中人，不应别见古本，殆一时失记，误以二十为二十七欤？"四库全书本《释名》明明也是二十七篇，不知《提要》何以云然？周祖谟曰：

> 熙所撰《释名》凡二十七篇，《序》有明文。宋《崇文总目》云："熙即物名以释义，凡二十七目。"是自宋以来之传本均为二十七篇，明选所称篇数不误，《提要》误著为二十篇，反谓明选失记，可谓无的放矢，信笔雌黄者矣。见《问学集·书刘熙释名后》

《提要》又称引《后汉书》谓珍撰"五十篇"，其误同郑明选《秕言》。主张后说的还有汪之昌（1837—1895），其说曰：后汉书刘珍撰释名隋志作刘熙撰释名考

> 《后汉书·刘珍传》撰《释名》三十篇，以辨万物之称号。而《隋书经籍志》释名八卷，注：刘熙撰。两《唐志》与《隋志》同。今通行本题：汉刘熙成国撰。案《珍传》永初中与刘騊駼、马融校定东观五经诸子传记百家艺术。永宁元年作《建武以来名臣传》。延光五年为卫尉。卒官。延光为安帝第五改元，是珍卒当在安帝时。王鸣盛引黎崱《安南志略》载历代羁臣云：刘熙不知何郡人，与薛综、程秉避乱交阯。《吴志》韦昭云熙作《释名》八卷。则《释名》出于熙审矣。刘珍与刘熙非一人，所撰当别是一书。桂馥引《吴志韦昭传》昭付狱在吴凤皇二年，《释名》时始流布。《薛综传》避乱交阯，从刘熙学。《程秉传》逮事郑康成，后避乱交州，与刘熙考论大义。《蜀许慈传》师事刘熙。据此则熙当为建安时人。王桂两家均以今本《释名》为刘熙作，于刘珍无与。毕沅《释名疏证叙》：《释名》有西海郡、司州。据刘昭注，西海郡献帝建安末立。据《魏志》《晋地理志》建安以前无司州名。《释天》篇酉秀、丙炳，《释山》

篇：陵，隆也。于光武列宗之名初不讳避。则撰书者为汉末或魏受禅以后人无疑。自敘二十七篇，而《珍传》云三十篇，篇目亦不甚悬远，疑此书兆于刘珍，踵成于熙。则以《释名》一书为二刘合撰。窃考诸书所引《释名》，大率见刘熙书中，从未有引刘珍《释名》者。珍书久佚，不辨可知。今《释名》为汉魏间书，尤有塙证者。……且《释天》有以舌腹、以舌头言之之文，高诱《淮南》注有急气闭口言缓气言之者在舌头乃得，诸说相近。诱《叙》明云建安十年，则是汉魏间人语，益可证为熙撰，而非珍撰。且《珍传》所敘各著述无一存者，何必以熙撰者适与同名，遂欲强《隋志》以合范书哉！

刘珍为南阳人，比刘熙早约一百年。后汉书文苑传《释名》声训以齐方音为主，不可能为南阳人所作。另外，从《释名》一书内容所显示的成书时间来看，也应是汉末之作。（参见下文）但是我们不能排除刘珍也曾有同名之作，甚至也有可能刘熙《释名》继承了刘珍《释名》的一部分声训，即《释名疏证序》所说的"此书兆于刘珍，踵成于熙"。但是，没有确凿的证据，我们只好存疑。

二、《释名》成书的时间

关于《释名》成书的时间，主要有两派意见：一派以洪亮吉或毕沅为代表，主张刘熙是汉末或魏受禅以后之人，《释名》成书应在魏初；另一派以钱大昕、叶德炯、皮锡瑞、王启原等人为代表，主张刘熙是汉末人，不曾仕魏。《释名疏证序》曰：

> 案《三国吴志曜传》曜在狱中上辞有云，见刘熙所作《释名》，信多佳者，然物类众多，难得详究，故时有得失。而爵位之事，又有非是云云。玩曜之语，则熙之书吴末乃始流布，是熙之去曜年代必当不远，一也；旧本题安南太守刘熙撰，近时校者以二汉无安南郡，或云当作南安。今考，刘昭注《续汉书》称《三秦记》曰，中平五年分汉阳，置南安郡。《元和郡县志》亦云，汉灵帝立。是郡置

已在汉末，二也；此书《释州国》篇有司州。案《魏志》及《晋书地理志》，魏以汉司隶所部河南、河东、河内、宏农，并冀州之平阳，合五郡置司州，是建安以前无司州之名，三也；又云西海郡，海在其西。据刘昭注，则西海郡亦献帝建安末立，其时去魏受禅不远，四也；《释天》等篇于光武列宗之讳均不避，五也。以此而推，则熙为汉末或魏受禅以后之人无疑。

其第二、第三、第四都和州郡建置有关，我们就先来探讨这方面的问题，其余两点放到后面再论。

叶德炯曰：

> 州国之制，言人人殊。《禹贡》所纪，夏制也。《职方》之文，周制也。《尔雅释地》改青州为营州，余与《禹贡》合，故孙炎、郭璞皆以为殷制。《汉书地理志》云：武帝南置交趾，北置朔方之州，兼徐梁幽并夏周之制，改雍曰凉，改梁曰益，凡十三部。此所据者，西汉之制。司马彪《续汉书·郡国志》首司隶终交州，亦十三部。此所据者，东汉之制，与成国合。则成国所释盖时制矣。惟《志》有交州无雍州，成国有雍州无交州，文小异。按，分凉为雍，始于献帝，此时汉已将亡，非其定制。司马《续志》实据往籍言之，不足为异。成国之不名交州者，汉末时交趾、交州时有分并，故无定称。知者，《晋书·地理志》云：桓帝分立高兴郡，灵帝改曰高凉。建安八年，（按：公元203年）张津为刺史，士燮为交趾太守，共表立为州，乃拜津为交州牧。十五年（按：公元210年）移居番禺，诏以边州使持节郡给鼓吹，以重城镇。吴黄武五年（按：公元226年）割南海、苍梧、郁林三郡立广州，交趾、日南、九真、合浦四郡为交州，戴良为刺史，值乱不得入，吕岱击平之，复还并交州。是交州之名至吴始定，此时汉亡已七年。（按：指黄武五年，汉亡在公元220年）合下凉、雍二事观之，则成国著《释名》当在献帝建安以后，至十八年（按：建安十八年为公元213年）又复改为九州，益不能与此合矣。《三国吴志·程秉传》云：避乱交州，与刘熙考论大义。《薛综传》亦云：避地交州，从刘熙学。是成国晚年讲

学交州，史有明证。《释名》果成于入吴以后岂有舍所居地不释之理？可见此书之成，必在建安十八年以前也。成国事迹不见于《陈志》《范书》，以所自著书推之亦可得其大略矣。见《释名疏证补》"释州国"篇。

《禹贡》所载九州为：1 冀、2 兖、3 青、4 徐、5 扬、6 荆、7 豫、8 梁、9 雍。《职方》"改禹徐、梁二州合之于雍、青，分冀州之地以为幽、并"，见《汉书地理志》。就是把徐州并入青州，把梁州并入雍州，再从冀州分出幽州和并州。故《职方》九州为：1 扬、2 荆、3 豫、4 青、5 兖、6 雍、7 幽、8 冀、9 并。到了汉武帝，原《禹贡》的徐、梁二州，《职方》的幽、并二州，都保留，但把雍州改名为凉州，把梁州改名为益州，再加上新增的交阯、朔方，共计有十三部，即：冀州、幽州、并州、兖州、青州、徐州、扬州、荆州、豫州、益州、凉州、交阯、朔方。司马彪《后汉书·郡国志》包括：司隶、豫州、冀州、兖州、徐州、青州、荆州、扬州、益州、凉州、并州、幽州、交州，少了一个朔方，多了一个司隶，仍是十三个。刘熙《释名·释州国》释青州、徐州、扬州、荆州、豫州、凉州、雍州、并州、幽州、冀州、兖州、司州、益，也是十三个。不过比《志》多出一个雍州，少了一个交州。

范晔《后汉书·孝献帝纪》曰：建安"十八年春正月庚寅，复《禹贡》九州"。李贤注："《献帝春秋》曰：时省幽、并州，以其郡国并于冀州；省司隶校尉及凉州，以其郡国并为雍州；省交州，并荆州、益州。于是有兖、豫、青、徐、荆、杨、冀、益、雍也。"叶德炯据此定《释名》成书之下限为建安十八年（公元 213 年）。

1. 关于司州。《释州国》曰："司州，司隶校尉所主也。"毕沅曰：

《续汉书郡国志》司隶校尉所部河南、河内、河东、宏农、京兆、冯翊、扶风，凡七郡，未有司州名目。《晋书地理志》云：魏氏受禅，即都汉宫，司隶所部：河南、河东、河内、宏农，并冀州之平阳，合五郡，置司州。《疏证补》

对此，钱大昕《跋释名》有不同的看法：

近时校书家以司州之名曹魏始有之，而《释州国》篇有司州，疑其为魏初人。以予考之殆非也。汉虽无司州之名，而《百官志》称"司隶校尉建武中复置并领一州"，又称"刺史十二人各主一州，其一州属司隶校尉"，则司隶部亦可云州。《左雄传》称"司冀复有大水"，司、冀对举，盖当时案牍之文称其官则曰司隶，称其地则曰司部亦曰司州，虽未著于甲令不得谓汉无此名也。若以"司州刺史"名官则自晋南渡始，魏时尚沿汉制以司隶校尉领州，如邢颙徐宣徐邈崔林孙礼诸人皆除司隶校尉，不称司州刺史也。《晋书·地理志》谓魏以河南、河内、河东、恒农、平阳五郡置司州者，乃是史家追称之，在当时不过以平阳改属司隶，以京兆、冯翊、扶风改属雍州耳，非竟定为司州也。此书《释天》篇一云"豫司兖冀"，一云"兖豫司冀"，与《左雄传》文正同。《释州国》篇言司州司隶校尉所主，不言何义，明司州之名出于流俗相沿，未可执此单辞即以为魏初人也。

钱说是。

《释天》曰："天，豫司兖冀以舌腹言之。"王启原曰：

> 后汉都洛阳，在司隶部；孝献都许，在豫州部。故此先言豫继言司，尊时制也。疏证补

又《释天》曰："风，兖豫司冀横口合唇言之。"王启原曰："吴校作：豫司兖冀。"先谦曰："以此卷首条天下例之，吴校'豫司'在上是。"疏证补不论是否依从吴校，此条仍是"豫"在"司"前。

《释州国》："豫州，地在九州之中，京师东都所在。"毕沅曰：

> 汉始都长安，光武皇帝中兴都洛阳，称东汉。洛阳，豫州分也。故曰：京师东都所在。疏证补

王启原曰：

> 后汉都河南是为东都，河南尹系司隶校尉所部，不属豫州，今

成国云：豫州京师东都所在，与汉制不符，当以建安元年还都许，许为颍川郡属县，在豫州部，洛阳在长安之东，故长安为西都，洛阳为东都；许又在洛阳之东，故汉末许又为东都，犹周世镐京为西周，敬王后徙洛阳，则洛阳为东周，河南又为西周也。知此非成国驳文。○疏证补

依王氏说，可证此书当成于建安元年（公元196年）迁许以后。

2. 关于交州。据《晋书·地理志》交趾正式表立为州，是在建安八年（公元203年）。在这之前的建置，最早可以追溯到汉武帝元鼎六年，定越地，置交趾郡。《汉书武帝纪》曰："元封五年，初置刺史部十三州。"此十三州中已包括交趾。《汉书·地理志》曰："武帝南置交趾、北置朔方之州。"师古注曰："胡广记云，汉既定南越之地，置交趾刺史，别于诸州，令持节治苍梧。"《晋书·地理志》曰："元封中，置交趾刺史。"《汉书百官公卿表》曰："武帝元封五年初置部刺史，掌奉诏条察州，秩六百石，员十三人。成帝绥和元年更名牧，秩二千石。哀帝建平二年复为刺史，元寿二年复为牧。"《晋书·地理志》曰："建武十一年，省州牧，复为刺史，员十三人，各掌一州。"司马彪《续汉书百官志》："外十二州，每州刺史一人，六百石。"《续汉书郡国志》有交州刺史部。在建安八年以前，有时为牧（州牧），有时为刺史。史书又常常称十二州、十三州。可见，泛泛而言，交州之名或早已有之。吴黄武五年，孙吴分交立广，旋又复还。其后，到永安七年，才复以前三郡立广州。这些都是后话了，叶德炯说交州之名至吴始定，又未免太晚了。

3. 关于"安南太守"。《隋书·经籍志·大戴礼记》注曰："梁有《谥法》三卷，后汉安南太守刘熙注。"对于"安南太守"有以下几种不同的看法。

第一种看法认为："安南"是"南安"之误。钱大昕《跋释名》曰："《册府元龟》则云后汉安南太守，然汉无安南郡，或是南安之讹。"南安属凉州。

而严可均则猜测刘熙或"灵帝末尝为南安太守，后改官交州，先士燮为太守。"铁桥漫稿·对丁氏问

又问曰：《后汉文苑传》刘珍撰《释名》三十篇，今所见《释

名》八卷、二十八篇，题"汉北海刘熙成国撰"，旧本或题"征士"，或题"安南太守"。隋唐《志》但题刘熙撰，不书官位。请问：刘熙何许人？……其云征士不可考。其云安南太守者，《隋志》大戴礼，梁有《谥法》三卷，后汉安南太守刘熙撰。则旧本有据，然不确。唐调露元年始改交州总管府为安南都护府，前此交趾无安南之称。近人或云当作南安。按南安本汉天水，东汉改为汉阳。《续汉郡国志》汉阳郡注补引《秦州记》中平二年分置南安郡，魏为广魏，晋为略阳，其地属凉州部，而刘熙久居交州。陈寿载有三条。《蜀志许慈传》师事刘熙，建安中自交州入蜀。《吴志程秉传》避乱交州，与刘熙考论大义，遂博通五经。《薛综传》少避地交州，从刘熙学。计熙在交州值献帝初年，或者灵帝末尝为南安太守，后改官交州，先士燮为太守，去官寓居，皆不可考。而其曾官太守，则《隋志》可据也。

陈振孙《直斋书录解题》题为"汉征士北海刘熙成国"。赵翼《陔馀丛考》曰："有学行之士，经诏书征召而不仕者，曰征士。"《后汉书》三九《周磐传》曰："周磐……汝南安成人，征士燮之宗也。"按"征士"之说，刘熙应该没有出仕，固然不会做"南安太守"。

第二种看法认为：确有"安南太守"。洪亮吉《晓读书斋初录》曰：

《释名》旧本题"安南太守刘熙撰"，考据家并云汉无安南郡，今考《晋书循吏传》鲁芝当魏时行安南太守，又《吴志薛综传》"避地交州从刘熙学"，安南郡正属交州，则旧本所言不误。

汪之昌（1837—1895）曰：后汉书刘珍撰释名隋志作刘熙撰释名考

或本署：安南太守刘熙，近人以汉无安南郡，当据《三秦记》中平五年分汉阳置南安郡，改安南为南安。案《晋书循吏传》鲁芝当魏时行安南太守。是汉魏间有安南郡之据。熙为太守当在其时。

说与洪氏同。然而，周家禄《晋书·校勘记》曰："《地理志》无安南郡，秦州有南安郡，故下就近转天水太守，当作'南安'。"①"安南"又是"南安"之误。"安南"郡仍然没有着落。

《通典》卷一八四曰："安南府：秦属象郡。汉交趾、日南二郡界。后汉因之，兼置交州。晋、宋、齐并因之……大唐为交州，后改曰安南都护府。"唐调露元年（公元679年），以交州都督府改为安南都护府。"安南"的建置得名这么晚，那么为什么又会有刘熙为"安南太守"之说呢？"安南太守"最早出现于《隋书·经籍志》，《隋志》成书于显庆元年（公元656年），说明在交州都督府改为安南都护府之前已有"安南"的称法了，只是两者时间相差并不是很长。

第三种看法认为："安南"非"南安"之误，后汉也无"安南太守"。焦循《孟子正义孟子题辞疏》云："其相传为安南太守者，亦以其在交州而讹，非南安之误也。"这种看法大致不错。

4. 关于雍州。《释州国》篇曰："凉州，西方所在寒凉也。"叶德炯曰：疏证补

《后汉书郡国志》凉州刺史部郡十二：陇西、汉阳、武都、金城、安定、北地、武威、张掖、酒泉、敦煌、张掖属国、张掖居延属国，实兼雍州之域。《志》不云雍州者，雍旧制并于凉。献帝时凉州数有乱，河西五郡去州隔远，乃别以为雍州。河西五郡者，张掖、酒泉、武威、敦煌、金城是也，说见《晋书·地理志》。其事则在兴平元年，见《后汉献帝纪》。此时凉州属郡为：陇西、武都、北地、汉阳、安定，与雍州属郡平分，其地当九州之正西，河西五郡则偏西北矣。成国专以凉州为西方所在，正据当时地图言之。

《释州国》曰："雍州，在四山之内雍翳也。"毕沅曰："李巡注《尔雅》云：雍，壅也。"王启原曰：疏证补

《御览》百六十四引《春秋元命苞》曰：雍，壅也。东踞殽阪，西有汉中，南合嵩山，北阻句庾。嵩山不应言雍之南境，故成国兼

---

① 见中华书局版《晋书》引。

取《元命苞》及李巡义而不实言四山。《尔雅音义》言南商于近之，或《御览》之误。又汉无雍州，凉州即古雍州，至献帝兴平元年始分凉州为雍州，故成国先凉后雍。

叶德炯曰：疏证补

  四山者，合黎、三危、鸟鼠同穴、积石。《史记索隐夏本纪》引郑注《禹贡》云：合黎山在酒泉会水县东北。《史记正义》引《括地志》云：三危山在河州敦煌。《汉书地理志》云：陇西郡首阳鸟鼠同穴山在西南，又金城郡河关积石山在西南。今以舆地约之，河西五郡正在此四山之内，四山为《禹贡》导水名山，其地适当西北。如《元命苞》说是，古雍州之域非成国雍州之域也。

叶氏和王氏都主张成国著书当在献帝兴平元年（公元194年）分凉州为雍州之后，故先言凉州后言雍州（王氏说），且以凉州为西方所在（叶氏说）。

王先谦曰："吴校'雍州'上有'古曰'二字，合上为一条。"若按"吴校"①，则王、叶二人之说又落空了。

《释州国》篇曰："河西，在河水西也。"毕沅曰：

  《地理志》及《郡国志》皆无河西郡，止有西河郡，此言河西，盖即谓西河郡也。

王启原曰：

  汉时张掖、酒泉、武威、敦煌、金城为河西五郡，故并及之，亦未必果为西河之伪。疏证补

叶德炯曰：

----

① 即长洲吴氏所刻顾千里校本。

此河西五郡之河西，亦以时制言，即前十二州中雍州之域，今甘肃甘州凉州西宵嘉峪关一带。疏证补

依王、叶二人说，此条可作雍州条之参证。

5. 关于西海郡。《释名释州国》曰："西海，海在其西也。"毕沅曰：疏证补

《郡国志》北海郡属青州，南海郡属交州，东海郡属徐州，西海郡则未有见。唯刘昭注《郡国志》于张掖居延属国之居延下注云：献帝建安末立为西海郡。考建安之末，接魏黄初之始，此言西海则刘熙盖逮事魏朝，故其书有魏所置之司州也。

成蓉镜曰：疏证补

古所称西海，有五。一为今之青海，《汉书王莽传》元始五年，羌豪良愿献鲜水海允谷盐池为西海郡是也。一为今之昌宁湖，《水经注》休屠泽俗谓之西海是也。一为今之博斯腾泊，《水经注》敦薨之水自西海径尉犁国是也。一为今之里海，《汉书西域传》于阗之西水皆西流，注西海是也。一为今之地中海，《西域传》犁靬条支国临西海是也。《晋书地理志》西海郡故属张掖，兴平二年武威太守张雅请置。考汉时居延故县即今额济纳旗，在居延海西南，故《汉书地理志》云：张掖郡居延居延泽在东北。以地望测之，青海在旗南，鱼海在旗东，而博斯腾泊、里海、地中海相距更远，旗之西境绝无池泽可以当西海之目者。然则兴平中立西海郡亦只借以为名，并无实指。成国谓海在其西，尚未确。

皮锡瑞曰："元始五年已立西海郡，岂可据建安末所立以证成国曾仕魏朝，毕说非也。"

按此有三说：（一）刘昭注建安末立；（二）《晋书·地理志》注兴平二年（公元195年）置；（三）《汉书·王莽传》元始五年莽奏立。毕沅持第（一）说，成蓉镜持第（二）说，皮锡瑞持第（三）说。《汉书·王莽传》元始五年莽奏曰："今谨案已有东海、南海、北海郡，未有西海郡，请受良愿等

所献地为西海郡。"奏可。王莽虽置西海郡，但东汉以后大概又有兴废，由（一）（二）两条可知，当以兴平二年之说为是。

6. 《释州国》。"东郡、南郡，皆以京师方面言之也。"王启原曰：_{疏证补}

《续汉志》张掖郡"献帝分置西郡"。故《晋书·地理志》"西郡"下云：汉置。则此郡汉末置，至晋不改。成国不之及者，东郡、南郡，二京之旧；西郡之立，则成国未及知，或亦未及见也。若成国果事魏，不应置而不言。

7. 《释州国》篇曰："汝阴，在汝水阴也。"毕沅曰：

《地理志》汝阴为县名，属汝南郡。《郡国志》同。汝阴非郡也。水南曰阴，在汝水阴，即在汝水南矣。疑本是"汝南，在汝水阴也。"后人妄增"在汝水南也，汝阴"七字。

王启原曰：

《晋书·地理志》汝阴郡，魏置，后废。泰始二年复置。《通典》亦云：魏置汝阴郡。司马宣王使邓艾屯田于此，后废。晋武帝泰始二年复置。如二书所云，则汉世无汝阴郡。成国避地交州，即使卒于魏文帝既立之后，无由知汝阴析置之故，则汉末自立汝阴郡，而诸书言魏置者，若夏侯湛《东方朔画像赞》言：魏建安中分厌次以为乐陵郡。颜师古《汉书叙例》言：文颖魏建安中为甘陵府丞。汝阴殆亦建安中置，以政出曹氏故浑云魏置也。《后汉书陈球传》子瑀，吴郡太守，瑀弟琮，汝阴太守，弟子珪沛相，珪子登，广陵太守，并知名。此汉末有汝阴郡之证。《魏志明帝纪》景初二年分沛国萧相竹邑符离蕲铚龙亢山桑洨虹十县为汝阴郡。此虽魏分立汝阴郡之明文，然郡应以县得名，而汝南之汝阴县不与。钱氏大昕谓《晋志》汝阴郡统八县与此无一同者，疑《魏志》有误，是亦未可取为汝阴立于魏世之征。至毕氏疑汝阴非郡，而谓后人有增改，斯亦泥矣。_{疏证补}

又《释州国》篇"河西"下王启原曰：

> 又篇中历举河南、河东、河西而不及河北，以河北为县，属河东郡，《释郡国》例不能及县也。知此亦足知后汝阴之非县矣。疏证补

以上是州郡建置方面的证据。再来看毕（洪）氏提出的另外两个证据：

1. 关于韦曜上辞。韦曜付狱在凤皇二年（公元273年），韦曜狱中上辞虽是史籍中最早明确提到刘熙著《释名》的，但是在这之前已有人引用过《释名》。《文选张平子西京赋》"结重栾以相承"薛综注引《释名》曰：栾躰上曲拳也。《三国志吴书》曰薛综"少依族人避地交州，从刘熙学"，则刘熙是薛综的老师，薛综所引《释名》应该是刘熙著无疑。毕（洪）氏仅据韦曜上辞推测"熙之书吴末乃始流布，是熙之去曜年代必当不远"而不提之前薛综已引此书，其说未审。

2. 关于避讳。如：

《释天》篇酉秀、丙炳。

《释山》："陵，隆也，体隆高也。"先谦曰："陵隆双声。汉林虑避讳改隆虑，亦用双声字改也。陵林音同。"疏证补

《释道》："六达曰庄。庄，装也，装其上使高也。"王启原曰："汉明帝讳庄，《后汉书》中凡言辨装皆为辨严，装庄通故也。"疏证补

宦荣卿（1985）认为，汉代避讳之制尚宽，不尽诗文中有不讳之例，现存东汉碑文中也屡出现讳字。如建宁四年《孔龗碑》"睿其玄秀"不避"秀"字，延熹三年《孙叔敖碑》"庄王置酒以为乐"不避"庄"字。所以不能据此断定作者不是汉代人。

其他方面的证据还有：

1. 史籍中记载的有关刘熙交往的事迹。

光和末年黄巾事起，中州有很多士人来到交州避难。他们之所以选择交州，与当时在交州的一个人物有密切的关系，他就是士燮。《三国志·吴书士燮传》曰：

> 士燮……苍梧广信人也。其先本鲁国汶阳人，至王莽之乱，避

地交州。六世至燮父赐，桓帝时为日南太守。……父赐丧阕后，举茂才，除巫令，迁交趾太守……燮器宇宽厚，谦虚下士，中州士人往依避难者以百数……陈国袁徽与尚书令荀彧书曰："交趾士府君既学问优博，又达于从政，处大乱之中，保全一郡，二十余年疆场无事，民不失业，羁旅之徒，皆蒙其庆。"……建安十五年，孙权遣步骘为交州刺史。骘到，燮率兄弟奉承节度……权加燮为左将军……燮在郡四十余岁，黄武五年，年九十卒。

黄武五年（公元226年）减四十余岁，大约就是光和年间（公元178—183年），燮迁交趾太守应在此时。也在这时，中原发生了黄巾起义，这一事件引发了大批中州士人往依避难，其中就有刘熙。建安十五年（公元210年），燮依附孙权，从此入吴。

史书上提到的和刘熙有来往的人物有这样几个。《三国志·吴书》曰：

> 程秉……汝南南顿人也。逮事郑玄，后避乱交州，与刘熙考论大义，遂博通五经。士燮命为长史。权闻其名儒，以礼征秉，既到，拜太子太傅。

> 薛综……沛郡竹邑人也。少依族人避地交州，从刘熙学。士燮既附孙权，召综为五官中郎将，除合浦、交趾太守……赤乌……六年（按：公元243年）春，卒。

《蜀书》曰：

> 许慈……南阳人也。师事刘熙，善郑氏学……建安中，与许靖等俱自交州入蜀。

薛综从刘熙学在士燮附孙权之前，知刘熙公元210年以前当在交州。程秉曾事郑玄，玄建安五年（公元200年）卒。《蜀书许靖传》曰：

> 许靖……汝南平舆人。……孙策东渡江，皆走交州以避其难，靖身坐岸边，先载附从，疏亲悉发，乃从后去，当时见者莫不叹息。

既至交趾，交趾太守士燮厚加敬待。陈国袁徽以寄寓交州，徽与尚书令荀彧书曰：许文休英才伟士。……靖与曹公书曰："……又张子云昔在京师，志匡王室，今虽临荒域，不得参与本朝，亦国家之藩镇，足下之外援也。"……后刘璋遂使使招靖，靖来入蜀。璋以靖为巴郡、广汉太守。……建安十六年，转在蜀郡。十九年，先主克蜀，以靖为左将军长史。……靖虽年逾七十，爱乐人物。……章武二年（222）卒。

《吴志孙破虏讨逆传》裴松之注引《江表传》曰："策渡江攻秣牛渚营，是岁兴平二年（按：公元195年）也。"许靖走交州应当在此时。据《魏书·荀彧传》荀彧建安十七年（公元212年）卒，时年五十。建安元年（公元196年），汉献帝进彧为汉侍中，守尚书令。袁徽与尚书令荀彧书云士燮"保全一郡，二十余年疆场无事"，计此时当在公元200年前后。靖与曹公书提到张子云今虽临荒域云云，当指张津建安八年（公元203年）任交州牧。故知靖此时尚未离开交州。许慈"建安中与许靖等俱自交州入蜀"，这一时间当在建安八年至建安十六年（公元203—211年）之间。故许慈师事刘熙也应在公元210年以前。

从士燮开始担任交趾太守到建安十五年依附孙权，一共有大约三十年的时间。据史书记载，刘熙与到交州来避难的士人频繁来往也在这段时间之内，而在此之后，史书中就没有关于刘熙的消息了。

2. 严可均曰：_{铁桥漫稿四·对丁氏问}

《世说言语篇》注引伏滔论青楚人物，称刘成国为青土有才德者。北海属青州部，则今本云北海、云成国，是也。

按《世说新语言语篇》刘孝标注引东晋伏滔论青楚人物，曰："后汉时……郑康成……祢正平、刘成国，魏时管幼安、邴根矩……皆青土有才德者也。"祢衡（173—198）卒于建安三年，郑玄（127—200）卒于建安五年，伏滔不是以卒年排列人物先后的。若以生年排列，难道成国比祢衡还小吗？伏滔在郑玄、祢衡之间还提到了许多人物，他们是周孟玉、刘祖荣、临孝存、侍其元矩、孙宝硕、刘仲谋、刘公山、玉仪伯、郎宗。陈蕃为乐安太守时曾与郡人周璆（字孟玉）交往见《后汉书陈蕃传》。建宁元年，陈蕃八十岁见《后汉书窦武传》。则可知陈蕃生于公元88年左右。郑玄生时，陈蕃已年近四十，周璆不可能比郑玄还晚。伏滔将周孟玉排在郑康成后，当然也不是按照生年先后来排的。这样，也就无从认为刘熙的年辈比祢衡晚了。

周祖谟论曰：

> 夫玄度生于青土，且去魏不远，既以成国属汉，不属魏，益可证其为灵帝献帝间人，未尝入魏。不尔，则不得谓为有德之士矣。见《问学集·书刘熙释名后》

3. 《洪北江诗文集》卷第三曰：

> 《释名》：轻疾者曰赤马舟，其体正赤疾如马也。崔豹《古今注》：孙权时名舸为赤马，言如马之走陆也，又小舟名驰马。《北堂书钞》称《江表传》孙权名舸为马，言飞驰如马之走陆地也。又称杜预表长史刘循治洛阳以东运渠尝用赤马。按刘熙亦汉末三国时人，所云赤马舟当即指孙权所造而言。《抱朴子》水马飞凫义亦同。

洪北江称刘熙为"汉末三国时人"，正与《释名疏证序》同。该序疑为洪氏代作，说见前。孙权当政时期从建安五年（公元200年）开始。《释名》释"赤马舟"，说明此书当成于刘熙至交州后。

4. 《释天》："景，竟也。明所照处有竟限也。"毕沅云：俗书竟字加土傍非也。成蓉镜云：案毕氏序，定刘成国为汉末魏初人。钱氏大昕辛楣则据《吴志》"程秉、薛综、韦曜诸传"以为汉末名士，建安避地交州，故其书行于吴。考永和四年所立张平子碑，"自涉境以经于诸邑"，初平五年所立《周公礼殿记》节符典境，皆有境字。是汉季此字已通行，成国撰《释名》作境当是依俗为之，此类甚多。疏证补

5. 史书上与刘熙同名者。

严可均曰：铁桥漫稿四·对丁氏问

> 后汉光武十五王《传》别有刘熙，建安十一年嗣琅邪王，姓名

偶同，与撰《释名》者无涉。后数十年又有刘熙，《魏志刘馥传》馥孙熙嘉平六年嗣建成乡侯，尤与《释名》无涉。

《释名》中屡言及青徐方言和中州其他地区方言，说明《释名》的作者对家乡的语言、风俗很熟悉，他生活在家乡的时间至少不应短于十五至二十年。我们并不知道，他离开家乡以后是直接到了交州，还是先去别处。如果他先去别处游学，那么，到交州时可能已经不止20岁了。估计刘熙到交州的时间大概在公元183—200年之间。公元210年，他当薛综、许慈等人的老师，应该不会很年轻了。史书载程秉逮事郑玄，后避乱交州，与刘熙考论大义。刘熙和程秉可能同辈。许慈师事刘熙，善郑氏学。刘熙会不会是郑玄的学生呢？史书对此并没有记载。但至少在辈分上，刘熙应是郑玄（127—200）的学生。而且郑玄也是北海人，和刘熙同乡。假如刘熙晚于郑玄三十年以上，那么，刘熙的生年不会早于公元157年。如以公元157年作为他的生年，那么，光和末年刘熙应二十余岁，建安十五年刘熙应五十余岁。这个推算结果也许不会相差太远。

建安十五年士燮依附孙权以后，本来依附士燮的许多士人也有的随士燮投奔孙氏，有的则转投西蜀。而刘熙的行迹却自此失载。焦循认为士燮附孙权时，熙盖已前没。因为程秉、薛综，孙权尚以名儒而礼征之，况所师事者乎？见《孟子正义孟子题辞》疏另一种可能是，他留在交趾，不仕而终老一生。刘熙固然不可能投吴或投蜀，因为他当时已是名儒，若有投吴或投蜀之事，史家怎么会不记载呢？况且旧书亦皆题署刘熙为汉朝之人。孙权未征刘熙，一种可能当然如焦循所说，刘熙已没；还有一种可能是他已太老，无法从仕。我们刚才推算建安十五年刘熙已五十余岁，或许差不多。

所以，《释名》成书的时间大致可以定在公元210年前后。钱大昕有一段话说得很好：见《跋释名》

> 刘君汉末名士，建安中避地交州，故其书行于吴而韦宏嗣因有《辨释名》之作也。交州与魏隔远，不当有入魏之事，史又不言其曾仕吴，殆遁迹以终者，清风亮节亦管宁之流亚矣。

第二节 《释名》的整理与校勘

一、《释名》的版本以及清人对《释名》的整理

《隋书·经籍志》载："《释名》八卷，刘熙撰。"《崇文总目》亦著录"释名八卷"。我们现在能看到的古本是明嘉靖年间吕柟翻刻的南宋临安府陈道人书铺本，后来吴琯刊《古今逸史》、郎奎金刊《五雅全书》所刻《释名》都从吕本出。_{周祖谟《释名校笺》序}今天流传的《释名》版本主要有《四部丛刊》影印江南图书馆藏明翻陈道人本、《古今逸史》本、郎刻《五雅》本（改名《逸雅》）、《汉魏丛书》本、《格致丛书》本、《百名家书》本、毕效钦刻本。_{沈兼士（1927）}

明本讹误很多。清乾隆间毕沅作《释名疏证》取前代群书所引校之，一时称为善本。其《释名疏证序》曰：

> 暇日取群经及史汉书注、唐宋类书、道释二藏校之，表其异同，是正缺失，又益以《补遗》及《续释名》二卷，凡三阅岁而成，复属吴县江君声审正之。

然而也有人认为沅书其实是江声（1721—1799）所代作。黄侃《文字声韵训诂笔记·释名》曰："《释名》以《四部丛刊》本为佳，异于毕沅辈所妄改。"此句下有小字注曰："沅书实江声艮庭所代为。"

又在毕氏之前，段氏玉裁就曾对《释名》作过校勘。这些校释今散见于《说文解字注》中。（李茂康2002）毕氏《疏证》也屡次引用段校，例如：

> 《释天》："甲，孚甲也。"毕疏：今本作"孚也"从段校本增"甲"字。

> 《释言语》："敏，闵也。进叙无否滞之言也，故汝颖言敏如闵也。"毕疏：如本皆作曰，从段校本改。

《释言语》:"厚,后也,有终后也。故青徐人言厚如后也。"毕疏:"如"本皆作"曰",亦从段校本改。

《释言语》:"序,抒也,抴抒其实也。"毕疏:今本"抒"作"杼",抴作"拽"。从段校本改。

《释言语》:"助,乍也,乍往相助,非长久也。"毕疏:相助,本皆作相阻。伪。今从段校本改。

《释言语》:"噫,懯也,心有所念,懯然发此声也。"毕疏:段云:此噫字当是唫之误。

《释疾病》:"历髓,髓从耳鼻中出历历然也。"毕疏:此病名歷髓,《说文》髓,头髓也。从匕,匕,相匕箸也。巛像发,囟像髓形,俗通用脑字。今本水旁作巛作正,更讹谬。从段校改。

《释饮食》:"蟹胥,去其匡,蘁熟捣之,令如蘁也。"毕疏:"匡"下蘁字衍,据《北堂书钞·御览》引皆无。段云:当作"加蘁",脱"加"字。

《释采帛》:"绢,䌗也,其丝厚而疏也。"毕疏:今本䌗皆作"䌗",讹。段云:䌗,古坚字。当从䌗声。

《释书契》:"奏,邹也,邹,狭小之言也。"毕疏:段云:邹即《史记》《汉书》之所云鲰生,鲰者浅鲰,即狭小也。

后来,道光年间有江声弟子顾千里(1770—1839)《略例》、吴志忠校本。张氏金吾曰:

> 读瓻川吴氏新刊释名一过。《释名》久无善本。毕氏校本号称确核,然间有据他书臆改者。此本臆改更甚,且任意删并,未足据也。见《言旧录》

刘师培曰:

> 《释名》校本以毕氏《疏证》本为善,吴校非其匹也。毕校之长在于溯唐宋诸书所引以更明本之失。释名书后

对吴校本的评价都不高。

此后，有成蓉镜（1816—1883）之《释名补证》、吴翊寅之《释名校议》、孙诒让（1848—1908）之《札迻》，都是重要的校勘研究成果。光绪年间，王先谦（1842—1917）撰《释名疏证补》一书，集录众说，可称美备。

二、《释名》声训中的"俗字"

《释名》中本有很多《说文》未收之字，毕校本着遵《说文》的原则，常以《说文》某字改易《释名》中的这类所谓"俗字"。对此，成蓉镜作了批评。如"境"字，成氏曰：

> 是汉季此字已通行，成国撰《释名》作境当是依俗为之，此类甚多，毕校闲用《说文》改正，而江氏所书篆本尤夥，虽究六书之恉，然已失成国本来面目矣。于例当仍其旧，而注其下云"某，古只作某"。见《疏证补》

成国不必尽依六书，毕氏动辄改易，反失原貌。成氏的批评是对的。

兹将《释名》声训中的"俗字"摘举如下：

境《释天》：景，竟也。明所照处有竟限也。	王先谦曰：吴校本，竟作境。 毕沅云：俗书竟字加土傍非也。 成蓉镜云：考永和四年所立张平子碑，"自涉境以经于诸邑"，初平五年所立周公礼殿记"节符典境"，皆有境字。是汉季此字已通行，成国撰《释名》作境当是依俗为之，此类甚多，毕校闲用《说文》改正，而江氏所书篆本尤夥，虽究六书之恉，然已失成国本来面目矣。于例当仍其旧，而注其下云"某，古只作某"。
皓《释天》：夏曰昊天。其气布散颢颢也。	毕沅曰：颢，今本作皓，俗字也。《说文》"颢，白皃。从页、景。"《楚辞》"天白颢颢"，据此当作"颢"。
悬《释天》：玄，县也。如县物在上也。	毕沅曰：今本县下加心，俗。

悬《释疾病》：眩，县也，目视动乱，如县物摇摇然不定也。	毕沅曰：县，今本下从心，俗所加也。
耀《释天》：曜，燿也，光明照燿也。	毕沅曰：燿从火，今本从光，系俗字。
捍《释天》：寒，扞也，扞格也。	毕沅曰：今本扞作捍，俗字也。《礼记学记》"扞格而不胜"郑注：扞，坚不可入貌。然则当作扞格。
忤《释天》：午，忤也，阴气从下上，与阳相忤逆也。	毕沅曰：忤，俗字。当作啎。《说文》：午，啎也。五月阴气午逆阳，冒地而出也。又云：啎，屰也。从午吾声。
忤《释姿容》：寤，忤也。	毕沅曰：忤，俗字，当作啎
娪、忤《释长幼》：青徐曰娪。娪，忤也，始生时人意不喜，忤忤然也。	毕沅曰：娪忤皆俗伪字。《说文》午，啎也。啎屰也。当据以改正。
疠《释天》：札，截也，气伤人如有断截也。	毕沅曰：今本札字加疒，俗也。《均人》云：凶札则无力政。《左昭四年传》：民不夭札。皆止作札，不从疒。
妖、祅《释天》：妖，祅也，祅害物也。	毕沅曰：妖从女旁，祅从歹旁，并俗字。妖当作袄，两"祅"字当作"禾"。《说文示部》：袄，地反物为袄也。从示，芺声。又虫部，衣服歌谣草木之怪谓之袄。《左传》民不夭札。夭字不从歹。
垆《释地》：地不生物曰卤。卤，垆也，如垆火处也。	毕沅曰："垆"，《水经注》引作"卢"，今加火旁俗。
嶄《释山》：岑，嶄也，嶄嶄然也。	毕沅曰：嶄俗字也。当作渐。《诗小雅》渐渐之石。毛传：渐渐山石高峻。《释文》渐，士衔反。然则古通借渐字为之。
搆《释水》：沟，搆也，纵横相交搆也。	毕沅曰：搆当作冓，交积材也，象对交之形。今加手旁字俗。
洲《释地》：水中可居者曰洲。	毕沅曰：案，《说文》州从重川，俗作州傍加水，非。
荷《释丘》：阿，何也，如人儋何物，一边偏高也。	毕沅曰："儋何"今本作"担荷"，字俗。
岐《释道》：二达曰岐旁。	毕沅曰：《说文》跂，足多指也。则两岐似当作跂。世俗或以跂为企望，而以岐为两岐，盖音同假借也。
隧《释地》：城下道曰隧。	毕沅曰：隧，俗字也。《初学记》引作豪。

膿《释形体》：膿，醲也，汁醲厚也。	叶德炯曰：《说文》血部，衊，肿血也。从血，農省声。膿，俗衊，从肉，農声。今成国正用俗字。
瞳、眸《释形体》：童子。童，重也。肤幕相里重也。……或曰牟子，牟，冒也，相里冒也。	毕沅曰：今本童字、牟字皆加目旁，俗字也。《说文》：矑，童子也。又云：瞳，目童子精瞳也。又云：眜，目童子不正也。又云盲，目无牟子。童、牟皆不从目。
须《释形体》：颐下曰须。	毕沅曰：《说文》作须，云面毛也。从页彡。须乃俗字。
髯《释形体》：在颊耳旁曰髯。	毕沅曰：髯俗字。《说文》作顄，云：颊须也。从须冄，冄亦声。
滨《释形体》：其上连发曰鬓。鬓，滨也，厓也，	毕沅曰：滨，俗字也。《说文》頻，水厓也。人所宾附，頻戚不前而止，从页从涉。则当为濒，《诗采苹》南涧之濒。今亦通作滨字，姑仍之。
抑《释形体》：臆，犹抑也，抑气所塞也。	毕沅曰：抑，当从反印作𠨎，今俗皆作抑。
胞《释形体》：脬，鞄也。	毕沅曰：脬，今本作胞。案《说文》胞，儿生裹也。乃别一字，俗以音同便借用。晋《嵇康与山巨源绝交书》云：每常小便而忍不起，令胞中略转乃起耳。是魏晋人即以胞为脬也。
膈《释形体》：膈，塞也。	毕沅曰：鬲加月旁作俗字也，当作鬲。
腕《释形体》：腕，宛也，言可宛屈也。	毕沅曰：此俗字也。当作掔。
奏《释姿容》：疾趋曰走。走，奏也。	毕沅曰：奏正作𡴎，俗通作奏。
掣《释姿容》：掣，制也。	毕沅曰：字俗本应作瘛。
批《释姿容》：批，裨也，两相裨助，共击之也。	毕沅曰：字俗当作捭。《说文》捭，两手击也。正与下义合。
蹙《释姿容》：蹙，遒也，遒迫之也。	毕沅曰：字俗，古通用戚。
眠《释姿容》：眠，泯也。	毕沅曰：俗字也。《说文》瞑，翕目也。与睡连文。当从之。
嵌《释姿容》：欠，钦也。	毕沅曰：今本"钦"上加"山"乃俗书之无谊理者。《说文》钦，欠皃。故云：欠，钦也。

笑《释姿容》：笑，钞也，颊皮上钞者也。	毕沅曰：笑当作芺，本是草，从草，夭声。借为歔瘉相芺之芺。作草书者，凡草头辄作两点一画，而夭文又或书似大字，以两点一画加大字上遂成关字，颜师古注《汉书薛宣传》以关为古笑字。据师古注则可知芺字从草不从竹矣。徐铉案：孙愐《唐韵》引《说文》从竹从夭，云：喜也。遂于竹部增一"笑"字。又案：《五经文字》从竹下犬。今俗闲皆依徐作笑字矣。
童《释长幼》：十五曰童。	毕沅曰：《说文人部》云：僮，未冠也。辛部云：男有辠曰奴，奴曰童。此文皆当作僮，然二字世俗乱之已久，《礼记内则》曰：成童舞象。郑注云：成童，十五以上。
祚《释亲属》：祖，祚也。	毕沅曰：祚，俗字，当作胙。
燋《释言语》：燥，焦也。	毕沅曰："焦"本皆作"燋"，俗。
逆《释言语》：逆，遻也。	毕沅曰：《说文》逆，迎也。从辵，屰声。屰，不顺也，从干下凵，屰之也。此当作屰，而俗通作逆。
坠《释言语》：退，坠也。	毕沅曰：《礼记檀弓》退人若将队诸渊。队本字，俗加土。
累《释言语》：赢，累也，恒累于人也。	毕沅曰：累，本作纍，从糸畾声。俗省畾为田，失其声矣。
蹤《释言语》：蹤，从也。	毕沅曰：足傍箸从亦俗字。《说文》䢃，车迹也。当作䢃。
将《释言语》：将，救护之也。	毕沅曰：案：《说文》䍿训扶。此当作䍿。俗通作将。
停《释言语》：停，定也，定于所在也。	毕沅曰：停为亭字之俗。《说文》亭，民所安定也。此亭馆之亭有停止之义，即以为亭止字，不当有人傍。
惘《释言语》：望，惘也，视远惘惘也。	毕沅曰：心旁箸冈亦俗字。
洁、確《释言语》：洁，確也，確然不群貌也。	毕沅曰：洁本无水旁，確亦俗字。案《说文》雈，高至也。从隹上出冂。是则不群之意也，然则此当作雈。
私《释言语》：私，恤也，所恤念也。	毕沅曰：《说文》引《韩非子》曰：自营为厶。《韩子》则作自环为厶。俗作私别。
佐《释言语》：佐，左也，在左右也。	毕沅曰：佐，俗字也。辅佐之佐本作左，今之左右本作𠂇。

鸣《释言语》：鸣，舒也。	毕沅曰：本作乌，加口傍俗。
嗽《释饮食》：嗽，促也，用口急促也。	毕沅曰：《说文》欶，吮也。从欠束声。此加口傍字俗。
腤《释饮食》：腤，蒿也，香气蒿蒿也。	毕沅曰：今本腤作䐊，俗字也。《御览》引作腤，据改。
豉《释饮食》：豉，嗜也。	毕沅曰：《说文》尗部：䜴，配盐幽尗也。今本作豉，俗。
腴《释饮食》：腴，奥也。	毕沅曰：奥加月傍俗字也。《礼记内则》有鸨奥。郑注云：脆胵也。奥不从肉。
膹《释饮食》：肺膹。	毕沅曰：今本膹作臇，俗讹字也，据《御览》引改。《说文》膹，切肉内于血中和也。
醳《释饮食》：醳酒，久酿酉泽也。	毕沅曰：此《礼记》所谓旧繹之酒也。醳当作繹，从糸，睪声。俗从酉睪。
疏《释采帛》：疏者，言其经纬疏也。	毕沅曰：疏为疏之俗体。《后汉书文苑传》祢衡著布单衣疏巾，后人又改作练，皆《说文》所无。
帽《释首饰》：帽，冒也。	毕沅曰：此俗字也。《说文》作冃，云：小儿及蛮夷头衣也。
簪《释首饰》：簪，兓也。	毕沅曰：本作兂，则音反。《说文》俗兂从竹晉。
镊《释首饰》：镊，摄也，摄取发也。	毕沅曰：此俗字也。依《说文》当作籋。
袖《释衣服》：袖，由也，	毕沅曰：《说文》褎袂也。从衣采声。袖，俗褎从由。
鹞《释衣服》：摇翟。	毕沅曰：《周礼》作：揄狄。郑康成注作摇翟。声近字通也。诸本并从《尔雅》摇字作鹞，俗书也。
褶《释衣服》：褶，袭也。	毕沅曰：《说文》䙲，重衣也。从衣執声。此褶字乃俗作。
襦《释衣服》：襦，属也。	毕沅曰：此俗字也。衣裳上下联属即谓其衣为属。世俗以其是衣名，辄加衣旁，类如此者不一而足。今虽仍之，亦必加以举正，使古文不尽泯云。

韝《释衣服》：韝，襌衣之无胡者也。	毕沅曰：亦俗字也。本韋旁作《说文》韝，射臂决也。《仪礼》乡射袒决遂。郑注：遂，射韝也。所以敛衣。然则韝者，著于左臂，韬袖使直者也。因而谓直袖之衣为韝，言若著韝然也。
衫《释衣服》：衫，芟也。	毕沅曰：此俗字。《说文新附字》乃有之。
袿《释衣服》：妇人上服曰袿。	毕沅曰：郑注《周礼内司服》云：今世有圭衣者，盖三翟之遗俗。今本圭字加衣旁，俗也。
襈《释衣服》：襈，缘也。	毕沅曰：此亦俗字。《说文》所无。
篱《释宫室》：篱，离也。	毕沅曰：离上加竹，俗字，《说文》所无。
撤《释宫室》：又谓之彻，彻，紧也。	毕沅曰：今本彻从手旁，俗也。古通用彻。
庵《释宫室》：又谓之庵。	毕沅曰：此俗字也。又或奄上加草，《玉篇》以荨为古文庵，皆不见于《说文》。郑注《礼记丧服四制》云：暗谓庐也。又注《尚书无逸》亦云：暗庐也。则此义当作暗。
藏《释宫室》：仓，藏也，藏谷物也。	毕沅曰：藏，古但作臧。俗书乃加草。《说文》仓，谷臧也。仓黄取而臧之，故谓之仓。
囤《释宫室》：囤，屯也，屯聚之也。	毕沅曰：《说文》笔，篅也。从竹屯声。此囤乃俗字。
囷《释宫室》：囷，以草作之，团团然也。	毕沅曰：《说文》篅，以判竹圜以盛谷也。从竹耑声。此作圂，亦俗字。王启原曰：本书言以草作之，与《说文》异，故《苍颉篇》亦作圂，云：圆仓也。汉人则多从竹。《淮南子·精神篇》《急就章》俱言篅笔。《齐民要术》种稻法，净淘种子，渍，经三宿漉出，内草篅裹。明言草作，而字作篅。
圊《释宫室》：或曰圊。	毕沅曰：圊亦俗字。据《一切经音义》《御览》引皆作清。《说文》厕，清也。
榻《释床帐》：长狭而卑曰榻。	毕沅曰：㯓字加木旁俗。
褥《释床帐》：褥，辱也，人所坐亵辱也。	毕沅曰：衣旁作褥，俗字也。于文当作蓐。
漫《释床帐》：幔，漫也，漫漫相连缀之言也。	毕沅曰：漫字当从《说文》作曼。曼，引也。据云相连缀，自当用曼引之曼，今加水旁，俗。

瘝《释疾病》：瘝，瘝也，生瘝故皮也。	毕沅曰，瘝字俗，说见前。
幢《释床帐》：幢容，幢，童也。	毕沅曰：案童容加巾旁俗字也。郑仲师注《周礼巾车》云：容谓襜车，山东谓之常帷，或曰童容。郑康成笺《氓诗》云：帷裳，童容也。
簿《释书契》：或曰簿，言可以簿疏物也。	毕沅曰：簿，俗字也。据汉《夏承碑》为主薄督邮。《韩勅碑》主薄鲁薛陶。《武荣碑》郡曹史主薄。古薄字皆从草，明矣。然诸史书并从竹，如籍藉之类，亦互相通。
莂《释书契》：莂，别也，大书中央中破别之也。	毕沅曰：莂字俗。《玉篇》始载之。孙诒让曰：莂即别之变体，从草无义。考《广雅十七》薛有莂字。注：一云分契，盖符契，古多用竹，莂亦本从竹，变为艹（隶书从竹字多从艹）。
镈《释用器》：镈，沟也。	毕沅曰：镈俗字。《齐民要术》从耒旁作耩字。
锶《释用器》：锶，锶弥也。	毕沅曰：此当止作斯，加金旁俗字也。
埙《释乐器》：埙，喧也。	毕沅曰：《说文》作壎。云：乐器也。以土为之，六孔，从土熏声。今作埙，俗。
陗《释兵》：削，陗也，其形陗杀裹刀体也。	毕沅曰：今本陗俱作峭，俗，从《说文》改。
捧《释兵》：琫，捧也，捧束口也。	毕沅曰：捧，俗字。本作奉。
遥《释车》：轺车，轺，遥也；遥，远也。	毕沅曰：遥字俗，当作䍃。《说文》毁，䍃击也。是即毁鼠忌器之毁也。则䍃为䍃远字明矣。
埍《释车》：毂，埍也，体坚埍也。	毕沅曰：埍，俗字，依《说文》作塙，云：坚不可拔也。从土，高声。
辋《释车》：辋，罔也。	毕沅曰：辋，俗字也。《考工记轮人》云：牙也者，以为固抱也。郑仲师注：牙读如跛者迓，跛者之迓谓轮辂也。世间或谓之罔然。则罔字不从车。

輠《释车》：輠，裹也，裹轵头也。	毕沅曰：輠，案当作楇。《说文》无輠字。《史记孙卿传》炙毂过髡。裴注引《别录》曰：過字作輠，輠者，车之盛膏器也。据此谊以求其字，则当作楇。《说文》楇，盛膏器。从木，咼声。读若過。然则楇乃正字，過者假借，輠则俗字也。《泉水诗》云：载脂载舝。脂谓以膏裹轵头也。轵者毂之小穿也。有膏则滑泽而毂利转，故车有盛膏器，字本作楇也，世俗因其在车，辄作车旁果字。
躸《释车》：棠，樘也。	毕沅曰：樘，今本作躸。俗讹字也。《说文》樘，衺柱也。从木，堂声。据谊改。
舠《释船》：三百斛曰舠。	毕沅曰：舠，俗字也。当作刀。《北堂书钞》《初学记》《御览》皆引作"舠"。案，《说文》舠，船行不安也。从舟，刑省声，读若兀，则舠字音谊皆非矣。《毛诗河广》云：曾不容刀。郑笺：小船曰刀。则古止作刀。乃《诗正义》《诗释文》并云：《说文》作舠。今《说文》实无舠字。岂唐人所见异本与？《一切经音义》引《方言》：南楚江湖小艒䑿谓之艇。郭璞曰：艇，舠也。舠音刀。案，今《方言》郭注作：艇，舢也。然《一切经音义》明音刀，则非形误矣。舠字故当仍之。《诗正义》引此则作"刀"。《艺文类聚》引亦作"刀"，刀正字也。
痒《释疾病》：痒，扬也。	毕沅曰：痒俗字。《说文》作蛘，云：搔蛘，从虫，羊声。搔括也。今《内则》痒不敢搔。《一切经音义》引作：蛘不敢搔。又云作痒，亦非。痒是病名。
髨《释疾病》：髨，头生创也，头有创曰疡，髨亦然也。	毕沅曰：髨俗字。《说文·髟部》有鬜字，云：鬓秃也，从髟闲声。《玉篇》音苦闲、口瞎二切。《广韵》恪八切，秃鬜也。昌黎《南山诗》或赤若秃鬜，用此。又郑注《明堂位》云：齐人谓无发为秃楬，是亦可借楬字为之。《释文》楬，徐苦瞎反，又苦八反，与近人言秃创为卢盍切者皆相近。
胚《释疾病》：胚，否也，气否结也。	毕沅曰：胚，俗字。《说文》作痞，痛也。从疒否声。

疮《释疾病》：创，戕也，戕毁体使伤也。	毕沅曰，《说文》，创，伤也。《一切经音义》云，古文作戗刃二形，同楚良切。施本作疮字，俗，今从各家本。
伺《释丧制》：下杀上曰弑。弑，伺也，伺间而后得施也。	毕沅曰：伺字司之俗。
腰《释丧制》：斫头曰斩，斩要曰要斩。	毕沅曰，要字《说文》作𦝫，身中也。象人要自臼之形。从臼，交省声。今本要从肉旁作，俗字也。
埋《释丧制》：葬不如礼曰埋。埋，痗也。	毕沅曰：埋，俗字。《说文》作薶，云：瘗也。

第三节　释名声训的体例和材料的有效性

顾千里《释名略例》分《释名》之例有二：曰本字、曰易字。犹有十凡：

一曰本字："冬曰上天，其气上腾，与地绝也。"以"上"释"上"之属；

二曰叠本字："春曰苍天，阳气始发，色苍苍也。"以"苍苍"释"苍"之属；

三曰本字而易字："宿，宿也，星各止宿其处也。"以止宿之"宿"释星宿之"宿"之属；

四曰易字："天，显也，在上高显也。"以"显"释"天"之属；

五曰叠易字："云犹云云，众盛意也。"以"云云"释"云"之属；

六曰再易字："腹，复也，富也。"以"复也，富也"再释"腹"之属；

七曰转易字："兄，荒也；荒，大也。"以"荒"释"兄"，而以"大"转"荒"之属；

八曰省易字："绨，似螮虫之色，绿而泽也。"以"螮"释"绨"，而省"螮也"之属；

九曰省叠易字："夏曰昊天，其气布散晧晧也。"以"晧晧"释"昊"，而省"犹晧晧"之属；

十曰易双字："摩娑犹末杀也。"以"末杀"双字释"摩娑"双字之属。

一至二属"本字例",四至十属"易字例",第三半属本字半属易字。

"转易字"后半如"荒,大也"不是声训,只是义训。"易双字"多为叠韵字,如:

摩娑:末杀(释姿容)

婆娑:局缩(释姿容)

觚摘:谲摘(释姿容)

侯头:解渎(释衣服)

鞲鞻:速独(释衣服)

不借:搏腊(释衣服)

樕儒:侏儒(释宫室)

裒溲:娄数(释牀帐)

鞞輗:祕簘(释车)

张氏金吾引申其说,于本字、易字外增一例,曰借字。又分借字为五例,一曰借字。青徐人谓长妇曰稙,禾苗先生者曰稙,取名于此也。借禾苗之稙释长妇之稙,如此之属是也。一曰借本字。弦,月半弓之名也,其形一旁曲一旁直,若张弓施弦也。以半月似弦,借弦释弦,如此之属是也。一曰借易字。珥,气在日两旁之名也,珥,耳也,言似人耳之在面旁也。以旁气似耳,借珥释耳,如此之属是也。一曰借双字。土赤曰鼠肝,似鼠肝色也。以土赤似鼠肝即借鼠肝释之,如此之属是也。一曰省借字。四达曰衢,齐鲁谓四齿杷为欋,欋杷地则有四处,此道似之也。借欋释衢,而省衢、欋也云云,如此之属是也。又于易字下增一例曰易字兼本字。七年曰悼,悼,逃也,知有廉耻隐逃其情也;亦言是时而死可伤悼也。以逃释悼,兼以伤悼释悼,如此之属是也。省叠易字下增一例曰省再易字。颊,夹也,两旁称也;亦取挟敛食物也。以夹释颊,再以挟释颊,而省挟也云云,如此之属是也。见《言旧录》

杨树达《释名新略例》分《释名》声训为三大例:一曰同音,二曰双声,三曰叠韵。同音包括:一曰以本字为训,如以宿释宿;二曰以同音字为训,如以省释眚;三曰以同音符之字为训,如以闵释旻;四曰以音符之字为训,如以止释趾;五曰以本字所孳乳之字为训,如以忾释气。见《积微居小学金石论丛》

《释名》声训的体例,顾氏千里首开其端,张氏金吾、杨氏树达等相继增广之。其例愈演愈细,然而若从音韵的角度来看,又似嫌繁而不简。沈兼士(1933)提出声训之例有三:

一、以本字相释。如《易序卦》："蒙者，蒙也。"
二、以音近字相释。如《易说卦》"乾，健也。"
三、以同声母字相释。如《易象传》："咸，感也。"

沈氏之说对于声训之音韵方面可谓最为扼要。本文亦分声训体例为三，而曰"本字声训"，以本字释本字者；曰"谐声声训"，以同声符字相释者，即杨树达以"闵"释"旻"、以"止"释"趾"、以"忾"释"气"之类；曰"纯声训"，以声符不同之字相释者。"本字声训"亦即顾氏之本字例，"谐声声训""纯声训"亦即顾氏之易字例。

这三种体例的声训材料，对于音韵学来说有不同的效用，其次序为：

低	中	高
本字声训	谐声声训	纯声训

第四节　《释名》声训的传承关系

一、释名与今文说

周祖谟注意到声训和今文经的关系，他说：

> 声训之事，起于易传，而发扬推衍之者，实为汉之今文经家。如班固白虎通义所集汉人解字之说皆为今文经家之言是也。若刘熙者，是否为今文经家不可知，其释名即音说义，则承袭今文经家之绪余，固无疑也。见《问学集·书刘熙释名后》

即从释名来看，亦可知刘熙和今文学渊源之深，兹举数证如下：

1. 《释地》："徐州贡土五色"系出《尚书·禹贡》，其文曰：

（一）"土青曰黎，似藜草色也"皮锡瑞曰：
案《史记》作：厥土青骊，骊亦青黑之色。成国据今文，与

《史记》意同而字异。马曰黎，小疏也。古文说不以黎为色。见《疏证补》

(二) "土黄而细密曰埴。埴，腻也，黏脆如脂之腻也。"皮锡瑞曰：

案，今本《尚书》作"埴"，据成国所引今文《尚书》作"埴"，则伪孔盖从今文《尚书》。《释文》云：徐、郑王皆读曰炽，炽，赤也，与黏土训异。盖古文说。与成国所引今文义不同。见《疏证补》

(三) "土黑曰垆，垆然解散也。"皮锡瑞曰：

《说文》垆，黑刚土也。郑注：垆，疏也。古文《尚书》作垆，成国据今文，不从土。见《疏证补》

2.《释州国》："兖州，取兖水以为名也。"叶德炯曰：

《说文》沇，山间陷泥地也。从口从水败皃。读若沈州之沈，九州之渥地也。故以沇名焉。沿，古文沇。此古文盖《尚书》古文，其读若则今文字也。汉碑书兖作兖，兀即沈旁之水，横书作兀，而略有增配，再省则为兖矣。成国九州多本今文家说，此可证也。见《疏证补》

3.《释形体》："肝，榦也，于五行属木"苏舆曰：

《五经异义》云：今文《尚书》欧阳说：肝，木也。心，火也。脾，土也。肺，金也。肾，水也。古文《尚书》说：脾，木也。肺，火也。心，土也。肝，金也。肾，水也。成国以肝属木，肾属水，即用今文说之显证。见《疏证补》

4.《释丧制》："徂落，徂，祚也。福祚殂落也。徂亦往也，言往去落也。"叶德炯曰：

《释诂》殂落，《正义》引李巡云：殂落，尧死之称。案《说文》歺部》"殂"往死也。《虞书》曰：放勋乃"殂"，无落字。此真古文也。今大徐本多一落字，小徐本少一放字，皆非许氏之旧。师古《汉书王莽传》注引《虞书》放勋乃殂，此必马郑古文旧本，与许本合。其有落字者，如《白虎通》书言殂落，死者各自见义。《御览礼仪部二十七》引《五经通义》放勋乃殂落。《春秋繁露·爕燠孰多篇》亦引放勋乃殂落，皆今文也。今伪传作：帝乃殂落，是以今当古矣。《孟子》放勋乃殂落。赵注：放勋，尧名；殂落，死也。与李巡《尔雅》注合，亦今文说也。成国所据亦是今文，当是今文家有此说，故采之也。见《疏证补》

5. 释名声训承袭白虎通、纬书者甚众。

二、刘熙和郑玄

张舜徽认为刘熙是郑玄弟子，其根据是《三国志·程秉传》："逮事郑玄，避乱交州，与刘熙考论大义。"《许慈传》："慈师事刘熙，善郑氏学。"见《郑学传述考》，郑学丛著但是二《传》只是说程秉"逮事郑玄"，许慈"善郑氏学"，并未明言刘熙和郑玄的关系。故不能据此断定刘熙是郑氏弟子。

郑氏之学兼通古、今文，他不仅注经，还曾注纬。贾公彦序周礼废兴引郑氏周礼序云："就其原文字之声类，考训诂。"而郑氏注中亦有不少声训，刘熙《释名》声训与郑玄注相合者甚夥，此均可证明刘熙虽未必与郑玄有师徒关系，但二人在声训学上确有传承关系。

郑玄和刘熙同为北海人，二人年代又很近，故本书以郑玄音注作为与《释名》声训比较的一个重要材料。但由于郑玄音注中的声训材料数量有限，不利于有效的比较，本书并不限于采用郑玄音注中的声训，其他性质的音注，如假借、直音等也都被利用。

三、释名声训的时间断限

《释名》中的声训材料，反映的究竟是刘熙时代（汉末）的语音，还是更早时代的语音呢？《释名》中的声训材料，反映了很多上古才有的现象，尤其是声母方面，不论是清鼻音还是各种复声母。韵部方面，也有很多与东汉现象不同的，比如：歌部支未并入支部；阳部庚未转入耕部；鱼部麻未必转入歌部；鱼部虞、侯部虞不混，等等。对此有两种可能的解释：一是刘熙释名的材料取自前人，反映的是以前的语音；二是刘熙释名的材料反映的是刘熙的方言，该方言的语音较接近古音。

刘熙的方音即齐方言。据拙文《汉末齐人诗文韵部考》，其韵部特点有：鱼部麻已转入歌部；侯部虞似已转入鱼部；歌部支并入支部；阳部庚已转入耕部；等。恰与《释名》相反，而与东汉末现象吻合。这说明齐方言并不近古，故第二种解释可排除。

现在只剩下一种解释，《释名》中很多的声训确实可以在前刘熙时代的典籍中找到记载，由此可知，刘熙乃博采前人之说，集声训之大成而著《释名》，故其声训材料保存了许多古老的语音现象。

兹参照《疏证补》中各家注解，将《释名》声训与前刘熙时代典籍中的声训相同者摘录如下，作为"释名声训溯源"一表。

释名	先秦 易
《释天》：于《易》为艮，艮，限也，时未可听物生限止之也。	《易》艮其限。（王先慎）
《释采帛》：黄，晃也，犹晃晃，像日光之色也。	案《说文》无晃字。本作"煌"。《御览天部》三引《易传》云：日煌煌似黄。（叶德炯）
《释天》：于《易》为兑，兑，说也，物得备足皆喜说也。	《说卦》：说言乎兑，又曰：兑，正秋也，万物之所说也。故曰说言乎兑。（毕沅）
《释衣服》：履，礼也，饰足所以为礼也。	《周易序卦》物畜然后有礼，故受之以履。（毕沅）
《释长幼》：百年曰期颐。颐，养也。老昏不复知服味善恶，孝子期于尽养道而已也。	《周易序卦》颐者，养也。（毕沅）
《释天》：于《易》为离，离，丽也，物皆附丽阳气以茂也。	《序卦》：离者，丽也。（毕沅）
《释形体》：颐，养也，动于下止于上，上下咀物以养人也。	《易卦》震下艮上为颐。震动艮止，动于下止于上也。《序卦》曰：颐者养也。（毕沅）
《释言语》：夬，决也，有所破坏，决裂之于终始也。	《周易》有夬卦。《象传》曰：夬，决也。（毕沅）
《释天》：于《易》为坎，坎，险也。	《象传》习坎，重险也。（毕沅）

《释州国》：晋，进也。其地在北，有事于中国，则进而南也。又取晋水以为名，其水迅进也。	本《易彖辞》。（王先慎）
《释天》：《易》谓之乾。乾，健也。健行不息也。	《易系辞》云：夫乾，天下之至健也。（毕沅）
《释地》：《易》谓之坤，坤，顺也，上顺乾也。	《易系辞》：夫坤天下之至顺也。象曰：至哉坤元，万物滋生乃顺承天。（毕沅）

尸子

《释天》：冬，终也，物终成也。	《尸子》曰：冬为信，北方为冬，冬，终也。（皮锡瑞）

诗叙

《释言语》：颂，容也，叙说其成功之形容也。	《诗叙》曰：颂者，美盛德之形容，以其成功告于神明者也。（毕沅）

尔雅

《释道》：八达曰崇期。崇，充也，道多所通，人充满其上如共期也。	《尔雅释诂》崇，充也。（毕沅）
《释形体》：首，始也。	《释诂》首，始也。（毕沅）
《释姿容》：乘，升也，登亦如之也。	《释诂》登，升也。（叶德炯）
《释亲属》：夫之兄曰公。公，君也。君，尊称也。	《释诂》公，君也。（先谦）
《释采帛》：白，启也，如冰启时色也。	《尔雅》马前足皆白，启。（王启原）

管子

《释州国》：益州，益，厄也，所在之地险厄也。	《管子山权数》云：厄者，所以益也。（王先慎）

苍颉篇

《释姿容》：引，演也，使演广也。	《文选西京赋》注引《苍颉篇》云：演，引也。（叶德炯）
《释车》：舆，举也。	《众经音义》引《苍颉篇》轝，举也。舆、轝同。（苏舆）

荀子

《释言语》：友，有也，相保有也。	《荀子大略篇》友者，所以相有也。（王先慎）

《释丧制》：葬，藏也。	《荀子·礼论篇》故葬埋敬藏其形也。（叶德炯）

西汉
尚书大传

《释天》：夏，假也，宽假万物使生长也。	《尚书大传》曰：夏者，假也。吁荼万物而养之外也。（毕沅）

韩婴

《释亲属》：父之弟曰仲父。仲，中也，位在中也。	《韩诗》仲氏任只。注：仲，中也。言位在中也。（王先慎）

世本

《释乐器》：箜篌，师延所作靡靡之乐也。后出于桑间濮上之地，盖空国之侯所存也。	《通鉴汉纪三十六》胡三省注引《世本作篇》云：空侯，空国侯所造。（成蓉镜）

刘歆

《释宫室》：宇，羽也，如鸟羽翼自覆蔽也。	《尔雅释乐》羽谓之柳。《释文》引刘歆注：羽，宇也。物聚藏，宇覆之也。（叶德炯）
《释丧制》：舆棺之车曰辆。……其盖曰柳。柳，聚也。	唐徐景安《乐书》引刘歆注，五音备成如物之聚而为柳。（叶德炯）

纬书

《释天》：日，实也。光明盛实也。	《开元占经五》引《春秋元命苞》云：日之为言实也、节也，含一开度，立节使物咸别，故谓之日。言阳布散如一，故其立字四合共一者为日。（王启原）
《释天》：月，阙也。满则阙也。	《春秋元命包》"月之为言阙也"。（王先慎）
《释天》：春，蠢也，万物蠢然而生也。	《春秋元命包》云：春含名蠢位东方动春明达。注：春之言蠢，东之言动，含此名以自明自达也。（皮锡瑞）
《释天》：春，蠢也，万物蠢然而生也。	《春秋说题辞》：春，蠢兴也。（苏舆）
《释天》：土，吐也，能吐生万物也。	《春秋元命包》：土之为言吐也，言子成父道吐也。（皮锡瑞）
《释天》：未，昧也，日中则昃向幽昧也。	《玉烛宝典》引《诗汜历枢》云：未者，昧也；昧者，盛也。（苏舆）
《释天》：庚，犹更也，庚，坚强貌也。	《玉烛宝典》引《元命苞》：庚者，物色更，与此训合。（苏舆）

《释天》：壬，妊也，阴阳交物怀妊也，至子而萌也。	《玉烛宝典》引《元命苞》：壬者，阴始任。宋均云：壬，始任育。（苏舆）
《释天》：癸，揆也，揆度而生乃出土也。	《玉烛宝典》引《元命苞》：癸者，有度可揆绎。宋均云：至癸，萌渐欲生，可揆寻绎而知。（苏舆）
《释天》：云，犹云云，众盛意也。又言运也，运行也。	《初学记》引《春秋说题辞》云：云之为言运也。动阴路触石而起谓之云，合阳而起以精运也。（孙楷）
《释天》：雾，冒也，气蒙乱覆冒物也。	《初学记》一、《御览》十五引《春秋元命苞》云：雾，阴阳之气也。阴阳怒而为风，乱而为雾，气蒙冒覆地之物也。（王启原）
《释水》：海，晦也，主承秽浊，其色黑而晦也。	《博物志》引《尚书考灵曜》云：海之言昏晦无所睹也。（王启原）
《释州国》：兖州，取兖水以为名也。	《晋书·地理志》引《春秋元命包》云："盖取兖水以名焉。"
《释州国》：雍州，在四山之内雍翳也。	《御览》百六十四引《春秋元命苞》曰：雍，壅也。东踞殽阪，西有汉中，南合嵩山，北阻句庸。（王启原）
《释州国》：冀州，亦取地以为名也。其地有险有易，帝王所都，乱则冀治，弱则冀疆，荒则冀丰也。	《晋书·地理志》引《春秋元命苞》云：昴毕散为冀州，分为赵国，其地有险有易，帝王所都，乱则冀安，弱则冀疆，荒则冀丰。（王启原）
《释州国》：益州，益，厄也，所在之地险厄也。	《春秋元命苞》益之为言厄也。（王先慎）
《释姿容》：卦卖，卦，挂也，自挂于市而自卖边，自可无慙色，言此似之也。	《易乾卦》疏引《易纬》云：卦者挂也。言悬挂物象以示于人，故谓之挂。（先谦）
《释言语》：孝，好也，爱好父母，如所说好也。《孝经说》曰，孝，畜也。畜，养也。	此所引《孝经说》盖《孝经》纬，《援神契》之文曰：庶人孝曰畜，畜者，含畜为义。庶人含情受朴躬耕力作以畜其德，则其亲获安，故曰畜也。（毕沅）
《释典艺》：礼，体也，得其事体也。	《御览》引《春秋说题辞》云：礼者，体也。（苏舆）
《释典艺》：尚书，尚，上也。以尧为上，始而书其时事也。	《书正义》引《尚书璇玑钤》云：《尚书》篇题号尚者，上也。（王启原）
《释典艺》：尚书，尚，上也。以尧为上，始而书其时事也。	《春秋说题词辞》云：尚者，上也。上世帝王之书也。（苏舆）
《释车》：羊车，羊，祥也。	《春秋说题辞》羊者，祥也。（王启原）

《释丧制》：葬，藏也。　　　　　　《御览礼仪部三十二》引《春秋说题词》云，葬，尸下藏也。（叶德炯）

《释天》：春曰苍天。阳气始发，色苍苍也。夏曰昊天。其气布散颢颢也。秋曰旻天。旻，闵也。物就枯落，可闵伤也。冬曰上天。其气上腾，与地绝也。故《月令》曰：天气上腾，地气下降。　　《五经异义》引古《尚书说》云，元气广大则称昊天，仁覆闵下则称旻天，自上监下则称上天，据远视之苍苍然则称苍天。（王先慎）

毛传

《释天》：光……亦言广也。所照广远也。　　《诗敬之传》"光，广也。"（王先慎）

《释姿容》：乘，升也，登亦如之也。　　《诗七月》亟其乘屋。《传》乘，升也。（叶德炯）

《释姿容》：怀……亦言归也，来归己也。　　《诗南山》鼓钟匪风。《传》怀，归也。（王先慎）

《释言语》：曲，局也，相近局也。　　《诗正月》不敢不局。《传》局，曲也。（王启原）

《释言语》：威，畏也，可畏惧也。　　《诗巧言》昊天已威。《毛传》威，畏也。（叶德炯）

《释首饰》：掭，摘也，所以摘发也。　　《诗君子偕老》云：象之掭也。《毛传》掭所以摘发也。（毕沅）

《释衣服》：领，颈也，以壅颈也。　　《诗》：《朔人》《桑扈》，《毛传》并云：领，颈也。（王先慎）

《释衣服》：幅所以自偪束。　　《诗采菽》邪幅在下。《毛传》幅，偪也。以自偪束也。（毕沅）

《释宫室》：狱，确也，言实确人情伪也。　　《诗行露传》狱，埆也。（王启原）

《释兵》：其末曰栝，栝，会也，与弦会也。　　《诗》曷其有佸。《传》佸，会也。德音来括。《传》：括，会也。（皮锡瑞）

《释车》：靷，所以引车也。鋈，沃也，冶白金以沃灌靷环也。续，续靷端也。　　《小戎传》：靷，所以引也。鋈，白金也。续，续靷也。（毕沅）

史记

《释天》：星，散也，列位布散也。　　《史记·天官书》曰：星者，金之散气。（皮锡瑞）

《释天》：子，孳也，阳气始萌孳生于下也。　　《史记律书》：子者，滋也。滋者，言万物滋于下也。滋与孳通。（毕沅）

《释天》：丑，纽也，寒气自屈纽也。　　《律书》：丑者，纽也。言阴气在上未降，万物厄纽未敢出。（毕沅）

《释天》：巳，已也，阳气毕布已也。	《律书》：巳者，言阳气之已尽也。（毕沅）
《释天》：甲，孚甲也，万物解孚甲而生也。	《律书》：甲者，万物剖孚甲而出也。剖亦有解义。（苏舆）
《释天》：乙，轧也，自抽轧而出也。	《律书》：乙者，言万物生轧轧也。（毕沅）
《释天》：丁，壮也，物体皆丁壮也。	《律书》：丁者，言万物之丁壮也。故曰丁。（毕沅）
《释天》：癸，揆也，揆度而生乃出土也。	《律书》：癸之为言揆也。言万物可揆度，故曰癸。（毕沅）
《释典艺》：尚书，尚，上也。以尧为上，始而书其时事也。	《史记·五帝本纪》云：学者多称五帝尚矣，然《尚书》独载尧以来，是以尧为上始也。（胡玉缙）

周礼

《释兵》：车戟曰常，长丈六尺，车上所持也。八尺曰寻，倍寻曰常，故称常也。	《考工记》曰：车戟常，言车戟长二寻也。（毕沅）

礼记

《释长幼》：六十曰耆。耆，指也，不从力役，指事使人也。	《曲礼六十》曰：耆指使。（毕沅）
《释天》：春，蠢也，万物蠢然而生也。	《礼记乡饮酒义》曰：春之为言蠢也，产万物者圣也。（毕沅）
《释天》：夏，假也，宽假万物使生长也。	《乡饮酒义》云：夏之为言假也，养之、长之、假之仁也。（毕沅）
《释形体》：人，仁也。仁，生物也，故易曰：立人之道曰仁与义。	《中庸》仁者，人也。（毕沅）
《释姿容》：负，背也，置项背也。	《明堂位》注：负之为言背也。（王先慎）
《释言语》：德，得也，得事宜也。	《礼乐记》德者，得也。（王启原）
《释言语》：礼，体也，得事体也。	《礼记礼器》曰：礼也者，犹体也。体不备，君子谓之不成人。设之不当犹不备也。得事体乃所谓当，乃所谓备也。（毕沅）

《释言语》：孝，好也，爱好父母，如所说好也。《孝经说》曰，孝，畜也。畜，养也。	《礼记祭统》曰：孝者，畜也。顺于道，不逆于伦，是之谓畜。（毕沅）
《释言语》：铭，名也，记名其功也。	《礼记祭统》铭者，自名也。自名以称扬其先祖之美而明著之后世者也。（毕沅）
《释言语》：福，富也，其中多品如富者也。	《礼记郊特牲》富也者，福也。（毕沅）
《释言语》：退，坠也。	《礼记檀弓》退人若将队诸渊。（毕沅）
《释丧制》：葬，藏也。	《檀弓》云，葬也者藏也。藏也者欲人之弗得见也。（毕沅）

淮南子

《释天》：未，昧也，日中则昃向幽昧也。	《淮南天文训》云：未者，昧也。（苏舆）
《释亲属》：父之姊妹曰姑。姑，故也，言于己为久故之人也。	《淮南子时则》律中姑洗，训云：姑，故也。洗，新也。（王启原）
《释言语》：道，导也，所以导通万物也。	《淮南缪称训》道者，物之所导也。（叶德炯）

春秋繁露

《释地》：广平曰原。原，元也，如元气广大也。	《春秋繁露重政篇》：元犹原也。（王先慎）

小尔雅

《释疾病》：目眥伤赤曰䁪。䁪，末也，创在目两末也。	《小尔雅》蔑，末也。此说所本。（毕沅）

孔安国

《释州国》：四邑为丘。丘，聚也。	《尚书孔安国序》丘，聚也。（王先慎）

贾谊

《释言语》：德，得也，得事宜也。	贾子《新书》道术施行得理谓之德。（王启原）
《释言语》：威，畏也，可畏惧也。	贾子《容经》有威可畏谓之威。（叶德炯）

<table>
<tr><td></td><td style="text-align:center">犍为舍人</td></tr>
<tr><td>《释宫室》：序，次序也。</td><td>《尔雅》东西墙谓之序。《御览居处十三》引《尔雅》犍为舍人注云：殿东西堂序尊卑处。（苏舆）</td></tr>
<tr><td colspan="2" style="text-align:center">东汉
说文</td></tr>
<tr><td>《释天》：日，实也。光明盛实也。</td><td>《说文》亦云。（毕沅）</td></tr>
<tr><td>《释天》：月，阙也。满则阙也。</td><td>《说文》云，月，阙也。十五稍减，故曰阙也。（毕沅）</td></tr>
<tr><td>《释天》：岁，越也，越故限也。</td><td>《说文》岁，木星也。越历二十八宿，宣遍阴阳，十二月一次。（王启原）</td></tr>
<tr><td>《释天》：木，冒也，华叶自覆冒也。</td><td>《说文》木，冒也。冒地而生，东方之行。（毕沅）</td></tr>
<tr><td>《释天》：水，准也，准平物也。</td><td>《说文》：水，准也。（毕沅）</td></tr>
<tr><td>《释天》：火，化也，消化物也。亦言毁也，物入中皆毁坏也。</td><td>《说文》：火，毁也。（毕沅）</td></tr>
<tr><td>《释天》：土，吐也，能吐生万物也。</td><td>《说文》：土，地之吐生万物者也。（毕沅）</td></tr>
<tr><td>《释天》：丑，纽也，寒气自屈纽也。</td><td>《说文》：丑，纽也。（毕沅）</td></tr>
<tr><td>《释天》：卯，冒也，载冒土而出也。</td><td>《说文》：卯，冒也。二月万物冒地而出，像开门之形。（毕沅）</td></tr>
<tr><td>《释天》：巳，已也，阳气毕布已也。</td><td>《说文》：巳，已也。四月，阳气已出，阴气已藏，万物见，成文章。（毕沅）</td></tr>
<tr><td>《释天》：午，忤也，阴气从下上，与阳相忤逆也。</td><td>《说文》：午，牾也。五月阴气午逆阳，冒地而出也。（毕沅）</td></tr>
<tr><td>《释天》：丙，炳也，物生炳然皆著见也。</td><td>《说文》：丙位南方也。万物成炳然。（毕沅）</td></tr>
<tr><td>《释天》：丁，壮也，物体皆丁壮也。</td><td>《说文》：丁，夏时万物皆丁壮成实。（毕沅）</td></tr>
<tr><td>《释天》：壬，妊也，阴阳交物怀妊也，至子而萌也。</td><td>《说文》：壬，位北方也，阴极阳生，故《易》曰：龙战于野。战者，接也。像人裹妊之形。（毕沅）</td></tr>
</table>

《释天》：癸，揆也，揆度而生乃出土也。	《说文》作𣶒，云：冬时水土平可揆度。像水从四方流入地中形也。籀文作癸。（毕沅）
《释天》：霜，丧也，其气惨毒，物皆丧也。	《说文》：霜，丧也。（毕沅）
《释天》：霸，月始生霸然也。	《说文》：霸，月始生霸然也。（毕沅）
《释天》：朔，月初之名也，朔，苏也，月死复苏生也。	《说文》：朔，月一日始苏也。（毕沅）
《释天》：望，月满之名也，月大十六日，小十五日，日在东，月在西，遥相望也。	《说文》：望，月满也。与日相望，以朝君。（毕沅）
《释水》：川，穿也，穿地而流也。	《说文》川，贯穿通流水也。（毕沅）
《释形体》：阴，荫也，言所在荫翳也。	《说文》荫，草阴地，从草，阴声。（叶德炯）
《释形体》：尾，微也，承脊之末稍微杀也。	《说文》尾，微也。（毕沅）
《释姿容》：疾行曰趋。趋，赴也，赴所期也。	《说文》赴，趋也。（毕沅）
《释姿容》：匍匐……匐，伏也，伏地行也。	《说文》匐，伏坠也。（毕沅）
《释长幼》：幼，少也，言生日少也。	《说文》幼，少也。（毕沅）
《释长幼》：或曰黄耇，鬓发变黄也，耇，垢也，皮色骊䵳，恒如有垢者也。或曰齯齿，大齿落尽，更生细者如小儿齿也。	《说文》齯，老人儿齿也。（毕沅）
《释亲属》：又谓之王父。王，暀也，家中所归暀也。	《说文》王天下所归往也。（叶德炯）
《释亲属》：父之弟曰仲父。仲，中也，位在中也。	《说文》仲，中也。（王先慎）
《释亲属》：婿之父曰姻。姻，因也，女往因媒也。	《说文》姻，壻家也。女之所因，故曰姻。（毕沅）
《释亲属》：大夫之妃曰命妇。妇，服也，服家事也。	《说文》妇，服也。（王启原）
《释言语》：谊，宜也，裁制事物使合宜也。	《说文》谊，人所宜也。（毕沅）

《释言语》：发，拨也，拨使开也。	《说文》茇下云：春草根枯引之而发土为拨。（叶德炯）
《释言语》：湿，浥也。	《说文》云：浥，湿也。（毕沅）
《释言语》：顺，循也，循其理也。	《说文》循，行顺也。（王启原）
《释言语》：政，正也，下所取正也。	《说文》政，正也。（先谦）
《释言语》：教，效也，下所法效也。	《说文》教，上所施下所效也。（毕沅）
《释言语》：难，惮也，人所忌惮也。	《说文》惮，忌难也。一曰难也。（先谦）
《释言语》：停，定也，定于所在也。	《说文》亭，民所安定也。（毕沅）
《释言语》：入，内也，内使还也。	《说文》入，内也。内，入也。从冂，自外而入也。（毕沅）
《释言语》：狡，交也，与物交错也。	《说文》佼，交也。（王启原）
《释言语》：淫，浸也，浸淫旁入之言也。	《说文》淫，浸淫随理也。（叶德炯）
《释首饰》：镜，景也，言有光景也。	《说文》镜，景也。（叶德炯）
《释衣服》：凡服上曰衣。衣，依也，人所依以芘寒暑也。下曰裳。裳，障也，所以自障蔽也。	《说文》衣，依也。（毕沅）
《释衣服》：系，系也，相联系也。	《说文》系，系也。（毕沅）
《释衣服》：韨，韠也。韠，蔽膝也，所以蔽膝前也。妇人蔽膝亦如之。	《说文》巿，韠也。上古衣蔽前而已。巿以象之。韨，篆文巿，从韦发声。（毕沅）
《释宫室》：室，实也，人物实满其中也。	《说文》室，实也。（王先慎）
《释宫室》：东北隅曰宧，宧，养也，东北阳气始出，布养物也。	《说文》宧，养也。室之东北隅，食所居也。（毕沅）
《释宫室》：城，盛也，盛受国都也。	《说文》城以盛民也。（王先慎）
《释宫室》：狱，确也，言实确人情伪也。	《说文》同。（毕沅）

《释宫室》：阶，梯也，如梯之有等差也。	《说文》云：梯，木阶也。（叶德炯）
《释宫室》：溜，流也，水从屋上流下也。	《说文》溜，屋水流也。（毕沅）
《释宫室》：户，护也，所以谨护闭塞也。	《说文》户，护也。（王启原）
《释宫室》：厩，勼也。勼，聚也。牛马之所聚也。	《说文》勼，聚也。（毕沅）
《释床帐》：枰，平也，以板作之，其体平正也。	《说文》枰，平也。（毕沅）
《释床帐》：帐，张也，张施于床上也。	《说文》云：帐，张也。（王启原）
《释书契》：印，信也，所以封物为信验也。	《说文》印，执政所持，信也。（毕沅）
《释书契》：书……亦言著也，著之简纸永不灭也。	《说文》书，著也。（毕沅）
《释典艺》：诔，累也，累列其事而称之也。	《说文》讄，祷也。累功德以求福。（毕沅）
《释乐器》：鼓，郭也，张皮以冒之，其中空也。	《说文》鼓，郭也。春分之音，万物郭皮甲而出，故谓之鼓。（毕沅）
《释乐器》：筍上之板曰业，刻为牙，捷业如锯齿也。	《说文》业，大版也。所以饰县钟鼓，捷业如锯齿，以白画之，象其鉏铻相承也。（毕沅）
《释乐器》：筑，以竹鼓之巩柲之也。	《说文》筑，以竹曲五弦之乐也。从竹巩，巩持之也。竹亦声。（毕沅）
《释乐器》：笙，生也。	《说文》笙，正月之音，物生故谓之笙。（毕沅）
《释兵》：殳矛，殳，殊也。长丈二尺而无刃，有所撞挃于车上，使殊离也。	《说文》殳以殳殊人也。（毕沅）
《释兵》：甲，似物有孚甲以自御也。	《说文》甲从木戴孚甲之象。（毕沅）
《释兵》：析羽为旌，旌，精也，有精光也。	《说文》：旌，游车载旌。析羽，注旄首，所以精进士卒。（叶德炯）
《释车》：羊车，羊，祥也。	《说文》同。（毕沅）
《释车》：衡，横也，横马颈上也。	《说文》：衡，牛触横大木其角。（王先慎）

《释车》：楅，扼也，所以扼牛颈也。	《说文》：楅，大车扼。（毕沅）
《释车》：勒，络也，络其头而引之也。	《说文》勒，马头络衔也。（毕沅）
《释疾病》：目匡陷急曰眇。眇，小也。	《说文》眇，一目小也。（毕沅）
《释疾病》：吐，泻也，故扬豫以东，谓泻为吐也。	《说文》吐，写也。（毕沅）
《释丧制》：人始绝气曰死。死，澌也，就消澌也。	《说文》夃，澌也。人所离也。（毕沅）
《释丧制》：老死曰寿终。寿，久也；终，尽也。生已久远，气终尽也。	《说文》耆，久也。（毕沅）
《释丧制》：棺，关也，关闭也。	《说文》棺，关也。所以掩尸。（毕沅）
《释丧制》：葬，藏也。	《说文》葬，藏也。（叶德炯）

白虎通

《释天》：月，阙也。满则阙也。	《白虎通》"月之为言阙也"。（王先慎）
《释天》：时，期也，物之生死各应节期而止也。	《白虎通》云：时者，期也。阴阳消息之期也。（叶德炯）
《释天》：金，禁也，气刚毅能禁制物也。	《白虎通》云：金在西方，西方者，阴始起，万物禁止。金之为言禁也。（毕沅）
《释天》：水，准也，准平物也。	《白虎通》云：水之为言准也。养物平均，有准则也。（毕沅）
《释天》：火，化也，消化物也。亦言毁也，物入中皆毁坏也。	《白虎通》：火之为言化也，阳气用事，万物变化也。（毕沅）
《释天》：土，吐也，能吐生万物也。	《白虎通》：土主吐含万物，土之为言吐也。（毕沅）
《释天》：子，孳也，阳气始萌孳生于下也。	《白虎通》：子者，孳也。（毕沅）
《释天》：丑，纽也，寒气自屈纽也。	《白虎通》：丑者，纽也。（毕沅）
《释天》：寅，演也，演生物也。	《白虎通》：少阳见于寅，寅者演也。（毕沅）
《释天》：申，身也。	《白虎通》：少阴见于申。申者身也。（毕沅）

《释天》：甲，孚甲也，万物解孚甲而生也。	《白虎通》：甲者，万物孚甲也。（苏舆）
《释天》：戊，茂也，物皆茂盛也。	《白虎通》：戊者，茂也。（毕沅）
《释天》：癸，揆也，揆度而生乃出土也。	《白虎通》：癸者，揆度也。（毕沅）
《释长幼》：男，任也，典任事也。	《白虎通嫁娶篇》云：男者任也，任功业也。（毕沅）
《释长幼》：女，如也，妇人外成如人也。故三从之义，少如父教，嫁如夫命，老如子言。	《白虎通嫁娶篇》云：女者如也。从如人也。在家从父母，既嫁从夫，夫殁从子。（毕沅）
《释亲属》：子，孳也，相生蕃孳也。	《白虎通》子者，孳也。孳孳无已也。（王先慎）
《释亲属》：仲父之弟曰叔父。叔，少也。	《白虎通》叔者，少也。（王先慎）
《释亲属》：妇之父曰婚，言壻亲迎用昏，又恒以昏夜成礼也。	《白虎通》云：昏时行礼，故谓之婚也。（毕沅）
《释亲属》：壻之父曰姻。姻，因也，女往因媒也。	《白虎通》云：妇人因夫而成故曰姻。（毕沅）
《释亲属》：大夫之妃曰命妇。妇，服也，服家事也。	《白虎通嫁娶》云：妇者，服也。服于家事，事人者也。（王启原）
《释亲属》：士庶人曰妻。妻，齐也，夫贱不足以尊称，故齐等言也。	《白虎通》妻者，齐也。与夫齐礼也。（苏舆）
《释言语》：友，有也，相保有也。	《白虎通三纲六纪篇》友者，有也。（王先慎）
《释言语》：清，青也，去浊远秽，色如青也。	《白虎通》八风清明者，青芒也。（叶德炯）
《释言语》：浊，渎也，汁滓演渎也。	《白虎通》云：四渎，渎者，浊也。中国垢浊发源东注海，其功著大，故称渎也。（王启原）
《释言语》：祝，属也。以善恶之词相属著也。	《白虎通号篇》祝者，属也。又《五行篇》祝者，属续也。（叶德炯）
《释首饰》：祭服曰冕。冕犹俛也。俛，平直貌也。	《白虎通论冕制》云：《礼》曰：周冕而祭，又云：十一月之时，阳气俛仰黄泉之下，万物被施如冕前俛而后仰，故谓之冕也。（苏舆）

《释首饰》：委貌，冠形委曲之貌，上小下大也。	《白虎通》所以谓之委貌何？周统十一月为正，万物始萌小，故为冠饰最小，故曰委貌。委貌者，言委曲有貌也。（苏舆）
《释衣服》：凡服上曰衣。衣，依也，人所依以芘寒暑也。下曰裳。裳，障也，所以自障蔽也。	《白虎通》曰衣者，隐也。裳者，障也。所以隐形自障闭也。（毕沅）
《释乐器》：箫，肃也，其声肃肃然清也。	《白虎通》箫者，中吕之气也。万物生于无声，见于无形，戮也，肃也。（苏舆）
《释乐器》：笙，生也。	《白虎通》笙者，大簇之气，象万物之生。（苏舆）
《释乐器》：柷敔，柷状如黍桶，敔状如伏虎，柷如物始见柷柷然也，柷，始也，故训柷为始以作乐也。敔，衙也，衙，止也，所以止乐也。	《白虎通礼乐》柷敔者，终始之声，万物之所生也。柷，始也。敔，止也。（叶德炯）
《释车》：天子所乘曰路，路亦车也，谓之路者，言行于道路也。	《文选·四子讲德论》注引《白虎通》名车为辂者，言所以步之于路也。（叶德炯）
《释丧制》：人始绝气曰死。死，澌也，就消澌也。	《白虎通》云，庶人曰死，魂魄去亡，死之为言澌，精气穷也。（毕沅）
《释丧制》：椁，廓也，廓落在表之言也。	《白虎通》云，椁之为言廓，所以开廓辟土，无令迫棺也。（毕沅）
《释丧制》：尸已在棺曰柩。柩，究也，送终随身之制皆究备也。	《白虎通》云，柩之为言究也，久也，不复变也。（毕沅）
《释丧制》：葬，藏也。	《白虎通·丧服》葬之为言下藏之也。（叶德炯）

汉书

《释天》：春，蠢也，万物蠢然而生也。	《汉书律历志》：春，蠢也。物蠢生乃动运。（皮锡瑞）
《释天》：子，孳也，阳气始萌孳生于下也。	《汉书律志》：孳萌于子。（毕沅）
《释天》：夏，假也，宽假万物使生长也。	《律志》：夏，假也。物假大乃宣平。（皮锡瑞）
《释天》：冬，终也，物终成也。	《律志》：冬，终也。物终藏乃可称。（皮锡瑞）
《释天》：丑，纽也，寒气自屈纽也。	《汉志》：纽牙于丑。（毕沅）
《释天》：卯，冒也，载冒土而出也。	《律志》：冒茆于卯。（毕沅）

《释天》：巳，已也，阳气毕布已也。	《律志》：巳盛于巳。（毕沅）
《释天》：未，昧也，日中则昃向幽昧也。	《律志》：昧薆于未。（毕沅）
《释天》：乙，轧也，自抽轧而出也。	《律志》：奋轧于乙。（毕沅）
《释天》：丙，炳也，物生炳然皆著见也。	《律志》：明炳于丙。（毕沅）
《释天》：戊，茂也，物皆茂盛也。	《律志》：丰楙于戊。楙、茂音义同。（毕沅）
《释天》：己，纪也，皆有定形可纪识也。	《律志》：理纪于己。（毕沅）
《释天》：庚，犹更也，庚，坚强貌也。	《律志》敛更于庚。（毕沅）
《释天》：辛，新也，物初新者皆收成也。	《律志》：悉新于辛。（毕沅）
《释天》：壬，妊也，阴阳交物怀妊也，至子而萌也。	《律志》：怀任于壬。（毕沅）
《释天》：癸，揆也，揆度而生乃出土也。	《律志》：陈揆于癸。（毕沅）
《释天》：孛星，星旁气孛孛然也。	《汉书五行志》：孛者，恶气之所生也，谓之孛者，言其孛孛有所妨蔽，暗乱不明之儿也。（王启原）
《释宫室》：罘罳，在门外，罘，复也，罳，思也。臣将入请事，于此复重思之也。	《汉书王莽传》遣使坏渭陵延陵园门罘罳，曰：毋使民复思也。（毕沅）

郑玄

《释天》：土，吐也，能吐生万物也。	郑注《周礼》云：土犹吐也。（皮锡瑞）
《释天》：戊，茂也，物皆茂盛也。	郑康成注《礼记月令》云：戊之言茂也。（毕沅）
《释天》：庚，犹更也，庚，坚强貌也。	郑注《月令》云：庚之言更也。（毕沅）
《释天》：辛，新也，物初新者皆收成也。	郑注《月令》曰：辛之言新也。（毕沅）
《释天》：壬，妊也，阴阳交物怀妊也，至子而萌也。	郑注《月令》：壬之言任也。任妊同。（苏舆）

| 《释天》：癸，揆也，揆度而生乃出土也。 | 郑注《月令》曰：癸之言揆也。（毕沅） |

《释天》：祲，侵也，赤黑之气相侵也。　　郑注《周礼叙官眂祲》云：祲，阴阳气相侵渐成祥者。（毕沅）

《释地》：土，吐也，吐生万物也。　　郑康成注《尚书禹贡》曰：地当阴阳之中，能吐生万物者曰土。（毕沅）

《释州国》：四丘为甸。甸，乘也，出兵车一乘。　　郑注《小司徒》云：甸之言乘也，读如衷甸之甸。（毕沅）

《释形体》：颐，养也，动于下止于上，上下咀物以养人也。　　郑注《周易》云：口车动而上，因辅嚼物以养人，故谓之颐。（王启原）

《释姿容》：伏，覆也。　　《礼曲礼》寝毋伏。郑注：伏，覆也。（叶德炯）

《释长幼》：或曰婴婗，婴，是也，言是人也。　　《诗雄雉》笺：繄犹是也。（先谦）

《释长幼》：百年曰期颐。颐，养也。老昏不复知服味善恶，孝子期于尽养道而已也。　　《曲礼》百年曰期颐。郑注：期犹要也。颐，养也。不知衣服食味孝子要尽养道而已。（毕沅）

《释亲属》：高祖，高，皋也，最在上，皋韬诸下也。　　《礼明堂位》天子皋门。注：皋之为言高也。（叶德炯）

《释亲属》：孙，逊也，逊遁在后生也。　　《诗》狼跋公孙硕肤，《笺》：孙之言逊遁也。（王启原）

《释亲属》：嫂，叟也。叟，老者称也。　　郑注《丧服传》云：嫂者，尊严之称。嫂犹叟也。（毕沅）

《释亲属》：天子之妃曰后。后，后也，言在后不敢以副言也。　　《礼记曲礼》天子之妃曰后。郑注云：后之言后也。（毕沅）

《释亲属》：诸侯之妃曰夫人。夫，扶也，扶助其君也。　　《曲礼》诸侯曰夫人。郑注：夫之言扶。（毕沅）

《释亲属》：大夫之妃曰命妇。妇，服也，服家事也。　　《曲礼》士曰妇人，庶人曰妻。郑注：妇之言服。（毕沅）

《释亲属》：士庶人曰妻。妻，齐也，夫贱不足以尊称，故齐等言也。　　《曲礼》士曰妇人，庶人曰妻。郑注：妻之言齐。（毕沅）

《释亲属》：妾，接也，以贱见接幸也。	《礼内则》聘则为妻，奔则为妾。郑注：妾之言接也。闻彼有礼走而往焉，以得接见于君子也。（苏舆）
《释言语》：敬，警也，恒自肃警也。	《常武》笺云：敬之言警也。（王先慎）
《释言语》：发，拨也，拨使开也。	《礼曲礼》衣毋拨。郑注：发扬也。（叶德炯）
《释言语》：勒，刻也，刻识之也。	《礼月令》物勒工名。郑注：勒，刻也。（叶德炯）
《释言语》：羸，累也，恒累于人也。	《礼玉藻》丧容累累。注：羸惫貌也。（皮锡瑞）
《释言语》：政，正也，下所取正也。	《周礼夏官序官》注：政，所以正不正者也。（先谦）
《释言语》：往，眰也，归往于彼也，故其言之卬头以指远也。	《诗泮水》烝烝皇皇。《笺》云：皇皇当作眰眰，眰眰犹往往也。（叶德炯）
《释饮食》：胡饼，作之大漫冱也。	郑注《周礼鳖人》云：互物谓有甲萌胡龟鳖之属。（毕沅）
《释饮食》：盎齐，盎，滃也，滃滃然浊色也。	郑注《周礼酒正》云：盎犹翁也。成而翁翁然葱白色如今酂白矣。（毕沅）
《释饮食》：泛齐，浮蚁在上泛泛然也。	《周礼》作泛齐。郑注：泛者，成而滓浮泛泛然，如今宜成醪矣。（毕沅）
《释饮食》：沈齐，浊滓沈下，汁清在上也。	郑注《周礼》沈齐云：沈者，成而滓沈如今造清矣。（毕沅）
《释首饰》：章甫，殷冠名也。甫，丈夫也。服之所以表章丈夫也。	《仪礼士冠记》章甫，殷道也。郑注：章，明也。殷质言以表明丈夫也。（毕沅）
《释首饰》：收，夏后氏冠名也，言收敛发也。	郑注《士冠记》亦云：收言所以收敛发也。（毕沅）
《释首饰》：以鞴韦为之谓之韦弁也。	《周礼司服》云：凡兵事韦弁服。郑注：韦弁，以鞴韦为弁。（毕沅）
《释首饰》：王后首饰曰副。副，覆也，以覆首。亦言副贰也，兼用众物成其饰也。步摇，上有垂珠，步则摇动也。	郑注《周礼·追师》云：副之言覆，所以覆首为之饰，其遗像若今步繇矣。（毕沅）
《释首饰》：编，编发为之也。	郑注《追师》云：编，编列发为之，其遗像若今假纷矣。（毕沅）
《释首饰》：次，次第发也。	郑注《追师》云：次，次第发，长短为之，所谓髲髢。（毕沅）
《释首饰》：或曰充耳，充，塞也，塞耳亦所以止听也。	郑笺《旄丘诗》云：充耳，塞耳也。（毕沅）

《释衣服》：素积，素裳也。辟积其要，中使趴，因以名之也。	《仪礼士冠礼》皮弁服素积。郑君注：积犹辟也。以素为裳，辟蹙其要中。（毕沅）
《释衣服》：韨，韠也。韠，蔽膝也，所以蔽膝前也。妇人蔽膝亦如之。	《礼玉藻》郑注：韠之言蔽也。凡韠以韦为之，又云：韨之言亦蔽也。（苏舆）
《释宫室》：狱，确也，言实确人情伪也。	《诗行露传》狱，埆也。《正义》引郑《驳异义》：狱者埆也。囚证于角核之处。（王启原）
《释宫室》：或谓之栋，栋，中也，居屋之中也。	郑注《乡射礼记序》则物当栋云：正中曰栋。（王启原）
《释宫室》：萧墙，在门内萧肃也，臣将入，于此自肃敬之处也。	《论语》季氏而在萧墙之内也。《集解》引郑注：萧之言肃也。萧墙谓屏也。君臣相见之礼至屏而加肃静焉。是以谓之萧墙。（叶德炯）
《释书契》：约，约束之也。	《周礼秋官》有司约。郑注：约言语之约束。（毕沅）
《释典艺》：易，易也，言变易也。	郑康成《易赞》曰：易之为名也，一言而含三义，易简一也，变易二也，不易三也。（毕沅）
《释典艺》：礼，体也，得其事体也。	《礼记疏》引郑元《礼序》云：礼者，体也。（叶德炯）
《释典艺》：尚书，尚，上也。以尧为上，始而书其时事也。	郑康成《书赞》云：尚者上也。（毕沅）
《释用器》：椎，推也。	《考工记玉人》注：终葵椎也。为推于其杼上，明无所屈也。（叶德炯）
《释兵》：熊虎为旗，旗，期也，言于众期于下。	《周礼大司马》司马以旗致民。注，以旗者，立旗期民于其下也。（王启原）
《释丧制》：人始绝气曰死。死，澌也，就消澌也。	《曲礼》庶人曰死。郑注，死之言澌也。精神澌尽也。（毕沅）
《释丧制》：未二十而死曰殇。殇，伤也，可哀伤也。	郑注《丧服》云：殇者男女未冠笄而死可哀伤者。
《释丧制》：父死曰考。考，成也。	《曲礼》云，生曰父，死曰考。郑注，考，成也。言其德行之成也。（毕沅）
《释丧制》：尸已在棺曰柩。柩，究也，送终随身之制皆究备也。	《曲礼》在棺曰柩。郑注，柩之言究也。（毕沅）
《释丧制》：三日不生生者成服曰缞。缞，摧也，言伤摧也。	《丧服》疏云，《檀弓》有以故兴物者，郑云，衰绖之制，以经表孝子忠实之心，衰明孝子有哀摧之义。（毕沅）

《释丧制》：绖，实也，伤摧之实也。	《丧服传》云，苴绖，麻之有蕡者也。苴绖大搹左本在下。郑注，麻在首在要皆曰绖，绖之言实也。明孝子有忠实之心，故为制此服焉。（毕沅）
《释丧制》：三月曰缌麻，缌，丝也。绩麻细如丝也。	《丧服传》云，缌者，十五升抽其半有事其缕，无事其布曰缌。郑注，谓之缌者，治其缕细如丝也。（毕沅）
《释丧制》：锡缞，锡，易也。治其麻，使滑易也。	《丧服传》云，锡者何也？麻之有锡者也。锡者十五升抽其半，无事其缕，有事其布曰锡。郑注，谓之锡者，治其布使之滑易也。（毕沅）
《释丧制》：舆棺之车曰輀。……其盖曰柳。柳，聚也。	《尚书大传》度西曰柳谷。郑注，五色聚为柳。（苏舆）
《释丧制》：间月而禫亦祭名也，孝子之意淡然，哀思益衰也。	《士虞记》中月而禫。郑注，中犹闲也。禫，祭名也。与大祥闲一月，自丧至中，凡二十七月。禫之言淡淡然平安意也。（毕沅）
《释丧制》：墓，慕也，孝子思慕之处也。	郑注《周礼叙官》墓，大夫云墓，冢茔之地，孝子所思慕之处。（毕沅）

李巡

《释州国》：徐州，徐，舒也，土气舒缓也。	《尔雅》济东曰徐州。李巡注：济东，其气宽舒，禀性安徐，故曰徐。徐，舒也。（毕沅）
《释州国》：扬州，州界多水，水波扬也。	《尔雅》江南曰扬州。李巡注：江南其气燥劲，厥性轻扬，故曰扬州。（毕沅）
《释州国》：雍州，在四山之内雍翳也。	李巡注《尔雅》云；雍，壅也。（毕沅）
《释宫室》：东北隅曰宧，宧，养也，东北阳气始出，布养物也。	《尔雅》东北隅谓之宧。李巡注：东北者，阳气始起，育养万物，故曰宧。宧，养也。（毕沅）

贾逵

《释典艺》：八索，索，素也。著素王之法，若孔子者，圣而不王，制此法者有八也。	贾逵《左传注》八索索王之法。（据《文选闲居赋》引）（苏舆）

王充

《释典艺》：尚书，尚，上也。以尧为上，始而书其时事也。	《论衡须颂篇》或说《尚书》曰尚者，上也，上所为下所书也。下者谁也？曰：臣子也。（苏舆）

高诱

《释形体》：要，约也，在体之中约结而小也。	《淮南子主术训》高注：约，要也。（苏舆）
《释言语》：通，洞也，无所不贯洞也。	《淮南原道训》与天地鸿洞。高注：洞，通也。（叶德炯）
《释言语》：哀，爱也，爱乃思念之也。	《吕氏春秋报更篇》人主胡可以不务哀士。高诱注：哀，爱也。（皮锡瑞）
《释宫室》：台，持也，筑土坚高，能自胜持也。	《淮南俶真训》台简以游太清。高诱注：台犹持也。（叶德炯）

风俗通

《释州国》：郡，群也，人所群聚也。	《艺文类聚》六引《风俗通》云：郡，群也。（叶德炯）
《释宫室》：寺，嗣也，治事者相嗣续于其内也。	《后汉和帝纪》注引《风俗通》云：寺者，嗣也。理事之吏嗣续于其中也。（叶德炯）
《释乐器》：琵琶，本出于胡中，马上所鼓也。推手前曰枇，引手却曰杷。象其鼓时，因以为名也。	《风俗通》琵琶近世乐家所作，不知谁也。以手批把，因以为名。（毕沅）
《释乐器》：笙，生也。	《风俗通声音》云：《世本》随作笙，长四寸，十三簧，像凤之声。正月之音也。物生故谓之笙。（苏舆）
《释乐器》：篴，涤也，其声涤涤然也。	《风俗通》笛者，涤也。所以荡涤邪秽，内之于雅正也。（毕沅）

卢植

《释宫室》：狱，确也，言实确人情伪也。	《诗行露传》狱，埆也。《释文》引卢植说：狱，相质觳争讼者也。（王启原）

虞翻

《释亲属》：无父曰孤。孤，顾也，顾望无所瞻见也。	虞翻注《易》暌孤亦云：孤，顾也。（王启原）
《释丘》：锐上曰融丘。融，明也；明，阳也，凡上锐皆高而近阳者也。	《史记楚世家集解》引虞翻云：融，明也。（王先慎）

服虔

《释天》：风，放也，气放散也。	《左僖四年传》"风马牛不相及也"。服虔注："风，放也。"（皮锡瑞）

《释床帐》：榻登，施之承大床前小榻，上登以上床也。

《御览》七百八引《通俗文》氍毹细者谓之毾㲪，名毾㲪者，施大床之前，小榻之上，所以登而上床也。（成蓉镜）

宋均

《释乐器》：箫，肃也，其声肃肃然清也。

《公羊疏》引宋均云：箫之言肃。（苏舆）

何休

《释州国》：上党，党，所也。在山上其所最高，故曰上党也。

《公羊文十三年传》往党，卫侯会公于沓；反党，郑伯会公于棐。注：党，所也。所犹时，齐人语也。（皮锡瑞）

丁鸿

《释天》：日，实也。光明盛实也。

《后汉书·丁鸿传》鸿疏云，臣闻，日者阳精，守实不亏，是日之名义取于实，故经传或即以实为日。（王启原）

第五节　释名中的方音

一、释名中方音现象的分布范围

《释名》中明确指出方言地域的地方有不少，如：

齐——

《释饮食》：齐人谓豉声如嗜也。

《释采帛》：齐人谓凉为惠。

《释首饰》：齐人谓之幓，言敛发使上从也。

《释首饰》：鲁人曰頍，頍，倾也，著之倾近前也。齐人曰帺，饰形貌也。

《释衣服》：齐人谓之巨巾，田家妇女出于田野，以覆其头，故因以为名也。

《释衣服》：齐人谓如衫而小袖曰侯头。

《释衣服》：齐人谓草履曰屝。或曰不借，齐人云搏腊。荆州人曰（上艹下粗）。

《释用器》：齐人谓其柄曰㯓，㯓然正直也。头曰鹤，似鹤头也。

《释兵》：齐人谓之镞。关西曰钉。其旁曰羽，齐人曰卫。

《释车》：齐人谓车枕以前曰缩，言局缩也。兖冀曰育，御者坐中，执御育育然也。

《释丧制》：齐人谓扇为翣。

青徐——

《释天》：天，豫司兖冀以舌腹言之：天，显也。青徐以舌头言之：天，坦也。

《释天》：风，兖豫司冀横口合唇言之：风，泛也。青徐风踧口开唇推气言之：风，放也。

《释形体》：青徐谓之胆，物投其中受而下之也。

《释长幼》：青徐曰娪。

《释亲属》：青徐人谓兄为荒也。

《释亲属》：青徐人谓长妇曰稙长，禾苗先生者曰稙，取名于此也。荆豫人谓长妇曰孰。

《释言语》：青徐人言厚如后也。

《释言语》：青徐人言立曰倳也。

《释宫室》：青徐曰梮。

《释疾病》：青徐谓癣为徙也。

齐鲁——

《释天》：枉矢，齐鲁谓光景为枉矢。

《释道》：四达曰衢，齐鲁间谓四齿杷为欋。

《释道》：齐鲁谓道多为逵师。

《释宫室》：齐鲁读曰轻。

《释宫室》：齐鲁谓库曰舍也。

鲁——

《释首饰》：鲁人曰頍，頍，倾也，著之倾近前也。齐人曰帨，饰形貌也。

宋鲁——

《释饮食》：宋鲁人皆谓汁为渖。

豫司兖冀——

《释天》：天，豫司兖冀以舌腹言之：天，显也。青徐以舌头言之：天，坦也。

兖豫司冀——

《释天》：风，兖豫司冀横口合唇言之：风，泛也。青徐风踧口开唇推气言之：风，放也。

兖冀——

《释乐器》：兖冀言歌声如柯也。

《释车》：齐人谓车枕以前曰缩，言局缩也。兖冀曰育，御者坐中，执御育育然也。

兖豫——

《释饮食》：兖豫曰溏浃。

兖州——

《释水》：今兖州人谓泽曰掌也。

冀州——

《释衣服》：䙝幕，冀州所名大褶下至膝者也。

并冀——

《释宫室》：并冀人谓之庌。

荆豫——

《释亲属》：青徐人谓长妇曰稙长，禾苗先生者曰稙，取名于此也。荆豫人谓长妇曰孰。

荆州——

《释衣服》：荆州谓襌衣曰布襦，亦曰襜褕。

《释衣服》：齐人谓草履曰扉。或曰不借，齐人云搏腊。荆州人曰（上艹下粗）。

扬豫以东——

《释疾病》：扬豫以东，谓泻为吐也。

汝颍——

《释言语》：敏，闵也，进叙无否滞之言也，故汝颍言敏如闵也。

《释言语》：贵，归也，物所归仰也。汝颍言贵声如归往之归也。

关西——

《释兵》：齐人谓之镞。关西曰釭。其旁曰羽，齐人曰卫。

《释车》：关西曰𨍮，言曲𨍮也。

幽州——

《释形体》：额，鄂也，有垠鄂也，故幽州人谓之鄂也。

胡中——

《释衣服》：鞾鞮，靴之缺前壅者，胡中所名也。

江南——

《释船》：貊，短也，江南所名短而广，安不倾危者也。

南方——

《释船》：南方人谓之笭突，言湿漏之水突然从下过也。

提到齐、青徐、齐鲁等地的次数最多，提到兖、冀、豫的次数较多，兖、冀、豫紧靠着齐。也就是说，《释名》中提到最多的方言区域是齐地周围。我们把"齐"、"青徐"、"齐鲁"、"鲁"、"宋鲁"等都当作齐方言。

二、释名声训和郑玄音注中的齐方音现象

1. 收舌尖鼻音韵尾的阳声字转入阴声

《释疾病》："癣，徙也，浸淫移徙处日广也，故青徐谓癣为徙也。"癣，息浅切，仙韵，元部（郑张－潘元2）。徙，斯氏切，支韵，传统支部，郑张－潘歌2。

罗常培、周祖谟（1958：112）认为："'癣'的韵母可能是鼻化音。"同书74页又说："阳声元部真部（文部）有些字齐鲁、青徐之间没有韵尾辅音－n。"在这之前，林语堂（1933）从经音、地名转音、《诗》用韵等几个方面对古齐鲁方音的这种鼻化现象做了专门的论述。他指出："于燕、赵、齐、鲁'寒'音转入'虞'、'模'，而不入'歌'。同时在此燕、齐、鲁、卫、中山，并有他类阳声的转变，大抵'仙'转入'支'，'真'转入'脂'，'谆'、'文'、'欣'、'魂'转入'微'、'灰'。""我们很容易看出这些音转是有相互关系，同为一种变音的趋势。而这样普遍的音变，已非限于某一阳韵而已，是其音转年代既久，转变已深。法文 in、un 之鼻音化，远在 an、ain、en、on 鼻音化之后数百年，因此种音变，本不必逐条同时，转变之程度也不必尽数相同。"近来，虞万里（1989）胪列了很多在文献中的山东古方音元支、元

脂、文脂、真脂等韵转例。汪启明（1998）列举了很多甲骨文、金文中的例证，认为"齐人言殷声如衣"这种"阴阳对转"现象"从殷商时代末年一直延续到东汉末年达千年之久"，"是一种古殷商语的遗留"。

郑玄经传读音中这样的例子有：

元～鱼。例如：

《汉书天文志》："奢为扶"郑氏曰："扶当为蟠，齐鲁之间声如酺。酺扶声近。蟠，止不行也。"蟠，桓韵，元部（郑张－潘元1）。酺，模韵，鱼部。

元～支。例如：

《诗小雅瓠叶》："有兔斯首"笺云："斯，白也。今俗语斯白之字作鲜，齐鲁之间声近斯。"斯，支韵，支部。鲜，仙韵，元部（郑张－潘元2）。

文～微。例如：

《礼记中庸》"壹戎衣而有天下"注："衣读如殷，声之误也，齐人言殷声如衣。"殷，欣韵，文部（郑张－潘文1）。衣，微韵，微部（郑张－潘微1）。

此外，还有两例歌元对转。例如：

《周礼考工记梓人》："上两个，与其身三，下两个半之。"郑注："玄谓个读若齐人搢干之干。"个，歌韵，歌部（郑张－潘歌1）。干，寒韵，元部（郑张－潘元1）。

《礼记郊特牲》"汁献涗于醆酒"郑注："献读当为莎，齐语声之误也。"《周礼司尊彝》"郁齐献酌"郑注："献读为'摩莎'之莎，齐语声之误也。"莎，戈韵，歌部（郑张－潘歌3）。

2. 《释亲属》："兄，荒也。荒，大也。故青徐人谓兄为荒也。"罗常培、周祖谟（1958：74）指出："东汉时期青徐人读'兄'为阳部声音，没有转入耕部，与《诗经》音相同。"

3. 《释天》："风，兖豫司冀横口合唇言之，风，泛也，其气博泛而动物也；青徐风踧口开唇推气言之，风，放也，气放散也。"关于青徐音"风"字韵尾之异化，本书另有专节论之，此处从略。

4. 郑玄经传音注中还有一些跟齐方音有关的例子，姑录之备考：

《周礼考工记》："不微至，无以为戚速也。"注："齐人有名疾为戚者。《春秋传》曰：'盖以操之为已戚矣。'"

《周易集解序卦传》："物生必蒙，故受之以《蒙》。蒙者，物之稚也。"

郑玄曰:"蒙,幼小之貌。齐人谓'萌'为'蒙'也。"

《礼记檀弓》"何居"注:"居读为姬姓之姬,齐鲁之间语助也。"

《礼记礼器》:"不麾蚤"注:"麾之言快也。祭有时,不以先之为快也。齐人所善曰麾。"

《礼记缁衣》:"资冬祁寒"注:"祁之言是也,齐西偏之语也。"

《礼记缁衣》:"资冬祁寒"郑注:"资当为至,齐鲁之语,声之误也。"

《仪礼士冠礼》:"缁布冠缺项青组"郑注:"缺读如有頍者弁之頍。……滕薛名簂为頍。"

《仪礼士冠礼》:"服纁裳、纯衣、缁带、韎韐"注:"韎韐,缊韨也,士缊韨而幽衡合韦为之,士染以茅蒐,因以名焉。今齐人名蒨为韎韐。"《毛诗小雅瞻彼洛矣》"韎韐有奭"孔疏引郑玄《驳异义》:"韎,草名,齐鲁之间言韎韐声如茅蒐。字当作韎,陈留人谓之蒨,是古人谓蒨为茅蒐,读茅蒐其声为韎韐。"

《考工记弓人》"今夫茭解中有变焉"郑注:"玄谓茭读如'齐人名手足掔为骹'之骹。"

《周礼司尊彝》"凡酒脩酌"郑注:"'脩'读如'涤濯'之涤。涤酌,以水和而沸之,今齐人命浩酒曰涤。"

《礼记乐记》"治乱以相"注:"相,即拊也,亦以节乐。拊者,以韦为表,装之以糠,糠一名相,因以名焉。今齐人或谓糠为相。"

第二章 歌月元

第一节 歌部的主元音

董同和（1944）将祭元部的韵母系统分为两个支派，这一想法被包拟古－白一平、郑张－潘系统所采用，从传统的歌月祭元韵部分离出主元音为 e 的歌$_2$月$_2$祭$_2$元$_2$韵部，包括四等韵齐、屑、霁、先，二等韵佳、黠、怪、山，三等 A 类韵支$_{四}$、薛$_{四}$、祭$_{四}$、仙$_{四}$和三等 B 类韵支$_{三}$、薛$_{三}$、祭$_{三}$、仙$_{三}$。重纽三等韵再分两类，一类属于支派一，一类属于支派二。（潘悟云,2000:221）

雅洪托夫$_{(1960b)}$指出，在收舌根音韵尾的甲类韵部里，不存在以舌尖辅音作声母的唇化音节，唇化音节和非唇化音节只影响到谐声但不押韵；在收舌尖音韵尾的乙类韵部里，以舌尖辅音作声母的唇化音节只跟其他唇化音节押韵，以舌尖辅音作声母的非唇化音节跟其他非唇化音节押韵，也可跟部分以舌根辅音或唇辅音作声母的唇化音节押韵。这一现象说明，乙类韵部中，以舌尖辅音作声母的唇化音节跟与之押韵的部分以舌根辅音或唇辅音作声母的唇化音节本为唇化主元音。于是，可以从歌部和微部中再分离出两个带唇化主元音的韵部，即歌 3 和微 2，其中包括它们相对应的入声韵部和阳声韵部。歌 1、歌 2、歌 3 分别带 a、e、o 主元音，微 1、微 2 分别带 ɯ、u 主元音，加上脂部的 i 主元音，刚好构成乙类韵部的六元音系统。（潘悟云,2000）

一、释名的歌部主元音

从《释名》声训系联我们可以看出：

（1）歌月祭元同分部的声训多于异分部声训。下面就列举异分部的声训来加以说明。

①虽然元1与元1、元3与元3的声训仍较多，但元1与元3的声训，说明元3的一部分 – on 可能已经变作 – uan。例如：

例1，《释典艺》：称人之美曰赞。赞，纂也，纂集其美而叙之也。

赞，寒韵，元1。纂，桓韵，元3。

例2，《释形体》：汗，㵄也，出在于表㵄㵄然也。

汗，寒韵，元1。

先谦曰：㵄字，字书所无。疑是「涣涣」之误。《易》言涣汗，又叠韵字。《说文》涣，流散也。《诗》溱洧方涣涣兮，《传》涣涣，盛也。以释"汗"字，于义亦安。疏证补 涣，桓韵，元3。(郑张尚芳2003b:355)①

例3，《释言语》：缓，浣也，断也，持之不急则动摇浣断，自放纵也。

缓，桓韵，郑张尚芳(2003b:545)归元1 * G^{w}aan·。

浣，桓韵，郑张尚芳(2003b:544)归元3。(参雅洪托夫1960b)

例4，《释言语》：言，宣也，宣彼此之意也。

言，元韵开口，元1。宣，仙韵合口，元3。

例5，《释疾病》：瘢，漫也，生，漫故皮也。

瘢，桓韵，郑张尚芳(2003b:269)归元1。

漫，桓韵，元3。(郑张尚芳2003:414)《史记宋微子世家》"景公头曼"在《汉书古今人表》中作"兜栾"，故"曼"字应带圆唇元音。(郑张尚芳1987)

例6，《释姿容》：观，翰也，望之延颈翰翰也。

观，桓韵合口，郑张尚芳(2003b:340)归元3。

翰，寒韵，元1。

例7，《释车》：軬，藩也，蔽水雨也。

軬，元韵，郑张尚芳(2003b:277)归元3。

藩，元韵，郑张尚芳(2003b:313)归元1。

②歌1与歌1、歌3与歌3的声训较多，歌1与歌3的声训较少：

例1，《释宫室》：瓦，踝也。踝，确坚貌也。亦言脶也，在外脶见也。

瓦，麻韵二等合口，郑张尚芳(2003b:482)归歌1 * ŋ^{w}raal·。

---

① 该表注"元3"，但拟音作 qh^{w}aans，有误。

踝，麻韵二等合口。"腂"字见于《玉篇肉部》：皮起也。力木切。则为屋部字。毕沅曰："腂"字《说文》所无，据外见之义，字当作倮袒之"倮"。疏证补倮，戈韵。"踝""倮"属歌3。(郑张尚芳2003b:345)

例2，《释言语》：祸，毁也，言毁灭也。

祸，戈韵，歌3。

毁，支韵重纽三等合口，郑张尚芳(2003b:357)归歌1＊hmralʔ。此字段玉裁六书音韵表在弟十五（脂微）部，朱骏声说文通训定声在履（脂微）部，王力(1937a)归微部。《吕览行论》引逸诗曰："将欲毁之，必重累之。"《楚辞九辩》叶"毁、蔿"。王力(1980a)认为是微歌合韵。《诗经周南汝坟》叶"尾、毁、毁、迩"，王力(1980b)认为是微脂合韵。

《释天》："火，化也，消化物也。亦言毁也，物入中皆毁坏也。"

火，戈韵，郑张尚芳(2003b:358)归歌1＊qʰʷaalʔ。"火"字传统归微部，罗常培、周祖谟(1958:31)指出："火"字从西汉就渐渐开始和歌部字叶韵，后汉转入歌部。

化，麻韵二等合口，郑张尚芳(2003b:354)归歌1＊hŋʷraals。

③元2与元2、元3与元3的声训较多，元2与元3的声训只有：

例1，《释形体》：面，漫也。

面，仙韵重纽四等，元2。漫，桓韵，元3。

例2，《释州国》：燕，宛也，北方沙漠平广，此地在涿鹿山南，宛宛然以为国都也。

燕，先韵，元2。宛，元韵合口。由叠韵字"婉娈"可知"婉"带唇化主元音。(雅洪托夫1960b)"宛"属元3。

还有一例月2跟元3的声训：

例3，《释丧制》：罪人曰杀。杀，窜也，埋窜之使不复见也。

杀，黠韵，月2。窜，桓韵合口，元3。

④月2与月3的声训有：

例1，《释天》：热，爇也，如火所烧爇也。

热，薛韵开口，月2。爇，薛韵合口，月3。

例2，《释形体》：发，拔也，拔擢而出也。

发，月韵，郑张－潘月3。拔，黠韵，月2。

⑤元1与元1、元2与元2的声训多于元1与元2的声训：

例1，《释水》：风行水波成文曰澜。澜，连也，波体转流相及连也。

澜，寒韵，元1。连，仙韵，元2。

例2，《释言语》：演，延也，言蔓延而广也。

演，仙韵。朱骏声 说文通训定声 归坤（真）部，郑张尚芳(2003b:530)归元2。延，仙韵。郑张尚芳(2003b:512)归元1。按董同和（1944）"延"属仙1，似应归支派2才对。

例3，《释水》：山夹水曰涧。涧，间也，言在两山之间也。

涧，删韵，元1。间，山韵，元2。

例4，《释车》：锏，间也，间釭轴之间，使不相摩也。

锏，删韵，元1。间，山韵，元2。

例5，《释天》：霰，星也，水雪相抟如星而散也。

王启原曰：吴校"星也"下有"散也"二字。疏证补

霰，先韵，元2。散，寒韵，元1。星，耕部。

例6，《释姿容》：践，残也，使残坏也。

践，仙韵，元2。残，寒韵，元1。

例7，《释采帛》：练，烂也，煮使委烂也。

练，先韵，元2。烂，寒韵，元1。

⑥歌1与歌1、歌2与歌2的声训，多于歌1与歌2的声训：

例1，《释言语》：詈，历也，以恶言相弥历也。亦言离也以此挂离之也。

詈，支韵，郑张尚芳(2003b:401)归在歌1。历，锡部锡韵字。离，支韵，离声符字郑张尚芳(2003b:398)皆归在歌2。余疑"詈"字亦当属歌2。

例2，《释丧制》：两旁引之曰披。披，摆也，各于一旁引摆之，备倾倚也。

披，支韵重纽三等，皮声符字郑张尚芳(2003b:431)都归在歌1。"摆"字佳韵属歌2(潘悟云,2000:222;郑张尚芳,2003b:267)。

皮锡瑞曰：《周礼大宗伯》以疈辜祭四方百物。注：故书疈为罢。郑司农云：罢辜，披磔牲以祭。《文选西京赋》置互摆牲。薛综注：摆谓破磔悬之。古披、摆声相近。疏证补《说文》无摆字。

⑦月1祭1与月1祭1、月2祭2与月2祭2的声训，多于月1祭1跟月2祭2的声训：

例1，《释言语》：达，彻也。

达，曷韵，月1。彻，薛韵。董同和（1944）列在支派2，《诗经小雅十月之交八章》叶："彻、逸"。即月2。(郑张尚芳2003b:287)

例2，《释饮食》：兽曰䐄。䐄，齾也，所临则秃齾也。

䐄，屑韵，月2。齾，曷韵，月1。

例3，《释衣服》：带，蔕也，著于衣，如物之系蔕也。

带，泰韵，祭1。蔕，霁韵，祭2。

例4，《释言语》：夬，决也，有所破坏，决裂之于终始也。

夬，祭1。决，屑韵，月2。

另外，还有一例歌1跟月2的声训：

例，《释姿容》：摩娑，犹末杀也，手上下之言也。

娑，歌韵，歌1。杀，黠韵，月2。

（2）歌（月祭元）1分部和鱼（铎阳）的声训多于2、3分部和鱼（铎阳）部的声训，符合歌鱼两部主元音相对关系。

①歌1跟鱼部声训的有：

例1，《释水》：河，下也，随地下处而通流也。

河，歌韵，歌1。下，麻韵二等，鱼部。

例2，《释用器》：杷，播也，所以播除物也。

杷，麻韵二等，鱼部。播，戈韵，郑张尚芳(2003b:313)归歌1。

例3，《释典艺》：尔雅。尔，昵也；昵，近也。雅，义也；义，正也。

雅，麻韵二等，鱼部。义，支韵重纽三等，歌1。

②歌3跟鱼部声训的有：

例，《释亲属》：无夫曰寡。寡，踝也。踝踝，单独之言也。

寡，麻韵二等，鱼部。踝，麻韵二等合口，郑张尚芳(2003b:345)归歌3。

"踝"字还和歌1字声训：

《释宫室》：瓦，踝也。踝，确坚貌也。亦言腂也，在外腂见也。

瓦，麻韵二等合口，郑张尚芳(2003b:482)归歌1 *ŋʷraal·。"踝"字可能已经变为 -ua 了。

③元2跟阳部有一例声训：

例，《释丧制》：期而小祥，亦祭名也，孝子除首服，服练冠也，祥，善也，加小善之饰也。又期而大祥，亦祭名也，孝子除缞服，服朝服缟冠，加大善之饰也。《释车》：羊车。羊，祥也。祥，善也。善饰之车，今犊车是也。

毕沅曰：《考工记·车人》羊车二柯有三分柯之一。郑注，羊，善也。善车，若今定张车，较长，七尺。疏证补 是"羊善"声训。

祥，阳韵，阳部。善，仙韵，元2。

（3）歌（月祭元）2、1和支锡耕部声训较多，歌（月祭元）3无，基本吻合歌支两部主元音对应关系。

①歌2月2祭2元2与支锡耕声训的有：

例1，《释书契》：纸，砥也，谓平滑如砥石也。

纸，支韵，支部。砥，传统归脂部，郑张尚芳(2003b:303)脂韵归脂1，支韵归歌2。

例2，《释姿容》：提，地也，臂垂所持近地也。

提，齐韵，支部。地，脂韵，郑张尚芳(2003b:521)归歌2。

例3，《释地》：地，底也，其体底下，载万物也。亦言谛也，五土所生莫不审谛也。

谛，霁韵，郑张-潘赐部。底，齐韵，郑张-潘脂1。

毕沅曰：《尔雅释文》引《礼统》云：地，施也，谛也，应变施化，审谛不误。疏证补 亦为"地谛"声训。

例4，《释天》：霓，啮也，其体断绝，见于非时，此灾气也，伤害于物如有所食啮也。

霓，齐韵，支部。啮，屑韵，月2。

王先慎曰：《汉书天文志》：抱珥蜺霓，如淳曰：蜺读曰啮。是二字古音本同。疏证补

"霓"古读入声。皮锡瑞曰：《梁书王筠传》沈约作《郊居赋》示筠，筠读至：雌霓（五的翻）连蜷，约抚掌欣抃曰：仆尝恐人呼为霓（五兮翻）。是"霓"古读入声，与"啮"音近。疏证补

例5，《释车》：軨辊，犹祕啮也，在车轴上，正轮之祕啮前却也。

辊，齐韵，支部。啮，屑韵，月2。

例6，《释首饰》：揥，摘也，所以摘发也。

揥，祭韵，郑张尚芳(2003b:303)归祭2。摘，麦韵、锡韵，锡部。

例7，《释车》：栈车，栈，靖也，麻靖物之车也。

栈，删韵，元1；仙韵、山韵，元2。靖，清韵，耕部。

例8，《释天》：霰，星也，水雪相抟如星而散也。

霰，先韵，元2。星，青韵，耕部。

例9，《释车》：䡅，经也，横经其腹下也。

䡅，先韵，元2。经，青韵，耕部。

例10，《释兵》：下末之饰曰鐏，鐏，卑也，在下之言也。

鐏，郑张－潘元2。卑，支部。

② 歌$_1$月$_1$祭$_1$元$_1$跟支锡耕声训的有：

例1，《释姿容》：倚䇢。倚，伎也。䇢，作清䇢也。言人多技巧，尚轻细如䇢也。

倚，支韵重纽三等，歌1。伎，支韵重纽三等，支部。

例2，《释姿容》：骑，支也，两脚枝别也。

骑，支韵重纽三等，歌1。支，支部。

例3，《释典艺》：碑，被也。此本葬时所设也，施鹿卢，以绳被其上，引以下棺也。

碑，支韵重纽三等，支部。被，支韵重纽三等，歌1。

例4，《释言语》：詈，历也，以恶言相弥历也。亦言离也以此挂离之也。

詈，支韵，郑张尚芳$_{(2003b:401)}$归在歌1。历，锡韵，锡部。离，支韵，郑张尚芳$_{(2003b:398)}$归在歌2。

例5，《释天》：星，散也，列位布散也。

星，青韵，耕部。散，寒韵，元1。

例6，《释宫室》：栅，迹也，以木作之，上平迹然也。

栅，楚革切，麦韵，锡部；测戟切，陌韵，郑张－潘铎部；所晏切，删韵，元1。朱骏声$_{说文通训定声}$归解部（支部）。

迹，昔韵，锡部。

（4）歌（月祭元）3和侯（屋东）声训较多，歌（月祭元）1其次，歌（月祭元）2无，符合歌侯两部主元音相对关系。

① 歌$_3$祭$_3$元$_3$跟屋部侯部的声训有：

例1，《释形体》：踝，确也，居足两旁，硗确然也。亦因其形踝踝然也。

踝，麻韵二等合口，郑张－潘歌3。确，觉韵，屋部。

例2，《释疾病》：赘，属也，横生一肉，属著体也。

赘，祭韵合口，祭3。属，烛韵，屋部。

例3，《释衣服》：襦，暖也，言温暖也。

襦，虞韵，侯部。暖，桓韵，元3。

②元₁跟屋部的声训：

例1，《释言语》：赞，录也，省录之也。

赞，寒韵，元1。录，烛韵，屋部。

(5) 歌（月祭元）3 有和幽（觉冬）部的声训，歌（月祭元）1 无，符合歌幽两部主元音相对关系。如：

例1，《释言语》：宄，佹也，佹易常正也。

宄，脂韵重纽三等，郑张－潘幽2。佹，支韵重纽三等合口，郑张－潘歌3。

例2，《释天》：晷，规也，如规画也。

晷，脂韵重纽三等，郑张－潘幽2。

规，支韵重纽四等。此字朱骏声说文通训定声列在解（支）部，郑张－潘归歌2。

(6) 歌（月祭元）2 和脂（质真）的声训较多，符合歌脂两部主元音相对关系。

①歌₂月₂祭₂元₂跟脂质真的声训有：

例1，《释宫室》：泥，迩也。迩，近也。以水沃土，使相黏近也。

泥，齐韵，郑张－潘脂1。

迩，支韵，传统脂部，郑张－潘歌2。

例2，《释地》：地，底也，其体底下，载万物也。亦言谛也，五土所生莫不审谛也。

地，脂韵，传统在歌部，朱骏声说文通训定声列在解（支）部，郑张－潘归歌2。底，齐韵，郑张－潘脂1。谛，霁韵，郑张－潘赐部。

例3，《释首饰》：脂，砥也，著面柔滑如砥石也。

脂，脂韵，郑张－潘脂2。

砥，脂韵，郑张－潘脂1；支韵，郑张－潘歌2。传统归脂部。

例4，《释典艺》：尔雅。尔，昵也；昵，近也。

尔，支韵，传统脂部，郑张－潘歌2。昵，质韵，郑张－潘质2。

例5，《释饮食》：腌有骨者曰臡。臡，昵也，骨肉相傅昵无汁也。

臡，齐韵，郑张－潘歌2。

例6，《释姿容》：挈，结也。结，束也，束持之也。

挈，屑韵，月2。结，屑韵，郑张－潘质1。

例7，《释言语》：疾，截也，有所越截也。

疾，质韵，郑张－潘质1。截，屑韵，月2。

例8，《释天》：札，截也，气伤人如有断截也。

札，黠韵。这个字似乎可归月部或质部。朱骏声_{说文通训定声}归泰（祭）部。郑张－潘归质1。

例9，《释典艺》：谥，曳也，物在后为曳，言名之于人亦然也。

谥，至韵，郑张－潘至2。朱骏声列在解（支）部。

曳，祭韵，祭2。

例10，《释形体》：鼻，嘒也，出气嘒嘒也。

鼻，至韵，郑张－潘至1。嘒，霁韵，祭2。

例11，《释兵》：剸刀，剸，进也，所剸稍进前也。

剸，仙韵，元2。进，真韵，郑张－潘真1。

例12，《释兵》：又谓之箭，箭，进也。

箭，仙韵，元2。

例13，《释形体》：肩，坚也。

肩，先韵，元2。坚，先韵，郑张－潘真1。

王启原曰：《史记仲尼弟子传》"公坚定"《汉书古今人表》作"公肩子"。_{疏证补}

例14，《释采帛》：绢，縳也，其丝縳厚而疏也。

绢，仙韵重纽四等，元2。

毕沅曰：今本縳皆作绢，讹。段云：縳，古坚字。当从纟臤声。_{疏证补}坚，先韵，郑张－潘真1。

例15，《释州国》：又谓之邻。邻，连也。

邻，真韵，郑张－潘真1。连，仙韵，元2。

例16，《释姿容》：牵，弦也，使弦急也。

牵，先韵，郑张－潘真1。

弦，先韵，郑张－潘元2。朱骏声_{说文通训定声}列在坤（真）部。

例17，《释姿容》：引，演也，使演广也。

引，真韵，郑张－潘真1。

演，仙韵，朱骏声_{说文通训定声}列在坤（真）部，郑张－潘真部没有仙韵的地位，故归元 $_2$。

叶德炯曰：《文选西京赋》注引《苍颉篇》云：演，引也。疏证补

例18，《释天》：寅，演也，演生物也。

寅，真韵，郑张－潘真 $_1$。演，仙韵，郑张－潘元 $_2$。

例19，《释宫室》：又谓之彻。彻，紧也，诜诜然紧也。

彻，薛韵，月 $_2$。紧，真韵，郑张－潘真 $_1$。

②歌 $_1$月 $_1$祭 $_1$元 $_1$跟脂质真的声训有：

例1，《释疾病》：瘅，侈也，侈开皮肤为创也。

瘅，脂韵，郑张－潘脂 $_1$。侈，支韵，郑张－潘歌 $_1$。

例2，《释形体》：血，濊也，出于肉，流而濊濊也。

血，屑韵，郑张－潘质 $_2$。濊，末韵，郑张－潘月 $_1$。

例3，《释书契》：谒，诣也。诣，告也。书其姓名于上，以告所至诣者也。

谒，月韵，月 $_1$。诣，齐韵，郑张－潘脂 $_2$。

例4，《释疾病》：心痛曰疝。疝，诜也，气诜诜然上而痛也。《释疾病》：又曰疝，亦言诜也，诜诜引小腹急痛也。

疝，删韵，元 $_1$。诜，臻韵，传统文部，郑张－潘真 $_1$。

③歌 $_3$月 $_3$祭 $_3$元 $_3$跟脂质真的声训有：

例1，《释首饰》：刷，帅也，帅发长短皆令上从也。亦言瑟也，刷发令上瑟然也。

刷，薛韵合口，月 $_3$。瑟，栉韵，郑张－潘质 $_2$。

例2，《释天》：戌，恤也，物当收敛矜恤之也。亦言脱也，落也。

戌，术韵，郭锡良 $_{(1986)}$ 归物部，郑张－潘归质 $_2$。恤，术韵，郑张－潘质 $_2$。脱，末韵，月 $_3$。

例3，《释兵》：箫弣之间曰渊，渊，宛也，言宛曲也。

渊，先韵，郑张－潘真 $_1$。宛，元韵合口，郑张－潘元 $_3$。

（7）歌（月祭元）$_3$ 和微（物文）$_2$ 声训较多，符合歌微两部主元音相对关系。

①歌 $_3$月 $_3$祭 $_3$元 $_3$跟微 $_2$物 $_2$文 $_2$的声训有：

例1，《释形体》：髓，遗也。遗，濊也。

先谦曰：吴校作：髓，濊也，濊濊然也。疏证补

髓，支韵合口，歌3。遗，脂韵合口，郑张－潘微2。遭，脂韵合口，郑张－潘微2。

例2，《释乐器》：竹曰吹。吹，推也，以气推发其声也。

吹，支韵合口，歌3。推，脂韵合口，郑张－潘微2。

例3，《释典艺》：诔，累也，累列其事而称之也。

诔，脂韵合口，郑张－潘微2。累，支韵合口，传统微部，郑张－潘歌3。

例4，《释兵》：綏，有虞氏之旌也，注旄竿首，其形綏綏然也。

綏，脂韵合口，郑张－潘微2。綏，支韵合口，歌3。

例5，《释宫室》：或谓之樀，在櫩旁下列衰衰然垂也。

樀，脂韵合口，郑张－潘微2。衰，支韵合口，传统微部，郑张－潘微部没有支韵的位置，故归歌3。

例6，《释言语》：危，阢也，阢阢不固之言也。

危，支韵重纽三等合口，郑张－潘歌3。阢，没韵，郑张－潘物2。

例7，《释典艺》：律，累也，累人心使不得放肆也。

律，术韵，郑张－潘物2。累，支韵合口，传统微部，郑张－潘微部没有支韵的位置，故归歌3。

例8，《释姿容》：撮，捽也，击捽取之也。

撮，末韵，月3。捽，术韵，没韵，郑张－潘物2。

例9，《释言语》：说，述也，宣述人意也。

说，薛韵合口，月3。述，术韵，郑张－潘物2。

例10，《释丧制》：县下圹曰绋。绋，捋也，徐徐捋下之也。

毕沅曰：今本两"捋"字俱作"将"，"将"与"率"音既不近，又非执绋之谊，兹定作"捋"字。徐徐捋下，今人语犹然。疏证补

绋，术韵，郑张－潘物2。捋，末韵，月3。

例11，《释言语》：拙，屈也，使物否屈不为用也。

拙，薛韵合口，月3。屈，物韵，郑张－潘物2。

例12，《释首饰》：刷，帅也，帅发长短皆令上从也。亦言瑟也，刷发令上瑟然也。

刷，薛韵合口，月3。帅，至韵合口，郑张－潘队2。

例13，《释疾病》：酸，逊也，逊遁在后也。言脚疼力少，行遁在后似逊

遁者也。

酸，桓韵，元3。逊，魂韵，郑张－潘文2。

例14，《释饮食》：吮，循也，不绝口稍引滋汋，循咽而下也。

吮，谆韵，郑张－潘文2；仙韵合口，郑张－潘文部没有仙韵的地位，故归元3。循，谆韵，郑张－潘文2。

例15，《释船》：船，循也，循水而行也。

船，仙韵合口，元3。循，谆韵，郑张－潘文2。

例16，《释亲属》：来孙之子曰昆孙。昆，贯也，恩情转远，以礼贯连之耳。

昆，魂韵，郑张－潘文2。贯，桓韵，郑张－潘元3。

例17，《释衣服》：裈，贯也，贯两脚上，系要中也。

裈，魂韵，郑张－潘文2。贯，桓韵，郑张－潘元3。

例18，《释言语》：乱，浑也。

乱，桓韵，元3。浑，魂韵，郑张－潘文2。

例19，《释天》：晕，卷也，气在外卷结之也，日月俱然。

晕，文韵，郑张－潘文2。卷，仙韵合口，郑张－潘元3。

例20，《释宫室》：囷，䋞也，藏物䋞䋞，束缚之也。

囷，真韵合口，郑张－潘文2。䋞，元韵合口，郑张－潘元3。

例21，《释形体》：唇，缘也，口之缘也。

唇，谆韵，郑张－潘文2。缘，仙韵合口，郑张－潘元3。

例22，《释用器》：镌，鐏也，有所鐏入也。

镌，仙韵合口，元3。鐏，魂韵，郑张－潘文2。

②$歌_1月_1祭_1元_1$跟$微_2物_2文_2$的声训有：

例1，《释言语》：败，溃也。

败，夬韵，郑张－潘祭1。溃，灰韵，郑张－潘微2。

例2，《释宫室》：障，卫也。

吴翊寅曰：吴校作：闱，卫也，在内以自障卫也。案障列此不类，障、卫声亦不近。闱与门对文，当从之。《疏证补》Bodman（1954）"障"亦作"闱"。

闱，微韵合口，郑张－潘微2。卫，祭韵合口，郑张－潘祭1。

例3，《释形体》髋，缓也，其胺皮厚而缓也。

髋，魂韵，郑张－潘文2。缓，桓韵，郑张－潘元1。

例4，《释天》：于易为巽，巽，散也，物皆生布散也。

巽，魂韵，郑张-潘文2。散，寒韵，元1。

例5，《释饮食》：飧，散也，投水于中解散也。

飧，魂韵，郑张-潘文2。散，寒韵，元1。

③歌₂月₂祭₂元₂跟微₂物₂文₂的声训有：

例，《释天》：雪，绥也，水下遇寒气而凝，绥绥然也。

雪，薛韵合口，郑张-潘月2。绥，脂韵合口，郑张-潘微2。

(8) 罗常培、周祖谟 (1958) 说，真（文）部"在两汉和元部通押的例子也非常之多，所以段玉裁说汉以后用韵过宽，真文元三部合用。这话本来不十分错，可是细心考查起来，汉人用韵真文合为一部，但是真文与元并没有完全混为一部"。从《释名》来说，总体上元部和真文两部声训的例子不少，但细看起来却有以下特点：

(a) 元部没有和真2声训的，符合韵尾相对关系。

(b) 元2和真1声训甚多，-en～-in，符合主元音相对关系。

(c) 元3和文2声训甚多，-on～-un，符合主元音相对关系。

附：释名歌部音谱

一、歌月祭元韵部的声训

(一) 歌₁月₁祭₁元₁～歌₁月₁祭₁元₁

火：化。火：毁。卧：化。仪：宜。嗟：佐。佐：左。阿：何。歌：柯。皮：被。髲：被。帔：披。谊：宜。柂：拖。绮：攲。枷：加。糜：靡。○以上歌1～歌1

袜：末。戉：豁。发：拨。○以上月1～月1

艾：乂。厉：厉。○以上祭1～祭1

肝：幹。干：乾。筵：衍。餐：乾。偃：安。烦：繁。攀：翻。奸：奸。难：惮。乾：健。寒：扞。辕：援。斾：战。辌：散。垣：援。脡：挺。铤：延。板：昄。禪：坦。檀：坦。安：晏。健：建。鞬：建。靬：半。旛：幡。樊：樊。○以上元1～元1

摩：末。拨：播。○以上歌1～月1

岁：越。瀾：竭。辖：害。害：割。○以上祭1～月1

颇：鞍。○以上月1~元1

（二）歌$_2$月$_2$祭$_2$元$_2$~歌$_2$月$_2$祭$_2$元$_2$

缅：筵。玺：徙。丽：离。离：丽。篱：离。○以上歌2~歌2
蛰：蘖：抴。泄：莿。别：鷩。憋。○以上月2~月2
誓：制。袂：挚：疥：龄：挚：制。○以上祭2~祭2
鞘：县。山：产。眩：县。玄：县。樗：绵。砚：研。绵：涸。仙：迁。
善：演。妍：研。闲：简。简：闲。贱：践。蹁：扁。县：县。○以上元2~元2
癣：徙。○以上歌2~元2
继：制。○以上月2~祭2

（三）歌$_3$月$_3$祭$_3$元$_3$~歌$_3$月$_3$祭$_3$元$_3$

赢：累。科：课。戈：过。坐：挫。跪：危。輠：裹。委：萎。○以上歌3~歌3
埒：脱。啜：绝。月：阙。啜：悆。○以上月3~月3
兑：兑。○以上祭3~祭3
川：穿。原：元。埙：喧。圕：团。纳：焕。椽：传。襈：缘。弁：拚。
棺：关。冠：贯。断：段。曩：铨。腕：宛。冕：俛。胼：团。传：转。喘：
湍。券：绻。幔：漫。慢：漫。栾：挛。宛：宛。传：传。传：传。观：观。
○以上元3~元3
兑：说。○以上月3~祭3

（四）歌$_1$月$_1$祭$_1$元$_1$~歌$_2$月$_2$祭$_2$元$_2$

罾：离。披：摆。○以上歌1~歌2
达：彻。啮：齧。○以上月1~月2
带：蒂。○以上祭1~祭2
澜：连。演：延。涧：闲。铜：间。霰：散。践：残。练：烂。○以上元1~元2
娑：杀。○以上歌1~月2
夬：决。○以上祭1~月2

（五）歌$_2$月$_2$祭$_2$元$_2$～歌$_3$月$_3$祭$_3$元$_3$

热：爇。发：拔。○以上月2～月3

面：漫。燕：宛。○以上元2～元3

杀：窜。○以上月2～元3

（六）歌$_1$月$_1$祭$_1$元$_1$～歌$_3$月$_3$祭$_3$元$_3$

瓦：倮。瓦：踝。祸：毁。○以上歌1～歌3

赞：纂。汗：涣。缓：浣。言：宣。瘢：漫。观：翰。犫：藩。○以上元1～元3

二、歌月祭元和其他韵部的声训

(1.1.1) 歌$_1$月$_1$祭$_1$元$_1$～微$_1$物$_1$文$_1$

扆：倚。旂：倚。扉：皮。○以上歌1～微1

瞎：迄。梻：拨。绋：发。○以上月1～物1

震：战。天：坦。○以上元1～文1

(1.1.2) 歌$_2$月$_2$祭$_2$元$_2$～微$_1$物$_1$文$_1$

胗：展。天：显。○以上元2～文1

(1.1.3) 歌$_3$月$_3$祭$_3$元$_3$～微$_1$物$_1$文$_1$

缀：惙。○以上祭3～队1

肺：勃。○以上祭3～物1

冕：文。吻：免。奔：变。○以上元3～文1

(1.2.1) 歌$_1$月$_1$祭$_1$元$_1$～微$_2$物$_2$文$_2$

败：溃。闱：卫。○以上祭1～微2

髋：缓。巽：散。飧：散。○以上元1～文2

(1.2.2) 歌$_2$月$_2$祭$_2$元$_2$～微$_2$物$_2$文$_2$

雪：绥。○以上月2～微2

(1.2.3) 歌$_3$月$_3$祭$_3$元$_3$～微$_2$物$_2$文$_2$

髓：遗。吹：推。诔：累。缕：荣。榱：衰。○以上歌3～微2

危：阢。律：累。○以上歌3～物2

刷：帅。○以上月3～队2

撮：捽。说：述。绥：挦。拙：屈。○以上月3~物2

酸：逡。船：循。镪：镌。吮：循。乱：浑。昆：贯。唇：缘。裈：贯。

晕：卷。困：绻。○以上元3~文2

(2.1.1) 歌$_1$月$_1$祭$_1$元$_1$~脂$_1$质$_1$真$_1$

痍：佗。○以上歌1~脂1

疝：诜。○以上元1~真1

(2.1.2) 歌$_2$月$_2$祭$_2$元$_2$~脂$_1$质$_1$真$_1$

泥：迩。地：底。○以上歌2~脂1

挈：结。疾：截。札：截。○以上月2~质1

彻：紧。○以上月2~真1

鼻：嚏。○以上祭2~质1

翦；进。绢：绲。肩：坚。箭：进。邻：连。引：演。牵：弦。寅：演。○以上元2~真1

(2.1.3) 歌$_3$月$_3$祭$_3$元$_3$~脂$_1$质$_1$真$_1$

渊：宛。○以上元3~真1

(2.2.1) 歌$_1$月$_1$祭$_1$元$_1$~脂$_2$质$_2$真$_2$

谒：诣。○以上月1~脂2

血：瀎。○以上月1~质2

(2.2.2) 歌$_2$月$_2$祭$_2$元$_2$~脂$_2$质$_2$真$_2$

脂：砥。○以上歌2~脂2

谧：曳。○以上祭2~至2

尔：昵。鼗：昵。○以上歌2~质2

(2.2.3) 歌$_3$月$_3$祭$_3$元$_3$~脂$_2$质$_2$真$_2$

刷：瑟。戌：脱。○以上月3~质2

(3.1) 歌$_1$月$_1$祭$_1$元$_1$~鱼铎阳

河：下。杷：播。雅：义。○以上为歌1~鱼

(3.2) 歌$_2$月$_2$祭$_2$元$_2$~鱼铎阳

祥：善。○以上元2~阳部

(3.3) 歌$_3$月$_3$祭$_3$元$_3$~鱼铎阳

寡：踝。○以上为歌3~鱼

(4.1) 歌$_1$月$_1$祭$_1$元$_1$~支锡耕

罾：历。○以上歌1~锡

倚：伎。骑：支。碑：被。○以上歌1~支

栅：迹。○以上元1~锡部

星：散。○以上元1~耕部

(4.2) 歌$_2$月$_2$祭$_2$元$_2$~支锡耕

纸：砥。提：地。○以上歌2~支

地：谛。○以上歌2~赐部

霓：啮。輗：啮。○以上月2~支部

掷：摘。○以上祭2~锡部

栈：靖。霰：星。鞙：经。○以上元2~耕部

埤：卑。○以上元2~支

(5) 歌$_1$月$_1$祭$_1$元$_1$~之职蒸

甗：甑。○以上元1~蒸部

(6.1) 歌$_1$月$_1$祭$_1$元$_1$~侯屋东

赞：录。○以上元1~屋部

(6.2) 歌$_3$月$_3$祭$_3$元$_3$~侯屋东

踝：确。○以上歌3~屋

赘：属。○以上祭3~屋部

襦：暖。○以上元3~侯部

(7.1) 歌$_2$月$_2$祭$_2$元$_2$~幽$_2$觉$_2$

暠：规。○以上歌2~幽2

(7.2) 歌$_3$月$_3$祭$_3$元$_3$~幽$_2$觉$_2$

宄：佹。○以上歌3~幽2

(8.1) 歌$_2$月$_2$祭$_2$元$_2$~宵$_2$药

激：截。○以上月2~宵2

(8.2) 歌$_2$月$_2$祭$_2$元$_2$~宵$_3$药$_3$

洁：确。○以上月2~药3

(9.1) 歌$_1$月$_1$祭$_1$元$_1$~谈$_1$盍$_1$

盖：加。○以上歌1~盖1

(9.2.1) 歌$_1$月$_1$祭$_1$元$_1$~谈$_3$盍$_3$

䩞：检。○以上歌1~谈3

(9.2.2) 歌₃月₃祭₃元₃~谈₃盍₃

毳：芮。○以上祭3~盖3

根据系联，可做出下面这张统计表：

	歌一	月一	祭一	元一	歌二	月二	祭二	元二	歌三	月三	祭三	元三
歌一	4/12	○	○	○	○	○	○	○	○	○	○	○
月一	2/0	2/1	○	○	○	○	○	○	○	○	○	○
祭一		2/2	0/1	○	○	○	○	○	○	○	○	○
元一		0/1		15/10	○	○	○	○	○	○	○	○
歌二	2/0				4/1	○	○	○	○	○	○	○
月二	1/0	2/0	0/1		0/4	○	○	○	○	○	○	○
祭二			0/1			1/0	2/2	○	○	○	○	○
元二				2/5	1/0			9/5	○	○	○	○
歌三	3/0								3/4	○	○	○
月三						0/2				3/1	○	○
祭三											0/1	○
元三				7/0		1/0		2/0				12/9
微一	3/0											
物一		3/0								1/0		
队一										0/1		
文一				2/0				2/0				3/0
微二		1/1				1/0			4/1			
物二										2/0	3/1	
队二										1/0		
文二				3/0								10/0
脂一	1/0				2/0							
质一						3/0	1/0					
真一				1/0		1/0		7/1				1/0
脂二		1/0		1/0								
质二		1/0				2/0					2/0	
至二						1/0						
盍一	1/0											
谈三	1/0											
盍三											1/0	
鱼	3/0								1/0			
阳								1/0				
支	3/0				3/0	2/0		0/1				

续

	歌一	月一	祭一	元一	歌二	月二	祭二	元二	歌三	月三	祭三	元三
锡	1/0			1/0			0/1					
耕				1/0				3/0				
蒸				1/0								
侯												0/1
屋				1/0						1/0	1/0	
幽二						1/0			1/0			
宵二						1/0						
药三						1/0						

注："/"前数字为纯声训，"/"后数字为谐声声训。赐部暂归支部，盖部暂归盍部，余类推。

二、郑玄歌部主元音

郑玄经传音注歌部的主要特点有以下几点：

（1）元部同分部音训多于异分部音训。由元1～元3的音训：单：丹、樏：倦，知有些元3字可能已经由 –on 变为 –uan 了。

（2）由月1～月3的音训：越：蹶，知有的 –od 可能已经变为 –uad。

（3）由歌1～歌3的音训：献：莎、烜：毁，知有些歌3字可能已经由 –ol/ –oi 变为 –ual/ –uai。

（4）元1～阳部的音训：戕：残、方：版，符合二者主元音相对关系 –an ～ –aŋ。

（5）歌2～支部的音训：示：寘；月2～支部的音训：缺：颊；元2～耕部的音训：缮：劲；元2～支部的音训：斯：鲜，符合二者主元音对应关系 e ～ e。

（6）月2～质2音训：槷：涅、栗：裂、札：截；元2～真1音训：酳：演；元2～真2音训：靷：橪，符合二者主元音对应关系 e ～ i。

（7）歌3～微2音训：墥：委、遗：随；祭3～队2音训：说：禭；元3～文2音训：员：云、馂：俊、纯：全、巡：沿，符合二者主元音对应关系 o ～ u。

附：郑玄歌部音谱

（1）歌1～歌1

被：髲。《仪礼少牢馈食礼》："主妇被锡衣移袂。"郑注："被锡读为髲鬄。"被，平义切，支韵、重纽三等，郑张－潘歌1。髲，平义切，支韵、重纽三等，郑张－潘歌1。谐训。

波：播。《周礼职方氏》："其浸波溠"郑注："波读为播，《禹贡》曰：'荥播既都'。"波，博禾切，戈韵，郑张－潘歌1。播，补过切，戈韵，郑张－潘歌1。纯训。

河：何。《商颂玄鸟》："景员维河"郑注："河之言何也。"河，胡歌切，歌韵，郑张－潘歌1。何，胡歌切，歌韵，郑张－潘歌1。谐训。

觭：掎。《周礼大卜》："二曰觭梦"郑注："玄谓觭读如诸戎掎之掎，掎亦得也。"觭，居宜切集韵，支韵、重纽三等，郑张－潘歌1。掎，支韵、重纽三等，郑张－潘歌1。谐训。

珈：加。《诗鄘风君子偕老》："君子偕老，副笄六珈。"笺云："珈之言加也。"珈，古牙切，麻韵二等，郑张－潘歌1。加，古牙切，郑张－潘歌1。谐训。

嘉：加。《诗大雅行苇》："嘉殽脾臄"笺云："以脾函为加，故谓之嘉。"嘉，古牙切，麻韵二等，郑张－潘歌1。加，古牙切，郑张－潘歌1。谐训。

蛇：移。《史记卷十二》："蛇丘"《集解》：郑玄曰："蛇音移。"蛇，弋支切，支韵，郑张－潘歌1。移，弋支切，郑张－潘歌1。纯训。

施：弛。《周礼遂人》："辨其老幼癃疾与其施舍者"郑注："施读为弛。"施，支韵，郑张－潘歌1。弛，施是切，支韵，郑张－潘歌1。谐训。

牺：沙。《礼记明堂位》："尊用牺象山罍"郑注："牺尊以沙羽为画饰，象骨饰之。"牺，许羁切，支韵、重纽三等，郑张－潘歌1。沙，所加切，麻韵二等，郑张－潘歌1。纯训。

献：沙。《仪礼大射礼》："两壶献酒"郑注："献读为沙。沙酒浊特沸之必摩沙者也。"献，素何切，歌韵，郑张－潘歌1。沙，麻韵二等，郑张－潘歌1。纯训。

移：迆。《礼记玉藻》："疾趋则欲发，而手足毋移"郑注："移之言廊迆也。"移，弋支切，支韵，郑张－潘歌1。迆，支韵，郑张－潘歌1。纯训。

左：佐。《诗·释文·关雎》："左右：郑上音佐，下音佑。助也。"左，歌韵，郑张－潘歌1。佐，歌韵，郑张－潘歌1。谐训。

（2）月1～月1

伐：发。《周礼匠人》："一耦之伐"郑注："伐之言发也。"伐，房越切，月韵，郑张－潘月1。发，方伐切，月韵，郑张－潘月1。纯训。

（3）祭1～祭1

大：泰。《诗桑柔释文》："'大风'郑音泰。泰风，西风也。"大，郑张－潘祭1。泰，郑张－潘祭

1。纯训。

(4) 月1~祭1

害：曷。《诗泉水释文》："'有害'郑音曷。何也。"害，胡盖切，泰韵，郑张－潘祭1。曷，胡葛切，曷韵，郑张－潘月1。纯训。

(5) 元1~元1

颁：班。《周礼大宰释文》："'匪颁'郑音班。"颁，布还切，删韵，郑张－潘元1。班，布还切，郑张－潘元1。纯训。

樊：鞶。《周礼巾车》："樊缨"郑注："樊读如鞶带之鞶。"樊，附袁切，元韵，郑张－潘元1。鞶，薄官切，桓韵，郑张－潘元1。纯训。

干：豻。《周礼射人》："士以三耦射豻侯"郑注："《大射礼》豻作干，读如'宜豻宜狱'之豻。"干，古寒切，寒韵，郑张－潘元1。豻，五旰切，寒韵，郑张－潘元1。谐训。

建：键。《礼记乐记》："名之曰建櫜。"郑注："建读为键，字之误也。"建，居万切，元韵，郑张－潘元1。键，其偃切，元韵，郑张－潘元1。谐训。

泮：畔。《诗卫风氓》："隰则有泮"笺云："泮读为畔，畔，涯也。"泮，普半切，桓韵，郑张－潘元1。畔，薄半切，桓韵，郑张－潘元1。谐训。

頖：班。《礼记王制》："诸侯曰頖宫"郑注："頖之言班也。所以班政教也。"頖，普半切，桓韵，郑张－潘元1。班，布还切，删韵，郑张－潘元1。纯训。

坛：坦。《礼记祭法》："燔柴于泰坛"郑注："坛之言坦也。"坛，徒干切，寒韵，郑张－潘元1。坦，他但切，寒韵，郑张－潘元1。谐训。

襢：亶。《周礼内司服》："展衣"郑注："展衣，以礼见王及宾客之服，字当为襢，襢之言亶，诚也。"襢，陟扇切，仙韵，郑张－潘元1。亶，多旱切，寒韵，郑张－潘元1。谐训。

宪：轩。《礼记乐记》："武坐致右宪左"郑注："宪读为轩，声之误也。"宪，许建切，元韵，郑张－潘元1。轩，虚言切，元韵，郑张－潘元1。纯训。

轩：宪。《礼记内则》："皆有轩"郑注："轩读为宪。宪谓藿叶切也。……轩或为胖。"轩，虚言切，元韵，郑张－潘元1。宪，许建切，元韵，郑张－潘元1。纯训。

媛：援。《诗鄘风君子偕老》："邦之媛也"笺云："媛者邦人所依倚以为媛助也。"媛，王眷切，仙韵，郑张－潘元1。援，王眷切，郑张－潘元1。谐训。

瓒：屡。《周礼考工记玉人》："侯用瓒"郑注："瓒读为'𥚽'之屡。"瓒，藏旱切，寒韵，郑张－潘元1。屡，则旰切，寒韵，元1。纯训。

(6) 歌1~元1

个：干。《周礼考工记梓人》："上两个，与其身三，下两个半之。"郑注："玄谓个读若'齐人搢干'之干。"个，古贺切，歌韵，郑张-潘歌1。干，古案切，寒韵，郑张-潘元1。纯训。

(7) 歌2～歌2

离：俪。《礼记月令》："宿离不贷"郑注："离读如俪偶之俪。"离，吕支切，支韵，郑张-潘歌2。俪，郎计切，齐韵，郑张-潘歌2。纯训。

(8) 月2～月2

槷：臬。《周礼考工记匠人》："置槷以县"郑注："玄谓槷，古文臬假借字。"槷，五结切，屑韵，郑张-潘月2。臬，五结切，郑张-潘月2。纯训。

(9) 祭2～祭2

瘵：际。《诗芫柳释文》："'自瘵'郑音际。际，接也。"瘵，侧界切，怪韵，郑张-潘祭2。际，子例切，祭韵，郑张-潘祭2。谐训。

(10) 月2～祭2

遰：哲。《易大有释文》："'晢'郑本作遰，云读如明星晢晢。"遰，特计切，霁韵，郑张-潘祭2。晢，旨热切，薛韵，郑张-潘月2。纯训。

(11) 元2～元2

践：翦。《礼记玉藻》："凡有血气之类，弗身践也。"郑注："践当为翦，声之误也。翦犹杀也。"践，慈演切，仙韵，郑张-潘元2。翦，即浅切，仙韵，郑张-潘元2。纯训。

前：翦。《周礼巾车》："前樊鹄缨"郑注："前，读为缩翦之翦。"前，昨先切，先韵，郑张-潘元2。翦，即浅切，仙韵，郑张-潘元2。谐训。

輤：茜。《礼记杂记》："其輤有裧。"郑注："輤取名于榇与旧读如蒨斾之蒨。榇，棺也。茜，染赤色者也。"輤，仓甸切，先韵，郑张-潘元2。茜，仓甸切，郑张-潘元2。谐训。

缮：善。《周礼夏官叙官》"缮人"郑注："缮之言劲也，善也。"缮，时战切，仙韵，郑张-潘元2。善，常演切，仙韵，郑张-潘元2。谐训。

省：狝。《礼记明堂位》："秋省"郑注："省读为狝。狝，秋田名也。"省，息浅切 集韵，仙韵，元2（？）。狝，息浅切，郑张-潘元2。纯训。

(12) 月3～月3

舝：䐈。《周礼考工记旅人》："凡陶甈之事，甈星薛暴不入市。"郑注："玄谓甈读为䐈。"舝，古活切，末韵，郑张-潘月3。䐈，鱼厥切，月韵，郑张-潘月3。纯训。

(13) 月3～祭3

沛：茇。《周礼大司马》："中夏，教茇舍"郑注："茇读如萊沛之沛。"沛，泰韵，郑张-潘祭3。茇，北末切，末韵，郑张-潘月3。纯训。

(14) 元3～元3

輲：辁。《礼记杂记》："载以輲车"郑注："輲读为辁，或作传。"輲，市缘切，仙韵，郑张－潘元3。辁，仙韵，郑张－潘元3。纯训。

串：患。《诗皇矣释文》："'串夷'或云，郑音患。"串，古患切，删韵，郑张－潘元3。患，胡惯切，删韵，郑张－潘元3。

攒：菆。《礼记丧大记》："横至于上"郑注："横犹菆也。"攒，在丸切，桓韵，郑张－潘元3。菆，在丸切，郑张－潘元3。纯训。

爟：观。《周礼夏官敍官》："司爟"郑注："玄谓爟读如予若观火之观。"爟，古玩切，桓韵，郑张－潘元3。观，桓韵，郑张－潘元3。谐训。

鬈：权。《诗齐风卢令》："其人美且鬈"笺云："鬈读当为权。权，勇壮也。"鬈，巨员切，仙韵、重纽三等，郑张－潘元3。权，巨员切，郑张－潘元3。纯训。

朕：辁。《周礼考工记旅人》："器中膊"郑注："膊读如'车辁'之辁。"朕，仙韵，郑张－潘元3。辁，仙韵，郑张－潘元3。纯训。

撰：算。《周礼大司马》："羣吏撰车徒"郑注："撰读曰算。"撰，须兖切集韵，仙韵，郑张－潘元3。算，桓韵，郑张－潘元3。纯训。

(15) 歌3～元3

果：祼。《周礼大宗伯》："大宾客，则摄而载果。"郑注："果读为祼。"果，古火切，戈韵，郑张－潘歌3。祼，古玩切，桓韵，郑张－潘元3。谐训。

(16) 元1～元2

翦：戋。《周礼考工记鲍人》："若苟自急者先裂，则是以博为帴也。"郑注："郑司农云：'帴读为翦，谓以广为狭也。'玄谓翦者，如俴浅之俴，或者读为羊豬戋之戋。"翦，即浅切，仙韵，郑张－潘元2。戋，昨干切，寒韵，郑张－潘元1。纯训。

胖：片。《周礼腊人》："荐脯、膴、胖"郑注："胖之言片也，析肉意也。"胖，普半切，桓韵，郑张－潘元1。片，普面切，先韵，郑张－潘元2。纯训。

鲜：献。《礼记月令》："天子乃鲜羔开冰"郑注："鲜当为献，声之误也。"鲜，私箭切，仙韵，郑张－潘元2。献，许建切，元韵，郑张－潘元1。纯训。

(17) 歌1～月2

池：彻。《礼记檀弓》："主人既祖填池。"郑注："填池当为奠彻，声之误也。"池，直离切，支韵，郑张－潘歌1。彻，丑列切，薛韵，郑张－潘月2。纯训。

(18) 歌1～歌3

献：莎。《周礼司尊彝》："郁齐献酌"郑注："献读为'摩莎'之莎，齐语声之误也。"《礼记郊特牲》："汁献涗于醆酒"郑注："献读当为莎，齐语声之误也。"献，素何切，歌韵，郑张－潘歌1。莎，苏禾切，戈韵，郑张

-潘歌3。纯训。

烜：毁。《周礼秋官叙官》："司烜氏"郑注："烜,火也。读于衞侯毁之毁。"烜,许委切,支韵、重纽三等,郑张－潘歌3。毁,许委切,郑张－潘歌1。纯训。

(19) 月1～月3

越：蹶。《礼记缁衣》："毋越厥命"郑注："越之言蹶也。"越,王伐切,月韵,郑张－潘月1。蹶,其月切,月韵,郑张－潘月3。纯训。

(20) 元1～元3

单：丹。《诗天保释文》："'单厚'郑音丹。尽也。"单,党旱切集韵,桓韵,元3。丹,都寒切,寒韵,郑张－潘元1。纯训。

楗：倦。《周礼鵫人释文》："'不楗'郑音倦。"楗,其偃切,元韵,郑张－潘元1。倦,渠卷切,仙韵、重纽三等,郑张－潘元3。纯训。

(21) 歌1～元3

抠：宣。《释文·易谦》："抠:郑读为宣。"抠,许为切,支韵、重纽三等,郑张－潘歌1。宣,须缘切,仙韵,郑张－潘元3。纯训。

(22) 元1～歌3

委：安。《仪礼士冠礼》："委貌"郑注："委犹安也。言所以安正容貌。"委,支韵、重纽三等,郑张－潘歌3。安,乌寒切,寒韵,郑张－潘元1。纯训。

(23) 元2～元3

琬：圜。《周礼玉人》："琬圭九寸而缫"郑注："琬犹圜也。"琬,于阮切,元韵,郑张－潘元3。圜,王权切,仙韵,郑张－潘元2。纯训。

(24) 元1～文1

颁：分。《礼记祭义》："颁禽隆诸长者"郑注："颁之言分也。"颁,布还切,删韵,郑张－潘元1。分,文韵,郑张－潘文1。谐训。

芬：蕡。《周礼巾车》："芬蔽"郑注："芬读为蕡。"芬,符分切,文韵,郑张－潘文1。蕡,附袁切,元韵,郑张－潘元1。纯训。

(25) 元1～阳部

戕：残。《诗小雅十月之交》："曰予不戕"笺云："戕,残也。"戕,在良切,阳韵,阳部。残,寒韵,郑张－潘元1。纯训。

方：版。《礼记中庸》："布在方策"郑注："方,版也。"方,阳韵,阳部。版,布绾切,删韵,郑张－潘元1。纯训。

(26) 歌2～支部

示：寅。《礼记中庸》："治国其如示诸掌乎"郑注："示读如寅诸河干之寅。寅，置也。"示，支义切集韵，支韵，郑张－潘支部。寅，支义切，郑张－潘歌2。纯训。

(27) 月2～质2

槷：涅。《周礼考工记轮人》："无槷而固"郑注："玄谓槷读如涅，从木热省声。"槷，五结切，屑韵，郑张－潘月2。涅，奴结切，屑韵，郑张－潘质2。纯训。

栗：裂。《诗豳风东山》："烝在栗薪"笺云："古者声栗裂同也。"《周礼考工记弓人》："苗栗不迆"郑注："玄谓栗读为'裂繻'之裂。"栗，力质切，质韵，郑张－潘质2。裂，良薛切，薛韵，郑张－潘月2。纯训。

札：截。《周礼大宗伯》："以荒礼哀凶札"郑注："札读为截，截谓疫疠。"札，侧八切，黠韵，郑张－潘质2。截，昨结切，屑韵，郑张－潘月2。纯训。

(28) 月2～支部

缺：頍。《仪礼士冠礼》："缁布冠缺项青组"郑注："缺读如有頍者弁之頍。"缺，苦穴切，屑韵，郑张－潘月2。頍，丘弭切，支韵、重纽四等，支部。纯训。

(29) 祭2～物1

茀：蔽。《诗小雅采芑》："簟茀鱼服"笺云："茀之言蔽也。"茀，敷勿切，物韵，郑张－潘物1。蔽，必袂切，祭韵、重纽四等，郑张－潘祭2。纯训。

(30) 元2～真1

酳：演。《仪礼士昏礼》："酳主人"郑注："酳，漱也。酳之言演也，安也。"酳，羊晋切，真韵，郑张－潘真1。演，以浅切，仙韵，郑张－潘元2。纯训。

(31) 元2～真2

䩉：樒。《礼记杂记》："其䩉有裧"郑注："䩉取名于樒与旧读如蒨茈之蒨，樒，榙也。茜，染赤色者也。"䩉，仓甸切，先韵，郑张－潘元2。樒，初觐切，真韵，郑张－潘真2。纯训。

(32) 元2～耕部

缮：劲。《礼记曲礼》："急缮其怒"郑注："缮读曰劲。"《周礼夏官叙官》："缮人"郑注："缮之言劲也，善也。"缮，时战切，仙韵，郑张－潘元2。劲，居正切，清韵，耕部。纯训。

(33) 元2～支部

斯：鲜。《诗小雅瓠叶》："有兔斯首"笺云："斯，白也。今俗语斯白之字作鲜，齐鲁之间声近斯。"斯，息移切，支韵，支部。鲜，仙韵，郑张－潘元2。纯训。

(34) 元2～谈3

辩：贬。《周礼士师》："若邦凶荒，则以荒辩之灋治之"郑注："玄谓'辩'当为'贬'，声之误也。"辩，符蹇切，仙韵、重纽三等，郑张－潘元2。贬，方敛切，盐韵、重纽三等，郑张－潘谈

3。纯训。

(35) 歌3~微2

壝：委。《周礼鬯人》："社壝用大罍"郑注："壝，谓委土为埠坛，所以祭也。"壝，以水切，脂韵，郑张－潘微2。委，支韵、重纽三等，郑张－潘歌3。纯训。

遗：随。《诗小雅角弓》："莫肯下遗"笺云："遗读曰随。"遗，脂韵，郑张－潘微2。随，旬为切，支韵，郑张－潘歌3。纯训。

(36) 月3~盍3

桧：刮。《周礼女祝》："掌以时招、梗、桧、禳之事"郑注："除灾害曰桧，桧犹刮去也。"桧，泰韵，郑张－潘盍3。刮，辖韵，郑张－潘月3。纯训。

(37) 祭3~队2

说：襚。《诗卫风硕人》："说于农郊"笺云："说当作襚。"说，舒芮切，祭韵，郑张－潘祭3。襚，徐醉切，至韵，郑张－潘队2。纯训。

(38) 元3~文2

员：云。《诗玄鸟释文》："'景员'郑音云。"员，王权切，仙韵，郑张－潘元3。云，王分切，文韵，郑张－潘文2。纯训。

馔：俊。《论语为政释文》："'先生馔'郑作俊，音俊。食余曰俊。"馔，士恋切，仙韵，郑张－潘元3。俊，子峻切，谆韵，郑张－潘文2。纯训。

纯：全。《仪礼乡射礼》："二算为纯"郑注："纯犹全也。"纯，谆韵，郑张－潘文2。全，疾缘切，仙韵，郑张－潘元3。纯训。

巡：沿。《礼记祭义》："终始相巡"郑注："巡读如沿汉之沿，谓更相从道。"巡，详遵切，谆韵，郑张－潘文2。沿，与专切，仙韵，郑张－潘元3。纯训。

(39) 元3~真1

均：沿。《史记夏本纪第二》："均江海"《集解》郑玄曰："均，读曰沿。沿，顺水行也。"均，居匀切，谆韵，郑张－潘真1。沿，与专切，仙韵，郑张－潘元3。纯训。

(40) 元3~脂1

娩：媚。《礼记内则》："姆教娩娩听从"郑注："娩之言媚也。"娩，无远切，元韵，郑张－潘元3。媚，明秘切，脂韵、重纽三等，郑张－潘脂1。纯训。

(41) 元3~耕部

命：慢。《礼记大学》："举而不能先，命也。"郑注："命读为慢，声之误也。"命，眉病切，庚韵，耕部。慢，谟晏切，删韵，郑张－潘元3。纯训。

第二节 歌部的韵尾

一、乙类韵阴声韵尾与藏缅语同源词 -r, -l, -d 的对应

Pulleyblank（1962-3）把乙类韵阴声韵尾拟作 *-ð，以与以母 *-ð 对应。他的声母 *ð- 后来改作 *l-，韵尾 *-ð 也当改作 *-l。中古的以母 j 上古是 *l-，这跟韵尾 *-l 变作 *-j 也正相平行。（潘悟云，2000：179）

前人总结出许多乙类阴声韵对应藏缅语同源词 -r, -l, -d 的例子，见下表：

汉字	同源词	汉字	同源词
荷	藏文 dgal驮	磋	藏文 star磨光
彼	藏文 phar彼	披	藏文 phral使分离
呵	藏文 glal呵欠,张口	帔	藏文 ber氅,披风
飞	藏文 fiphir飞	迩	藏文 njer近
底	藏文 mthil底部,下部,基本	茨	藏文 tsher蒺藜
坐	藏文 sdod坐	垂	藏语 fidʑol-ba垂下
罢	藏语 brgjal沉,下,昏, fio-brgjal辛苦,疲劳；雷布查语 pyal	洒、洗	藏语 bsŋul-ba 洗

二、从麻、支韵看歌部韵尾 *-l 的变化

顾炎武离析唐韵，将麻韵分为两半，"华家奢邪牙犯瑕葭罝阇"等字属鱼

部,"麻嘉差沙"等字属歌部。① 罗常培、周祖谟(1958)指出,东汉鱼部麻韵一系的字转到歌部。

顾炎武离析唐韵,又将支韵分为两半:一半属歌部、一半属脂部。段玉裁又将脂部分为支脂之三部。这样支韵就主要分布在歌、支两部中。罗常培、周祖谟(1958)认为,东汉时歌部支韵一系的字并入到支部。

鱼部和支部都是收开韵尾韵部,如果鱼部麻韵和歌部合流、歌部支韵和支部合流,恰可证歌部 –l 韵尾之脱落。我们来考查《释名》以及《释名》以外的几种东汉材料中的麻韵和支韵的分合情况。

1. 麻韵

(1)《释名》中麻韵字的表现见下表:

	鱼麻二	鱼麻三	歌麻二	歌麻三
鱼麻二	0039 夏:假 0210 霸:霸 0337 亚:亚		(重)	
鱼麻三		0048 车:舍 0049 舍:舍		
鱼模一	0046 铧:刳 0088 绔:跨	0061 库:舍 1299(+) 吐:泻		
鱼鱼三	0338 鲊:菹 0103 敌:衙 0124 助:乍	0111 渚:遮 0119 咀:藉		
铎铎一	0041 雅:雉 0182 垩:亚			
铎陌二	0045 骂:迫 0208 伯:把			

---

① 参见王力:《汉语语音史》,35 页。

	鱼麻二	鱼麻三	歌麻二	歌麻三
铎昔三		0339 炙：炙 1263.5 借：腊 0220 踖：藉		
歌麻二	0043 摣：叉 0047 寡：踝		0035 枷：加 0036 瓦：踝 0880 髁：踝	
歌佳二	0043 摣：叉			
歌歌一	0002 河：下			0038 嗟：佐
歌戈一	0044 杷：播		0037 瓦：裸 0009 卧：化 0011 火：化①	
歌支三	0040 雅：义			
歌戈三	0010 靴：跨			
祭泰一			1191 盖：加②	
耕清三	0042 序：正③			
屋觉二			1283（＋）髁：确	

① "火"传统归微部，郑张－潘归歌1。
② "盖"传统归祭部，郑张－潘归盖1。
③ 此条可疑，参"校议"。

鱼部麻二多与歌部字声训，相反，鱼部麻三完全不跟歌部字声训。歌部麻二除了跟鱼部麻二字声训，其余都和歌部字声训。显然，鱼部麻二和鱼部麻三的表现完全不同。鱼部麻二应该已转入歌部，而鱼部麻三仍留在鱼部内。

(2) 见于《释名》外材料中的麻韵

甲、韵文

为醒目起见，凡麻韵字以黑体表示。

仲长统①《见志诗二首其二》韵：② **寡**鱼麻二、**可**歌歌一、**瑣**歌戈一、**我**歌歌一、**下**鱼麻二、**雅**鱼麻二、**火**歌戈一、**左**歌歌一、**柂**歌歌一、**冶**鱼麻三。

刘桢③《鲁都赋》："舞人就列，……若奔星之赴河。"《艺文类聚》卷六十一 韵：**华**鱼麻二、**歌**歌歌一、**波**歌戈一、**和**歌歌一、**河**歌歌一。

王粲④《神女赋》："质素纯皓，……靥辅奇牙。"⑤ 韵：**加**歌麻二、**华**鱼麻二、**波**歌戈一、**牙**鱼麻二。"牙"或作"葩"，"葩"亦鱼部麻二。

仲长统、刘桢、王粲都是兖州人，与刘熙同时。在他们的作品里，鱼部麻二都和歌部字押韵。鱼麻三入韵的字太少，仲长统有一例"冶"字也和歌部字押韵。

乙、译经

柯蔚南汇集了安世高、支娄迦谶、康孟祥的对音材料三百四十余条。安、支、康三人先后于2世纪后半叶在洛阳译经，他们译经所使用的方言应该是当时的洛阳音。至于他们佛经抄本所用的语言，究竟是梵文？Prakrit？还是某些中亚方言呢？据俞敏(1984a)说，现在中亚发现的古写本残卷，除古和阗文、藏文译本以外，只有梵文本。因为译经法师是中亚人（支娄迦谶是月支人，康孟祥是康居人，安世高是安息人），那经本一定是梵文本。而或有和梵文不合的，里头有些是中亚方言。柯蔚南（1983：35~38）比较了梵文、中印度方言和对音汉字语音的某些方面，揭示了译经者所依据的抄本语言的一些特征。

兹将有关麻韵字的对音列表如下（表中：支 = 支娄迦谶；康 = 康孟祥；Skt. = Sanskrit；P. = Pali；Gd. = Gāndhārī。并参见柯蔚南1983）

---

① 仲长统（180—220），兖州山阳人。
② 参见逯钦立辑校：《先秦汉魏晋南北朝诗》，北京，中华书局，1983。
③ 刘桢（170—217），兖州东平人。
④ 王粲（177—217），兖州山阳人。
⑤ 俞绍初《王粲集》校记：此八句据影宋本《御览》三百八十一补，"奇牙"严本作"奇葩"。

				Skt.	P.	Gd.
鱼麻二	叉	阅叉支		yakṣa		
	吒	赖吒和罗支		rāṣṭrapāla		
		阿迦贰吒支		akaniṣṭha	akaniṭṭha	
鱼麻三	阇	阿阇世支		ajātaśatru		
		术阇安		vidyā	vijjā	vija
		惟阇支		vīrya		viya
		阿阇支		ācāra		
		犍阇洹支		kāñcanavarṇa		
		阿阇浮支		acapala		
		耆阇崛支		gṛdhrakūṭa	gijjhakūṭa	
	舍	沤惒拘舍罗支		upāyakauśalya		
		舍怛罗支		śāstāraḥ		
		舍利弗罗支		śāriputra		
		沤和拘舍罗支		upāyakauśalya		
		堕舍利支		vaiśālī		
		舍卫安		śrāvastī		
		舍利安		śārī		
		阿比舍支		avīci		
		舍利弗安		śāriputra		
	邪	波罗尼蜜和邪拔致支		paranirmitavaśavartin (~ - vaśavartī)		
	耶	三耶三佛支		samyaksaṃbuddha		same – sabudha
		和耶越致支		vaśavartin (~ vaśavartī)		
		维耶离康		vaiśālī		
		迦耶悉康		gayāśīrṣa		
		迦耶迦叶康		gayākaśyapa		
		拘耶尼康		kauśāmbī		
		摩耶康		māyā		
		波耶和提支		prajāpati		
		惟沙耶支		bhaiṣajya		
		波罗尼蜜和耶拔致支		paranirmitava śavartin (~ - vaśavartī)		
		罗耶支		rāja		
		阿比耶陀支		avṛha		
		捷陀罗耶支		gandhālaya ~ gandhalaya		
		波罗尼蜜和耶越支		paranirmitavaśavartin		
		俱耶匿支		godānīya		

续1

			Skt.	P.	Gd.
歌麻二	遮	遮迦和_支	cakravāla		
		遮加恕_支	cakravāla		
		般遮旬_支	pañcābhijñāna		
		遮迦越罗_支	cakravartirāja		
		尼遮揵陀波勿_支	nityagandhapramuditā（?）		
	加	加罗卫_支	kapilavastu		
		遮加恕_支	cakravāla		
	袈	袈裟_安	kaṣāya		
	沙	伊沙_支	īṭāna		
		兜沙_支	tuṣara		
		沙门_安	śramaṇa		samaṇo
		沙罗伊檀_支	ṣaḍāyatana		
		沙罗_安	sāla ~ śāla		
		沙竭_支	sāgara		
		沙呵_支	sahā		
		惟沙耶_支	bhaiṣajya		
		洴沙_支	bimbisāra ~ bimbasāra		
		瓶沙_康	bimbisāra ~ bimbasāra		
	裟	袈裟_安	kaṣāya		
	迦	迦留勒_支	garuḍa		
		遮迦和_支	cakravāla		
		迦摩_支	kāma		
		迦维罗卫_康	kapilavastu		
		迦留罗_支	garuḍa		
		摩呵迦娄那_支	mahākaruṇā		
		遮迦越罗_支	cakravartirāja		
		首诃迦_支	śubhakṛtsna		
		阿迦昙_支	agadam		
		迦楼罗_支	garuḍa		garuḷa
		摩诃桓迦怜_支	mahāvana + karaṇḍa		
		迦叶_支	kāśyapa		

续2

		Skt.	P.	Gd.
	迦耶迦叶₍康₎	gayākaśyapa		
	迦维罗越₍康₎	kapilavastu		
	阿迦贰吒₍支₎	akaniṣṭha	akaniṭṭha	
	摩呵迦旃延₍支₎	mahākātyayana	mahākaccāna	
	迦翼₍支₎	kāyika		
	迦耶悉₍康₎	gayāśīrṣa		
	迦兰陀₍康₎	kalandaka		
	迦耶迦叶₍康₎	gayākaśyapa		
	释迦文₍支₎	śākyamuni		
	梵迦夷₍支₎	brahmakāyika		
	那提迦叶₍康₎	nadīkāśyapa		
	迦罗越₍安₎	kulapati		
	阿兰迦兰₍康₎	ārāḍakālāma		
	迦罗₍康₎	kāla		

鱼部麻和歌部麻都对译梵文 a，柯蔚南（1983：102）指出这两组在这一方言里已经合流了。

丙、音注

服虔，河南荥阳人；应劭，汝南南顿人；高诱，涿郡人。他们三人所处的时代与刘熙差不多。郑玄与刘熙是同乡，时代稍早，大约是刘熙的师长辈。由于材料的多寡和时代的关系，暂将服、应、高三人放在一组，郑玄单列。

应劭、服虔、高诱音注中麻韵字的表现见下表。

		鱼麻二	鱼麻三	歌麻二	歌麻三
鱼麻二		葭：家₍应₎① 吾：牙₍应₎⑤ 芭：葩₍服₎⑥ 苴：鲊₍高₎⑧			

续

	鱼麻二	鱼麻三	歌麻二	歌麻三
鱼模一	夏：贾_应③			
铎昔三		籍：借_应⑩		
歌麻二			碏：沙_应②	
歌支三				酡：虵_高⑨
元仙三		躔：舍_高⑪		
之之三	茬：缁_应④			
支支三		媚：儿_服⑦		

①葭：家。《汉书》（1597）："葭明"应劭曰："音家盲。"

②碏：沙。《史记》（2070）："后击韩信军于碏石"《集解》引应劭曰："碏音沙。"

③夏：贾。《汉书》（1636）："阳夏"应劭曰："夏音贾。""贾"有模韵麻韵二读，应劭音大概指的是模韵。

④茬：缁。《汉书》（1582）："茬"应劭曰："音淄。"

⑤吾：牙。《汉书》（1611）："允吾"应劭曰："允吾音铅牙。"

⑥芭：葩。《汉书》（3585）："而钜鹿侯芭常从雄居"服虔曰："芭音葩。"

⑦媚：儿。《汉书》（2980）："将媚、月氏兵四千人"服虔曰："媚音儿，羌名也。"

⑧苴：鲊。《吕氏春秋·卷二贵生》："其土苴，以治天下"高注："苴，音鲊。"乍声字传统归在铎部，但"鲊"为上声，故归在鱼部。

⑨酡：虵。《吕氏春秋·卷一重己》："其为饮食酡醴也"高注："酡，读如诗'虵虵硕言'之虵。"

⑩籍：借。《风俗通义祀典第八先农》："古者使民如借，故曰借田。"

⑪躔：舍。《吕氏春秋·卷三圜道》："月躔二十八宿"高注："躔，舍也。"

郑玄音注中麻韵字的表现：

	鱼麻二	鱼麻三	歌麻二	歌麻三
鱼麻二	稼：嫁① 华：㧉⑩ 假：碬⑪ 罜：碬⑫			
鱼模一	贾：古⑧	闍：都⑦		
鱼鱼三		豫：榭⑭		
铎昔三		藉：借② 舍：释④ 射：亦⑨		
歌麻二			珈：加⑤ 嘉：加⑥	
歌歌一			献：沙⑬	
歌支三			牺：沙⑮	
之之三		舍：止③（？）		

①稼：嫁。《周礼地官叙官》"司稼"郑注："种谷曰稼，如嫁女以有所生。"

②藉：借。《诗周颂载芟》"春籍田而祈社稷也"郑笺："籍之言借也，借民力治之故谓之籍田。"

③舍：止。《周礼夏官司戈盾》"及舍"郑注："舍，止也。"柯蔚南（1983）编号301，但此条可疑，不一定是音训。

④舍：释。《诗大雅行苇》"舍矢既均"郑笺："舍之言释也。"《周礼春官甸祝》"舍奠于祖庙"郑注："舍读为释。"

⑤珈：加。《诗鄘风君子偕老》"副笄六珈"郑笺："珈之言加也。"

⑥嘉：加。《诗大雅行苇》"嘉殽脾臄"郑笺："燔用肉，炙用肝，以脾函为加，故谓之嘉。"

⑦闍：都。《诗出其东门释文》："闍：郑郭音都。"

⑧贾：古。《周礼天官冢宰释文》："贾八人：郑徐音古。"

⑨射：亦。《易经井释文》："射：郑王肃皆音亦，云厌也。"

⑩华：㧉。《周礼夏官形方氏》"无有华离之地"郑注："玄谓华读为㧉哨之㧉，正之使不㧉邪离绝。"

⑪假：嘏。《礼记曾子问》："不旅不假"郑注："假读为嘏，不嘏，不嘏主人也。"

⑫斝：嘏。《周礼夏官量人》："与郁人受斝历而皆饮之"郑注："玄谓斝读如嘏尸之嘏。"

⑬献：沙。《仪礼大射礼》："两壶献酒"郑注："献读为沙。沙酒浊特沛之必摩沙者也。"

⑭豫：榭。《仪礼乡射礼》："豫则钩楹内"郑注："今言豫者谓州学也，读如成周宣谢灾之谢。"

⑮牺：沙。《礼记明堂位》："尊用牺象山罍"郑注："牺尊以沙羽为画饰，象骨饰之。"

在服虔、应劭、高诱、郑玄的音注材料里，都没有鱼部麻二和歌部相通的迹象；不论是经师注音，还是《释名》声训里的鱼麻三与歌部都不相通。

柯蔚南（1983：100）指出，罗、周二氏麻韵入歌的安排，只有高诱方言和译经方言（Buddhist Transcription Dialect）符合，其他的方言都不符合。不知何以得出高诱方言麻韵入歌的结论的。

2. 支韵

(1)《释名》中的支韵

《释名》支韵字的表现见下表。①

	支支三	歌支三	脂支三	微支三
支支三	脾：裨。陴：裨。[髀：卑]。臂：裨。智：知。胝：枝。紫：疵。斯：斯。	倚：伎。碑：被。緆：箷。骑：支。	觜：羿。玺：徙。[纸：砥]	
支佳二	缢：厄。			

---

① 有异读重出的均加以方括号。

续1

	支支三	歌支三	脂支三	微支三
支齐四	[髀：卑]。箎：啼。 貱：儿。鼙：裨			
支脂三	[髀：卑]			
锡锡四	锡：易	胃：历		
锡陌三			屐：楷	
锡昔三	迹：积。脊：积			
耕清三	颈：倾			
耕先四	瘅：卑			
歌支三	（重）	绮：觤。仪：宜。 谊：宜。皮：被。 髲：被。岥：披。 糜：靡。跪：危。 篱：离。罳：离		羸：累
歌佳二		披：摆		
歌齐四		离：丽。丽：离		
歌戈一				祸：毁
元仙三	癣：徙			
脂齐四	企：启。陛：卑 批：裨。嫛：是		细：弭。泥：迹	
脂脂三	是：嗜。跂：嗜。 [纸：砥]。帜：指 毇：姿。视：是 薺：渍。姊：积 死：澌。几：庪	痍：侈	脂：砥	
脂支三	（重）		弭：弭	
质质三			尔：昵	
微脂三		吹：推。髓：遗。 綏：荣		诔：累。榱：衰
微微三		庡：倚。旎：倚。 扉：皮		

续2

	支支三	歌支三	脂支三	微支三
微支三		（重）		委：萎
微戈一				火：毁
物没一		危：阢		
物术三				律：累
鱼麻二		雅：义		
幽脂三	睯：规	宄：佹		
谈盐三		鞼：检		

《释名》声训歌部支虽然和支部支有一些相通，但歌部支和支部支的区别也是很明显的。支部支与脂部相通，歌部支与微部相通；脂部支与支部相通，微部支与歌部相通。

(2) 见于《释名》外材料中的支韵

甲、韵文

为醒目起见，凡支韵字用黑体表示。

王粲：《初征赋》："超南荆之北境……体烨烨其若焚。"《艺文类聚》五十九 韵：**畿**微微三、**夷**脂脂三、**蕤**微脂三、**依**微微三、**曦**歌支三、焚文三。《神女赋》："退变容而改服……举动多宜。"《艺文类聚》七十九 韵：**移**歌支三、**仪**歌支三、**离**歌支三、**宜**歌支三。《咏史诗》 韵：① **知**支支三、**为**歌支三、**訾**支支三、**随**歌支三、**陲**歌支三、**縻**歌支三、**移**歌支三、**施**歌支三、**规**支支三、**亏**歌支三。

刘桢：《大暑赋》："赫赫炎炎……冀微风之来思。"《艺文类聚》五 韵：**晖**微微三、**肌**脂脂三、**危**支支三、**机**微微三、**依**微微三、**思**之之三。《瓜赋》："折以金刀……泠亚冰圭。"《艺文类聚》八十七 韵：**离**歌支三、**绨**脂脂三、**圭**支齐四。《失题二首其二》："青青女萝草"② 韵：**枝**支支三、**訾**支支三、**移**歌支三。

徐干：《为挽船士与新娶妻别》③ 韵：**离**歌支三、**随**歌支三、**枝**支支三、**移**歌支三、**驰**歌支三、**知**支支三、**池**歌支三。《西征赋》："伊吾侪之挺劣……虽身安而心

---

① 参见逯钦立辑校：《先秦汉魏晋南北朝诗》，北京，中华书局，1983。
② 同上注。
③ 同上注。

危。"《艺文类聚》五十九韵：师_脂脂三_、私_脂脂三_、危_支支三_。《序征赋》："沿江浦以左转……超栖迟而无依。"《艺文类聚》五十九韵：陂_歌支三_、维_微脂三_、蹊_支齐四_、湄_脂脂三_、微_微微三_、栖_脂齐四_、稽_脂齐四_、归_微微三_、依_微微三_。

祢衡：《鹦鹉赋》："嗟禄命之衰薄……故每言而称斯。"《文选》十三韵：巇_歌支三_、危_支支三_、离_歌支三_、知_支支三_、仪_歌支三_、奇_歌支三_、宜_歌支三_、斯_支支三_。

缪袭①：《青龙赋》："袭九泉以潜处……闻之者崩驰。"《初学记》三十韵：仪_歌支三_、戏_歌支三_、离_歌支三_、奇_歌支三_、驰_歌支三_。

在青徐一带与刘熙同时的作者的这些诗赋中，歌部支和支部支基本上都互相押韵，没有什么分别。

乙、译经

			Skt	P	其他
支支三	俾	郁俾罗_康_	uruvilvā	uruvela	
	馺	（馺=）馺师萨沈_支_	ṛṣisaptama	isi sattama	Gd. i ṣi（= Skt. ṛṣi）
	祇	只洹_支_	jetavana		
		阿僧祇只_支_	asaṅkhya ~ asaṅkhyeya		
		须萨祇耨_支_	sudarśana	sudassi	
		摩祇_支_	maghī		
		罗阅祇_支_	rājagṛha	rājagaha	
		祇陀_康_	jetavana		
		祇_安_	jetavana		
	諟	三陂諟_支_	sampadī		
	斯	波斯匿_支_	prasenajit		
		摩难斯_支_	manasvī		
		斯陀含_安_	sakṛdāgāmin		
		（彼>）波罗斯_支_	pārasīka		
	支	辟支_安_	pratyeka	pacceka	

---

① 缪袭（186—245），徐州东海人。

续

			Skt	P	其他
歌支三	陂羇离施为	三陂誐支	sampadī		
		陂陀劫支	bhadrakalpa		
		罗陀那羇头支	ratnaketu		
		维耶离康	vaiśālī		
		须陀施尼支	sudarśana		
		优为罗康	uruvilvā	uruvela	
脂支三	弥	须弥支	sumeru		
		阿弥陀支	amitābha		
		鸠睒弥支	kauśāmbī	kosambī	
		弥勒支	maitreya		Kuchean maitrāk Agnean metrak

支韵对译 e、ĭ (i)、a、ye，可拟作 -ie。

俞敏(1984a)列出了这样一些支纸寘组的对音：支 ke、ci、ti、tye，枝 ke，吱 ke，羇 ke、kye 倚，(犄?) ke，翅 ki，知 ti、ti，儿 ɲya，卑 pi，为 vi，斯 ś、śa、se、sya，舐 hi。他将这一组元音拟为 -iě。

丙、音注

应劭、服虔、高诱的音注情况见下表。

	支支三	歌支三	脂支三	微支三
支支三	氏：支应⑤ 椑：裨应⑫ 氏：支服㉔	(重)	玺：徙高㉑	
支齐四	眭：桂应⑮			

续

	支支三	歌支三	脂支三	微支三
歌支三	蠡：离_服④ 箠：池_高⑯ 骴：渍_高⑰ 剞：技_高⑲	踦：奇_应② [腄：甄]_应③ 眵：移_应⑦ 觭：奇_服⑧ 貤：移_服⑨ 垝：羲_服⑪ 㐵：蚁_服⑭ 倕：惴_高⑱ 酏：衪_高⑳ 鸝：芍_高㉒		仪：蚁_服⑩
歌尤三		[腄：甄]_应③		
元元三		陂：繁_应① 蕃：皮_应㉕		
脂支三	（重）		麓：弥_应⑬	
脂脂三		仳：靡_高㉖		
脂齐四	底：纸_高㉗			
微支三		（重）		
微灰一				衰：崔_高㉓
鱼麻三	㜇：儿_服⑥			
侯侯一	逗：企_服㉘			

①陂：繁。《风俗通义山泽第十陂》："谨按传曰：陂者，繁也，言因下钟水以繁利万物也。"

②踦：奇。《风俗通义佚文》："论数曰：踦者，奇也，履乌之一也。"

③腄：甄。《汉书》（1250）"之罘山于腄"应劭曰："腄音甄"。

④蠡：离。《史记》（2891）"左右谷蠡王"《集解》："服虔曰：蠡音离。"

⑤氐：支。《汉书》（1616）："月氐道"应劭曰："氐音支。"

⑥媰：儿。《汉书》（2980）："将媰、月氐兵四千人"服虔曰："媰音儿，羌名也。"

⑦䡞：移。《汉书》（1627）："东䡞"应劭曰："音移。"

⑧觭：奇。《汉书》（1429）："匹马觭轮无反者"服虔曰："觭音奇偶之奇。"

⑨訑：移。《汉书》（173）："无所流訑"应劭曰："訑音移。"

⑩仪：蚁。《汉书》（3965）："皆心仪霍将军女"服虔曰："仪音蚁。"

⑪垝：巇。《汉书》（2684）："业因势而抵垝"服虔曰："垝音巇。"

⑫椑：裨。《汉书》（1587）："椑"应劭曰："音裨。"

⑬麊：弥。《汉书》（1629）："麊泠"应劭曰："麊音弥。"

⑭舣：蚁。《汉书》（1820）："乌江亭长舣船待"服虔曰："舣音蚁。"

⑮眭：桂。《汉书》（3153）："眭弘字孟"师古曰："韦昭、应劭并云音桂。"

⑯篪：池。《淮南子卷五时则训》："调竽篪"注："篪，读池泽之池。"

⑰渍：渍。《吕氏春秋卷一孟春纪》："掩骼霾髊"高注："髊，读水渍物之渍。"

⑱倕：惴。《淮南子十六说山训》："人不爱倕之手"注："倕，读《诗》'惴惴其栗'之惴也。"

⑲剞：技。《淮南子卷八本经训》："公输、王尔无所错其剞劂削锯"注："剞，读技尺之技。"

⑳酏：蛇。《吕氏春秋卷一重己》："其为饮食酏醴也"高注："酏，读如《诗》'蛇蛇硕言'之蛇。"

㉑玺：徙。《吕氏春秋卷十孟冬纪》："固封玺"高注："玺读曰'移徙'之徙。"

㉒鴂：芳。《淮南子十九脩务训》："嗜朕哆鴂"注："鴂，读楚芳氏之芳。"

㉓衰：崔。《淮南子卷八本经训》："衰绖苴杖"注："衰，读曰崔杼之崔也。"

㉔氏：支。《汉书》（267）："单于阏氏"服虔曰："阏氏音焉支。"

㉕蕃：皮。《汉书》（1637）："蕃"应劭曰："邾国也，音皮。"

㉖仳：靡。《淮南子十九脩务训》："仳倠"注："仳，读人得风病之靡。"
㉗厎：纸。《淮南子卷一原道训》："厎滞而不发"注："厎，读曰纸。"
㉘逗：企。《汉书》（2405）："廷尉当恢逗桡"服虔曰："逗音企。"
在应劭、服虔、高诱的音注中，支部支与歌部支有一些相通。
郑玄的注音情况见下表。

	支支三	歌支三	脂支三	微支三
支支三	辟：裨⑥婢：卑⑩ 裨：埤⑪斯：赐⑬ 庳：痺⑨		辟：弭⑤纰：埤⑲	
锡昔三	庇：刺㉒			
锡锡四	锡：易㉗			
歌支三		挼：堕①移：池⑦ 蛇：移⑫施：弛⑮ 觭：掎⑯被：髲⑳		烜：毁④
歌麻二		牺：沙⑰		
月薛三		池：彻③		
月屑四	缺：頍㉕			
元寒一				委：安⑧
元仙三	斯：鲜㉑	扔：宣⑱		
脂支三	（重）		示：寘②弭：敉㉓	
脂脂三	痺：比⑨			
微支三		（重）		
微脂三		赢：縈⑭遗：随㉔		遗：委㉖

①挼：堕。《仪礼少牢馈食礼》"上佐食以绥祭"郑注："绥或作挼，挼读为堕。"按：挼，《集韵》翾规切。王力（1937a）曰："'妥'字，依朱骏声归入歌部。"堕，《集韵》呼恚切。

②示：寘。《礼记中庸》"治国其如示诸掌乎"郑注："示读如寘诸河干之寘，寘，置也。"按：示，《集韵》支义切。

③池：彻。《礼记檀弓》"主人既祖填池"郑注："填池当为奠彻，声之误也。"

④烜：毁。《周礼秋官叙官》"司烜氏"郑注："烜，火也。读于卫侯毁之毁，故书毁为烜，郑司农云'当为烜'。"

⑤辟：弭。《礼记郊特牲》"有由辟焉"郑注："辟读为弭，谓弭灾兵、远罪疾也。"按："弭"字从耳得声，当入之部，王力（1937a）归在脂部。

⑥辟：裨。《礼记玉藻》"终辟。大夫素带，辟垂。士练带，率下辟"郑注："辟读如裨冕之裨，裨谓以缯采饰其侧。"

⑦移：迤。《礼记玉藻》"而手足毋移"郑注："移之言靡迤也。"

⑧委：安。《仪礼士冠礼》"委貌"郑注："委犹安也。"

⑨庳：痹。痹：比。《周礼夏官司弓矢》"庳矢"郑注："玄谓庳读如痹病之痹，痹之言伦比。"

⑩婢：卑。《礼记曲礼》"自称曰婢子"郑注："婢之言卑也。"

⑪裨：坤。《仪礼觐礼》"侯氏裨冕"郑注："裨之为言坤也。"

⑫蛇：移。《史记》（476）"蛇丘"《集解》郑玄曰："蛇音移。"

⑬斯：赐。《诗皇矣释文》"斯怒"郑音："赐，尽也。"

⑭蠃：紫。《易井释文》"蠃"郑读曰紫。

⑮施：弛。《周礼地官遂人》"辨其老幼废疾与其施舍者"郑注："施读为弛。"

⑯觭：掎。《周礼春官大卜》"二曰觭梦"玄谓觭读如诸戎掎之掎，掎亦得也。

⑰牺：沙。《礼记明堂位》"尊用牺象山罍"郑注："牺尊以沙羽为画饰。"

⑱扚：宣。《易谦释文》"撝"郑读为宣。

⑲纰：坤。《礼记玉藻》"缟冠素纰"郑注："纰读如坤益之坤。"

⑳被：髲。《仪礼少牢馈食礼》"被锡衣"郑注："被锡读为髲鬄。"

㉑斯：鲜。《诗小雅瓠叶》"有兔斯首"笺云："斯，白也。今俗语斯白之字作鲜，齐鲁之间声近斯。"

㉒庛：刺。《周礼考工记车人》"庛长尺有一寸"郑注："玄谓庛读为棘刺之刺。"按：罗常培、周祖谟（1958：25）曰：此声段玉裁、王念孙归脂部，此从孔广森、江有诰归支部。

㉓ 弭：敉。《周礼春官男巫》"春招弭，以除疾病"郑注："玄谓弭读为敉，字之误也。"

㉔ 遗：随。《诗小雅角弓》"莫肯下遗"笺云："遗读曰随。"

㉕ 缺：頍。《仪礼士冠礼》"缁布冠缺项青组，缨属于缺"郑注："缺读如有頍者弁之頍。"

㉖ 壝：委。《周礼鄯人》"社壝用大罍"郑注："壝，谓委土为埠坛，所以祭也。"

㉗ 锡：易。《仪礼丧服》"锡者何也"郑注："谓之锡者，治其布使之滑易也。"

郑玄音支部支和歌部支基本上不太通；支部支和脂部接触，歌部支和微部接触；微部支和歌部接触，脂部支和支部接触。

从《释名》声训和郑玄音注来看，支部支和歌部支是有所区别的。但在应劭、服虔、高诱的音注中两者有所相通。再从与刘熙同时代的青徐一带作家韵文的押韵情况来看，歌部支和支部支已经没有什么区别。可能郑玄音和《释名》声训的语音都比较古老，而应劭、服虔、高诱的音注反映的语音比较晚近，诗赋押韵更是代表着当时的语音。所以支韵的分合在这些材料中有所差异。

郑玄音注无论是鱼麻二还是鱼麻三都不与歌部相通，歌部支也不与支部支相通，说明郑玄音歌部韵尾未脱落。在东汉末齐地作家韵文中，麻韵、支韵都已混同，说明歌部的韵尾 -l 已脱落。《释名》鱼部麻二与歌部相通，鱼部麻三却不与歌部相通；歌部支韵和支部支韵也有不同，且情况却比较复杂。郑玄经音早于刘熙《释名》，韵文晚于刘熙《释名》，反映的是东汉末的语音；前者歌部韵尾 -l 还没有脱落，后者已经脱落，《释名》处在两者之间，正当脱落与未脱落之中欤？

第三章 微物文

第一节 释名微部

从《释名》声训的系联可以看出：
（1）微物文同分部声训比异分部声训多。
下面列举微$_1$物$_1$文$_1$与微$_2$物$_2$文$_2$的声训来说明。
例1，《释宫室》：墍犹煟。煟，细泽貌也。
墍，至韵，未韵，郑张－潘队1。煟，未韵合口，郑张－潘队2。
例2，《释天》：昏，损也，阳精损灭也。
昏，魂韵，郑张－潘文1。损，魂韵，郑张－潘文2。
例3，《释形体》：臀，殿也，高厚有殿遌也。
臀，魂韵，郑张－潘文2。殿，先韵，文1。
（2）微（物文）2和幽（觉冬）有声训，微（物文）1无，符合微部和幽部上古主元音相对关系。
例，《释宫室》：宗庙。宗，尊也。庙，貌也，先祖形貌所在也。
宗，冬韵，冬部。尊，魂韵，郑张－潘文2。
（3）微（物文）1和微（物文）2和之（职蒸）都有声训，微（物文）1略多一点，基本符合微之两部上古主元音相对关系。
①微$_1$物$_1$文$_1$与之职蒸的声训有：
例1，《释言语》：来，哀也，使来人已哀之，故其言之低头以招之也。
来，咍韵，之部。哀，咍韵，微1。
例2，《释山》：山无草木曰屺。屺，圮也，无所出生也。

屺，之韵，之部。圯，脂韵，朱骏声 说文通训定声 归颐（之）部，郑张－潘归微1。

例3，《释言语》：敏，闵也。进叙无否滞之言也，故汝颍言敏如闵也。

敏，真韵，传统之部，郑张尚芳(2003b:424)归之部或蒸部 mrɯʔ／mrɯŋʔ > mrɯɯʔ。闵，真韵，郑张－潘文1。

②微$_2$物$_2$文$_2$跟之职蒸的声训有：

例1，《释用器》：耒，来也，亦推也。

毕沅曰：今本作"耒亦椎也"以承"椎推也"之下。《御览》引作：耒，来也。据改。且区别为一条，与"耡"相比近，其"亦推也"三字亦当有。《考工记》车人为耒庛长尺有一寸，直庛则利推，句庛则利发。发谓杷土来，推谓推土前进也。疏证补

耒，灰韵，郑张－潘微2。来，咍韵，之部。推，灰韵，郑张－潘微2。

例2，《释丧制》：又祭曰卒哭。卒，止也。止孝子无时之哭，朝夕而已也。

卒，没韵，郑张－潘物2。止，之韵，之部。

(4) 微（物文）1 和脂质真的声训多于微（物文）2 和脂质真的声训，元音 ɯ 和 i 比元音 u 和 i 更为接近。

①微$_1$物$_1$文$_1$跟脂质真的声训有：

例1，《释形体》：肌，懠也，肤幕坚懠也。

肌，脂韵，郑张－潘脂1。懠，脂韵，微1。

例2，《释言语》：细，恁也，恁恁，两致之言也。

"细"，毕沅曰：本皆作"纳"，误也。此篇皆两两反对，"粗"之对当作"细"。疏证补 细，齐韵，传统脂部，郑张－潘微1。

恁，支韵。王力(1937a)指出："恁"字依《说文》是从耳得声，当入之部；但或从儿声作"臡"，则又当入支部。今按"恁"、"敉"常相通假，则"恁"当入脂。《楚辞·远游》以"恁"韵"涕"，可以为证。

郑张－潘归脂2。

例3，《释言语》：懿，傻也，言奥傻也。

懿，至韵，郑张－潘至2。傻，代韵，郑张－潘队1；微韵开口，微1。

例4，《释丧制》：假葬于道侧曰殣。殣，暋也。

殣，至韵开口，郑张－潘队1。暋，齐韵，郑张－潘脂2。

例5,《释天》：辰，伸也，物皆伸舒而出也。

辰，真韵，文1。伸，真韵，郑张－潘真1。

例6,《释天》：晨，伸也，旦而日光复伸见也。

晨，真韵，文1。伸，真韵，郑张－潘真1。

例7,《释天》：电，殄也，言乍见即殄灭也。

电，先韵，郑张－潘真1。殄，先韵，文1。

例8,《释典艺》：五典，典，镇也。制教法所以镇定上下，差等有五也。

典，先韵，文1。镇，真韵，郑张－潘真1。

苏舆曰：《诗·维清》以"典"均"禋"，知"典"、"镇"古音本近，汉时犹然，故成国依声释之。段氏《音均表》"镇"在十二部，"典"在十三部。疏证补

例9,《释长幼》：毁齿曰龀。龀，洗也，毁洗故齿，更生新也。

龀，真韵，郑张－潘真1。洗，先韵，文1。

例10,《释言语》：仁，忍也。好生恶杀，善含忍也。

仁，真韵，郑张－潘真2。忍，真韵，文1。

②微₂物₂文₂跟脂质真的声训有：

例1,《释言语》：迟，颓也，不进之言也。

迟，脂韵，郑张－潘脂1。颓，灰韵，郑张－潘微2。

例2,《释水》：淮，围也，围绕扬州北界东至海也。

淮，皆韵，传统微部，郑张－潘脂1。围，微韵合口，郑张－潘微2。

例3,《释床帐》：帷，围也，所以自障围也。

帷，脂韵，传统微部，郑张－潘脂1。围，微韵合口，郑张－潘微2。

例4,《释用器》：锥，利也。

锥，脂韵合口，郑张－潘微2。利，至韵，郑张－潘至1。

例5,《释水》：人所为之曰潏。潏，术也，偃水使郁术也，鱼梁水碓之谓也。

潏，术韵，郑张－潘质1。术，术韵，郑张－潘物2。

例6,《释衣服》：韍，韠也。韠，蔽膝也，所以蔽膝前也。

毕沅曰：今本作：韠，蔽也，所以蔽膝前也。《御览》引作：韍韠所以蔽前也。案《说文》市，韠也，上古衣蔽前而已，市以象之。韍，篆文市，从韦发声。然则此当云：韍，韠也。韠，蔽膝也，所以蔽膝前也。盖本名蔽膝，

急言之则两音合一，遂名韠矣。蔽膝乃为韠之反语矣。苏舆曰：《礼玉藻》郑注：韠之言蔽也，凡韠以韦为之。又云：韨之言亦蔽也。是韨、韠同有蔽义。₀疏证补《说文韦部》：韠，韨也，所以蔽前者。

韨，物韵，郑张－潘物2。韠，质韵，郑张－潘质1。

例7，《释乐器》：所以县钟鼓者，横曰笋，笋，峻也，在上高峻也。

"横曰笋"毕沅曰：今本作"簨"，《说文》所无。据《考工记》梓人为笋虡，定作"笋"。₀疏证补

笋，谆韵，郑张－潘真1。峻，谆韵，郑张－潘文2。

例8，《释形体》：囟，峻也，所生高峻也。

毕沅曰：囟，今本误作"鬓"，案后别有其上联发曰鬓，不应两见。《说文》囟，头会脑盖也。则是人头之顶，与高峻之谊合，且囟、峻同音，兹当作"囟"无疑矣。先谦曰：吴校"囟"作"颡"。₀疏证补

囟，真韵，郑张－潘真2。峻，谆韵，郑张－潘文2。

（5）微（物文）2 跟歌（月元）3 的声训远远多于微（物文）1 跟歌（月元）3 的声训，即 u～o 多于 ɯ～o。

①微（物文）2 跟歌（月元）3 的声训前面歌部已经列举过了，此不再赘述。

②微（物文）1 跟歌（月元）3 的声训有：

例1，《释天》：虹，又曰螮蝀，其见，每于日在西而见于东，啜饮东方之水气也。

螮，霁韵，传统祭部，郑张－潘队1。啜，薛韵合口，月3；祭韵合口，祭3。

例2，《释形体》：肺，勃也，言其气勃郁也。

肺，废韵，郑张－潘祭3。勃，没韵，郑张－潘物1。

例3，《释首饰》：祭服曰冕。冕犹俛也。俛，平直貌也。亦言文也，玄上纁下，前后垂珠，有文饰也。

冕，仙韵，郑张－潘元3。俛，仙韵，郑张－潘元3。文，文韵，郑张－潘文1。

例4，《释形体》：吻，免也，入之则碎，出则免也。

吻，文韵，郑张－潘文1。免，仙韵，郑张－潘元3。

例5，《释姿容》：奔，变也，有急变奔赴之也。

奔，魂韵，郑张-潘文1。变，仙韵，郑张-潘元3。

(6) 微（物文）1和侵（缉）1有声训，微（物文）2和侵（缉）3有声训，符合微部和侵部的上古主元音相对关系。

例1，《释宫室》：廪，矜也，宝物可矜惜者投之于其中也。

廪，侵韵，郑张-潘侵1。矜，真韵，郑张-潘文1。

《说文矛部》："矜，矛柄也。"段注："字从令声，令声古音在真部，故古假'矜'为'怜'，《毛诗鸿雁传》曰：矜，怜也。言假借也。《释言》曰：矜，苦也。其义一也。各本篆作'矜'，解云：今声。今依汉石经《论语》、溧水校官碑、魏受禅表，皆作'矜'，正之。《毛诗》与天、臻、民、旬、填等字韵，读如'邻'，古音也。汉韦元成《戒子孙诗》始韵'心'。晋张华《女史箴》、潘岳《哀永逝》文始入蒸韵。由是，巨巾一反仅见《方言》注、《过秦论》李注、《广韵》十七真，而他义则皆入蒸韵，今音之大变于古也。矛柄之字改而为'䂮'，云古作'矜'。他义字亦皆作'矜'，从今声。又古今字形之大变也。徐铉曰居陵切，又巨巾切，此不达其原委之言也。"

例2，《释言语》：退，坠也。

毕沅曰：《礼记檀弓》退人若将队诸渊。队本字，俗加土。疏证补

退，灰韵，传统微部，郑张-潘内3。坠，至韵合口，郑张-潘队2。

附：释名微部音谱

一、微物文韵部的声训

（一）微₁物₁文₁～微₁物₁文₁

尾：微。妃：辈。衣：依。铠：垲。非：排。机：机。肥：肥。○以上微1～微1

未：昧。妹：昧。气：忾。○以上队1～队1

笏：忽。○以上物1～物1

馈：分。筋：靳。吻：抆。坟：分。斤：谨。巾：谨。旻：闵。氛：粉。粉：分。艰：根。跟：根。眼：限。痕：根。艮：限。櫏：隐。门：扪。婚：昏。疹：诊。○以上文1～文1

嚭：拂。○以上物1～队1

哀：爱。○以上微1~队1

(二) 微$_2$物$_2$文$_2$~微$_2$物$_2$文$_2$

桅：巍。威：畏。怀：回。椎：耒。怀：归。祎：翚。耒：推。绥：衰。
谁：推。椎：推。纬：围。○以上微2~微2

谓：谓。○以上队2~队2

笔：述。骨：滑。○以上物2~物2

坤：顺。云：运。盾：遁。吮：循。顺：循。鳏：昆。春：蠢。沦：伦。
轮：纶。论：伦。纶：伦。云：云。郡：群。裙：群。囷：屯。孙：逊。○
以上文2~文2

胃：围。贵：归。○以上微2~队2

出：推。○以上微2~物2

(三) 微$_1$物$_1$文$_1$~微$_2$物$_2$文$_2$

塈：焀。○以上队1~队2

昏：损。臀：殿。○以上文1~文2

二、微物文和其他韵部的声训

(1.1.1) 微$_1$物$_1$文$_1$~歌$_1$月$_1$祭$_1$元$_1$

展：倚。旃：倚。扉：皮。○以上歌1~微1

瞎：迄。柿：拨。绋：发。○以上月1~物1

震：战。天：坦。○以上元1~文1

(1.1.2) 微$_2$物$_2$文$_2$~歌$_1$月$_1$祭$_1$元$_1$

败：溃。闱：卫。○以上祭1~微2

髋：缓。巽：散。飧：散。○以上元1~文2

(1.2.1) 微$_1$物$_1$文$_1$~歌$_2$月$_2$祭$_2$元$_2$

胗：展。天：显。○以上元2~文1

(1.2.2) 微$_2$物$_2$文$_2$~歌$_2$月$_2$祭$_2$元$_2$

雪：绥。○以上月2~微2

(1.3.1) 微$_1$物$_1$文$_1$~歌$_3$月$_3$祭$_3$元$_3$

蜳：啜。○以上祭3~队1

肺：勃。○以上祭3～物1

冕：文。吻：免。奔：变。○以上元3～文1

(1.3.2) 微$_2$物$_2$文$_2$～歌$_3$月$_3$祭$_3$元$_3$

髓：遗。吹：推。诔：累。绥：荣。桅：巍。榱：衰。○以上为歌3～微2

危：阢。律：累。○以上歌3～物2

刷：帅。○以上月3～队2

撮：捽。说：述。绋：捋。拙：屈。发：拔。○以上月3～物2

酸：逊。船：循。镦：镈。吮：循。乱：浑。昆：贯。脣：缘。裈：贯。

晕：卷。困：绻。○以上元3～文2

(2.1.1) 微$_1$物$_1$文$_1$～脂$_1$质$_1$真$_1$

肌：懻。○以上微1～脂1

晨：伸。典：镇。辰：伸。齔：洗。电：珍。○以上文1～真1

(2.1.2) 微$_2$物$_2$文$_2$～脂$_1$质$_1$真$_1$

迟：赑。淮：围。帷：围。○以上微2～脂1

锥：利。○以上微2～至1

潏：术。钹：絆。○以上物2～质1

笋：峻。○以上文2～真1

(2.2.1) 微$_1$物$_1$文$_1$～脂$_2$质$_2$真$_2$

懿：僾。○以上队1～至2

殔：瘗。○以上队1～脂2

细：珥。○以上微1～脂2

仁：忍。○以上文1～真2

(2.2.2) 微$_2$物$_2$文$_2$～脂$_2$质$_2$真$_2$

囟：峻。○以上文2～真2

(3.1) 微$_1$物$_1$文$_1$～之职蒸

来：哀。圮：圯。○以上微1～之

敏：闵。○以上文1～蒸

(3.2) 微$_2$物$_2$文$_2$～之职蒸

耒：来。○以上微2～之

卒：止。○以上物2～之

(4.1) 微₁物₁文₁~侯屋东

枢：机。○以上微1~侯

(4.2) 微₂物₂文₂~侯屋东

公：君。○以上文2~东

(5.1) 微₁物₁文₁~鱼铎阳

纷：放。○以上文1~阳

(5.2) 微₂物₂文₂~鱼铎阳

雷：砢。○以上微2~阳

(6) 微₂物₂文₂~幽觉冬

宗：尊。○以上文2~冬

(7.1) 微₁物₁文₁~侵₁缉₁

廪：矜。○以上文1~侵1

(7.2) 微₂物₂文₂~侵₃缉₃

退：坠。○以上队₂~内₃

根据系联，我们可做出下面的统计表：

	微一	物一	队一	文一	微二	物二	队二	文二
微一	2/3	○	○	○	○	○	○	○
物一		0/1	○		○	○	○	○
队一	1/0	1/0	0/3	○	○	○	○	○
文一				6/12	○	○	○	○
微二					8/3	○	○	○
物二					1/0	1/1	○	○
队二			1/0		2/0			○
文二				1/1				6/10
歌一	3/0							
月一			3/0					
祭一					1/1			
元一				2/0				3/0
月二					1/0			
元二				2/0				

续表

	微一	物一	队一	文一	微二	物二	队二	文二
歌三					5/1	2/0		
月三						3/2	1/0	
祭三		1/0	0/1					
元三				3/0				10/0
脂一	1/0				3/0			
质一						2/0		
至一					1/0			
真一				5/0				1/0
脂二	1/0		1/0					
至二			1/0					
真二				1/0				1/0
之	1/1				1/0	1/0		
蒸				1/0				
侵一				1/0				
缉三							1/0	
侯	1/0							
东								1/0
阳				1/0	1/0			
冬								1/0

注:"/"前数字为纯声训,"/"后数字为谐声声训。内部暂归缉部,余类推。

第二节 郑玄微部

郑玄经传音注微部的特点有:

(1) 微物(队)文同分部音训多于异分部音训。

(2) 物1~之部的音训:丕:不、疑:仡,符合两者主元音对应关系 ɯ~ɯ。

(3) 微2~歌3音训:壝:委、遗:随、蠃:索,队2~祭3音训:说:襚,文2~元3音训:纯:全、巡:沿、员:云、馔:俊,符合两者主元音对应关系 u~o。

(4) 队2~盍3音训:袷:溃,符合两者主元音对应关系 u~o。

附：郑玄微部音谱

(1) 微1～微1

匪：騑。《礼记少仪》："匪匪翼翼"郑注："匪读如四牡騑騑。"匪，府尾切，微韵，郑张－潘微1。騑，微韵，郑张－潘微1。谐训。

岂：闿。《诗齐风载驱》："齐子岂弟"笺云："岂读当为闿弟。"岂，祛狶切，微韵，郑张－潘微1。闿，哈韵，郑张－潘微1。谐训。

(2) 物1～物1

佛：弼。《诗敬之释文》："'佛时'郑音弼，辅也。"佛，符弗切，物韵，郑张－潘物1。弼，房密切，质韵、重纽三等，郑张－潘物1。纯训。

茀：制。《周礼司弓矢》："赠矢、茀矢用诸弋射"郑注："茀矢象焉，茀之言制也。"茀，敷勿切，物韵，郑张－潘物1。制，物韵，郑张－潘物1。谐训。

(3) 队1～队1

既：饩。《礼记中庸》："既廪称事"郑注："既读为饩。饩廪，稍食也。"既，居豙切，未韵，郑张－潘队1。饩，许既切，未韵，郑张－潘队1。纯训。

(4) 文1～文1

亹：门。《诗大雅凫鹥》："凫鹥在亹"笺云："亹之言门也。"亹，莫奔切，魂韵，郑张－潘文1。门，莫奔切，郑张－潘文1。纯训。

贲：偾。《礼记射义》："贲军之将。"郑注："贲读为偾，偾犹覆败也。"贲，方问切，文韵，郑张－潘文1。偾，方问切，郑张－潘文1。谐训。

贲：愤。《礼记乐记》："广贲"郑注："贲读为愤，怒气充实也。"贲，父吻切集韵，文韵，郑张－潘文1。愤，房吻切，文韵，郑张－潘文1。谐训。

艮：很。《易艮释文》："'艮'郑云:艮之言很也。"艮，古恨切，痕韵，郑张－潘文1。很，胡垦切，痕韵，郑张－潘文1。谐训。

觐：勤。《周礼大宗伯》："秋见曰觐"郑注："觐之言勤也，欲其劝王之事。"觐，渠遴切，真韵、重纽三等，郑张－潘文1。勤，巨斤切，欣韵，郑张－潘文1。谐训。

振：袗。《礼记玉藻》："振絺绤不入公门"郑注："振读为袗。袗，襌也。"振，真韵，郑张－潘文1。袗，真韵，郑张－潘文1。纯训。

(5) 微1～文1

匪：分。《周礼廪人》："廪人掌九谷之数，以待国之匪颁、赒赐、稍食。"郑注："匪读为分。"匪，府尾切，微韵，郑张－潘微1。分，文韵，郑张－潘文1。纯训。

近：祈。《礼记祭法》："相近于坎坛"郑注："相近当为禳祈，声之误也。"近，欣韵，郑张－潘文1。

祈，渠希切，微韵，郑张－潘微1。谐训。

（6）微2～微2

摧：崔。《易晉释文》："'摧如'郑读如南山崔崔之崔。"摧，昨回切，灰韵，郑张－潘微2。崔，灰韵，郑张－潘微2。谐训。

绥：虽。《诗韩奕释文》："'绥章'郑音虽。车绥也。"绥，息遗切，脂韵，郑张－潘微2。虽，息遗切，郑张－潘微2。纯训。

畏：限。《周礼考工记弓人》："畏也者必桡"郑注："玄谓畏读如'秦师入限'之限。"畏，于胃切，微韵，郑张－潘微2。限，灰韵，郑张－潘微2。谐训。

追：堆。《仪礼士冠礼》："母追"郑注："追犹堆也。"追，陟佳切，脂韵，郑张－潘微2。堆，都回切，灰韵，郑张－潘微2。纯训。

（7）队2～队2

卒：倅。《礼记燕义》："庶子官职诸侯卿大夫士之庶子之卒"郑注："卒读皆为倅。"卒，取内切 集韵，队韵，郑张－潘队2。倅，七内切，队韵，郑张－潘队2。谐训。

蕡：由。《礼记礼运》："蕡桴而土鼓"郑注："蕡读为由，声之误也。"蕡，苦会切 集韵，队韵，郑张－潘队2。由，苦对切，队韵，郑张－潘队2。纯训。

隧：遂。《周礼考工记舆人》："参分车广，去一以为隧"郑注："玄谓隧读如遂字之遂。"隧，徐醉切，至韵，郑张－潘队2。遂，虽遂切，至韵，郑张－潘队2。谐训。

禭：遗。《仪礼士丧礼》："君使人禭"郑注："禭之言遗也。衣被曰禭，致命曰君使某禭。"禭，徐醉切，至韵，郑张－潘队2。遗，以醉切，至韵，郑张－潘队2。纯训。

（8）物2～队2

术：遂。《礼记学记》："术有序"郑注："术当为遂，声之误也。"术，食聿切，术韵，郑张－潘物2。遂，徐醉切，至韵，郑张－潘队2。纯训。

（9）文2～文2

焌：鐏。《周礼菙氏》："遂歙其焌契"郑注："玄谓焌读如戈鐏之鐏，谓以契柱燋火而吹之也。"焌，子寸切，魂韵，郑张－潘文2。鐏，徂闷切，魂韵，郑张－潘文2。纯训。

春：蠢。《周礼考工记梓人》："则春以功"郑注："春读为蠢。"春，昌脣切，谆韵，郑张－潘文2。蠢，尺尹切，谆韵，郑张－潘文2。谐训。

纯：屯。《诗召南野有死麕》："白茅纯束"笺云："纯读如屯。"纯，谆韵，郑张－潘文2。屯，徒浑切，魂韵，郑张－潘文2。谐训。

壸：梱。《诗大雅既醉》："室家之壸"笺云："壸之言梱也。"壸，苦本切，魂韵，郑张－潘文2。梱，魂韵，郑张－潘文2。纯训。

论：伦。《诗大雅灵台》："于论鼓钟"笺云："论之言伦也。"《诗灵台释文》："'于论'一云，郑音伦。"论，力迍切，谆韵，郑张－潘文2。伦，力迍切，郑张－潘文2。谐训。

孙：逊。《诗文王有声释文》："'孙谋'郑音逊。顺也。"孙，思浑切，魂韵，郑张－潘文2。逊，苏困切，魂韵，郑张－潘文2。谐训。

豚：循。《礼记玉藻》："圈豚行"郑注："豚之言若有所循。"豚，徒浑切，魂韵，郑张－潘文2。循，详遵切，谆韵，郑张－潘文2。纯训。

肫：忳。《礼记中庸》："肫肫其仁"郑注："肫肫读如海尔忳忳之忳。忳，恳诚貌也。肫肫或为纯纯。"肫，章伦切，谆韵，郑张－潘文2。忳，徒浑切，魂韵，郑张－潘文2。谐训。

(10) 微1～微2

袆：翚。《礼记玉藻》："王后袆衣"郑注："袆读如翚。"袆，许归切，微韵，郑张－潘微1。翚，许归切，郑张－潘微2。纯训。

(11) 文2～文?

卵：鲲。《礼记内则》："卵酱实蓼"。卵，公浑切集韵，魂韵，郑张－潘文?。鲲，古浑切，魂韵，郑张－潘文2。纯训。

(12) 微1～队?

几：刿。《周礼犬人》："凡几、珥、沈、辜，用駹可也。"郑注："玄谓几读为刿。"几，微韵，郑张－潘微1。刿，古对切，队韵，郑张－潘队?。纯训。

(13) 物1～祭2

芾：蔽。《诗小雅采芑》："簟茀鱼服"笺云："茀之言蔽也。"茀，敷勿切，物韵，郑张－潘物1。蔽，必袂切，祭韵、重纽四等，郑张－潘祭2。纯训。

(14) 物1～之部

丕：不。《书金縢》："是有丕子之责于天"注："郑音不。"丕，敷悲切，脂韵、重纽三等，之部。不，分勿切，物韵，郑张－潘物1。谐训。

疑：仡。《仪礼乡饮酒礼》："宾西阶上疑立。"郑注："疑读为疑然从于赵盾之疑。疑，正立自定之貌。"疑，语其切，之韵，之部。仡，迄韵，郑张－潘物1。纯训。

(15) 队1～至1

戾：利。《礼记大学》："一人贪戾"郑注："戾之言利也。"戾，郎计切，霁韵，郑张－潘队1。利，力至切，至韵，郑张－潘至1。纯训。

(16) 文1～元1

梦：蕡。《周礼巾车》："梦蔽"郑注："梦读为蕡。"梦，符分切，文韵，郑张－潘文1。蕡，附袁切，元部，郑张－潘元1。纯训。

颂：分。《礼记祭义》："颁禽隆诸长者"郑注："颁之言分也。"颁，布还切，删韵，郑张－潘元1。分，文韵，郑张－潘文1。谐训。

（17）微2～歌3

堳：委。《周礼鄙人》："社堳用大晷"郑注："堳，谓委土为埒坛，所以祭也。"堳，以水切，脂韵，郑张－潘微2。委，支韵、重纽三等，郑张－潘歌3。纯训。

遗：随。《诗小雅角弓》："莫肯下遗"笺云："遗读曰随。"遗，脂韵，郑张－潘微2。随，旬为切，支韵，郑张－潘歌3。纯训。

赢：累。《易井释文》："'赢'郑读曰累。"赢，力为切，支韵，郑张－潘歌3。累，力追切，脂韵，郑张－潘微2。纯训。

（18）队2～祭3

说：襚。《诗卫风硕人》："说于农郊"笺云："说当作襚。"说，舒芮切，祭韵，郑张－潘祭3。襚，徐醉切，至韵，郑张－潘队2。纯训。

（19）队2～盍3

祫：溃。《周礼庶氏》："以攻说祫之"郑注："玄谓此祫读如溃痈之溃。"祫，泰韵，郑张－潘盍3。溃，胡对切，队韵，郑张－潘队2。纯训。

（20）文2～元3

纯：全。《仪礼乡射礼》："二筭为纯"郑注："纯犹全也。"纯，谆韵，郑张－潘文2。全，疾缘切，仙韵，郑张－潘元3。纯训。

巡：沿。《礼记祭义》："终始相巡"郑注："巡读如沿汉之沿，谓更相从道。"巡，详遵切，谆韵，郑张－潘文2。沿，与专切，仙韵，郑张－潘元3。纯训。

员：云。《诗玄鸟释文》："'景员'郑音云。"员，王权切，仙韵，郑张－潘元3。云，王分切，文韵，郑张－潘文2。纯训。

馔：俊。《论语为政释文》："'先生馔'郑作餕，音俊。食余曰餕。"馔，士恋切，仙韵，郑张－潘元3。俊，子峻切，谆韵，郑张－潘文2。纯训。

（21）文2～真1

恂：峻。《礼记大学》："恂栗也"郑注："恂字或作峻，读如严峻之峻。"恂，相伦切，谆韵，郑张－潘真1。峻，私闰切，谆韵，郑张－潘文2。纯训。

第四章 脂质真

第一节 释名脂部

郑张尚芳（1983，1987）将脂质真分开，如下表。

	-ø	-g	-ŋ	-i	-d	-n
i	脂	质（即）	真（乇）	×	质	真

郑张尚芳说："古代应有一组 iŋ、ik 字，只因 ŋ、k 尾受到前高元音影响，转变为 in、it。所以应该从真、质部中离析出'乇'、'即'两个分部来。iŋ、ik 与真质部的 in、it 音近，可以相叶。"

潘悟云（2000：218）指出：在谐声时代，脂$_2$质$_2$真$_2$和脂$_1$质$_1$真$_1$的界限还是很清楚的。在《诗经》时代，脂$_2$质$_2$真$_2$开始向脂$_1$质$_1$真$_1$合并。有些地区已经合并了，有些方言中如齐、唐、郑等地，还保持着两韵的区别。雅、颂的时代比较早，所以保持这两类区别的韵例更多一些。《易经》的时代更早，押韵的情况则跟谐声现象几乎一致。在楚国，这两类韵的区别一直保留到《楚辞》时代。

从《释名》声训的系联可以看出：

（1）脂1和支部的声训，说明脂1的韵尾 *-l 可能已脱落。

例1，《释姿容》：视，是也，察其是非也。《释言语》：视，是也，察其是非也。

视，郑张-潘脂1。是，支部。

例2,《释床帐》：几，皮也，所以皮物也。

几，郑张-潘脂1。皮，支部。

例3,《释书契》：书称题。题，谛也，审谛其名号也。亦言第，因其第次也。

题，支部。第，郑张-潘脂1。谛，郑张-潘赐部。

例4,《释书契》：纸，砥也，谓平滑如砥石也。

纸，支部。砥，传统归脂部，郑张-潘脂韵归脂1，支韵归歌2。

例5,《释形体》：蹄，底也，足底也。

蹄，支部。底，郑张-潘脂1。

下一条有些可疑：

例6,《释兵》：夷矛，夷，常也。其矜长丈六尺，不言常而曰夷者，言其可夷灭敌，亦车上所持也。

夷，郑张-潘脂1。常，阳部。

吴翊寅曰："吴校删'夷常也'。案，此三字当在'不言常'上，不当删。"疏证补 此条Bodman（1954）未收。

另外，脂1脂2也有声训：

例7,《释形体》：体，第也，骨肉毛血表里大小相次第也。

体，郑张-潘脂2。第，郑张-潘脂1。

例8,《释首饰》：脂，砥也，著面柔滑如砥石也。

脂，郑张-潘脂2。砥，脂韵，郑张-潘脂1；支韵，郑张-潘歌2。

（2）质2和质1等的声训，说明质2和质1已经合流，$*-ig > -it$。

例1,《释言语》：吉，实也，有善实也。

吉，郑张-潘质1。实，郑张-潘质2。

例2,《释书契》：札，栉也，编之如栉齿相比也。

札，传统月部，郑张-潘质1。栉，郑张-潘质2。

例3,《释天》：乙，轧也，自抽轧而出也。

乙，郑张-潘质2。轧，传统月部，郑张-潘质1。

例4,《释姿容》：寐，谧也，静谧无声也。

寐，至韵，郭锡良(1986)归物部，郑张-潘列在至1。谧，郑张-潘质2。

例5,《释言语》：私，恤也，所恤念也。

私，郑张-潘脂1。恤，郑张-潘质2。

例6，《释形体》：膝，伸也，可屈伸也。

膝，郑张－潘质2。伸，郑张－潘真1。

例7，《释形体》：血，濊也，出于肉，流而濊濊也。

血，郑张－潘质2。濊，郑张－潘月1。

例8，《释首饰》：刷，帅也，帅发长短皆令上从也。亦言瑟也，刷发令上瑟然也。

刷，郑张－潘月3。瑟，郑张－潘质2。帅，郑张－潘队2。

例9，《释天》：戌，恤也，物当收敛矜恤之也。亦言脱也，落也。

戌，术韵，郭锡良(1986)归物部，郑张－潘归质2。脱，郑张－潘月3。恤，术韵，郑张－潘质2。

例10，《释典艺》：谥，曳也，物在后为曳，言名之于人亦然也。

谥，至韵，郑张－潘至2。朱骏声列在解（支）部。

曳，郑张－潘祭2。

例11，《释言语》：懿，傻也，言奥傻也。

懿，郑张－潘至2。傻，代韵，郑张－潘队1；微韵，郑张－潘微1。

（3）关于真部，《释名》声训有这样一些特点：①元部（特别是元2）和真1有声训，元部和真2没有声训。

②文部（特别是文1）和真1有数条声训，文部和真2只有一条可疑的声训。

例，《释形体》：囟，峻也，所生高峻也。

毕沅曰：囟，今本误作"鬓"，案后别有其上联发曰鬓，不应两见。《说文》囟，头会匘盖也。则是人头之顶，与高峻之谊合，且囟、峻同音，兹当作"囟"无疑矣。先谦曰：吴校"囟"作"颠"。疏证补

囟，郑张－潘真2。峻，郑张－潘文2。

③真2和耕、蒸等甲类韵部声训有：

例1，《释州国》：四丘为甸。甸，乘也，出兵车一乘。

甸，郑张－潘真2。乘，蒸部。

毕沅曰：郑注《小司徒》云：甸之言乘也，读如衷甸之甸。疏证补与此同。

例2，《释丧制》：桑祭曰奠。奠，停也，言停久也。

奠，郑张－潘真2。停，耕部。

毕沅曰：《考工记》匠人凡行奠水。奠读为亭，是有亭谊。疏证补

例3,《释州国》：楚，辛也。其地蛮多，而人性急，数有战争相争相害，辛楚之祸也。

先谦曰：吴校作：楚，楚也。疏证补

楚，鱼部。辛，郑张－潘真2。

④真1和甲类韵的声训只有：

例,《释丧制》：老死曰寿终。寿，久也；终，尽也。生已久远，气终尽也。

终，冬部。尽，郑张－潘真1。

以上这些现象可以说明真2和真1的区别在《释名》中还有所留存。但真1、真2也有声训。

例1,《释地》：已耕者曰田，田，填也，五稼填满其中也。

田，郑张－潘真2。填，郑张－潘真1。

例2,《释书契》：印，信也，所以封物为信验也。亦言因也，封物相因付也。

印，郑张－潘真2。因，郑张－潘真1。信，郑张－潘真1。

例3,《释天》：年，进也，进而前也。

年，郑张－潘真2。进，郑张－潘真1。

(4) 罗常培、周祖谟（1958：112）指出："阴声韵支脂两部字相训释的例子很多，支脂两部字与之部字相训释的绝少，可知支脂两部音近，而与之部相去较远。"《释名》里支脂两部确有很多声训，这应是由于两者的主元音比较相近：i～e。

(5) 罗常培、周祖谟（1958）指出："两汉时期，脂微两部除了上声有一些分用的迹象外，平去声完全同用，没有分别。"通过比较《释名》微部和微部、脂部和脂部、微部和脂部的声训，可以看到微脂两部声训很少，脂微两部仍分别得很清楚。另外，脂部和支部声训很多，微部和支部声训却一例也没有，更证明《释名》脂微不混。

(6) 罗常培、周祖谟（1958）认为质术两部两汉也完全合用。从《释名》来看，质物两部的分别也比较清楚。

(7) 罗常培、周祖谟（1958）说，《诗经》音真部和文部在两汉也完全合用。《释名》里真文两部声训的比较多，说明阳声韵比阴声韵、入声韵混同得更为严重。而且，真文声训多为文1～真1（-ɯn～-in）声训，其主元音和韵尾都是最接近的。

附：释名脂部音谱

一、脂质真韵部的声训

（一）脂$_1$质$_1$真$_1$～脂$_1$质$_1$真$_1$

坻：迟。妻：齐。姨：弟。阶：梯。悌：弟。娣：弟。绨：蝇。癸：揆。齑：济。脐：剂。眉：媚。湄：眉。楣：眉。黎：黧。弟：弟。济：济。私：私。○以上脂1～脂1

穗：惠。○以上至1～至1

疾：疾。○以上质1～质1

肾：引。秦：津。津：进。进：引。信：申。鬓：滨。殡：宾。嫔：宾。身：伸。申：身。鞅：因。姻：因。靷：引。瑱：镇。咽：咽。○以上真1～真1

季：癸。犁：利。○以上脂1～至1

（二）脂$_2$质$_2$真$_2$～脂$_2$质$_2$真$_2$

矢：指。履：礼。姿：资。茨：次。礼：体。醴：礼。妣：比。耆：指。履：履。○以上脂2～脂2

嚏：疐。○以上至2～至2

抶：铁。錣：铁。姪：迭。日：实。经：实。室：实。戌：恤。密：蜜。铚：铚。瑟：瑟。○以上质2～质2

亲：衬。辛：新。人：仁。眠：泯。○以上真2～真2

指：节。蕲：轶。○以上脂2～质2

瞋：齂。瘨：齂。○以上真2～至2

（三）脂$_1$质$_1$真$_1$～脂$_2$质$_2$真$_2$

体：第。脂：砥。○以上脂1～脂2

吉：实。札：枿。乙：轧。○以上质1～质2

田：填。印：因。印：信。年：进。○以上真1～真2

私：恤。○以上脂1~质2

膝：伸。○以上真1~质2

水：准。○以上真1~脂2

寐：谧。○以上至1~质2

二、脂质真和其他韵部的声训

(1.1.1) 脂$_1$质$_1$真$_1$~歌$_1$月$_1$祭$_1$元$_1$

痍：侈。○以上歌1~脂1

疝：诜。○以上元1~真1

(1.1.2) 脂$_2$质$_2$真$_2$~歌$_1$月$_1$祭$_1$元$_1$

谒：诣。○以上月1~脂2

血：泲。○以上月1~质2

(1.2.1) 脂$_1$质$_1$真$_1$~歌$_2$月$_2$祭$_2$元$_2$

泥：迩。地：底。○以上歌2~脂1

挈：结。疾：截。札：截。○以上月2~质1

彻：紧。○以上月2~真1

鼻：嚊。○以上祭2~质1

荐：进。绢：绖。肩：坚。箭：进。邻：连。引：演。牵：弦。寅：演。○以上元2~真1

(1.2.2) 脂$_2$质$_2$真$_2$~歌$_2$月$_2$祭$_2$元$_2$

脂：砥。○以上歌2~脂2

谧：曳。○以上祭2~至2

尔：昵。戁：昵。○以上歌2~质2

(1.3.1) 脂$_1$质$_1$真$_1$~歌$_3$月$_3$祭$_3$元$_3$

渊：宛。○以上元3~真1

(1.3.2) 脂$_2$质$_2$真$_2$~歌$_3$月$_3$祭$_3$元$_3$

刷：瑟。戌：脱。○以上月3~质2

(2.1.1) 脂$_1$质$_1$真$_1$~微$_1$物$_1$文$_1$

肌：懻。○以上微1~脂1

晨：伸。典：镇。辰：伸。甿：洗。电：珍。仁：忍。○以上文1~真1

(2.1.2) 脂$_2$质$_2$真$_2$~微$_1$物$_1$文$_1$

懿：僾。○以上队$_1$～至$_2$

殔：瘗。○以上队$_1$～脂$_2$

细：弭。○以上微$_1$～脂$_2$

(2.2.1) 脂$_1$质$_1$真$_1$～微$_2$物$_2$文$_2$

迟：穉。淮：围。帷：围。○以上微$_2$～脂$_1$

锥：利。○以上微$_2$～至$_1$

潏：术。袯：帗。○以上物$_2$～质$_1$

笋：峻。○以上文$_2$～真$_1$

(2.2.2) 脂$_2$质$_2$真$_2$～微$_2$物$_2$文$_2$

囟：峻。○以上文$_2$～真$_2$

(3.1) 脂$_1$质$_1$真$_1$～支锡耕

视：是。几：皮。题：第。纸：砥。蹄：底。○以上脂$_1$～支

匹：辟。脉：谲。○以上质$_1$～锡

(3.2) 脂$_2$质$_2$真$_2$～支锡耕

批：裨。死：澌。陛：卑。轵：指。跂：啻。是：嗜。髲：姿。髀：卑。○以上脂$_2$～支

姊：积。眥：渍。○以上脂$_2$～赐部

奠：停。○以上真$_2$～耕

(4.1) 脂$_1$质$_1$真$_1$～鱼铎阳

夷：常。○以上脂$_1$～阳部

(4.2) 脂$_2$质$_2$真$_2$～鱼铎阳

尸：舒。○以上脂$_2$～鱼

楚：辛。○以上真$_2$～鱼

(5.1) 脂$_1$质$_1$真$_1$～幽觉冬

疼：痹。○以上至$_1$～冬

终：尽。○以上真$_1$～冬

(5.2) 脂$_2$质$_2$真$_2$～幽$_1$觉$_1$

翳：陶。○以上脂$_2$～幽$_1$

(6) 脂$_1$质$_1$真$_1$～侵$_3$缉$_3$

汁：涕。○以上脂$_1$～缉$_3$

(7) 脂$_2$质$_2$真$_2$～之职蒸

治：值。○以上脂2~代部
甸：乘。○以上真2~蒸

根据系联，我们做出下面的统计表：

	脂一	质一	至一	真一	脂二	质二	至二	真二
脂一	4/10	○	○	○	○	○	○	○
质一			○	○	○	○	○	○
至一	1/1		0/1	○	○	○	○	○
真一				5/9	○	○	○	○
脂二	2/0			1/0	2/6	○	○	○
质二	1/0	2/1	1/0	1/0	2/0	7/1	○	○
至二					2/0		0/1	○
真二				4/0				0/4
微一	1/0				1/0			
队一					1/0		1/0	
文一				6/0				
微二	3/0		1/0					
物二		2/0						
文二				1/0				1/0
歌一	1/0							
月一					1/0	1/0		
元一				1/0				
歌二	2/0				1/0	2/0		
月二		3/0		1/0				
祭二		1/0					1/0	
元二				7/1				
月三						2/0		
元三				1/0				
支	5/0				9/1			
锡		2/0						
耕								1/0
缉三	1/0							
幽					1/0			
冬			1/0	1/0				
鱼					1/0			1/0

续

	脂一	质一	至一	真一	脂二	质二	至二	真二
阳	1/0							
之					1/0			
蒸								1/0

注:"/"前数字为纯声训,"/"后数字为谐声声训。赐部暂归支部,代部暂归之部,余类推。

第二节 郑玄脂部

郑玄经传音训脂部的特点有:

(1) 脂1~脂2音训:薙:鬀、夷:尸、粢:齐、齍:粢,脂1~支部音训:睼:圭,说明脂1韵尾 -l 可能有脱落。

(2) 质1~质2音训:必:縪、漆:切、壹:一,至1~质2音训:密:闭,质2~月2音训:栗:裂、札:截、槷:涅,说明已发生质2 - ig > - it 的音变。

(3) 真1~真2音训:田:㽟、填:奠,真2~元2音训:輇:檖,说明有发生真2 - iŋ > - in 的音变。

附:郑玄脂部音谱

(1) 脂1~脂1

邸:柢。《周礼弁师》:"象邸"郑注:"邸,下柢也,以象骨为之。"邸,都礼切,齐韵,郑张 - 潘脂1。柢,齐韵,郑张 - 潘脂1。谐训。

齍:齐。《周礼鲍人》:"祭门用瓢齍"郑注:"玄谓齍读为齐,取甘瓠,割去柢,以齐为尊。"齍,即夷切,脂韵;祖稽切,齐韵,郑张 - 潘脂1。齐,齐韵,郑张 - 潘脂1。谐训。

齐:隮。《礼记乐记》:"地气上齐"郑注:"齐读为隮。隮,升也。"齐,齐韵,郑张 - 潘脂1。隮,齐韵,郑张 - 潘脂1。谐训。

(2) 质1~质1

吉:姞。《诗小雅都人士》:"谓之尹吉"笺云:"吉读为姞。"吉,居质切,质韵,郑张 - 潘质1。姞,巨乙切,质韵,郑张 - 潘质1。谐训。

（3）真1～真1

颠：圎。《礼记玉藻》："盛气颠实扬休"郑注："颠读为圎。"颠，先韵，郑张－潘真1。圎，先韵，郑张－潘真1。谐训。

嫔：频。《周礼大宰释文》："'嫔贡'郑音频。"嫔，符真切，真韵，郑张－潘真1。频，符真切，郑张－潘真1。纯训。

神：引。《礼记礼运》："列于鬼神"郑注："神者引物而出。"神，食邻切，真韵，郑张－潘真1。引，真韵，郑张－潘真1。纯训。

慎：引。《礼记檀弓》："其慎也"郑注："慎当为引，礼家读然，声之误也。"慎，时刃切，真韵，郑张－潘真1。引，真韵，郑张－潘真1。纯训。

信：身。《周礼大宗伯》："侯执信圭"郑注："'信'当为'身'，声之误也。"信，息晋切，真韵，郑张－潘真1。身，失人切，真韵，郑张－潘真1。纯训。

旬：均。《礼记内则》："旬而见"郑注："旬当为均，声之误也。"旬，详遵切，谆韵，郑张－潘真1。均，居匀切，谆韵，郑张－潘真1。谐训。

尹：筼。《礼记聘义》："孚尹旁达"郑注："尹读如竹箭之筼。"尹，余准切，谆韵，郑张－潘真1。筼，为赟切，谆韵，郑张－潘真1。纯训。

（4）脂2～脂2

姒：媲。《礼记曲礼》："王母曰皇祖姒"郑注："姒之言媲也，媲于考也。"姒，脂韵、重纽四等，郑张－潘脂2。媲，匹诣切，齐韵，郑张－潘脂2。谐训。

醴：体。《周礼酒正》："二曰醴齐"郑注："醴犹体也。"醴，卢启切，齐韵，郑张－潘脂2。体，他礼切，齐韵，郑张－潘脂2。谐训。

履：礼。《易坤释文》："'履霜'郑读履为礼。"履，力几切，脂韵，郑张－潘脂2。礼，卢启切，齐韵，郑张－潘脂2。纯训。

（5）质2～质2

绖：实。《仪礼丧服》："苴绖杖绞带"郑注："绖之言实也。"绖，徒结切，屑韵，郑张－潘质2。实，神质切，质韵，郑张－潘质2。纯训。

（6）质2～至2

实：至。《礼记杂记》："使某实"郑注："实当为至，此读周秦之人声之误也。"实，神质切，质韵，郑张－潘质2。至，郑张－潘至2。纯训。

（7）真2～真2

甸：田。《周礼小宗伯》："若大甸"郑注："甸读曰田。"甸，堂练切，先韵，郑张－潘真2。田，徒年切，先韵，郑张－潘真2。谐训。

田：佃。《周礼匠人》："田首倍之"郑注："田，一夫之所佃百亩，方百步地。"田，徒年切，先韵，郑张－潘真2。佃，先韵，郑张－潘真2。谐训。

（8）脂2～至2

资：至。《礼记缁衣》："资冬祁寒"郑注："资当为至，齐鲁之语，声之误也。"资，即夷切，脂韵，郑张－潘脂2。至，郑张－潘至2。纯训。

（9）脂1～脂2

薙：鬀。《周礼秋官叙官》："薙氏"郑注："玄谓薙读如鬀小儿头之鬀。"薙，他计切，齐韵，郑张－潘脂2。鬀，他计切，郑张－潘脂1。纯训。

夷：尸。《周礼凌人》："共夷槃冰"郑注："夷之言尸也。"夷，以脂切，脂韵，郑张－潘脂1。尸，式脂切，脂韵，郑张－潘脂2。纯训。

粢：齐。《礼记礼运》："粢醍在堂"郑注："粢读为齐，声之误也。"粢，即夷切，脂韵，郑张－潘脂2。齐，齐韵，郑张－潘脂1。纯训。

齍：粢。《周礼小宗伯》："逆齍"齍，即夷切，脂韵，郑张－潘脂1。粢，即夷切，郑张－潘脂2。纯训。

（10）质1～质2

必：縪。《周礼考工记玉人》："天子圭中必"郑注："必读如'鹿车縪'之縪。"必，卑吉切，质韵，郑张－潘质2。縪，卑吉切，郑张－潘质1。纯训。

漆：切。《礼记祭义》："济济漆漆然"郑注："漆漆读如朋友切切。"漆，亲吉切，质韵，郑张－潘质2。切，七结切，屑韵，郑张－潘质1。纯训。

壹：一。《礼记表记》："节以壹惠"郑注："壹读为一。"壹，于悉切，质韵，郑张－潘质1。一，于悉切，郑张－潘质2。纯训。

（11）至1～质2

密：闭。《礼记乐记》："阴而不密"郑注："密之言闭也。"密，美毕切，质韵，郑张－潘质2。闭，博计切，霁韵，郑张－潘至1。纯训。

（12）真1～真2

田：敶。《诗周颂有瞽》："应田县鼓"笺云："田当作敶。敶，小鼓在大鼓旁应鞞之属也，声转字误，变而作田。"田，徒年切，先韵，郑张－潘真2。敶，羊晋切，真韵，郑张－潘真1。纯训。

填：奠。《礼记檀弓》："主人既祖填池"郑注："填池当为奠彻，声之误也。"填，先韵/真韵，郑张－潘真1。奠，堂练切，先韵，郑张－潘真2。纯训。

（13）脂1～支部

暌：圭。《易暌释文》："'暌'马郑王肃徐吕忱并音圭。"暌，苦圭切，齐韵，郑张－潘脂1。

圭，古携切，齐韵，支部。纯训。

（14）脂1～元3

娩：媚。《礼记内则》："姆教婉娩听从"郑注："娩之言媚也。"娩，无远切，元韵，郑张－潘元3。媚，明秘切，至韵，郑张－潘脂1。纯训。

（15）至1～队1

戾：利。《礼记大学》："一人贪戾"郑注："戾之言利也。"戾，郎计切，霁韵，郑张－潘队1。利，力至切，至韵，郑张－潘至1。纯训。

（16）真1～文2

恂：峻。《礼记大学》："恂栗也"郑注："恂字或作峻，读如严峻之峻。"恂，相伦切，谆韵，郑张－潘真1。峻，私闰切，谆韵，郑张－潘文2。纯训。

（17）真1～元2

酳：演。《仪礼士昏礼》："酳主人"郑注："酳，漱也。酳之言演也，安也。"酳，羊晋切，真韵，郑张－潘真1。演，以浅切，仙韵，郑张－潘元2。纯训。

（18）真1～元3

均：沿。《史记夏本纪第二》："均江海"《集解》郑玄曰："均，读曰沿。沿，顺水行也。"均，居匀切，谆韵，郑张－潘真1。沿，与专切，仙韵，郑张－潘元3。纯训。

（19）真1～耕部

苹：平。《周礼秋官叙官》："萍氏"郑注："玄谓今《天问》萍号作苹。《尔雅》曰：'萍，蓱，其大者苹。'读如'小子言平'之平。"苹，符真切，真韵，郑张－潘真1。平，符兵切，庚韵，耕部。纯训。

（20）脂2～支部

稽：启。《周礼大宰释文》："'简稽'郑又音启。"稽，齐韵，郑张－潘脂2。启，康礼切，齐韵，支部。纯训。

痺：比。《周礼夏官司弓矢》："痺矢"郑注："玄谓痺读如痺病之痺，痺之言伦比。"痺，府移切，支韵，支部。比，脂韵，郑张－潘脂2。纯训。

（21）脂2～队1

尸：肆。《论语》："吾力犹能肆诸市朝"郑注："有罪既刑陈其尸曰肆。"尸，式脂切，脂韵，郑张－潘脂2。肆，息利切，至韵，郑张－潘队1。纯训。

（22）质2～月2

栗：裂。《诗豳风东山》："烝在栗薪"笺云："古者声栗裂同也。"《周礼考工记弓人》："菑栗不迆"郑注："玄谓栗读为'裂繻'之裂。"栗，力质切，质韵，郑张－潘质2。裂，良薛切，薛韵，郑张－潘月2。纯训。

札：截。《周礼大宗伯》："以荒礼哀凶札"郑注："札读为截,截谓疫疠。" 札,侧八切,黠韵,郑张－潘质2。截,昨结切,屑韵,郑张－潘月2。纯训。

槷：涅。《周礼考工记轮人》："无槷而固"郑注："玄谓槷读如涅,从木热省声。" 槷,五结切,屑韵,郑张－潘月2。涅,奴结切,屑韵,郑张－潘质2。纯训。

(23) 真2～元2

輤：梓。《礼记杂记》："其輤有裧。"郑注："輤取名于梓与旧读如蒨旆之蒨。梓,楦也。蒨,染赤色者也。" 輤,仓甸切,先韵,郑张－潘元2。梓,初觐切,真韵,郑张－潘真2。纯训。

(24) 真2～耕部

奠：定。《周礼司市》："市之群吏平肆展成奠贾"郑注："奠读为定。" 奠,堂练切,先韵,郑张－潘真2。定,青韵,耕部。纯训。

(25) 真2～支部

蠲：圭。《周礼蜡氏》："令州里除不蠲"郑注："蠲读如'吉圭惟饎'之圭。" 蠲,古玄切,先韵,郑张－潘真2。圭,古携切,齐韵,支部。纯训。

(26) 真1～?

旬：營。《周礼均人》："公旬"郑注："旬,均也。读如'營原隰'之營。" 旬,详遵切,谆韵,郑张－潘真1。營,详遵切,郑张－潘?。纯训。

第五章 鱼铎阳

第一节 鱼 虞

一、虞韵

顾炎武的古韵十部，鱼虞模侯、麻半为一部。顾氏之后，江永继续离析唐韵，他将虞韵字分为两半，一半归鱼、一半归侯（江氏侯幽不分，另论）。

罗常培、周祖谟（1958）认为：《诗经》音鱼侯两部两汉合为一部。《释名》中鱼侯两部虽有分，与东汉一般押韵的情况不同，但《释名》反映的是汉末青徐一带的方音。

对于鱼侯两汉合为一部之说，邵荣芬（1982a，b）予以修正，他指出：前汉鱼侯两部跟先秦一样，各自分立；后汉虞$_2$（原侯部虞韵字）并入虞$_1$（原鱼部虞韵字），鱼侯两部仍分立。

李方桂（1971：73）曾指出："在 $*-g$ 的前面上古的 $*-ag$ 与 $*-ug$ 到了汉代就完全不可分了。换言之，$*-ug$ 也变得近乎 $*-uag$ 了。这个现象虽在汉代很普遍，但是我觉得这仍是一个方言现象，因为到了《切韵》时代侯部的各韵仍然跟鱼部各韵不同，不能认为合并了。"诚然，周秦音和《切韵》音侯鱼都有别，汉代怎么会合并了呢？这在语音的演变上是很难解释的。

《释名》中虞韵字的表现如下表。

	鱼虞三	侯虞三
鱼虞三	0131 雨：羽 0132 宇：羽 0135 虞：虞 0146 武：舞 0133 衢：欋 0138 父：甫 0145 抚：敷 0142 斧：甫 0141 甫：夫 0144 赋：敷 0139 夫：扶 0137 扶：傅 0140 脯：搏	（重）
鱼鱼三	1193 麩：䴿 0094 距：矩	
鱼模一	0130 竽：污 0136 㝵：帆 0147 庑：帆 0062 吴：虞 0090 蒲：敷 0143 肤：布	
侯虞三	0180 䟽：抚	0170 驻：株 0168 柱：住 0172 注：注 0169 诛：株 0171 殳：殊 1266 儒：儒 0176 取：趣 0165 躯：区 0164 屦：拘 0178 符：付 0174 孺：濡 0179 符：赴 0167 庾：裕 0166 褕：裕 0175 趋：赴
侯侯一		0159 耦：遇 0148 呕：伛
屋烛三		1260 篓：局 0317 剭：诛
东锺三		1282（+）钟：聚
幽尤三	0134 䴿：朽 0491 糅：䴿	0177 须：秀 0502 洲：聚 0503 州：注 0494 肘：注 0498 柳：聚 1265 溲：数 0499 柳：偻 0507 手：须
幽肴二		0481 鲍：腐
之尤三		0449 丘：聚 0448 丘：区
微微三		1281（+）枢：机
元桓一		0173 襦：暖
月薛三		1266.5 楔：侏

很显然，《释名》中的虞$_2$未并入虞$_1$：

(1) 虞$_1$多跟鱼部字声训，虞$_2$多跟侯部字声训。
(2) 虞$_2$跟幽部尤韵字声训颇多，也说明虞$_2$和虞$_1$是不同的。

二、鱼虞

关于鲁虞，高本汉将鱼韵中古音定作合口，罗常培（1931a）改作开口，周法高（1948）则提出了更多的理由以证明鱼韵的开口性质。

王力（1937a）指出：鱼模两韵字在上古当入开口呼。就谐声而论，鱼模是一个系统，虞是另一个系统。且不论模韵，王力认为鱼韵上古入开口，和虞韵是两个系统。

鱼部的虞韵字的声母只有钝音，在白一平、郑张尚芳的上古音严格框架里，它与鱼韵字的对立可以看作是圆唇舌根音和不圆唇舌根音的对立。（潘悟云，2000：192）

《释名》中鱼部鱼虞韵牙喉音字的表现列表如下。

	鱼鱼三	鱼虞三
鱼鱼三	0104 御：语 0103 敔：衙 0102 圄：御 1192 袪：虚 0100 锯：倨 0335 据：居 0095 虞：举 0096 裾：倨 0097 裾：踞 0098 椐：居 0099 车：居	（重）
鱼虞三	1193 麩：糈 0094 距：矩	0131 雨：羽 0132 宇：羽 0135 虞：虞 0133 衢：欋
鱼模一		0130 竿：污 0136 冔：帱 0062 吴：虞
铎陌三开	0211 剧：巨	
幽尤三		0134 䱇：朽 0491 糗：糇
之之三	0396 基：据	

鱼部虞韵和鱼韵的牙喉音字基本上各有声训。鱼韵与铎部陌韵开口、之部之韵字声训，虞韵与幽部字声训，可以证明鱼韵是开口、虞韵是合口。

三、见于《释名》外材料中的虞鱼

甲、韵文

按：凡鱼虞韵字用黑体表示，以便与非鱼虞韵字区别。

王粲：《初征赋》"违世难以迴折兮……清四海之疆宇。"《艺文类聚》五十九韵：楚鱼鱼三、旅鱼鱼三、**宇**鱼虞三。《大暑赋》："重屋百层……寒馔代叙。"《艺文类聚》五韵：**虎**鱼虞三、举鱼鱼三、叙鱼鱼三。《吊夷齐文》："忘旧恶而希古，……今尼父之所誉。"《艺文类聚》三十七韵：居鱼鱼三、渝侯虞三、**夫**鱼虞三、符侯虞三、誉鱼鱼三。《鹖赋》："唯兹鹖之为鸟……超群类而莫与。"《艺文类聚》九十韵：**武**鱼虞三、**羽**鱼虞三、**宇**鱼虞三、与鱼鱼三。《酒赋》："贼功业而败事……满简帛而见书。"《艺文类聚》七十二韵：

诬_{鱼虞三}、书_{鱼虞三}。《柳赋》："人情感于旧物……岂驾迟而不屡。"《初学记》二十八韵：虑_{鱼虞三}、处_{鱼虞三}、**惧**_{虞三}、树_{侯虞三}、屡_{侯虞三}。《阮元瑜诔》：① 韵：府_{侯虞三}、旅_{鱼虞三}、雨_{鱼虞三}、举_{鱼虞三}。《太庙颂》：《初学记》十三 韵：宇_{鱼虞三}、序_{鱼虞三}、**羽**_{鱼虞三}、举_{鱼虞三}、祖_{鱼模一}、枯_{鱼模一}。《赠蔡子笃诗》："悠悠世路……允企伊伫。"《文选》二十三 韵：阻_{鱼虞三}、处_{鱼虞三}、雨_{鱼虞三}、与_{鱼虞三}、伫_{鱼虞三}。《赠士孙文始》："在漳之湄……无督厥绪。"《文选》二十三 韵：处_{鱼虞三}、**辅**_{虞三}、语_{鱼虞三}、绪_{鱼虞三}。《赠文叔良》："君子敬始……来世之矩。"《文选》二十三 韵：主_{侯虞三}、**辅**_{虞三}、与_{鱼虞三}、**矩**_{虞三}。《羽猎赋》："遵古道以游豫兮……陈苗狩而讲旅。"② 韵：圃_{鱼模一}、旅_{鱼虞三}。

刘桢：《黎阳山赋》："自魏都而南迈……过旧坞之高区。"《艺文类聚》七 韵：休_{幽尤三}、脩_{幽尤三}、区_{侯虞三}。《鲁都赋》："及其素秋二七……马如游鱼。"《艺文类聚》六十一 韵：隅_{侯虞三}、游_{幽尤三}、洲_{幽尤三}、鱼_{鱼虞三}。

徐干③：《室思》：④ 韵：之_{之三}、期_{之三}、讥_{微三}、臾_{虞三}、思_{之三}。

吴质⑤：《思慕诗》：⑥ 韵：居_{鱼虞三}、躅_{侯虞三}、殊_{侯虞三}、舒_{鱼虞三}、庐_{鱼模一}、珠_{侯虞三}、书_{鱼虞三}、夫_{鱼虞三}。

祢衡⑦：《鹦鹉赋》："感平生之游处……庶弥久而不渝。"《文选》十三 韵：须_{侯虞三}、区_{侯虞三}、躅_{侯虞三}、疏_{鱼虞三}、如_{鱼虞三}、隅_{侯虞三}、初_{鱼虞三}、躯_{侯虞三}、愚_{侯虞三}、渝_{侯虞三}。"尔乃归穷委命……亦何劳于鼎俎。"韵：侣_{鱼虞三}、**羽**_{鱼虞三}、阻_{鱼虞三}、暑_{鱼虞三}、主_{侯虞三}、旅_{鱼虞三}、处_{鱼虞三}、伫_{鱼虞三}、俎_{鱼虞三}。

在王粲、刘桢、徐干、吴质、祢衡的诗赋中，虞1、虞2和鱼韵都互相押韵，即虞1/虞2、鱼/虞都不分。

乙、译经

下表中，安＝安世高；BHS. = Buddhist Hybrid Sanskrit（参见柯蔚南 1983）。

---

① 见《王粲集·补遗》。
② 见《王粲集》。
③ 徐干（170—217），青州北海人。
④ 参见逯钦立辑校：《先秦汉魏晋南北朝诗》，北京，中华书局，1983。
⑤ 吴质（177—230），兖州济阴人。
⑥ 参见逯钦立辑校：《先秦汉魏晋南北朝诗》，北京，中华书局，1983。
⑦ 祢衡（173—198），青州平原人。

			Skt	P	BHS
侯虞三	拘	波坻槃拘利支	pratibhānakūṭa		
		沤和拘舍罗支	upāyakauśalya		
		摩呵拘私支	mahākauṣṭhila		maha-kosṭhila
		拘翼支	kauśika		
		拘利支	koṭi		
		拘文罗支	kumuda		
		沤和拘舍罗支	upāyakauśalya		
		拘束支	kusuma		
		拘邈摩支	kusuma		
		尼拘陀康	nyagrodha	nigrodha	
		拘留安	krakucchandha		
		拘怜康	kauṇḍinya	koṇḍañña	
		摩南拘利康	mahānāmakoliya		
		拘耶尼康	kauśāmbī		
		拘律陀康	kolita		
		尼拘类康	nyagrodha	nigrodha	
		拘（蓝=）盐尼康	kauśāmbī		
		摩呵拘绨支	mahākauṣṭhila		
	俱	俱谭滑提支	gautamapati		
		俱耶匿支	godānīya		
	殊	文殊师利支	mañjuśrī	mañjusirī	
	须	须堽支	sudṛśa	sudassa	
		须堽只耨支	sudarśana	sudassi	
		须陀施尼支	sudarśana		
		须弥支	sumeru		
		须门支	sumanā		
		阿须伦支	asura		
		须揵提支	sugandhika		
		须深支	susamprasthita		
		须菩提支	subhūti		
		须摩提支	sumati		
		须陀洹安	srotāpanna	sotāpanna	
		须达支	sudatta		
		须波佛康	suprabuddha		
		摩呵须萨和支	mahāsusārthavāha		
	逾	逾旬支	yojana		

			Skt	P	BHS
鱼虞三	瞿	瞿师罗_康	ghoṣila		
	无	昙无竭_支	dharmodgata		
	于	弗于逮_支	pūrvavideha		
		惟于潘_支	bṛhatphala	vehapphala	
鱼鱼三	恕	提恕竭_支	dīpaṃkara		

鱼虞三对应 a、o，侯虞三对应 u、o、au，似乎有一点区别，但鱼虞三的例子不太多。

丙、音注

1. 应劭、服虔、高诱的音注情况列表如下：

	鱼虞三	侯虞三	鱼鱼三
鱼虞三	栩:诩_服①旴:吁_应⑱ 夫:肤_应㉜	(重)	
鱼鱼三			且:苴_应⑳舆:豫_应㉑ 虑:间_应㉒沮:阻_服㉓ 巨:渠_服㉔挐:茹_高㉕ 渔:语_高㉖倨:虚_高㉗
侯虞三	傅:附_服②响:吁_高⑫ 拘:矩_应⑰拊: 辅_应㉙	鲍:拘_服③胸:劬_服④ 姁:劬_服⑤渪:愚_高⑪ 貐:愈_高⑬坿:符_高⑨ 鈺:柱_高⑭昫:煦_应⑲ 府:聚_应㉚儒:区_应㉛	
侯侯一		钩:鞠_服⑥	
屋烛三		烛:注_服⑦镂:录_高⑧	
东锺三		靯:拊_高⑯	
幽虞三?		苻:敷_应⑩	
幽尤三		铸:祝_应⑮	就:与_高㉘
之灰一		附:培_应⑨	

①栩：诩。《汉书》（1752）："别栩阳赋五篇"服虔曰："栩音诩。"

②傅：附。《汉书》（37）："萧何发关中老弱未傅者悉诣军"服虔曰："傅音附。"

③鮈：拘。《汉书》（2427）："子顷王鮒鮈嗣"服虔曰："鮈音拘。"

④朐：劬。《汉书》（3324）："又姬朐臑故亲幸"服虔曰："朐音劬。"

⑤駒：劬。《汉书》（2868）："譬犹鼱駒之袭狗"服虔曰："音纵劬。"

⑥鉤：軥。《汉书》（224）："鉤町侯毋波"服虔曰："鉤音《左传》射两軥之軥。"

⑦烛：注。《汉书》（195）："一夜三烛"服虔曰："烛音注。"

⑧镂：录。《淮南子十三氾论训》："然而身伏属镂而死"高注："一曰：长剑璅施鹿卢，锋曳地，属录而行之也。"

⑨坿：符。坿：培。《吕氏春秋卷七孟秋纪》："坿墙垣"高注：坿读如符。坿犹培也。"

⑩苻：麩。《淮南子卷二俶真训》："芦苻之厚"高注："苻，读面麩之麩也。"按：麩，《集韵》芳无切，虞韵。孚声字在幽部。

⑪㵸：愚。《淮南子卷八本经训》："以像㵸、浯"高注："㵸，读愚戆之愚也。"

⑫响：吁。《淮南子卷二俶真训》："阴阳所响"高注："响，读以口相吁之吁。"

⑬貐：愈。《淮南子卷八本经训》："猰貐"高注："貐，读疾除愈之愈。"

⑭鈝：柱。《淮南子十七说林训》："以瓦鈝者全，以金鈝者跛，以玉鈝者发"高注："鈝，读象金之铜柱余之柱。"

⑮铸：祝。《淮南子卷二俶真训》："今夫冶工之铸器"高注："铸，读如唾祝之祝也。"

⑯軵：拊。《淮南子卷六览冥训》："軵车奉穰"注："軵，读楫拊之拊也。"

⑰拘：矩。《汉书》（1574）："又有拘涧水"应劭曰："拘音矩。"

⑱盱：吁。《汉书》（1590）："盱眙"应劭曰："音吁怡。"

⑲昫：煦。《汉书》（1617）："昫衍"应劭曰："昫音煦。"

⑳且：苴。《汉书》（1602）："故且兰"应劭曰："且音苴。"

㉑舆：豫。《汉书》（1562）："平舆"应劭曰："舆音豫。"

㉒虑：间。《汉书》（1626）："无虑"应劭曰："虑音间。"

㉓沮：阻。《史记》（2071）："沮阳"《集解》："骃案：服虔曰沮音阻。"

㉔巨：渠。《汉书》（25）："公巨能入乎"服虔曰："巨音渠，犹未应得入也。"

㉕挐：茹。《淮南子卷八本经训》："芒繁纷挐"注："挐，读上谷茹县之茹。"

㉖渔：语。《淮南子卷一原道训》："而渔者争处湍濑"注："渔，读告语。"

㉗倨：虚。《淮南子卷六览冥训》："卧倨倨"注："倨，读虚田之虚。"

㉘就：与。《吕氏春秋十五下贤》："就就乎"高注："就就，读如'由与'之与。"

㉙拊：辅。《风俗通义佚文》："相，拊也，所以辅相于乐，奏乐之时先击相。"

㉚府：聚。《风俗通义佚文》："府，聚也。"

㉛儒：区。《风俗通义佚文》："儒者，区也，别古今贤愚。"

㉜夫：肤。《风俗通义佚文》："夫者，肤也。"

在应劭、服虔、高诱的音注中，虞1、虞2有所相通，但鱼、虞不通。

柯蔚南（1983：100）指出：服虔、高诱的方言鱼侯合为一部，正同于罗常培、周祖谟（1958）的安排；郑玄、应劭、《释名》的方言，鱼侯有别。服虔、应劭、高诱三人音注侯韵字的表现见下表。

	侯侯一
侯侯一	滱：驱应①　镂：娄高②　句：钩服④　走：奏服⑤　钩：句高⑦　区：讴高⑧　呴：后高⑨
侯虞三	钩：䌌服③
幽尤三	阜：茂应⑪
阳唐一	抗：扣高⑬
铎药三	攫：句高⑫
支支三	逗：企服⑩
元仙三	鰍：浅服⑥

①滱：驱。《汉书》(1576)"东入滱"应劭曰："滱音驱。"
②镂：娄。《淮南子卷二俶真训》"镂金石"注："镂，读娄数之娄。"
③钩：鞠。《汉书》(224)"钩町侯毋波"服虔曰："钩音《左传》射两鞠之鞠。"
④句：钩。《汉书》(2981)"入鲜水北句廉上"服虔曰："句音钩。"
⑤走：奏。《汉书》(27)"从间道走军"服虔曰："走音奏。"
⑥鲰：浅。《史记》(312)"鲰生"《集解》：骃案：服虔曰："鲰音浅。鲰，小人貌也。"
⑦钩：句。《淮南子十三氾论训》"木钩而樵"注："钩，读济阴句阳之句。"
⑧区：讴。《淮南子卷六览冥训》"区冶生"注："区，读歌讴之讴。"
⑨詾：后。《淮南子十三氾论训》"忍詾而轻辱"注："詾，读夏后之后也。"
⑩逗：企。《汉书》(2405)"廷尉当恢逗桡"服虔曰："逗音企。"
⑪阜：茂。《风俗通义山泽第十》"阜者，茂也。"
⑫擢：句。《淮南子十九脩务训》"擢援摽拂"注："擢，读'屈直木令句'、'欲句此木'之句。"
⑬抗：扣。《淮南子卷一原道训》"形体能抗"注："抗，读扣耳之扣。"

尽管高诱有两例侯韵通阳、铎部的音注，但是例子太少，我们不能断定在他的方言里鱼侯已经合为一部了。服虔就更无法这么说了。

柯氏又称，应劭的注音鱼部虞只和侯部虞相接触，所以他设想虞韵的合流在应劭的方言里已经发生了。应劭的这类音注有：

鱼虞三～鱼虞三：盱：吁、夫：肤

鱼虞三～侯虞三：拘：矩、拊：辅

侯虞三～侯虞三：呴：煦、府：聚、儒：区

柯氏的这一说法大体可以接受。

2. 郑玄的音注情况见下表。

	鱼虞三	侯虞三	鱼鱼三
鱼虞三	雩:吁①	(重)	
鱼模一	冔:帽③ 赋:铺④ 赙:补⑤ 甫:补⑧ 毋:模⑩ 羽:扈⑪		猪:都㉒ 疏:粗㉓
鱼鱼三			沮:洳㉔ 锄:助㉕ 女:汝㉖ 胥:谞㉗ 荼:舒㉘ 旅:庐㉙ 拒:距㉚ 蜡:狙㉛ 庶:煮㉜
鱼麻三			豫:榭㉝
侯虞三	抚:拊②	约:拘⑥ 襦:须⑨ 附:祔⑫	
侯侯一		愉:偷⑯	
屋烛三		孺:属⑦ 趋:促⑮ 属:注⑱	
幽尤三	仇:斛㉞	孚:浮⑬ 需:秀⑭ 休:煦㉑	
幽豪一		祷:诔⑲ 报:赴⑳	
觉屋三		祝:注⑰	

①雩：吁。《礼记祭法》"雩宗"郑注："雩之言吁嗟也。"

②抚：拊。《仪礼乡射礼》"左右抚矢而乘之"郑注："抚拊之也。"

③冔：帽。《仪礼士冠礼》"殷冔"郑注："冔名出于帽，帽覆也，言所以自覆饰也。"

④赋：铺。《周礼春官大师》"曰赋"郑注："赋之言铺，直铺陈今之政教善恶。"

⑤赙：补。《仪礼既夕》"若赙"郑注："赙之言补也，助也，货财曰赙。"

⑥絇：拘。《仪礼士冠礼》"青絇繶纯"郑注："絇之言拘也。"

⑦孺：属。《礼记曲礼》"大夫曰孺人"郑注："孺之言属。"

⑧甫：补。《诗车攻释文》"甫草"郑音补："谓圃田，郑薮也。"

⑨繻：须。《易经既济释文》"繻有"郑、王肃云音须。

⑩毋：模。《礼记内则》"淳毋"郑注："毋读曰模。"

⑪羽：扈。《周礼考工记弓人》"弓而羽䪅"郑注："羽读为扈，扈，绥也。"

⑫附：祔。《礼记杂记》"大夫附于士，士不附于大夫"郑注："附读皆为祔。"

⑬孚：浮。《礼记聘礼》"孚尹旁达"郑注：孚读为浮。

⑭需：秀。《易经易需释文》"需"郑读为秀。

⑮趋：促。《礼记乐记》"卫音趋数烦志"郑注："趋数读为促速，声之误也。"

⑯愉：偷。《诗唐风山有枢》"他人是愉"笺云："愉读曰偷，偷取也。"

⑰祝：注。《周礼天官疡医》"疡医掌肿疡、溃疡、金疡、折疡之祝药劀杀之齐"郑注："祝当为注，读如注病之注，声之误也。"

⑱属：注。《周礼考工记函人》"犀甲七属"郑注："属读如灌注之注。"

⑲祠：诛。《周礼春官甸祝》"祠牲、祠马，皆掌其祝号"郑注："玄谓祠读如伏诛之诛，今侏大字也。"

⑳报：赴。《礼记丧服小记》"报葬者报虞"郑注："报读为赴疾之赴。"

㉑休：煦。《周礼考工记弓人》"夫角之本，蹙于剬而休于气"郑注："休读为煦。"

㉒猪：都。《礼记檀弓》"洿其宫而猪焉"郑注："猪，都也。南方谓都为猪。"

㉓疏：粗。《礼记玉藻》"主人辞以疏"郑注："疏之言粗也。"

㉔诅：沮。《周礼春官叙官》"诅祝"郑注："诅谓祝之使沮败也。"

㉕锄：助。《周礼地官里宰》"以岁时合耦于锄"郑注："玄谓锄者，里宰治处也，若今街弹之室。于此合耦，使相佐助，因放而为名。"

㉖女：汝。《诗绿衣释文》"女所"郑音汝。

㉗胥：谞。《周礼天官叙官》"胥十有二人"郑注："胥读如谞，谓其有才知，为什长。"

㉘荼：舒。《礼记玉藻》"诸侯荼"郑注："荼读为舒迟之舒。"
㉙旅：胪。《周礼秋官司仪》"皆旅摈"郑注："玄谓旅读为鸿胪之胪，胪陈之也。"
㉚拒：距。《仪礼少牢馈食礼》"长皆及俎拒举肺一"郑注："拒读为介距之距。"
㉛蜡：狙。《周礼秋官叙官》"蜡氏"郑注："蜡读如狙司之狙。"
㉜庶：煮。《周礼秋官叙官》"庶氏"郑注："庶读如药煮之煮，驱除毒蛊之言。书不作煮者，字从声。"
㉝豫：榭。《仪礼乡射礼》"豫则钩楹内"郑注："今言豫者谓州学也，读如成周宣谢灾之谢。"
㉞仇：斛。《诗小雅宾之初筵》"宾载手仇"笺云："仇读曰斛。"《说文斗部》"斛"段注："古音盖在三部，故郑得以易仇字。"朱骏声说文通训定声列在豫部，即鱼部。姑从朱氏。

郑玄音虞1、虞2基本不通，鱼、虞也不通。

罗常培（1931a）认为，《切韵》鱼、虞两韵在六朝时吴音有分别，在大多数的北音都没有分别。潘悟云（1983）指出罗文选取的韵例存在一些错误，他重新统计后得出的结论是：中古鱼虞不分的方言区域主要在河南及其周围，长江以南和西北地区，甚至幽燕是能够区分鱼虞的。

王力（1936）把南北朝鱼、虞的演变分作三个时期：第一时期从何承天至张融，鱼虞不分；第二时期处于过渡交错阶段；第三时期从庾信至隋炀帝，鱼虞分韵。潘悟云（1983）指出：早在第一个时期以前，韦昭、陆机、陆云的诗歌和东吴的民谣里，鱼、虞已经分得很清楚了。而在第三个时期，《北齐太上时民谣》、《北齐后主时谣》等邺下民谣中，鱼、虞仍旧混用。所以他认为原因还在于南北方言的歧异上。从曹丕、曹植、陈琳、嵇康等人的用韵可知，早在曹魏，洛阳、邺下一带已经鱼、虞不分了。

潘悟云（2000：200）指出，在许多汉语方言中，鱼韵的中古层次大概都是ə、ɤ或ɯ之类的音。事实上这些区域也就是鱼虞有别的那些地方。在这些方言中，一方面后高化规则也在起作用，另一方面三等字的非圆唇介音阻止了圆唇化的发生。其演变路线是：$-a > -\alpha > -\Lambda > -\gamma > -\mathrm{w} > -\mathrm{i} > -\mathrm{i}$。而在洛阳、邺下周围鱼、虞不分的区域，鱼韵的演变走的是另一条路：$*-\check{a} > -i\mathrm{e} > -i\mathrm{o} > -\mathrm{oi} > -\partial i > -\mathrm{io}$。由于虞韵的演变是：

* –o（来自侯部）
> –o > –ʊ > –u
* –wa（来自鱼部）

鱼韵和虞韵在这些方言中合流了。

从与刘熙同时代的青徐一带（有的靠近河南）诗人诗赋的押韵情况来看，鱼虞是不分的。但是刘熙的声训、郑玄等人的音注甚至佛经翻译，鱼虞都是有别的。就材料的性质来说，韵文材料只须每字韵母相似，而声训、音注材料则要求两字的读音整体相似。显然，后者的音韵要求更加严格。我们可以把韵文材料归为一类，可称作甲类；把声训、音注材料，甚至包括对音材料归为一类，可以称作乙类。就鱼、虞的分合来说，甲类和乙类材料反映出的面貌是不一样的：甲类材料鱼、虞通用，乙类材料鱼、虞有别。

这里有两个层次，鱼/虞是一个层次，虞1/虞2是又一个层次。刘熙和郑玄虞1/虞2不通，鱼/虞也不通。服虔、高诱、应劭虞1/虞2有所通，但鱼/虞不通。安世高、支娄迦谶、康孟祥的梵汉对音，虞1/虞2似乎有所区别。在王粲、刘桢、徐干、吴质、祢衡的诗赋中，虞1、虞2、鱼都没有区别。

从时间上讲，刘熙、郑玄的材料可能反映的是比较古老的语音；高诱、应劭、服虔的注音所代表的语音可能稍晚，安、支、康对音所反映的语音的时代可能和高、应、服接近；王、刘、徐、吴、祢等人的诗赋则代表汉末魏初时的语音。

第二节 麻 三

在白一平的严格框架中，Ⅲ类音节的精组、章组、以母、邪母存在鱼部麻三和鱼韵的对立。白一平只好拟作麻三 *–jA、鱼韵 *–ja。不过 A 只是一种权宜的记号。郑张尚芳将麻三移到了Ⅰ类音节，拟为 *Cja，和模韵 *Ca 对立。潘悟云改为将麻三仍放置在Ⅲ类音节，他说："我们只能从昔韵与药韵的关系进行类推，认为麻三与鱼韵原来也许是一类，在声母的影响下，介音与主元音都发生了变化，但是这种变化没有入声那样彻底，音变进行到一半就停止了。不过这也只能是一种猜测，有待进一步证实。"（潘悟云2000:198）

一、《释名》中鱼韵精组、章组、以母、邪母和鱼部麻三的表现

	鱼麻三	鱼鱼三（章精以邪）
鱼麻三	0049 舍：舍。0048 车：舍。	（重）
鱼鱼三（章精以邪）	0111 渚：遮。0119 咀：藉。	0120 旟：誉。0118 绪：叙。 0122 絮：胥。0116 叙：杼。 0117 序：序。0116.5 序：抒。 0115 徐：舒。0109 署：予。 0114 暑：煮。0112 书：庶。
鱼鱼三（知庄来）		0110 诸：储。0113 书：著。 1268 岨：胪。0106 女：如。
鱼鱼三（钝）		0101 语：叙。0121 舆：举。
鱼模一	0061 库：舍。1299（+）吐：泻。	0050 呜：舒。
铎昔三	0339 炙：炙。1263.5 借：腊。 0220 踖：借	0336 庶：摭。
脂脂三		0926 尸：舒。

二、应劭、服虔、高诱音注中鱼麻三和鱼韵精组章组以母邪母的表现

	鱼麻三	鱼鱼三（精章以邪）
鱼鱼三（精章以邪）		舆：豫$_{应}$（10）且：苴$_{应}$⑪
鱼鱼三（知庄）		挐：茹$_{高}$⑫
幽尤三		就：与$_{高}$⑬
支支三	媠：儿$_{服}$⑦	

⑩舆：豫。《汉书》（1561）"平舆"应劭曰："舆音豫。"

⑪且：苴。《汉书》（1602）"故且兰"应劭曰："且音苴。"师古曰："音子间反。"

⑫挐：茹。《淮南子卷八本经训》"芒繁纷挐"高注："挐，读上谷茹县之茹。"

⑬就：与。《吕氏春秋卷十五下贤》"就就乎其不肯自是"高注："就就，读如'由与'之与。"

三、郑玄音注中鱼韵精章以邪组和鱼麻三的表现

	鱼麻三	鱼鱼三（精章以邪）
鱼鱼三（精章以邪）	豫：榭⑭	胥：谞⑯ 蜡：狙⑰ 庶：煮⑱ 荼：舒⑲
鱼鱼三（知庄）		女：汝⑳ 诅：沮㉑
鱼模一	阇：都⑦	
铎昔三	藉：借② 舍：释④ 射：亦⑨	

⑯胥：谞。《周礼天官叙官》"胥十有二人"郑注："胥读如谞，谓其有才知，为什长。"

⑰蜡：狙。《周礼秋官叙官》"蜡氏"郑注："蜡读如狙司之狙。"

⑱庶：煮。《周礼秋官叙官》"庶氏"郑注："庶读如药煮之煮，驱除毒蛊之言。书不作蛊者，字从声。"

⑭豫：榭。《仪礼乡射礼》"豫则钩楹内"郑注："今言豫者谓州学也，读如成周宣谢灾之谢。"

⑲荼：舒。《礼记玉藻》"诸侯荼"郑注："荼读为舒迟之舒。"

⑳女：汝。《诗绿衣释文》"女所：郑音汝。"

㉑诅：沮。《周礼春官叙官》"诅祝"郑注："诅谓祝之使沮败也。"

不论是经师注音还是《释名》声训，鱼麻三似乎都不与鱼韵知庄系接触，而鱼韵精章以邪系跟知庄系却有接触。

汉末梵汉对音鱼鱼三有一例，提恕竭₍支₎对译 Skt. dīpaṃkara，"恕"书母字对应 paṃ。

第三节 庚 韵

一、罗常培、周祖谟（1958：112）指出，阳部庚韵"'兄夐彭行'等字在东汉时期一般皆读入耕部，《释名》仍在阳部"。《释名》中庚韵字的表现如下：

	阳庚二	阳庚三	耕庚二	耕庚三
阳庚二	衡：横。庚：更			
阳庚三		盟：明。镜：景 景：竟。丙：炳		
阳唐一	棠：樘。簧：横 桄：横。行：抗 彭：旁。盲：茫 夐：汪	兄：荒		
耕庚二			甥：生。笙：生 眚：省	
耕庚三				荆：警。敬：警 枰：平
耕清三		名：明		
耕清四		病：并	青：生	荣：荧
幽尤三			省：瘦	

《释名》阳部庚三和耕部略有相通，阳部庚二完全不和耕部相通。

二、郑玄经音庚韵字的表现。

（1）阳部庚二～阳部庚二

衡：横。《礼记檀弓》"今也衡缝"注："今礼制衡，读为横。"衡，户庚切，庚韵二等，阳部。横，庚韵二等，阳部。纯训。

（2）阳部庚二～阳部唐韵

祊：旁。《礼记礼器》"为祊乎外"注："谓之祊者，于庙门之旁，因名焉。"祊,甫盲切,庚韵二等,阳部。旁,步光切,唐韵,阳部。谐训。

(3) 耕部庚二~耕部庚二

笙:生。《仪礼大射仪》"笙磬西面,其南笙钟"注:"笙犹生也。东为阳中万物以生。"笙,所庚切,庚韵二等,耕部。生,所庚切,耕部。谐训。

(4) 耕部庚二~耕部清韵

姓:生。《礼记丧大记》"卿大夫父兄子姓"注:"姓之言生也。"姓,息正切,清韵,耕部。生,所庚切,庚韵二等,耕部。谐训。

(5) 耕部庚三~耕部青韵/清韵

冥:鸣。《易豫释文》:"'冥'郑读为鸣。"冥,莫经切,青韵,耕部。鸣,武兵切,庚韵三等,耕部。纯训。

苹:屏。《周礼车仆》:"苹车之萃"注:"苹犹屏也,所用对敌自蔽隐之车也。"苹,符兵切,庚韵三等,耕部。屏,清韵/青韵,耕部。纯训。

从"祊~旁"音训来看,阳部庚二仍属阳部,阳部庚三没有用例。

第六章 之职蒸

第一节 职 部

周祖谟(1981)说三国时职部分为德、职两部，职部包括职屋韵字，德部包括德麦韵字。试比较《释名》职部字的声训：

德麦～德麦：肋：勒。勒：刻。克：刻。德：得。膈：塞。

职屋～职屋：埴：臷。臆：抑。饰：拭。弑：式。蚀：食。食：殖。幅：偪。敕：饬。侧：偪。纵：伏。服：服。匐：伏。

德麦～职屋的声训只有一条：

《释言语》：息，塞也，言物滋息塞满也。

息，职韵。塞，德韵。

可见，《释名》职部也可能分为德、职两部。

第二节 蒸 部

一、周祖谟(1981)指出，三国时蒸部蒸、登两韵也分为两部。试比较《释名》蒸部蒸韵字和登韵字的声训：

登～登：曾：增。滕：腾。

蒸～蒸：塍：承。绫：凌。应：应。兴：兴。

登～蒸：登：升。

但《释名》用例太少，难以判别。

二、周祖谟(1981)说，三国时蒸部的东韵"雄弓梦"一类字转入冬部。《释名》中这类例子有：

例1，《释兵》：弓，穹也，张之穹隆然也。

例2，《释宫室》：宫，穹也，屋见于垣上穹隆然也。

"弓"、"穹"二字与冬部东韵字"宫"声训，有转入冬部的可能。

第三节 之 部

一、罗常培、周祖谟(1958:112)指出：《释名》之部内属于《广韵》灰咍韵的字跟之韵字不相混。周祖谟(1981)指出，三国时期之部之脂韵字分出为之部，咍灰皆韵字分出为咍部。

之部咍灰皆韵字跟之部咍灰皆韵字的声训有：背：倍。佩：倍。醯：晦。海：晦。○以上灰～咍。灾：栽。戴：载。载：戴。载：载。○以上咍～咍。埋：瘗。霾：晦。○以上皆～灰。

之部之脂韵字跟之部之脂韵字的声训有：鄙：否。否：鄙。○以上脂～脂。跽：忌。屺：杞。○以上脂～之。蚩：痴。持：跱。齿：始。词：嗣。慈：字。輀：耳。耳：陑。珥：耳。饵：而。已：纪。纪：记。记：纪。旗：期。诗：之。时：期。事：剚。侍：时。思：司。罳：思。緦：丝。巳：已。寺：嗣。汜：已。姒：似。祀：已。耜：齿：饴：怡。疑：儗。址：址。沚：止。趾：止。缁：滓。子：孳。○以上之～之。

之部咍灰皆韵字跟之部之脂韵字声训只有一例：

《释宫室》：台，持也，筑土坚高，能自胜持也。

台，咍韵，之部。持，之部，之部。

叶德炯曰：《淮南俶真训》台简以游太清。高诱注：台犹持也。_{疏证补}与此同。

可见，《释名》之部之脂韵字和咍灰皆韵字确有不同。

二、罗常培、周祖谟(1958)指出，《诗经》音之部尤韵字，两汉时"牛、丘、久、疚、旧"几字已转入幽部。《释名》"丘"字共出现三次：

例1，《释疾病》：疣，丘也，出皮上聚高如地之有丘也。

疣，尤韵，之部。

例2，《释典艺》：九丘，丘，区也。区别九州之土气，教化所宜施者也。

区，虞韵，侯部。

例3，《释州国》：四邑为丘。丘，聚也。

聚，虞韵，侯部。

王先慎曰：《尚书孔安国序》丘，聚也。《家语正论》注：九丘，国聚也。_{疏证补}与此相类。

从以上的例子中看不出"丘"字是否已转入幽部。从"久"得声的字有这样几例：

例1，《释疾病》：疚，久也，久在体中也。

例2，《释亲属》：夫之父曰舅。舅，久也。久，老称也。

舅，尤韵，幽部。

王启原曰：《白虎通亲属》云：舅者，旧也。《尔雅》孙注亦云：舅之言旧，尊长之辞。旧有久义。《小尔雅》云：旧，久也。《诗》告尔旧止。笺：旧，久也。《论语》久要不忘平生之言。孔注：久要，旧约也。又"久"与"旧"通。《书无逸》旧劳于外，《史记鲁周公世家》"旧"作"久"。久、旧音近。班孙言"旧"，成国言"久"，一也。_{疏证补}"舅"、"旧"、"久"相通。

例3，《释丧制》：老死曰寿终。寿，久也；终，尽也。生已久远，气终尽也。

寿，尤韵，幽部。

例4，《释疾病》：鼻塞曰齆。齆，久也，涕久不通，遂至窒塞也。

齆，尤韵，幽部。

例5，《释丧制》：尸已在棺曰柩。柩，究也，送终随身之制皆究备也。

柩，尤韵，之部。究，尤韵，幽部。

毕沅曰：《曲礼》在棺曰柩。郑注，柩之言究也。《白虎通》云，柩之为言究也，久也，不复变也。_{疏证补}与此同。

从"久"得声的之部尤韵字"疚"、"久"、"柩"和幽部尤韵字声训，这几个字当已如罗、周所说转入幽部了。

第七章 幽 宵

第一节 幽 宵

白一平将幽、宵各分为二。郑张－潘按照六元音系统，将收 – w 韵部也拟为六元音，即幽、宵各分为三：幽 1 觉 1 韵母为 uw = u、uwk = uk，幽 2 觉 2 的韵母为 ɯw、ɯwk，幽 3 觉 3 的韵母为 iw、iwk；宵 1 药 1 韵母为 aw、awg，宵 2 药 2 韵母为 ew、ewg，宵 3 药 3 韵母为 ow、owg。(郑张尚芳1987,潘悟云2000)

一、释名幽宵

《释名》声训幽觉宵药部的特点如下：

（1）宵 3 跟侯部主元音相同，《释名》中宵 3～侯的声训有：

例，《释衣服》：荆州谓襌衣曰布襦，亦曰襜褕，言其襜襜宏裕也。

褕，虞韵，侯部；宵韵，郑张－潘宵 3。裕，遇韵，郑张－潘窦部。

（2）幽（觉）1 和侯（屋）声训较多，其主元音、韵尾 – u～– o、– ug～– og 接近。其中，和屋部相通的觉部字，以屋韵三等为最多。正如罗常培、周祖谟（1958：112）所指出的："入声韵沃部中屋韵字有以屋部字为训释的，可能与屋部读音接近。"

（3）周祖谟（1981）指出，三国时期药铎合为一部。《释名》药铎声训尽一例而已，两者并未合为一部。

例，《释形体》：汋，泽也，有润泽也。

汋，郑张－潘药 2。泽，铎部。

(4) 罗常培、周祖谟 (1958) 认为幽部"轨"字两汉时转入之部。《释名》中有一例：

《释水》：侧出曰氿泉。氿，轨也，流狭而长如车轨也。

氿，脂韵，郑张-潘幽2。轨，脂韵，郑张-潘幽2。

如果"轨"字转入之部，"氿"字也应转入之部。

(5) 罗常培、周祖谟 (1958：112) 指出："幽宵两部部豪肴宵萧四韵字声音相近……说明幽部效摄字已读近宵部。魏晋以后就更显明了。"周祖谟 (1981) 说，三国时期幽部的豪肴宵萧韵字与宵部合并。试比较：

幽部豪肴宵萧～幽部豪肴宵萧：

导：陶。导，徒到切，去豪定一，郑张-潘幽1。陶，徒刀切，平豪定一，郑张-潘幽1。

抱：保。抱，薄浩切，上豪并一，郑张-潘幽1。保，博抱切，上豪帮一，郑张-潘幽1。

蹈：道。蹈，徒到切，去豪定一，郑张-潘幽1。道，徒晧切，上豪定一，郑张-潘幽1。

孝：好。孝，呼教切，去肴晓二，郑张-潘幽1。好，呼到切，去豪晓一，郑张-潘幽1。

好：巧。好，呼晧切，上豪晓一，郑张-潘幽1。巧，苦绞切，上肴溪二，郑张-潘幽1。

巧：考。巧，苦绞切，上肴溪二，郑张-潘幽1。考，苦浩切，上豪溪一，郑张-潘幽1。

昊：颢。昊，胡老切，上豪匣一，郑张-潘幽1。颢，胡老切，传统宵部，郑张-潘幽1。

道：导。道，徒晧切，上豪定一，郑张-潘幽1。导，徒到切，去豪定一，郑张-潘幽1。

道：蹈。道，徒晧切，上豪定一，郑张-潘幽1。蹈，徒到切，去豪定一，郑张-潘幽1。

胉：鞄。胉，匹交切，平肴滂二，郑张-潘觉1；防教切，去肴并二，郑张-潘幽1。鞄，匹角切，入觉滂二，郑张-潘觉1；

翿：陶。翿，徒到切，去豪定一，郑张-潘幽1。陶，徒刀切，平豪定一，郑张－潘幽1。

袍：苞。袍，薄褒切，平豪并一，郑张－潘幽1。苞，布交切，平肴帮二，郑张－潘幽1。

灶：造。灶，则到切，去豪精一，郑张－潘幽1。造，昨早切，上豪从一，郑张－潘幽1。

卯：冒。卯，莫饱切，上肴明二，郑张－潘幽1。冒，莫报切，去豪明一，郑张－潘奥1。

帽：冒。帽，莫报切，去豪明一，郑张－潘奥1。冒，莫报切，郑张－潘奥1。

觉：告。觉，古孝切，去肴见二，郑张－潘奥1。告，古到切，去豪见一，郑张－潘奥1。

岛：鸟。岛，都晧切，上豪端一，郑张－潘幽2。鸟，都了切，上萧端四，郑张－潘幽2。

尻：廖。尻，苦刀切，平豪溪一，郑张－潘幽1。廖，落萧切，平萧来四，郑张－潘幽2。

幽部非豪肴宵萧～幽部非豪肴宵萧：

丑：臭。丑，昌九切，上尤昌三，郑张－潘幽1。臭，尺救切，去尤昌三，郑张－潘幽1。

丑：纽。丑，敕久切，上尤彻三，郑张－潘幽1。纽，女久切，上尤娘三，郑张－潘幽1。

酉：秀。酉，与久切，上尤以三，郑张－潘幽1。秀，息救切，去尤心三，郑张－潘幽1。

揉：柔。揉，人九切，上尤日三，郑张－潘幽1。柔，耳由切，平尤日三，郑张－潘幽1。

鞧：遒。鞧，七由切，平尤清三，郑张－潘幽1。遒，即由切，平尤精三；自秋切，平尤从三，郑张－潘幽1。

仇：雠。仇，巨鸠切，平尤群三，郑张－潘幽1。雠，市流切，平尤禅三，郑张－潘幽1。

瘤：流。瘤，力求切，平尤来三，郑张－潘幽1。流，力求切，郑张－潘幽1。

　　酒：酉。酒，子酉切，上尤精三，郑张－潘幽1。酉，与久切，上尤以三，郑张－潘幽1。

　　溜：流。溜，力救切，去尤来三，郑张－潘幽1。流，力求切，平尤来三，郑张－潘幽1。

　　沈：轨。沈，居洧切，上脂见三B，郑张－潘幽2。轨，居洧切，郑张－潘幽2。

　　紬：抽。紬，直由切，平尤澄三，郑张－潘幽2。抽，丑鸠切，平尤彻三，郑张－潘幽2。

　　舟：周。舟，职流切，平尤章三，郑张－潘幽2。周，职流切，郑张－潘幽2。

　　绣：修。绣，息救切，去尤心三，郑张－潘奥2。修，息流切，平尤心三，郑张－潘幽2。

　　袖：由。袖，似祐切，去尤邪三，郑张－潘奥2。由，以周切，平尤以三，郑张－潘幽2。

　　秋：缉。秋，七由切，平尤清三，郑张－潘幽2。缉，七由切，郑张－潘幽1。

　　袖：受。袖，似祐切，去尤邪三，郑张－潘奥2。受，殖酉切，上尤禅三，郑张－潘幽1。

幽部豪肴宵萧 ~ 幽部非豪肴宵萧：

　　老：朽。老，卢晧切，上豪来一，郑张－潘幽1。朽，许久切，上尤晓三，郑张－潘幽1。

　　留：牢。留，力求切，平尤来三，郑张－潘幽1。牢，鲁刀切，平豪来一，郑张－潘幽1。

　　嫂：叟。嫂，苏老切，上豪心一，郑张－潘幽1。叟，苏后切，上侯心一，郑张－潘幽1。

　　牟：冒。牟，莫浮切，平尤明三，郑张－潘幽1。冒，莫报切，去豪明一，郑张－潘奥1。

　　牟：冒。牟，莫浮切，平尤明三，郑张－潘幽1。冒，莫报切，去豪明一，郑张-潘奥1。
矛：冒。矛，莫浮切，平尤明三，郑张-潘幽1。冒，莫报切，去豪明一，郑张-潘奥1。

幽部豪肴宵萧~宵部：

桃：导。桃，徒刀切，平豪定一，郑张-潘宵1。导，徒到切，去豪定一，郑张-潘幽1。
高：皋。高，古劳切，平豪见一，郑张-潘宵1。皋，古劳切，郑张-潘幽1。
考：槁。考，苦浩切，上豪溪一，郑张-潘幽1。槁，苦浩切，郑张-潘宵1。
翱：敖。翱，五劳切，平豪疑一，郑张-潘幽1。敖，五劳切，郑张-潘宵1。
髦：冒。髦，莫袍切，平豪明一，郑张-潘宵1。冒，莫报切，去豪明一，郑张-潘奥1。
毛：冒。毛，莫袍切，平豪明一，郑张-潘宵1。冒，莫报切，去豪明一，郑张-潘奥1。
岛：到。岛，都晧切，上豪端一，郑张-潘幽2。到，都导切，去豪端一，郑张-潘宵1。
镳：苞。镳，甫娇切，平宵帮三B，郑张-潘宵2。苞，布交切，平肴帮二，郑张-潘幽1。
爪：绍。爪，侧绞切，上肴庄二，郑张-潘幽1。绍，市沼切，上宵禅三，郑张-潘宵2。
跳：条。跳，徒聊切，平萧定四，郑张-潘宵2。条，徒聊切，郑张-潘幽2。

幽部非豪肴宵萧~宵部：

窔：幽。窔，乌叫切，去萧影四，郑张-潘宵2。幽，于虬切，平幽影三，郑张-潘幽2。
幼：少。幼，伊谬切，去幽影三，郑张-潘幽2。少，书沼切，上宵书三，郑张-潘宵2。

可见，幽部豪肴宵萧和宵部声训多于幽部非豪肴宵萧和宵部声训。宵部主要也是由豪肴宵萧韵字构成，幽部效摄字确有读近宵部的迹象。

附：释名幽部宵部音谱

一、幽觉韵部的声训

(1) 幽$_1$觉$_1$～幽$_1$觉$_1$

导：陶。抱：保。蹈：道。老：朽。孝：好。丑：臭。好：巧。道：蹈。酉：秀。脬：鞄。翿：陶。仇：雠。瘤：流。留：牢。溜：流。灶：造。巧：考。昊：颢。道：导。丑：纽。鞣：柔。鞘：遒。酒：酉。袍：苞。嫂：叟。○以上幽1～幽1

卯：冒。牟：冒。牟：冒。矛：冒。○以上幽1～奥1

腹：缩。麹：朽。肉：柔。叟：缩。宿：宿。○以上幽1～觉1

觉：告。帽：冒。○以上奥1～奥1

告：觉。○以上奥1～觉1

雹：跑。笃：筑。筑：竹。腹：复。輹：复。礐：学。祝：祝。育：育。缩：缩。粥：粥。○以上觉1～觉1

(2) 幽$_2$觉$_2$～幽$_2$觉$_2$

舟：周。岛：鸟。汛：轨。绸：抽。○以上幽2～幽2

绣：修。袖：由。○以上幽2～奥2

伏：覆。○以上觉2～觉2

(3) 幽$_3$觉$_3$～幽$_3$觉$_3$

篲：涤。戚：戚。叔：跛。○以上觉3～觉3

(4) 幽$_1$觉$_1$～幽$_2$觉$_2$

尻：廖。秋：緧。○以上幽1～幽2

袖：受。○以上幽1～奥2

脩：缩。○以上幽1～幽2

鞭：伏。目：默。○以上幽1～觉2

(5) 幽$_1$觉$_1$～幽$_3$觉$_3$

酒：踧。蹙：遒。○以上幽1～觉3

孰：祝。○以上觉1～觉3

（6）幽$_2$觉$_2$～幽$_3$觉$_3$

萧：肃。箫：肃。轴：抽。○以上幽2～觉3

二、幽觉和宵药的声训

（1）幽$_1$觉$_1$～宵$_1$药$_1$

轺：导。高：皋。考：槁。翱：敖。○以上宵1～幽1

毦：冒。毛：冒。○以上宵1～奥1

（2）幽$_2$觉$_2$～宵$_1$药$_1$

岛：到。○以上宵1～幽2

（3）幽$_1$觉$_1$～宵$_2$药$_2$

镳：苞。爪：绍。○以上宵2～幽1

弱：衄。○药2～觉1

（4）幽$_2$觉$_2$～宵$_2$药$_2$

跳：条。窔：幽。幼：少。○以上宵2～幽2

叔：少。○以上宵2～觉2

三、幽觉和其他韵部的声训

(1.1) 幽$_2$觉$_2$～歌$_2$月$_2$祭$_2$元$_2$

晷：规。○以上歌2～幽2

(1.2) 幽$_2$觉$_2$～歌$_3$月$_3$祭$_3$元$_3$

宄：佹。○以上歌3～幽2

（2）幽$_1$觉$_1$～脂$_2$质$_2$真$_2$

黳：陶。○以上脂2～幽1

（3）幽$_2$觉$_2$～谈$_1$盍$_1$

法：逼。○以上盍1～觉2

(4.1) 幽$_1$觉$_1$～之职蒸

舅：久。首：始。魗：久。寿：久。枢：究。○以上幽1～之

母：冒。○以上奥1～之

副：覆。○以上奥1～代部

腹：富。○以上觉1～代部

(4.2) 幽₂觉₂~之职蒸

妇：服。○以上觉2~之部

(5.1) 幽₁觉₁~侯屋东

柳：聚。阜：厚。洲：聚。州：注。肘：注。溲：数。柳：偻。鲍：腐。奏：邹。须：秀。○以上幽1~侯

胕：赴。耨：薅。○以上幽1~窦部

绿：浏。○以上幽1~屋

雾：冒。○以上奥1~窦部

木：冒。桴：复。○以上奥1~屋部

祝：属。掬：局。陆：漉。麓：陆。辱：衄。胰：筑。数：缩。胰：睦。○以上觉1~屋

(5.2) 幽₂觉₂~侯屋东

手：须。䪻：句。○以上幽2~侯部

(6.1) 幽₁觉₁~鱼铎阳

糗：齲。齲：朽。○以上幽1~鱼

帆：覆。○以上奥1~鱼

(6.2) 幽₂觉₂~鱼铎阳

疏：寡。○以上幽2~鱼

(7) 幽₁觉₁~支锡耕

考：成。省：瘦。○以上幽1~耕

四、宵药韵部的声训

(1) 宵₁药₁~宵₁药₁

躁：燥。刀：到。铙：谎。表：表。○以上宵1~宵1

乐：乐。○以上宵1~豹1

疟：虐。○以上药1~药1

(2) 宵₂药₂~宵₂药₂

绡：钞。少：小。烧：燋。眇：小。赵：朝。狡：交。绞：交。铰：交。乔：桥。轑：橑。缥：漂。旗：兆。诏：照。交：交。○以上宵2~宵2

庙：貌。○以上宵2~豹2

超：卓。要：约。消：弱。砾：料。消：削。销：削。削：陗。○以上

宵2～药2

曜：耀。○以上豹2～豹2

櫂：擢。櫂：濯。○以上豹2～药2

嚼：削。簫：跃。溺：弱。屜：踄。○以上药2～药2

(3) 宵$_3$药$_3$～宵$_3$药$_3$

妖：夭。○以上宵3～宵3

篧：沃。○以上药3～药3

(4) 宵$_1$药$_1$～宵$_2$药$_2$

操：钞。燥：焦。磽：尧。校：号。教：效。○以上宵1～宵2

悼：逃。毛：貌。○以上宵1～豹2

(5) 宵$_2$药$_2$～宵$_3$药$_3$

笑：钞。轺：遥。○以上宵2～宵3

五、宵药和其他韵部的声训

(1.1) 宵$_2$药$_2$～歌$_2$月$_2$祭$_2$元$_2$

激：截。○以上月2～宵2

(1.2) 宵$_3$药$_3$～歌$_2$月$_2$祭$_2$元$_2$

洁：确。○以上月2～药3

(2.1) 宵$_1$药$_1$～鱼铎阳

号：呼。○以上宵1～鱼部

(2.2) 宵$_2$药$_2$～鱼铎阳

汋：泽。○以上药2～铎

章：灼。○以上药2～阳

(3.1) 宵$_2$药$_2$～侯屋东

釭：铰。○以上宵2～东

(3.2) 宵$_3$药$_3$～侯屋东

瘉：裕。○以上宵3～窦部

根据以上系联，我们可以作出下面这张统计表：

	幽一	觉一	幽二	觉二	幽三	觉三	宵一	药一	宵二	药二	宵三	药三
幽一	21/10	○	○	○	○	○	○	○	○	○	○	○
觉一	5/0	0/7	○	○	○	○	○	○	○	○	○	○
幽二	3/0	1/0	2/4	○	○	○	○	○	○	○	○	○
觉二		2/0		1/0	○	○	○	○	○	○	○	○
幽三						○	○	○	○	○	○	○
觉三	2/0	1/0	0/3			1/2						
宵一	6/0		1/0				0/3	○	○	○	○	○
药一								0/1	○	○	○	○
宵二	2/0		3/0	1/0			7/0		6/9	○	○	○
药二			1/0						4/5	2/2	○	○
宵三									2/0		0/1	○
药三												0/1
侯	13/0		2/0								1/0	
屋	3/0	7/1										
东									1/0			
之	7/0	1/0	1/0									
鱼	3/0		1/0			1/0						
铎									1/0			
阳									1/0			
耕	2/0											
歌二			1/0									
月二									1/0			1/0
歌三			1/0									
脂二	1/0											
盍一				1/0								

注："/"前的数字为纯声训，"/"后的数字为谐声声训。奥部暂归幽部，豹部暂归宵部，余类推。

二、郑玄幽宵

郑玄幽宵二部的特点主要如下：

（1）幽1觉1跟侯部屋部音训比较多，如：幽1~侯部音训：牢：楼、休：煦、需：秀、孚：浮，觉1~屋部音训：祝：属，觉1~侯部音训：祝：注，奥1~窦部音训：报：赴。两者主元音接近：u~o。

（2）觉2~代部音训：俶：炽，两者主元音、韵尾接近：-ɯg~-ɯgs。

（3）幽部豪肴萧~幽部豪肴萧音训有：葆：褒、皋：嗥、庖：苞、蚤：爪，幽部幽尤~幽部幽尤音训有：酬：酒、魗：丑、牟：堥、酋：遒、愁：揫、幽：黝、酬：周、侑：囿、糗：滫，幽部豪肴萧~幽部幽尤音训有：胶：纠，幽部豪肴萧~宵部音训有：皋：高、皋：号、教：效、茅：苗、蹈：悼，幽部幽尤~宵部音训有：桃：扰、犹：摇、绣：绡，幽部豪肴萧有与宵部相通的迹象。

附：郑玄幽宵音谱

（1）幽1~幽1

葆：褒。《礼记礼器》："不乐葆大"郑注："葆之言褒也。"葆，博抱切，豪韵，郑张-潘幽1。褒，博毛切，豪韵，郑张-潘幽1。谐训。

酬：酒。《仪礼乡饮酒礼》："主人实觯酬宾"郑注："酬，劝酒也。酬之言周，忠信为周。"酬，市流切，尤韵，郑张-潘幽1。酒，子酉切，尤韵，郑张-潘幽1。纯训。

魗：丑。《诗遵大路释文》："'魗'郑：恶也。或云，郑音为丑。"魗，尤韵，郑张-潘幽1。丑，昌九切，尤韵，郑张-潘幽1。纯训。

皋：嗥。《周礼大祝》："令皋舞"郑注："皋读为卒嗥呼之嗥。"皋，古劳切，豪韵，郑张-潘幽1。嗥，胡刀切，豪韵，郑张-潘幽1。谐训。

牟：堥。《礼记内则》："敦、牟、卮、匜"郑注："牟读曰堥也。"牟，莫浮切，尤韵，郑张-潘幽1。堥，莫浮切，郑张-潘幽1。纯训。

庖：苞。《周礼天官叙官》："庖人"郑注："庖之言苞也。"庖，薄交切，肴韵，郑张-潘幽1。苞，布交切，肴韵，郑张-潘幽1。谐训。

酋：遒。《周礼庐人》："酋矛常有四尺"郑注："酋之言遒也。"酋，自秋切，尤韵，郑张-潘幽1。遒，尤韵，郑张-潘幽1。谐训。

蚤：爪。《仪礼士丧礼》："蚤揃如他日"郑注："蚤读为爪。"蚤，子晧切，豪韵，郑张－潘幽1。爪，侧绞切，肴韵，郑张－潘幽1。纯训。

(2) 幽2～幽2

愁：揫。《礼记乡饮酒礼》："秋之为言愁也。"郑注："愁读为揫。揫，敛也。"愁，士尤切，尤韵，郑张－潘幽2。揫，即由切，尤韵，郑张－潘幽2。谐训。

胶：纠。《礼记王制》："周人养国老于东胶"郑注："胶之言纠也。……胶或作絉"胶，古肴切，肴韵，郑张－潘幽2。纠，居黝切，幽韵，郑张－潘幽2。纯训。

幽：黝。《礼记玉藻》："一命緼韨幽衡"郑注："幽读为黝。"幽，于虬切，幽韵，郑张－潘幽2。黝，于纠切，幽韵，郑张－潘幽2。纯训。

(3) 幽2～觉2

脩：涤。《周礼司尊彝》："凡酒脩酌"郑注："'脩'读如'涤濯'之涤。"脩，息流切，尤韵，郑张－潘幽2。涤，徒历切，锡韵，郑张－潘觉2。谐训。

(4) 幽1～幽2

酬：周。《仪礼乡饮酒礼》："主人实觯酬宾"郑注："酬，劝酒也。酬之言周，忠信为周。"酬，市流切，尤韵，郑张－潘幽1。周，职流切，尤韵，郑张－潘幽2。纯训。

脩：卣。《周礼鬯人》："庙用脩"郑注："'脩'读曰'卣'。"脩，息流切，尤韵，郑张－潘幽2。卣，尤韵，郑张－潘幽1。纯训。

糔：潃。《礼记内则》："糔溲之以为酏"郑注："糔溲亦博异语也。糔读与滫瀡之滫同。"糔，息有切，尤韵，郑张－潘幽1。潃，息有切，郑张－潘幽2。纯训。

(5) 觉1～觉2

缪：穆。《礼记大传》："序以昭缪"郑注："缪读为穆，声之误也。"缪，莫六切，屋韵，郑张－潘觉2。穆，莫六切，郑张－潘觉1。纯训。

宿：肃。《仪礼特牲》："乃宿尸"郑注："宿读为肃。"宿，息逐切，屋韵，郑张－潘觉1。肃，息逐切，郑张－潘觉2。纯训。

(6) 宵1～宵1

号：号。《易卦释文》："'号'郑王廙音号。"号，豪韵，郑张－潘宵1。号，胡到切，豪韵，郑张－潘宵1。谐训。

(7) 宵2～宵2

朝：朝。《周礼大宗伯》："春见曰朝"郑注："朝犹朝也，欲其来之早。"朝，宵韵，郑张－潘宵2。本训。

茭：骹。《考工记弓人》："今夫茭解中有变焉"郑注："玄谓茭读如'齐人名手足掔为骹'之骹。"茭，肴韵，郑张－潘宵2。骹，口交切，肴韵，郑张－潘宵2。谐训。

桃：超。《礼记祭法》："设庙祧坛墠而祭之"郑注："祧之言超也。"祧，吐雕切，萧韵，郑张－潘宵2。超，敕宵切，宵韵，郑张－潘宵2。纯训。

宵：绡。《仪礼士昏礼》："姆纚笄宵衣在其右"郑注："宵读为《诗》素衣朱绡之绡。鲁诗以绡为绮属也。"宵，相邀切，宵韵，郑张－潘宵2。绡，相邀切，郑张－潘宵2。谐训。

校：校。《诗郑风子衿》："刺学校废也。"注："郑国谓学为校，言可以校正道艺。"校，肴韵，郑张－潘宵2。本训。

(8) 宵2～药2

痟：削。《周礼疾医》："春时有痟首疾"郑注："痟，酸削也。"痟，相邀切，宵韵，郑张－潘宵2。削，息约切，药韵，郑张－潘药2。谐训。

挈：蛸。《周礼考工记轮人》："欲其挈尔而纤也"郑注："玄谓如桑螵蛸之蛸。"挈，所角切，觉韵，郑张－潘药2。蛸，相邀切，宵韵，郑张－潘宵2。谐训。

(9) 宵2～豹2

庙：貌。《礼记祭法》："设庙祧坛墠而祭之"郑注："庙之言貌也。"庙，眉召切，宵韵，郑张－潘宵2。貌，莫教切，效韵，郑张－潘豹2。纯训。

燿：哨。《周礼考工记梓人》："大智燿后"郑注："燿读为哨，顷小也。"燿，弋照切，笑韵，郑张－潘豹2。哨，才笑切$_{集韵}$，宵韵，郑张－潘宵2。纯训。

(10) 宵2～宵3

揄：摇。《礼记玉藻》："夫人揄狄"郑注："揄读如摇。"揄，余招切$_{集韵}$，宵韵，传统侯部，郑张－潘宵3。摇，宵韵，郑张－潘宵2。纯训。

(11) 幽1～宵1

皋：高。《礼记明堂位》："天子皋门"郑注："皋之言高也。"皋，古劳切，豪韵，郑张－潘幽1。高，古劳切，郑张－潘宵1。纯训。

皋：号。《周礼乐师》："诏来瞽皋舞"郑注："皋之言号。"皋，古劳切，豪韵，郑张－潘幽1。号，豪韵，郑张－潘宵1。纯训。

桃：扰。《仪礼有司彻》："二手执桃匕枋"郑注："桃谓之歃，读如或舂或抌之抌，字或作桃者，秦人语也。"桃，徒刀切，豪韵，郑张－潘宵1。扰，以周切，尤韵，郑张－潘幽1。纯训。

(12) 幽1～宵2

教：效。《礼记中庸》："脩道之谓教"郑注："治而广之，人放效之是曰教。"教，肴韵，郑张－潘幽1。效，胡教切，肴韵，郑张－潘宵2。纯训。

茅：苗。《易泰释文》："'茅'郑音苗。"茅，莫交切，肴韵，郑张－潘幽1。苗，武瀌切，宵韵，郑张－潘宵2。纯训。

犹：摇。《礼记檀弓》："咏斯犹"郑注："犹当为摇，声之误也。摇谓身动摇也。秦人犹摇声相近。"犹，尤韵，郑张－潘幽1。摇，宵韵，郑张－潘宵2。纯训。

(13) 幽1～豹2

蹈：悼。《诗小雅菀柳》："上帝甚蹈"笺云："蹈读曰悼。"蹈，徒到切，豪韵，郑张－潘幽1。悼，徒到切，号韵，郑张－潘豹2。纯训。

(14) 奥2～宵2

绣：绡。《礼记郊特牲》："绣黼丹朱中衣"郑注："绣读为绡。"绣，息救切，宥韵，郑张－潘奥2。绡，相邀切，宵韵，郑张－潘宵2。纯训。

(15) 幽1～侯部

牢：楼。《仪礼士丧礼》："牢中旁寸"郑注："牢读为楼。"牢，鲁刀切，豪韵，郑张－潘幽1。楼，落侯切，侯韵，侯部。纯训。

休：煦。《周礼考工记弓人》："夫角之本，蹙于剉而休于气"郑注："休读为煦。"休，许尤切，尤韵，郑张－潘幽1。煦，虞韵，侯部。纯训。

需：秀。《易需释文》："'需'郑读为秀。解云，阳气秀而不直前者，畏上坎也。"需，相俞切，虞韵，侯部。秀，息救切，尤韵，郑张－潘幽1。纯训。

孚：浮。《礼记聘礼》："孚尹旁达"郑注："孚读为浮。"孚，芳无切，虞韵，侯部。浮，缚谋切，尤韵，郑张－潘幽1。谐训。

(16) 幽1～鱼部

仇：斛。《诗小雅宾之初筵》："宾载手仇"笺云："仇读曰斛。"仇，巨鸠切，尤韵，郑张－潘幽1。斛，举朱切，鱼部。纯训。

(17) 觉1～屋部

祝：属。《诗鄘风干旄》："素丝祝之"笺云："祝当作属。属，著也。"祝，之六切，屋韵，郑张－潘觉1。属，烛韵，屋部。纯训。

(18) 觉1～侯部

祝：注。《周礼天官疡医》："疡医掌肿疡、溃疡、金疡、折疡之祝药劀杀之齐"郑注："祝当为注，读如注病之注，声之误也。"祝，之六切，屋韵，郑张－潘觉1。注，之戍切，虞韵，侯部。纯训。

(19) 觉1～铎部

索：缩。《易震释文》："'索索'郑云犹缩缩，足不正也。"索，苏各切，铎韵，铎部。缩，所六切，屋韵，郑张－潘觉1。纯训。

(20) 奥1～窦部

报：赴。《礼记丧服小记》："报葬者报虞"郑注："报读为赴疾之赴。"报，博耗切，号韵，郑张－潘奥1。赴，芳遇切，遇韵，郑张-潘窦部。纯训。

(21) 奥1~鱼部

诅：祝。《周礼春官叙官》："诅祝"郑注："诅谓祝之使诅败也。"诅，鱼韵，鱼部。祝，职救切，宥韵，郑张-潘奥1。纯训。

(22) 幽2~侯部

祷：诛。《周礼春官甸祝》："祷牲、祷马，皆掌其祝号"郑注："玄谓祷读如伏诛之诛，今侏大字也。"祷，都皓切，豪韵，郑张-潘幽2。诛，陟输切，虞韵，侯部。纯训。

(23) 幽2~谈3

轨：范。《礼记少仪》："祭左右轨范"郑注："轨与范声同。"轨，居洧切，脂韵，郑张-潘幽2。范，防鋄切，凡韵，郑张-潘谈3。纯训。

(24) 觉2~代部

俶：炽。《诗小雅大田》："俶载南亩"笺云："俶读为炽。"俶，昌六切，屋韵，郑张-潘觉2。炽，昌志切，志韵，郑张-潘代部。纯训。

(25) 宵2~谈3

糁：绡。《礼记檀弓》："糁幕"郑注："糁读如绡。"糁，所衔切，衔韵，郑张-潘谈3。绡，相邀切，宵韵，郑张-潘宵2。纯训。

第二节 东 冬

罗常培、周祖谟(1958:112)指出《释名》东冬为一部。

释名东东声训有：

踪：从、踵：钟、肿：钟、冢：肿、㞞：松、勇：踊、雍：壅、墉：容、颂：容、竦：从、容：用、容：容、捧：逢、恭：拱、恭：供、锋、蜂、痛、通、通、洞、蒙：蒙、聋：笼、箜、空、虹：攻、釭：空、蛛：东、钟：空、涌：桶、拥：翁、凶：空、童、重：琫：捧、幢：童、幢：童、江：公、杠：公、窗：聪、舂：撞、邦：封。功：攻。

冬冬声训有：

冬：终、脓：酦、仲：中。

东冬声训有：

崇：充、栋：中、绛：工、红：绛、宋：送、嵩：竦。

第八章 唇韵尾韵部

第一节 谈侵三分

黄侃首先提出把谈（盍）再析为谈（盍）、添（帖）。① 董同龢（1944）对谈盍的再分部做了更加深入的分析。之后，包拟古－白一平、郑张－潘系统都对收唇音的韵部做了再分，以符合他们的六元音系统。如郑张－潘将传统谈部侵部又各一分为三，谈一、谈二、谈三，主元音为 a、e、o；侵一、侵二、侵三，主元音为 ɯ、i、u。（郑张尚芳1987,潘悟云2000）

一、释名谈侵部

从《释名》声训的系联可以看出：

谈（盍）侵（缉）各分部之间的声训较多。如：

①谈₁盍₁～谈₂盍₂声训有：

例1，《释丧制》：斫头曰斩，斩要曰要斩。斩，暂也，暂加兵即断也。

斩，咸韵，郑张－潘谈2。暂，谈韵，谈1。

例2，《释言语》：业，捷也，事捷乃有功业也。

业，业韵，郑张－潘盍1。捷，叶韵，郑张－潘盍2。

例3，《释形体》：胁，挟也，在两旁，臂所挟也。

胁，业韵，郑张－潘盍1。挟，帖韵，郑张－潘盍2。

---

① 黄侃《谈添盍帖分四部说》，见《黄侃论学杂著》。

例4，《释宫室》：檐，接也，接屋前后也。

檐，盐韵，郑张－潘谈1。接，叶韵，郑张－潘盍2。

毕沅曰：今本作：簷，檐也，接檐屋前后也。据《御览》引改。吴翊寅曰：吴校依原本是也。本书以「檐」为儋何字，故「簷」训为檐，谓相接儋何屋前后也。簷、檐并从「詹」声。毕改非是。_{疏证补}此条可疑。

②谈₁盍₁～谈₃盍₃声训有：

例，《释姿容》：揽，敛也，敛置手中也。

揽，谈韵，谈1。敛，盐韵，郑张－潘谈3。_{（参潘悟云2000:246"金声"）}

③谈₂盍₂～谈₃盍₃声训有：

例，《释言语》：廉，敛也，自检敛也。

廉，盐韵，郑张－潘谈2。敛，盐韵，郑张－潘谈3。

④侵₁缉₁～侵₂缉₂声训有：

例1，《释言语》：淫，浸也，浸淫旁人之言也。

淫，侵韵，郑张－潘侵1。浸，侵韵，郑张－潘侵2。_{（参潘悟云2000:244）}

例2，《释地》：下湿曰隰。隰，蛰也，蛰湿意也。

隰，缉韵，郑张－潘缉1。蛰，缉韵，郑张－潘缉2。_{（参潘悟云2000:244）}

⑤侵₁缉₁～侵₃缉₃声训有：

例1，《释兵》：其旁鼻曰镡，镡，寻也，带所贯寻也。

镡，侵韵，覃韵，郑张尚芳_(2003b:478)归侵1 * －ɯm，而潘悟云_(2000:246)认为"覃"声字带圆唇元音。寻，侵韵，郑张－潘侵3。

例2，《释丧制》：棺束曰缄。缄，函也，古者棺不钉也。

缄，咸韵，郑张－潘侵1。函，覃韵，郑张－潘侵3。

例3，《释饮食》：含，合也，合口亭之也，衔亦然也。

含，覃韵，郑张－潘侵1。合，合韵，郑张尚芳_(2003b:349)归缉3，潘悟云_(2000:245)似归盍3。

⑥谈₁盍₁～侵₁缉₁声训有：

例1，《释言语》：甘，含也，人所含也。

甘，谈韵，谈1。含，覃韵，郑张－潘侵1。

例2，《释衣服》：衾，广也，其下广大，如广受人也。

衾，侵韵，郑张－潘侵1。广，严韵，盐韵，郑张－潘谈1。

例3，《释乐器》：吟，严也，其声本出于忧愁，故其声严肃，使人听之凄叹也。

吟，侵韵，郑张－潘侵1。严，严韵，郑张－潘谈1。

例4，《释丧制》：间月而禫，亦祭名也，孝子之意淡然，哀思益衰也。

禫，覃韵，郑张－潘侵1。淡，谈韵，谈1。

毕沅曰，《士虞记》中月而禫。郑注：禫之言淡，淡然平安意也。疏证补 与此同。

例5，《释书契》：检，禁也，禁闭诸物，使不得开露也。

检，盐韵，郑张－潘谈1。禁，侵韵，郑张－潘侵1。

⑦谈$_2$盍$_2$～侵$_1$缉$_1$声训有：

例1，《释言语》：念，黏也，意相亲爱，心黏著不能忘也。

念，添韵，郑张－潘侵1。黏，盐韵，郑张－潘谈2。

例2，《释山》：山小而高曰岑。岑，嶃也，嶃嶃然也。

岑，侵韵，郑张－潘侵1。嶃，咸韵，郑张－潘谈2。

例3，《释形体》：心，纤也，所识纤微，无物不贯也。

心，侵韵，郑张－潘侵1。纤，盐韵，郑张－潘谈2。

例4，《释宫室》：或名堞，取其重叠之义也。

堞，帖韵，郑张－潘盍2。叠，帖韵，郑张－潘缉1。

⑧谈$_3$盍$_3$～侵$_1$缉$_1$声训有：

例1，《释姿容》：欠，钦也，开张其口唇，钦钦然也。

欠，凡韵，郑张－潘谈3。钦，侵韵，郑张－潘侵1。

例2，《释疾病》：喑，唵然无声也。

喑，侵韵，郑张－潘侵1。唵，覃韵，郑张－潘谈3。

例3，《释饮食》：饮，奄也，以口奄而引咽之也。

饮，侵韵，郑张－潘侵1。奄，盐韵，郑张－潘谈3。

⑨谈$_2$盍$_2$～侵$_2$缉$_2$声训有：

例1，《释典艺》：谶，纤也，其义纤微而有效验也。

谶，侵韵，郑张－潘侵2。纤，盐韵，郑张－潘谈2。

例2，《释姿容》：执，摄也，使畏摄已也。

执，缉韵，郑张－潘缉2。摄，叶韵，郑张－潘盍2。

⑩谈$_1$盍$_1$～侵$_3$缉$_3$声训有：

例1，《释言语》：沈，淡也，淡然安著之言也。

沈，侵韵，郑张－潘侵3。淡，谈韵，谈1。

例2，《释姿容》：儋，任也，任力所胜也。

儋，谈韵，谈1。任，侵韵，郑张－潘侵3。

例3，《释衣服》：衽，襜也，在旁襜襜然也。

衽，侵韵，郑张－潘侵3。襜，盐韵，郑张－潘谈1。

例4，《释床帐》：枕，检也，所以检项也。

枕，侵韵，郑张－潘侵3。检，盐韵，郑张－潘谈1。

苏舆曰：《易坎六三》险且枕。《释文》云：古文及郑向本，"险"作"检"。疏证补

例5，《释宫室》：鞍韦，履深头者之名也。鞍，袭也，以其深袭覆足也。

鞍，盍韵，郑张－潘盍1。袭，缉韵，郑张－潘缉3。

⑪谈$_2$盍$_2$～侵$_3$缉$_3$声训有：

例1，《释饮食》：糁，黏也，相黏䎮也。

糁，覃韵，郑张－潘侵3。黏，盐韵，郑张－潘谈2。

⑫谈$_3$盍$_3$～侵$_3$缉$_3$声训有：

例1，《释天》：风，兖豫司冀横口合唇言之，风，泛也，其气博泛而动物也；青徐风踧口开唇推气言之，风，放也，气放散也。

风，东韵，郑张－潘侵3。泛，凡韵，郑张－潘谈3。放，阳韵，阳部。

谈侵声训较多，说明谈侵已有相混的迹象。罗常培、周祖谟(1958:112)指出："侵谈两部字相训释的例子也很多，而不与其他阳声韵相训释，可以说明这两部韵尾是－m，而不是－ng或－n。"

附：释名谈侵音谱

一、谈盍韵部的声训

（1）谈$_1$盍$_1$～谈$_1$盍$_1$

滥：衔。髯：冉。㮍：渐。严：俨。槛：槛。○以上谈1～谈1

甲：阖。怯：胁。蹋：榻。甲：甲。○以上盍1～盍1

（2）谈$_2$盍$_2$～谈$_2$盍$_2$

縑：兼。镰：廉。拈：黏。○以上谈2～谈2

睫：接。睫：插，楫：捷。颊：夹。颊：挟。挟：夹。妾：接。镊：摄。

躐：摄。锸：插。帖：帖。○以上盍2～盍2

(3) 谈$_3$盍$_3$～谈$_3$盍$_3$

坎：险。衫：芝。庵：奄。剑：敛。剑：检。○以上谈3～谈3

脍：会。浍：会。○以上盍3～盍3

(4) 谈$_1$盍$_1$～谈$_2$盍$_2$

斩：暂。○以上谈1～谈2

业：捷。胁：挟。○以上盍1～盍2

檐：接。○以上谈1～盍2

(5) 谈$_1$盍$_1$～谈$_3$盍$_3$

揽：敛。○以上谈1～谈3

(6) 谈$_2$盍$_2$～谈$_3$盍$_3$

廉：敛。○以上谈2～谈3

二、侵缉韵部的声训

(1) 侵$_1$缉$_1$～侵$_1$缉$_1$

衿：禁。林：森。金：禁。蔴：憯。衿：禁。绀：含。襟：禁。簪：兓。

颔：含。阴：荫。锦：金。篸：罩。○以上侵1～侵1

褶：袭。湿：泡。急：及。邑：俋。○以上缉1～缉1

立：林。○以上侵1～缉1

(2) 侵$_2$缉$_2$～侵$_2$缉$_2$

浸：侵。寝：侵。祲：侵。寝：寝。○以上侵2～侵2

(3) 侵$_3$缉$_3$～侵$_3$缉$_3$

贪：探。男：任。衽：任。○以上侵3～侵3

褺：匜。○缉3～缉3

入：内。○以上缉3～内3

(4) 侵$_1$缉$_1$～侵$_2$缉$_2$

淫：浸。○以上侵1～侵2

隰：蛰。○以上缉1～缉2

(5) 侵$_1$缉$_1$～侵$_3$缉$_3$

镡：寻。缄：函。○以上侵1～侵3

含：合。○以上侵1～缉3

三、谈盍、侵缉互相声训

(1) 谈$_1$盍$_1$～侵$_1$缉$_1$

甘：含。炎：广。吟：严。禫：澹。检：禁。〇以上谈1～侵1

(2) 谈$_2$盍$_2$～侵$_1$缉$_1$

念：黏。心：纤。岑：埘。〇以上谈2～侵1

堞：叠。〇以上盍2～缉1

(3) 谈$_3$盍$_3$～侵$_1$缉$_1$

欠：钦。暗：俺。饮：奄。〇以上谈3～侵1

(4) 谈$_2$盍$_2$～侵$_2$缉$_2$

谶：纤。〇以上谈2～侵2

执：摄。〇以上盍2～缉2

(5) 谈$_1$盍$_1$～侵$_3$缉$_3$

沈：澹。儋：任。衽：襜。枕：检。〇以上谈1～侵3

靸：袭。〇以上盍1～缉3

(6) 谈$_2$盍$_2$～侵$_3$缉$_3$

糁：黏。〇以上谈2～侵3

(7) 谈$_3$盍$_3$～侵$_3$缉$_3$

风：泛。〇以上谈3～侵3

四、谈盍和其他韵部的声训

(1.1.1) 谈$_1$盍$_1$～歌$_1$月$_1$祭$_1$元$_1$

盖：加。〇以上歌1～盍1

(1.1.2) 谈$_3$盍$_3$～歌$_1$月$_1$祭$_1$元$_1$

鞅：检。〇以上歌1～谈3

(1.2) 谈$_3$盍$_3$～歌$_3$月$_3$祭$_3$元$_3$

毳：芮。〇以上祭3～盍3

(2) 谈$_1$盍$_1$～幽$_2$觉$_2$

法：逼。〇以上盍1～觉2

(3) 谈$_3$盍$_3$～支锡耕

画：绘。〇以上盍3～赐

五、侵缉和其他韵部的声训

(1.1) 侵₁缉₁~微₁物₁文₁

廪：矜。○以上文1~侵1

(1.2) 侵₃缉₃~微₂物₂文₂

退：坠。○以上队2~内3

(2) 侵₃缉₃~脂₁质₁真₁

汁：涕。○以上脂1~缉3

(3) 侵₃缉₃~鱼铎阳

风：放。○以上侵3~阳

(4) 侵₃缉₃~侯屋东

绛：工。红：绛。○以上侵3~东

(5) 侵₃缉₃~之职蒸

陵：隆。○以上侵3~蒸

根据以上系联，可作出统计表如下：

	谈一	盍一	谈二	盍二	谈三	盍三	侵一	缉一	侵二	缉二	侵三	缉三
谈一	1/3	○	○	○	○	○	○	○	○	○	○	○
盍一		2/1	○	○	○	○	○	○	○	○	○	○
谈二	0/1		0/3	○	○	○	○	○	○	○	○	○
盍二	1/0	2/0		3/7	○	○	○	○	○	○	○	○
谈三	1/0		1/0		2/3	○	○	○	○	○	○	○
盍三						0/2	○	○	○	○	○	○
侵一	5/0		3/0		3/0		6/6	○	○	○	○	○
缉一			1/0				1/0	2/2	○	○	○	○
侵二			0/1				1/0		0/3	○	○	○
缉二			1/0				1/0				○	○
侵三	4/0		1/0		1/0		2/0				2/1	○
缉三			1/0				1/0					2/0
歌一			1/0		1/0							
祭三							1/0					
文一							1/0					
微二												1/0
脂一												1/0

续

	谈一	盍一	谈二	盍二	谈三	盍三	侵一	缉一	侵二	缉二	侵三	缉三
觉二		1/0										
支						1/0						
阳											1/0	
东											2/0	
蒸											1/0	

注："/"前的数字为纯声训，"/"后的数字为谐声声训。盖部暂归盍部，内部暂归缉部，赐部暂归支部，队部暂归微部，余类推。

二、郑玄谈侵部

郑玄经传音训谈侵部的特点主要有：

（1）盍3~内3音训有：芮：内，盍3~月3音训有：袷：刮，盍3~队2音训有：袷：溃。它们的主元音接近，都是圆唇元音：u/o。

（2）侵1~蒸部音训有：廞：兴、兴：歆，两者主元音相同，都是ɯ。

（3）内2至2音训有：挚：至，两者主元音相同，都是i。

附：郑玄谈侵音谱

（1）谈1~谈1

盐：艳。《礼记郊特牲》："而盐诸利"郑注："盐读为艳。"盐，盐韵，郑张－潘谈1。艳，以赡切，盐韵，郑张－潘谈1。纯训。

（2）谈2~谈2

谦：慊。《礼记大学》："此之谓自谦"郑注："谦读为慊，慊之言厌也。"谦，苦兼切，添韵，郑张－潘谈2。慊，苦簟切，添韵，郑张－潘谈2。谐训。

谦：厌。《礼记大学》："此之谓自谦"郑注："谦读为慊，慊之言厌也。"谦，苦兼切，添韵，郑张－潘谈2。厌，叶韵/盐韵，郑张－潘盍2/谈2。纯训。

纤：歼。《礼记文王世子》："则纤剸"郑注："纤读为歼。歼，刺也。"纤，息廉切，盐韵，郑张－潘谈2。歼，子廉切，盐韵，郑张－潘谈2。谐训。

沾：觇。《礼记檀弓》："我丧也斯沾"郑注："沾读曰觇。觇，视也。"沾，痴廉切_集韵_，盐韵，郑张－潘谈2。觇，盐韵，郑张－潘谈2。谐训。

（3）谈1~谈?

湛：渐。《周礼考工记钟氏》："以朱湛丹秫三月"郑注："玄谓湛读如'渐车帷裳'之渐。"湛，将廉切集韵，盐韵，郑张－潘谈2。渐，盐韵，郑张－潘谈1。纯训。

(4) 盍2～盍2

接：捷。《礼记内则》："接以大牢"郑注："接读为捷。捷，胜也。"《易晋释文》："'接'郑音捷。胜也。"接，即叶切，叶韵，郑张－潘盍2。捷，疾叶切，叶韵，郑张－潘盍2。纯训。

聂：牒。《礼记少仪》："聂而切之为脍"郑注："聂之言臿也。"聂，尼辄切，叶韵，郑张－潘盍2。牒，直叶切，叶韵，郑张－潘盍2。纯训。

(5) 谈2～盍2

厌：黡。《礼记大学》："见君子而后厌然"郑注："厌读为黡。黡，闭藏貌也。"厌，于叶切，叶韵、重纽四等，郑张－潘盍2。黡，于琰切，盐韵、重纽四等，郑张－潘谈2。谐训。

(6) 侵1～侵1

暗：鹌。《礼记丧服四制》："高宗谅暗"郑注："暗读如鹌□。"暗，乌绀切，覃韵，郑张－潘侵1。鹌，乌含切，覃韵，郑张－潘侵1。纯训。

阴：荫。《礼记祭义》："阴为野土"郑注："阴读为依荫之荫，言人之骨肉荫于地中为之土壤。"《诗桑柔释文》："'阴女'郑音荫。覆荫也。"阴，于金切，侵韵、重纽三等，郑张－潘侵1。荫，于禁切，侵韵、重纽三等，郑张－潘侵1。谐训。

(7) 缉1～缉1

扱：吸。《礼记曲礼》："以箕自乡而扱之"郑注："扱读曰吸。"扱，楚洽切，洽韵，郑张－潘缉1。吸，许及切，缉韵、重纽三等，郑张－潘缉1。谐训。

(8) 内1～内1

位：莅。《易需释文》："'位乎'郑音涖。"位，于愧切，至韵，郑张－潘内1。涖，力至切，至韵，郑张－潘内1。谐训。

(9) 侵3～侵3

参：糁。《仪礼大射礼》："参七十"郑注："参读为糁。糁，杂也。"参，桑感切集韵，覃韵，郑张－潘侵3。糁，桑感切，郑张－潘侵3。谐训。

三：参。《周礼考工记㡛人》："上三正"郑注："玄谓三读当为参。"三，谈韵，郑张－潘侵3。参，覃韵/谈韵，郑张－潘侵3/谈3。纯训。

(10) 缉3～缉3

合：洽。《周礼弓人》："春液角则合"郑注："合读为洽。"合，合韵，郑张－潘缉3。洽，侯夹切，洽韵，郑张－潘缉3。谐训。

(11) 侵1～侵3

咸：函。《周礼伊耆》："伊耆氏掌国之大祭祀共其杖咸"郑注："咸读为函。"咸，胡谗切，咸韵，郑张-潘侵1。函，胡男切，覃韵，郑张-潘侵3。纯训。

涵：咸。《诗巧言释文》："'既涵'郑音咸。同也。"涵，覃韵，郑张-潘侵3。咸，胡谗切，咸韵，郑张-潘侵1。纯训。

(12) 谈1～侵1

袡：任。《仪礼士昏礼》："女次纯衣纁袡"郑注："袡之言任也。以纁缘其衣，象阴气上任也。"袡，汝盐切，盐韵，郑张-潘谈1。任，侵韵，郑张-潘侵1。纯训。

(13) 盍2～缉1

接：扱。《周礼廪人》："大祭祀,则共其接盛"郑注："接读为'一扱再祭'之'扱'。"接，即叶切，叶韵，郑张-潘盍2。扱，楚洽切，洽韵，郑张-潘缉1。纯训。

(14) 盍2～缉3

韘：沓。《诗卫风芄兰》："童子佩韘"笺云："韘之言沓，所以驱沓手指。"韘，书涉切，叶韵，郑张-潘盍2。沓，徒合切，合韵，郑张-潘缉3。纯训。

(15) 盖3～内3

芮：内。《诗大雅公刘》："芮鞫之即"笺云："芮之言内也。"芮，而锐切，祭韵，郑张-潘盖3。内，奴对切，队韵，郑张-潘内3。谐训。

(16) 谈3～元2

辩：贬。《周礼士师》："若邦凶荒，则以荒辩之灋治之"郑注："玄谓'辩'当为'贬'，声之误也。"辩，符蹇切，仙韵、重纽三等，郑张-潘元2。贬，方敛切，盐韵、重纽三等，郑张-潘谈3。纯训。

(17) 谈3～幽2

轨：范。《礼记少仪》："祭左右轨范"郑注："轨与范声同。"轨，居洧切，脂韵，郑张-潘幽2。范，防锾切，凡韵，郑张-潘谈3。纯训。

(18) 谈3～宵2

縿：绡。《礼记檀弓》："縿幕"郑注："縿读如绡。"縿，所衔切，衔韵，郑张-潘谈3。绡，相邀切，宵韵，郑张-潘宵2。纯训。

(19) 盖3～月3

祫：刮。《周礼女祝》："掌以时招、梗、祫、禳之事"郑注："除灾害曰祫，祫犹刮去也。"祫，泰韵，郑张-潘盖3。刮，辖韵，郑张-潘月3。纯训。

(20) 盖3～队2

祫：溃。《周礼庶氏》："以攻说禬之"郑注："玄谓此禬读如溃痈之溃。" 祫，泰韵，郑张－潘盖3。溃，胡对切，队韵，郑张－潘队2。纯训。

(21) 侵1～蒸部

廞：兴。《周礼司裘》："廞裘"郑注："玄谓廞，兴也。" 廞，侵韵、重纽三等，郑张－潘侵1。兴，蒸韵，蒸部。纯训。

兴：歆。《礼记学记》："不兴其艺"郑注："兴之言喜也，歆也。" 兴，蒸韵，蒸部。歆，许金切，侵韵、重纽三等，郑张－潘侵1。纯训。

(22) 内2～至2

挚：至。《周礼大宗伯》："以禽作六挚"郑注："挚之言至，所执以自致。" 挚，脂利切，至韵，郑张－潘内2。至，脂利切，郑张－潘至2。纯训。

第二节 唇音韵尾的变化

一、异化

例1，1256 风：泛。1257 风：放。《释天》：风，兖豫司冀横口合唇言之，风，泛也，其气博泛而动物也；青徐风踧口开唇推气言之，风，放也，气放散也。

风，方戎切，平东非三。郑张－潘侵3＊plum。

泛，孚梵切，去凡敷三。郑张－潘谈3＊phoms。

放，甫妄切，去阳非三。阳部郑张－潘＊paś。

罗常培、周祖谟（1958：112）曰："风"字兖豫司冀读在侵部（-m），青徐读在东（冬）部（-ng）。

蒲立本（1962-3）曰：高本汉很久以前就认为，韵尾-m 在前头唇音成分的异化下有时候会变作-ŋ。最显著的例子就是"风"，它不但从"凡"得声，而且在《诗经》中与-m 押韵。它与台语的 lom（风）无疑有关。甚至在汉代的诗歌里它还与-m 押韵，这说明在有些方言中它虽然已经变作-ŋ，但是在有些方言中尚未发生变化。潘悟云（2000：247）指出"风"字的演变是：＊pluǔm＞＊pluǔŋ＞piuŋ，是受圆唇主元音 u 的异化所致。

《释名》的这条声训正好说明"风"字在兖豫司冀方言中仍保留古音 - m，但在青徐方言中已经发生了异化 - m＞-ŋ。

叶德炯曰：横口合唇言之，此西域之重唇音法也。汎，古字读如芃，芃，黍苗之芃。"芃"之字母为并，重唇音中之全浊等也。今音读如"汎彼柏舟"之"汎"，"汎"之字母为敷，为轻唇音之次清等，与"风"之字母为非，为轻唇音之全清等者同一纽也。然则兖豫司冀之间，直读"汎"如"芃"，非今作本音读比矣。飑口开唇推气言之，此西域之轻唇音法也。"放"之字母为非，与"风"同纽，在轻唇音中又同为全清等。合上文"天"字验之，是古青徐之音较兖豫司冀为轻清矣。见疏证补 叶氏完全以重唇轻唇解之，似未得。

皮锡瑞曰：《后汉书·乐成靖王传》：安帝诏曰："风淫于家"风淫谓放淫也，"风"、"放"声相近。《左僖四年传》"风马牛不相及也"服虔注：风，放也。见疏证补 按：《左传》一条可证齐语"风"读"放"音之早。

例2，0725 绛：工。《释采帛》：绛，工也。

绛，古巷切，去江见二，传统冬部，郑张－潘侵3。工，古红切，平东见一，东部。

例3，0727 红：绛。《释采帛》：红，绛也，白色之似绛者也。

红，户公切，平东匣一，东部。绛，古巷切。

例4，0711 陵：隆。《释山》：陵，隆也，体隆高也。

陵，力膺切，平蒸来三，蒸部。隆，力中切，平东来三，传统冬部，郑张－潘侵3。

潘悟云(2000:246)指出夅声字来自＊- m，受圆唇元音异化变作 - ŋ，且在《诗经》时代就已经发生了变化。上几例中，"绛"、"隆"也都与收 ŋ 韵尾的甲类阳声韵声训。

例5，1252 廩：矜。《释宫室》：廩，矜也，宝物可矜惜者投之于其中也。

廩，力稔切，上侵来三，郑张－潘侵1。矜，巨巾切，平真群三 B，郑张－潘文1。

毕沅曰：颜师古注《急就篇》云：京，方仓也。一曰京之言矜也，宝贵之物可矜惜者藏于其中也。案师古注书好窃前人之说掩为己有，凡所称引辄没其由来，所称"一曰"云云，大略与此文同，其正引此书与？意此条之"廩"当为"京"也。见疏证补

《说文矛部》：矜，矛柄也。段注：字从令声，令声古音在真部，故古叚"矜"为"怜"，《毛诗鸿雁传》曰：矜，怜也。言叚借也。《释言》曰：矜，苦也。其义一也。各本篆作"矜"，解云：今声。今依汉石经《论语》、溧水校官碑、魏受禅表，皆作"矜"，正之。《毛诗鸿雁传》与天、臻、民、旬、填等字韵，读如"邻"，古音也。汉韦元成《戒子孙诗》始韵"心"。晋张华《女史箴》、潘岳《哀永逝》文始入蒸韵。由是，巨巾一反仅见《方言》注、《过秦论》李注、《广韵》十七真，而他义则皆入蒸韵，今音之大变于古也。矛柄之字改而为"䇲"，云古作"矜"。他义字亦皆作"矜"，从今声。又古今字形之大变也。徐铉曰居陵切，又巨巾切，此不达其原委之言也。

这条声训问题很多。段氏将"令"声归在第十二部。朱骏声_{说文通训定声}也认为"矜"字是令声，归在坤部，同段氏。王力（1937a）把令声字归在耕部。今声则在上古侵部，与"廪"字相对应。罗常培、周祖谟（1958：112）举此条声训说："是矜字亦归侵部，韵尾为 –m。西汉韦玄成《戒子孙诗》以'心矜'为韵，矜即在侵部。韦玄成为邹人，与青徐地域接近。"指"矜"归侵部是青徐方言现象。

"矜"字的韵尾是否有异化的现象还不清楚，暂列于此，俟考。

二、同化

Pulleyblank（1962–3：译本153）指出："许多带 –i 韵尾的去声字是与 –p 交替而不是与 –t 交替，这种例子原来可能是 $*$–ps，先是同化作 $*$–ts，然后随着 $*$–ts 的一般规律变化。……同化 $*$–ps > $*$–ts 一定发生得很早，至少在一些主要的方言中是这样，因为在《诗经》中已经没有 $*$–ps 的迹象了。"

《释名》中的 $*$–bs 尾古入声字应早已同化作 –ds 了，从 $*$–ds ~ $*$–bs、$*$–bs ~ $*$–d、$*$–bs ~ $*$–l 声训中可知。

例1，《释言语》：盖，加也，加物上也。

盖，古太切_{去泰见一开}，传统祭部，郑张–潘盖1 $*$kaabs。加，古牙切_{平麻见二开}，郑张–潘歌1 $*$kraal。

从声训看，"盖"字应早已同化作 $*$kaats 了。

例2，《释首饰》：毳冕。毳，芮也，画藻文于衣，像水草之毳芮，温暖而洁也。

毳，此芮切，清母祭韵三等郑张-潘＊tshods。芮，而锐切，日母祭韵三等郑张-潘＊njobs。

"芮"字和"毳"声训，似乎"芮"字的韵尾＊-bs已经同化为-ds。比较：

《释言语》：入，内也，内使还也。

入，人执切，入缉日三郑张-潘＊njub。内，奴对切，去灰泥一郑张-潘＊nuubs。

"内""芮"同声符，而"内"仍与-b韵尾字声训。

毕沅曰：内，本皆作"纳"。案：《说文》入，内也。内，入也。从冂，自外而入也。其《纟部》云：纳，丝湿纳纳也。然则"纳"乃别是一义。此当作"内"。《疏证补》

疑作"纳"是，纳，奴答切，入合泥一郑张-潘＊nuub。毕每依《说文》改易《释名》，似不可取。

例3，《释言语》：退，坠也。

退，他内切，去灰透一，传统微部，郑张-潘内3＊nhuubs。坠，直类切，去脂澄三，郑张-潘队2。

毕沅曰：《礼记檀弓》退人若将队诸渊。队本字，俗加土。疏证补

"退"应当早已同化为-ts了。

例4，《释兵》：其末曰栝，栝，会也，与弦会也。

栝，末韵，郑张-潘月3。会，泰韵，郑张-潘盖3。

皮锡瑞曰：《诗》曷其有佸。《传》佸，会也。德音来括。《传》：括，会也。《仪礼士丧礼》鬠用组。注：古文"鬠"皆为"括"。佸、括、栝，古字盖通，故"栝"亦训会。疏证补

郑玄经传音注的例子，如下。

例1，袨：刮。《周礼女祝》"掌以时招、梗、袨、禳之事"郑注："除灾害曰袨，袨犹刮去也。"

袨，泰韵，郑张-潘盖3。刮，辖韵，郑张-潘月3。纯训。

例2，袨：溃。《周礼庶氏》"以攻说襘之"郑注："玄谓此袨读如溃痈之溃。"

袨，泰韵，郑张-潘盖3。溃，胡对切，队韵，郑张-潘队2。纯训。

"袷"字韵尾应已同化为 – ods（< * – obs）了。

例3，挚：至。《周礼大宗伯》"以禽作六挚"郑注："挚之言至，所执以自致。"

挚，脂利切，至韵，郑张 – 潘内2。至，脂利切，郑张 – 潘至2。纯训。

在例子中，"挚"字韵尾应已同化 – ids（< * – ibs），"至"字韵尾应该已经变为 – ids（< * – igs）。

第九章 以 -s 收尾的古入声字

一、潘悟云(2000:184)指出，*-ts 尾的演变是：*-ts > *-s > *-iç。但是在各个韵中的变化速度不一样，*-ats 的元音最开，韵尾维持得最久。其他带 *-ts尾的韵都与带 *-ls 尾的韵合流，只有 *-ats 变作祭泰夬废四韵。

《释名》 -ads ~ -d 声训很多，说明 -ads 尾古入声字在《释名》中仍有保存。除此以外，队部也有两例：

例1，《释车》：辔，拂也，牵引拂戾以制马也。

辔，至韵，郑张 - 潘队1。拂，物韵，郑张 - 潘物1。

例2，《释首饰》：刷，帅也，帅发长短皆令上从也。亦言瑟也，刷发令上瑟然也。

刷，薛韵，郑张 - 潘月3。帅，至韵，郑张 - 潘队2。瑟，栉韵，郑张 - 潘质2。

至部字没有跟 -t 声训的，却有跟乙类韵平声字声训的例子：

例1，《释用器》：犁，利也，利发土绝草根也。

犁，平声齐韵，郑张 - 潘脂1。利，至韵，郑张 - 潘至1。

例2，《释用器》：锥，利也。

锥，平声脂韵，郑张 - 潘微2。

-ats 的元音最开，所以韵尾最晚失去，故 -its 的元音最闭，韵尾应是最早失去。这两例声训中的"利"字都和平声字声训，可证。

队部也有一例：

例，《释言语》：贵，归也，物所归仰也。汝颍言贵声如归往之归也。

贵，未韵，郑张 - 潘队2。归，平声微韵，郑张 - 潘微2。

叶德炯曰：归、贵古声同。《论语·先进》咏而归。郑注本作：咏而馈。是也。疏证补队部元音的开口度正在祭部和至部之间，其 - ts 尾失去的时间当也在祭部、至部之间。

另外，祭部还有这样两个例子：

例 1，《释宫室》：障，卫也。

吴翊寅曰：吴校作：闱，卫也，在内以自障卫也。案障列此不类，障、卫声亦不近。闱与门对文，当从之。_{疏证补}包氏"障"作"闱"。

闱，平声微韵，郑张 - 潘微 2。卫，祭韵，郑张 - 潘祭 1。

这条声训很可疑，且不论。

例 2，《释言语》：败，溃也。

败，夬韵，郑张 - 潘祭 1。溃，队韵，郑张 - 潘微 2。

从郑玄音注来看，* - ds 韵尾的韵部中以祭部和 * - d 韵尾韵部接触为最多，可能还保留塞音韵尾。

Pulleyblank(1962 - 3：译本131) 指出："从 * ts 来的啘音韵尾至迟在 3 世纪的汉语中还存在。"

二、- gs ~ - g 声训较多，- gs ~ - ∅（甲类阴声韵平声）声训较多，- gs ~ - ∅ˊ（甲类阴声韵上声）有一些，- gs ~ - ∅s（甲类阴声韵去声）声训有一些。总体来说，- gs 尾古入声字在《释名》中有所保留，但不如 - ds 尾古入声字明显。

兹举 - gs ~ - g 声训为例：

例 1，《释亲属》：庶，摭也，拾摭之也，谓拾摭微陋待遇之也。

庶，御韵，郑张 - 潘暮部。摭，昔韵，铎部。

例 2，《释兵》：铎，度也，号令之限度也。

铎，铎韵，铎部。度，暮韵，郑张 - 潘暮部。

例 3，《释姿容》：蹋，藉也，以足藉也。

蹋，昔韵，铎部。藉，祃韵，郑张 - 潘暮部。

例 4，《释言语》：逆，遻也，遻不从其理，则生殿遻不顺也。

逆，陌韵，铎部。遻，暮韵，郑张 - 潘暮部。

例 5，《释饮食》：炙，炙也，炙于火上也。

前一个"炙"字祃韵，郑张 - 潘暮部。后一个"炙"字昔韵，铎部。

例 6，《释书契》：上敕下曰告。告，觉也，使觉悟知己意也。

告，号韵，郑张 - 潘奥 1。觉，觉韵，郑张 - 潘觉 1。

例7,《释车》：楘，复也，重复非一之言也。

毕沅曰：楘，今本作"辎"。《说文》无"辎"字。且未闻车制有所谓辎者，似非也。《御览》引作"轴"，亦非。《小戎诗》云：五楘梁辀。《传》云：五，五束也。楘，历录也。一辀五束，束有历录。据云"重复非一之言"，则与五束谊合。而"楘"与"复"，音又相近，遂改作"楘"。先谦曰：吴校"楘"作"辍"。_{疏证补}

辍，屋韵，郑张－潘觉1。复，屋韵，郑张－潘觉1；宥韵，郑张－潘奥1。楘，屋韵，郑张－潘屋部。

此条可疑。

例8,《释宫室》：屋，奥也，其中温奥也。

屋，屋韵，屋部。奥，号韵，郑张－潘奥1。

例9,《释姿容》：伏，覆也。

伏，屋韵，职部。覆，屋韵，郑张－潘觉1；德韵，职部；宥韵，郑张－潘奥1。

叶德炯曰：《礼曲礼》寝毋伏。郑注：伏，覆也。_{疏证补}与此同。

例10,《释形体》：腹，复也，富也，肠胃之属，以自裹盛，复于外复之，其中多品似富者也。

腹，屋韵，郑张－潘觉1。富，宥韵，郑张－潘代部。复，屋韵，郑张－潘觉1。

例11,《释形体》：脊，积也，积续骨节，终上下也。

脊，昔韵，锡部。积，昔韵，锡部；寘韵，郑张－潘赐部。

例12,《释丧制》：锡缞，锡，易也。治其麻，使滑易也。

锡，锡韵，锡部。易，寘韵，郑张－潘赐部。

毕沅曰：《丧服传》云，锡者何也？麻之有锡者也。锡者十五升抽其半，无事其缕有事其布曰锡。郑注：谓之锡者，治其布使之滑易也。_{疏证补}说与此同。

例13,《释言语》：迹，积也，积累而前也。

迹，昔韵，郑张－潘铎部。积，昔韵，锡部；寘韵，郑张－潘赐部。

从郑玄音注来看，*-gs 韵尾的韵部中以暮部和 *-g 韵尾韵部接触为最多，它可能还保留有塞韵韵尾。

Pulleyblank(1962-3;译本136)指出："*-ks 在汉代最有可能已经变作 *-x。这可与 Balti 语的情况进行比较，古藏语的 -gs 在 Balti 语中都变成了 -x。"

三、从郑玄如下音注来看，奥部和豹部中的舌根音韵尾应该已经脱落，即 *−wgs > −ws。

① *−wgs ~ *−w

例1，绣：绡。《礼记郊特牲》："绣黼丹朱中衣"郑注："绣读为绡。"

绣，息救切，宥韵，郑张－潘奥2。绡，相邀切，宵韵平声，郑张－潘宵2。纯训。

② *−wgs ~ *−ws

例2，燿：哨。《周礼考工记梓人》："大胷燿后"郑注："燿读为哨，顷小也。"

燿，弋照切，笑韵，郑张－潘豹2。哨，才笑切，宵韵去声，郑张－潘宵2。纯训。

例3，庙：貌。《礼记祭法》"设庙祧坛墠而祭之"郑注："庙之言貌也。"

庙，眉召切，宵韵去声，郑张－潘宵2。貌，莫教切，效韵，郑张－潘豹2。纯训。

③ *−wgs ~ *−∅s

例4，蹈：悼。《诗小雅菀柳》"上帝甚蹈"笺云："蹈读曰悼。"

蹈，徒到切，豪韵去声，郑张－潘幽1。悼，徒到切，号韵，郑张－潘豹2。纯训。

甲、释名中来自以 −s 收尾的古入声字的表现

（一） −s 尾古入声字跟 −s 尾古入声字声训

1. *−ds ~ *−ds

艾：乂。厉：厉。○以上祭1 ~ 祭1

誓：制。疥：龂。○以上祭2 ~ 祭2

兑：兑。○以上祭3 ~ 祭3

带：带。○以上祭1 ~ 祭2

气：忾。未：昧。妹：昧。○以上队1 ~ 队1

谓：谓。○以上队2 ~ 队2

塈：熂。○以上队1~队2
鼻：嗜。○以上祭2~至1
螆：啜。○以上队1~祭3
穗：惠。○以上至1~至1

2. *–gs ~ *–gs

路：路。墓：慕。霸：霸。路：露。○以上暮部~暮部
觉：告。腴：奥。○以上奥1~奥1
缢：厄。系：系。○以上赐部~赐部
嚏：疐。○以上至2~至2
识：帜。黛：代。○以上代部~代部
副：覆。○以上代部~奥1

3. *–bs ~ *–bs

脍：会。浍：会。○以上盖3~盖3

4. *–wgs ~ *–wgs

曜：耀。悅：貌。○以上豹2~豹2

5. *–ds ~ *–bs

毳：芮。○以上祭3~盖3

6. *–ds ~ *–gs

谒：曳。○以上祭2~至2
懿：僾。○以上至2~队1

7. *–gs ~ *–bs

画：绘。○以上赐部~盖3

（二）–s 尾古入声字跟入声字声训

1. *–ds ~ *–d

啜：绝。啜：惙。兑：说。○以上祭3~月3
夬：决。歕：杀。○以上祭1~月2
鸷：憨。掣：制。袂：掣。继：制。○以上祭2~月2
害：割。岁：越。灡：竭。辖：害。○以上祭1~月1
肺：勃。○以上祭3~物1
軎：拂。○以上队1~物1
刷：帅。○以上队2~月3

2. *–gs ~ *–g

庶：摭。炙：炙。踖：藉。逆：遻。铎：度。○以上暮部~铎部
告：觉。輹：复。○以上奥1~觉1
榇：复。屋：奥。○以上奥1~屋部
伏：覆。○以上奥1~职部
腹：富。○以上代部~觉1
脊：积。锡：易。○以上赐部~锡部
迹：积。○以上赐部~铎部

3. *–bs ~ *–b

入：内。○以上内3~缉3

4. *–wks ~ *–wk

櫂：擢。櫂：濯。○以上豹2~药2
乐：乐。○以上豹1~药1

5. *–gs ~ *–wk

仆：踣。○以上窦部~觉2
埤：臘。福：富。○以上代部~觉2

6. *－ds ~ *－g

贅：属。○以上祭 3 ~ 屋部
契：刻。○以上祭 2 ~ 职部
摕：摘。○以上祭 2 ~ 锡部
寐：谧。○以上至 1 ~ 质 2

7. *－bs ~ *－d

栝：会。○以上盖 3 ~ 月 3

8. *－gs ~ *－d

不：搏。○以上暮部 ~ 物 1

(三) －s 尾古入声字跟平声字声训

1. *－ds ~ *－l

闱：卫。○以上祭 1 ~ 微 2
贵：归。○以上队 2 ~ 微 2
犁：利。○以上至 1 ~ 脂 1
锥：利。○以上至 1 ~ 微 2

2. *－gs ~ *－∅

符：赴。趋：赴。揄：裕。○以上窦部 ~ 侯部
耨：薅。脬：赴。○以上窦部 ~ 幽 1
臂：裨。题：谛。○以上赐部 ~ 支部
眥：渍。○以上赐部 ~ 脂 2
弑：伺。輖：厕。笫：恢。○以上代部 ~ 之部
瞕：翳。殪：翳。○以上至 2 ~ 脂 2
冞：复。○以上奥 1 ~ 之部
帆：覆。○以上奥 1 ~ 鱼部
书：庶。图：度。徂：胙。粗：措。涂：度。○以上暮部 ~ 鱼部

3. *－wks ~ *－w

悼：逃。○以上豹2~宵1

4. *－bs ~ *－l

盖：加。○以上盖1~歌1

5. *－ds ~ *－ŋ

锐：融。○以上祭3~冬部
疼：痹。○以上至1~冬部

（四）－s尾古入声字跟上声字声训

*－gs ~ *－Ø·

妒：褚。户：护。橹：露。咀：藉。脯：搏。祖：柞。○以上暮部~鱼部

姊：积。○以上赐部~脂2

庾：裕。○以上窦部~侯部

（五）－s尾古入声字跟去声字声训

1. *－ds ~ *－ls

败：溃。○以上祭1~微2

2. *－gs ~ *－Øs

露：虑。助：乍。哺：露。○以上暮部~鱼部
候：护。○以上暮部~侯部
治：值。○以上代部~之部
辔：秘。○以上至2~支部

3. *－gs ~ *－ls

地：谛。○以上赐部~歌2

乙、郑玄音注中来自以 –s 收尾的古入声字的表现

(一) –s 尾古入声字跟 –s 尾古入声字声训

1. *–ds ~ *–ds

大：泰。《诗桑柔释文》："'大风'郑音泰。泰风，西风也。"大，泰韵/箇韵，郑张–潘祭1。泰，他盖切，泰韵，郑张–潘祭1。纯训。

瘵：际。《诗菀柳释文》："'自瘵'郑音际。际，接也。"瘵，侧界切，怪韵，郑张–潘祭2。际，子例切，祭韵，郑张–潘祭2。谐训。

既：饩。《礼记中庸》"既廪称事"郑注："既读为饩。饩廪，稍食也。"既，居豪切，未韵，郑张–潘队1。饩，许既切，未韵，郑张–潘队1。纯训。

蒉：由。《礼记礼运》"蒉桴而土鼓"郑注："蒉读为由，声之误也。"蒉，苦会切 _集韵_，队韵，郑张–潘队2。由，苦对切，队韵，郑张–潘队2。纯训。

隧：邃。《周礼考工记舆人》"参分车广，去一以为隧"郑注："玄谓读如邃宇之邃。"隧，徐醉切，至韵，郑张–潘队2。邃，虽遂切，至韵，郑张–潘队2。谐训。

禭：遗。禭，徐醉切，至韵，郑张–潘队2。遗，以醉切，至韵，郑张–潘队2。纯训。

卒：倅。《礼记燕义》"庶子官职诸侯卿大夫士之庶子之卒"郑注："卒读皆为倅。"卒，取内切 _集韵_，队韵，郑张–潘队2。倅，七内切，队韵，郑张–潘队2。谐训。

说：禭。《诗卫风硕人》"说于农郊"笺云："说当作禭。"说，舒芮切，祭韵，郑张–潘祭3。禭，徐醉切，至韵，郑张–潘队2。谐训。

戾：利。《礼记大学》"一人贪戾"郑注："戾之言利也。"戾，郎计切，霁韵，郑张–潘队1。利，力至切，至韵，郑张–潘至1。纯训。

2. *–bs ~ *–bs

位：莅。《易需释文》："'位乎'郑音莅。"位，于愧切，至韵，郑张–

潘内1。苤，力至切，至韵，郑张－潘内1。谐训。

芮：内。《诗大雅公刘》"芮鞫之即"笺云："芮之言内也。"芮，而锐切，祭韵，郑张－潘盖3。内，奴对切，队韵，郑张－潘内3。谐训。

3. (*－ds＜) *－bs ~ *－ds

祫：溃。《周礼庶氏》："以攻说祫之"郑注："玄谓此祫读如溃痈之溃。"祫，古外切，泰韵，郑张－潘盖3。溃，胡对切，队韵，郑张－潘队2。纯训。

4. (*－ids＜) *－igs ~ (*－ds＜) *－bs

挚：至。《周礼大宗伯》"以禽作六挚"郑注："挚之言至，所执以自致。"挚，脂利切，至韵，郑张－潘内2。至，脂利切，郑张－潘至2。纯训。

5. *－gs ~ *－gs

富：备。《礼记曲礼》"不饶富"郑注："富之言备也。"富，方副切，宥韵，郑张－潘代部。备，平秘切，至韵，郑张－潘代部。纯训。

报：赴。《礼记丧服小记》"报葬者报虞"郑注："报读为赴疾之赴。"报，博耗切，号韵，郑张－潘奥1。赴，芳遇切，遇韵，郑张－潘窦部。纯训。

（二）－s 尾古入声字跟入声字声训

1. *－ds ~ *－d

害：曷。《诗泉水释文》："'有害'郑音曷。何也。"害，胡盖切，泰韵，郑张－潘祭1。曷，胡葛切，曷韵，郑张－潘月1。纯训。

遰：晢。《易大有释文》："'晢'郑本作遰，云读如明星晢晢。"遰，特计切，霁韵，郑张－潘祭2。晢，旨热切，薛韵，郑张－潘月2。纯训。

沛：茇。《周礼大司马》"中夏，教茇舍"郑注："茇读如莱沛之沛。"沛，泰韵，郑张－潘祭3。茇，北末切，末韵，郑张－潘月3。纯训。

茀：蔽。《诗小雅采芑》"簟茀鱼服"笺云："茀之言蔽也。"茀，敷勿切，物韵，郑张－潘物1。蔽，必袂切，祭韵，郑张－潘祭2。纯训。

术：遂。《礼记学记》"术有序"郑注："术当为遂，声之误也。"术，食聿切，术韵，郑张-潘物2。遂，徐醉切，至韵，郑张-潘队2。纯训。

2. $*-ds \sim (*-id<) *-ig$

密：闭。《礼记乐记》"阴而不密"郑注："密之言闭也。"密，美毕切，质韵，郑张-潘质2。闭，博计切，霁韵，郑张-潘至1。纯训。

3. $(*-ids<) *-igs \sim (*-id<) *-ig$

实：至。《礼记杂记》"使某实"郑注："实当为至，此读周秦之人声之误也。"实，神质切，质韵，郑张-潘质2。至，脂利切，至韵，郑张-潘至2。纯训。

4. $(*-ds<) *-bs \sim *-d$

祮：刮。《周礼女祝》："掌以时招、梗、祮、禳之事"郑注："除灾害曰祮，祮犹刮去也。"祮，古外切，泰韵，郑张-潘盖3。刮，古颁切，辖韵，郑张-潘月3。纯训。

5. $*-gs \sim *-g$

藉：借。《诗周颂载芟》"春籍田而祈社稷也"郑笺："籍之言借也，借民力治之故谓之籍田。"藉，秦昔切，昔韵，铎部。借，子夜切，祃韵，郑张-潘暮部。谐训。

射：亦。《易井释文》"'射'郑王肃皆音亦。云，厌也。"射，神夜切，祃韵，郑张-潘暮部。亦，羊益切，昔韵，铎部。纯训。

阼：酢。《仪礼士冠礼》"立于阼阶下"注："阼犹酢也。东阶所以答酢宾客也。"阼，昨误切，暮韵，郑张-潘暮部。酢，在各切，铎韵，铎部。谐训。

莫：慕。《论语里仁释文》："'莫'郑音慕。无所贪慕也。"莫，慕各切，铎韵，铎部。慕，莫故切，暮韵，郑张-潘暮部。谐训。

昔：错。《周礼考工记弓人》"老牛之角紾而昔"注："玄谓昔读'履错然'之错。"昔，思积切，昔韵，铎部。错，仓故切，暮韵，郑张-潘暮部。谐训。

置：植。《诗商颂那》"置我鞉鼓"笺云："置读曰植。"置，陟吏切，志韵，郑张-潘代部。植，常职切，职韵，职部。谐训。

锡：易。《仪礼丧服》"锡者何也"郑注："谓之锡者，治其布使之滑易也。"锡，先击切，锡韵，锡部。易，以豉切，寘韵，郑张-潘赐部。谐训。

6. *-gs ~ *-wg

俶：炽。《诗小雅大田》："俶载南亩"笺云："俶读为炽。"俶，昌六切，屋韵，郑张-潘觉2。炽，昌志切，志韵，郑张-潘代部。纯训。

（三）-s尾古入声字跟平声字声训

1. *-ds ~ *-l

几：刉。《周礼犬人》："凡几、珥、沈、辜，用駹可也。"郑注："玄谓几读为刉。"几，居依切，微韵平声，郑张-潘微1。刉，古对切，队韵，郑张-潘队? 纯训。

2. (*-ids <) *-igs ~ *-∅

资：至。《礼记缁衣》"资冬祁寒"郑注："资当为至，齐鲁之语，声之误也。"资，即夷切，脂韵平声，郑张-潘脂2。至，脂利切，至韵，郑张-潘至2。纯训。

3. *-ds ~ *-∅

尸：肆。《论语》"吾力犹能肆诸市朝"郑注："有罪既刑陈其尸曰肆。"尸，式脂切，脂韵平声，郑张-潘脂2。肆，息利切，至韵，郑张-潘队1。纯训。

4. *-gs ~ *-∅

蜡：狙。蜡，七虑切，御韵，郑张-潘暮部。狙，七余切，鱼韵平声，鱼部。纯训。

斯：赐。《诗皇矣释文》："'斯怒'郑音赐。尽也。"斯，息移切，支韵平声，支部。赐，斯义切，寘韵，郑张-潘赐部。纯训。

綦：系。《仪礼士丧礼》"皆繶缁绚纯组綦"注："綦，屦系也。……綦读如马绊萦之萦。"萦，渠之切，之韵平声，之部。系，古诣切，霁韵，郑张－潘赐部。纯训。

5. *－wgs ~ *－w

绣：绡。《礼记郊特牲》"绣黼丹朱中衣"郑注："绣读为绡。"绣，息救切，宥韵，郑张－潘奥2。绡，相邀切，宵韵平声，郑张－潘宵2。纯训。

（四）－s尾古入声字跟上声字声训

*－gs ~ *－∅ʔ

赙：补。《仪礼既夕》："若赙"郑注："赙之言补也，助也，货财曰赙。"赙，符遇切，遇韵，郑张－潘暮部。补，博古切，模韵上声，鱼部。谐训。

庶：煮。《周礼秋官叙官》"庶氏"郑注："庶读如药煮之煮，驱除毒蛊之言。书不作蛊者，字从声。"庶，商署切，御韵，郑张－潘暮部。煮，章与切，鱼韵上声，鱼部。纯训。

负：背。《礼记明堂位》"天子负斧依南乡而立"注："负之言背也。"负，房久切，尤韵上声，之部。背，队韵，郑张－潘代部。纯训。

（五）－s尾古入声字跟去声字声训

1. *－gs ~ *－∅s

豫：榭。《仪礼乡射礼》"豫则钩楹内"郑注："今言豫者谓州学也，读如成周宣谢灾之谢。"豫，羊洳切，鱼韵去声，鱼部。榭，辞夜切，祃韵，郑张－潘暮部。纯训。

忌：戒。《礼记表记》"敬忌而罔有择言在躬"注："忌之言戒也。"忌，渠记切，之韵去声，之部。戒，古拜切，怪韵，郑张－潘代部。纯训。

诅：祝。《周礼春官叙官》"诅祝"郑注："诅谓祝之使诅败也。"诅，庄助切，鱼韵去声，鱼部。祝，职救切，宥韵，郑张－潘奥1。纯训。

2. *－wgs ~ *－ws

燿：哨。《周礼考工记梓人》"大胷燿后"郑注："燿读为哨，顷小也。"

燿，弋照切，笑韵，郑张－潘豹2。哨，才笑切，宵韵去声，郑张－潘宵2。纯训。

庙：貌。《礼记祭法》："设庙祧坛墠而祭之"郑注："庙之言貌也。"庙，眉召切，宵韵去声，郑张－潘宵2。貌，莫教切，效韵，郑张－潘豹2。纯训。

3. *－wgs ~ *－øs

蹈：悼。《诗小雅菀柳》"上帝甚蹈"笺云："蹈读曰悼。"蹈，徒到切，豪韵去声，郑张－潘幽1。悼，徒到切，号韵，郑张－潘豹2。纯训。

第十章 章组和腭化

第一节 从舌根（唇）音腭化来的章组字

董同和（1944）把跟舌根音字谐声的 tś 系字拟作 k̂ 之类——即部位偏前的舌根音，或部位偏后的舌面音。一种语言中有两套舌根音声母的例子，近者如苗语。Pulleyblank（1962-3：译本 51、59、79 页）则认为这种四套塞音的对立：k、k̂、ƫ、t 在语音上是不大可能的也是不必要的。况且，舌齿音在介音 -i̯- 前腭化，高本汉的上古舌面塞音也就没有存在的必要了。他指出，舌根音发生腭化的例子大多发生在中古有重纽对立的韵类。他假设上古汉语原来有长短元音系统，长元音发生了腭化。喻化首先发生在舌齿音，发生在舌齿音腭化以前，或者同时发生，时间好像在汉代。在公元 2 世纪末，舌根音在某些条件下也发生了腭化。因为在 e 和 i 前，既出现了 -j-，也出现了较后的 -i- (= -i̯-)。-i̯- 前的舌根音不腭化，而 -j- 前的舌根音有时腭化，变成章组；有时不腭化，即引起韵图上三四等的分裂。蒲氏将以母拟作 *ð（后来他改作 *l-，参见 Pulleyblank，1999）。他发现在上古带央后元音的韵中常常有以母跟舌根音交替的现象，在这些谐声系列中很少发现来自上古 *g 的痕迹。这很可能是 k 和 kh 后的 -ð- 脱落，而 -ð- 前的 g 弱化作 ɦ 以后脱落，剩下 -ð- 则发展为中古的 d 或 j。在前元音 e 和 i 前，很少发现以母与舌根音的交替现象，这似乎说明这种类型的语音变化有点不一样。*g 没有消失，-ð- 在原来的长元音前变作较闭的介音 -j-，但是它并没有像从长元音裂化而来的 -j- 那样引起前头舌根音的腭化。Baxter 和 Pulleyblank 有相似的观点，他说："值得注意的是，当舌根音和腭音互谐的时候，k-组声母往往带重纽三等韵母，这说明可能是 *-rj-介音阻止了腭化的发生。"① 同样，Bodman（1980：译本 212）赞成上古汉语 kj-可能产生中古的 tś-或者 kj-4（重纽四等），有时这两者形成同源异式词。

Pulleyblank、Baxter 以及 Bodman 都将 K 类章组字的形成和重纽四等字的形成联系起来，董同和则是另外构拟一套舌根—舌面塞音。与这两种观点都不同的是李方桂，他将跟舌根音谐声的章组字拟为（李方桂，1971）：

*sk+j- >tś-（章母）

*skh+j- >tśh-（昌母），或者 ś-（书母）

*sg+j- >dź-（船母），或者 ź-（禅母）

*sng+j- >nź-（日母）

后来他又对此类字的拟音作了修改（李方桂，1976）：

*krj- >tś-（章母）

*khrj >tśh-（昌母）

*grj- >dź-（船母），ź-（禅母），或 ji-（喻四）

*hrj- >ś-（书母）

*ngrj- >nź-（日母）

在 Baxter 的系统中，*krj-代表重纽三等舌根音，因此他反对李方桂把这种腭音拟作 *krj-。Bodman 认为许多中古 tśj-，李方桂的上古音拟作 *krj-，可以改作 *kj-。不过也有一些例子证明李方桂的观点是对的。为了解决 Baxter 的 *krj-跟李方桂拟音之间的矛盾，他认为应有赖于对次发性 j 出现时间的确定。在这里，包氏引用了 Pulleyblank 关于 B 型音节发展出次发性 j 的观点，当然这一观点不属于白一平的上古音系。Pulleyblank 认为一直到他的近古汉语阶段这种 j 才产生。*kr-可能在上古汉语后期（东汉或者汉以后）才变作 krj-，其时复辅音-rj-中的-r-已经脱落。因此，他用下表来说明这些变化的过程（Bodman1980：译本 216）：

---

① Baxter（1980），*Some proposals on Old Chinese phonology*；参见 Bodman（1980：译本 212）。

原始汉语和上古汉语	上古汉语后期	中古汉语
*kj-, kj-	kj-	tśj-（某些方言 kj-4）
*k`-	kj-	tśj-
*krj-	kj-	tśj-
*kr`-	krj-	kj-3

潘悟云（2000：286）指出，因为李方桂的 *r 是以母的拟音，如果我们把以母改作 *l，李氏的章组拟音就成了：*klj- 等。潘悟云先生也同意这类章组除了 *Klj- 的来源还有 *Kj- 的来源。因为 *Clj- 是要先变作 *Cj- 的，而且两者又可以互相谐声，所以我们很难从汉语的材料判断它们到底是哪一种，也无法判断早期译音中的 Cj- 是否从更早的 Clj- 变来。

在郑张尚芳的上古音系中 j 不仅和 k 类结合，也可以和小舌音 q 类结合。如，章母既有 kj-/klj-，又有 qj-/qlj-；船母有 Gj-/Glj-；书母有 qhj-/qhlj-。（郑张尚芳 1987，1995）

章组还有少量的字和唇音发生关系，潘悟云（1987）给出了这部分章组的来源：*p-lj->tɕ-；*ph-lj->tɕh-；*b-lj->dʑ-。（后来的写法是 *plj->tɕ-；*phlj->tɕh-；*blj->dʑ-。参见潘悟云 2000：287）此外，潘悟云（2000：285）指出跟舌根音（唇音）谐声的章组字和端知组一样，还有一种一个半音节的来源：*C·tj->tɕ-；*C·thj->tɕh-；*C·dj->dʑ-。

一、Bodman（1954：27）注意到《释名》中舌根音和腭音是经常互训的。

章 ~

例1，骑：支。《释姿容》：骑，支也，两脚枝别也。

骑，渠羁切，群母支韵重纽三等郑张-潘 *gral。支、枝，章移切，章母支韵三等郑张-潘 *kje。

支声字有见组，有章组。汉语"支"对藏文 gdeg_{支持,支起}。（潘悟云 2000：286）厦门闽语"支、枝"ki。（郑张尚芳 1995）

例2，耆：指。《释长幼》：六十曰耆。耆，指也，不从力役，指事使人也。

耆，渠脂切，群母脂韵重纽三等郑张-潘 *gri。指，职雉切，章母旨韵三等郑张-潘 *kji˙。

此条为谐声声训。

例3，屐：楷。《释衣服》：屐，楷也，为雨足楷以践泥也。

屐，奇逆切，群母陌韵三等郑张-潘*geg。楷，章移切，章母支韵三等郑张-潘*kje。

例4，钟：空。《释乐器》：钟，空也，内空受气多，故声大也。

钟，职容切，章母钟韵三等郑张-潘*tjoŋ。空，苦红切，溪母东韵一等郑张-潘*khooŋ。

从谐声来看，"钟"字似乎和舌根音无关。

《尔雅》夫之兄为兄公。郭注：今俗呼兄钟，语之转云云。这是"钟"字和舌根音声母字可能有接触的一个例子。

参考：肿：钟。《释疾病》：肿，钟也，寒热所钟聚也。

肿，之陇切。

冢：肿。《释山》：山顶曰冢。冢，肿也，言肿起也。

冢，知陇切，肿韵知母三等。

冢声字皆为端知组，"冢"应是舌尖塞音声母。

"钟"或可拟作k·tj-。这里，"钟"如拟作klj-，"肿"势必也要拟作klj-，而"冢：肿"又声训，"冢"是舌尖塞音声母，不应和klj-声训。

汉藏语同源词的佐证：

汉	藏
种	gduŋ 血统、族姓、后裔
栋	gduŋ 梁、栋材

（潘悟云 2000：286）

例5，拙：屈。《释言语》：拙，屈也，使物否屈不为用也。

拙，职悦切，章母薛韵三等郑张-潘*kljod。屈，区勿切，溪母物韵三等郑张-潘*khlud。

"拙""屈"同声符。

例6，枕：检。《释床帐》：枕，检也，所以检项也。

枕，章荏切，章母寝韵三等郑张-潘*kljum˙。检，居奄切，琰韵见母重纽三等郑张-潘*krom˙。

《补》引苏舆曰：《易坎六三》险 郑张-潘*qhrom 且枕。《释文》云：古文及郑向本，"险"作"检"。虞翻云：检，止也。

尣声字谐端母以母，还有一个"㲀"字，张甚切，寑韵知母三等；又巨金切，侵韵群母重纽三等。故"枕"可拟为*klj-。

昌~

例7，枢：机。《释形体》：枢，机也，要髀股动摇如枢机也。

枢，昌朱切，昌母虞韵三等郑张-潘*khjo。机，居依切，见母微韵三等郑张-潘*kɯl。

区声字大部分为见组声母，故"枢"可拟作*khj-。

例8，康：昌。《释道》：五达曰康。康，昌也。昌，盛也。车步并列，并用之，言充盛也。

康，苦冈切，溪母唐韵一等郑张-潘*khlaaŋ。昌，尺良切，昌母阳韵三等郑张-潘*thjaŋ。

《说文曰部》：昌，美言也。段注曰：《臯繇谟》曰：禹拜昌言。今文《尚书》作"谠"。赵注《孟子》引《尚书》禹拜谠言。《逸周书》祭公解拜手稽首谠言。张平子碑，谠言允谐。刘寬碑，对策嘉谠。皆昌言字之叚借也。至于说言，亦见汉人文字。《字林》说言，美言也。此又因谠言而为之言傍，谓之正俗字可云云。

段注云"昌""谠"为假借，"谠"*k·l-，参"1280（+）谠：所"条。故"昌"字声母也可能来自舌根音，如*k·thj-或*khj-。

例9，赤：赫。《释采帛》：赤，赫也，太阳之色也。

赤，昌石切，昌母昔韵三等郑张-潘*khjag。赫，呼格切，晓母陌韵二等郑张-潘*qhraag。

《说文》：赫，大赤皃。从二赤。《通训定声》将"赫"列为赤声字。赤字声训还有：

赬：赤。《释首饰》：赬粉，赬，赤也，染粉使赤以著颊上也。

赬，丑贞切，平清彻三。

《说文》"赬"字𦣞声，又重文作䞓、䞉。段注：贞声、丁声。"𦣞"可拟作*khrl-。

故"赤"拟作*khj-。

禅~

例10，寿：久。《释丧制》：老死曰寿终。寿，久也；终，尽也。生已久远，气终尽也。

寿，殖酉切，有韵禅母三等郑张－潘＊dju·；承咒切，宥韵禅母三等郑张－潘＊djus。久，举有切，有韵见母三等郑张－潘＊kluɯ。

《说文老部》："寿，久也。"不知是否也为声训。寿声字谐端知章组。"寿"可否拟作＊k·dj－？

例11，石：格。《释山》：山体曰石。石，格也，坚捍格也。

石，常只切，昔韵禅母三等郑张－潘＊djag。格，古落切，见母一等郑张－潘＊klaag；古伯切，见母二等郑张－潘＊kraag。

苏舆曰：《御览地部十六》引作：山体曰石，石，硌硌也，坚捍硌也。"硌 郑张－潘＊gɣraag"与"落"同。《道德经》言：落落如石。义亦通。《礼学记》扞格而不胜。郑注："格"读如"冻洛"之"洛 郑张－潘＊glaag"。

"石"声字谐端、章组。"石"可否拟作＊k·dj－？

例12，考：成。《释丧制》：父死曰考。考，成也。亦言槁也，槁，于义为成。凡五材，胶漆陶冶皮革，干槁乃成也。

考，苦浩切，晧韵溪母一等郑张－潘＊khuu·。"槁"亦苦浩切郑张－潘＊khoow·。成，是征切，禅母清韵三等郑张－潘＊djeŋ。

《补》引毕沅曰：《曲礼》云，生曰父，死曰考。郑注：考，成也，言其德行之成也。

郑玄注可能也是声训。丁声字谐端知章组。"成"可否拟作k·dj－？

例13，时：期。《释天》：四时，四方各一时。时，期也，物之生死各应节期而止也。

时，市之切，禅母之韵三等郑张－潘＊gljɯ。期，渠之切，群母之韵三等郑张－潘＊gɯ。

叶德炯曰：《白虎通》云：时者，期也，阴阳消息之期也。

之声字谐端知章组，但"之、其""时、期"是同根词，① 故郑张－潘"时"字拟作舌根音声母。

例14，仇：雠。《释用器》：仇矛，仇，雠也，所伐则平如讨仇雠也。《释兵》：仇矛，头有三叉，言可以讨仇敌之矛也。

仇，巨鸠切，群母尤韵三等郑张－潘＊gu。雠，市流切，禅母尤韵三等

---

① 参见潘悟云（2000：286）引梅祖麟1983"跟见系谐声的照三系字"一文。

郑张－潘*gju。

《说文人部》："仇，雠也。"《言部》："雠，犹䜩也。从言、雔声。"段注："《人部》曰：仇，雠也。仇、雠本皆兼善恶言之，后乃专谓怨为雠矣。"仇、雠可能是同根词。此其一。《雔部》："雔，双鸟也。读若酬。""寿"字可能来自舌根音声母，参"0501 寿：久"条。故"酬"字也可能来自舌根音声母。此其二。故"雠"字可拟作*gj-。

例 15，嫛：是。《释长幼》：人始生曰婴儿，胸前曰婴，抱之婴前，乳养之也。或曰嫛婗，嫛，是也，言是人也。婗，其啼声也，故因以名之也。

嫛，乌奚切，影母齐韵，郑张－潘*qee。是，承纸切，禅母纸韵，郑张－潘*glje˙。

先谦曰：《诗雄雉》笺：繄犹是也。此借"嫛"为"繄"。见《疏证补》

《礼记缁衣》："资冬祁寒"郑玄注："祁之言是也，齐西偏之语也。"祁，渠脂切，群母、脂韵、三в。是，承纸切，禅母、支韵。纯训。

是声字谐端知章组，但"翘"有居企一切，见母重纽四等。"是"藏文同源词ɦgrig。① 故郑张－潘"是"拟为*glj-。

船~
例 16，吉：实。《释言语》：吉，实也，有善实也。

吉，居质切，入质见三 A 郑张－潘*kid。实，神质切，入质船三郑张－潘*gljig。

比较：室：实。《释宫室》：室，实也，人物实满其中也。

室，式质切，入质书三郑张－潘*qhljig。

王先慎曰：《说文》室，实也。《广雅》同。《曲礼正义》因其财物充实曰室，室之言实也。

《说文宀部》："室，实也。从宀、至声。室、屋皆从至所止也。"段注："大徐无'声'字，非也。古至读如质，至声字皆在十二部。"

绖：实。《释丧制》：绖，实也，伤摧之实也。

绖，徒结切，入屑定四郑张－潘*gliig。

毕沅曰：《丧服传》云：苴绖，麻之有蕡者也，苴绖大搹左本在下。郑注：麻在首在要皆曰绖，绖之言实也，明孝子有忠实之心，故为制此服焉。

---

① 参见潘悟云（2000：286）引梅祖麟 1983"跟见系谐声的照三系字"文。

"经之言实"云云，本《檀弓》文。

依段注"室"为"至"声，而"经"也为"至"声，于是有两个"至"声字都和"实"字声训。郑张-潘将"至"声字拟作舌根（小舌）音声母，与"实"字拟音也相合。

日：实。《释天》：日，实也，光明盛实也。

日，人质切，日母质韵三等。

《说文日部》："日，实也。"

王启原曰：《开元占经五》引《春秋元命苞》云：日之为言实也、节^{郑张-潘}*tsiig 也，含一开度立节，使物咸别，故谓之日。言阳布散如一，故其立字，四合共一者为日。《后汉书丁鸿传》鸿疏云：臣闻，日者阳精，守实不亏。是日之名义取于实，故经传或即以"实"为"日"。《孝经》故亲生之膝下以养父母。《释文》云：日者实也，日日行孝故无阙也，象日。《春秋传》：王室实蠢蠢焉，《说文》引"实"作"日"。《疏证补》

潘悟云（2000：318）拟「日」字的音为 *m·ljik > m·ljit > m·njit > n̠it。

沙加尔（1999：译本114）认为《释名》吉~实声训，"实"字他拟作 *bm-lit > zyit，故"吉"字可能带 *k-前缀 *ᵇk-lit > kjit。"结"在粤方言中山话里说成 khə-lit。他认为有些中古的 l- 来源于上古的 *l- 而不是 *r-，故有实：栗 *ᵇcə-lit > lit。（同上：译本141）词根同为 *lit（坚实）的"密" *ᵇmr-lit（Ⅲ），上古带中缀，中古演变为 m-。（同上：译本37）"实"字的构拟还有外部证据：泰语 let, mlet, ma-let（颗粒）。（同上：译本89）"日~实"声训似乎也跟沙氏的这一拟音很相宜。

例17，甽：吮。《释山》：山下根之受溜处曰甽。甽，吮也，吮得山之肥润也。

吮，徂究切，上仙从三郑张-潘 *sglonˑ；食尹切，上谆船三郑张-潘 *Gljunˑ。甽，姑泫切，上先见四郑张-潘 *kuunˑ。

比较：吮：循。《释饮食》：吮，循也，不绝口稍引滋汋，循咽而下也。

循，详遵切，平谆邪三郑张-潘 *sGlun。

参见"邪母"节。

例18，坤：顺。《释天》：《易》谓之坤。坤，顺也，上顺乾也。

坤，苦昆切，溪母魂韵一等郑张-潘 *khuun。顺，食闰切，船母谆韵三等郑张-潘*gjuns。

毕沅曰：《易系辞》：夫坤天下之至顺也。《象》曰：至哉坤元，万物资生乃顺承天。

郑张尚芳（1995）指出"顺"filjuns，使动式"驯"sfiljun（藏文srun$_{驯服}$）。拟音略有不同。

比较：顺：循。《释言语》：顺，循也，循其理也。

循，详遵切。

参见"邪母"节。

书 ~

例19，库：舍。《释宫室》：库，舍也，物所在之舍也，故齐鲁谓库曰舍也。

库，苦故切，去模溪一郑张-潘*khlaas。舍，始夜切，去麻书三。

毕沅曰：库读为舍，方言之异，非有两字也。后汉时有库钧，其先世为守库大夫，以官为氏者也。库字从广，《姓苑》乃改"广"从"厂"，是因有异音而变文以别异之，讹舛甚矣。《广韵》遂于《祃部》"舍"下附一"厂"下著"车"之字，音则是而文则非矣。《疏证补》

《广韵》"舍"始夜切下有：厍，又昌舍切。

"库"字上古音除了*khl-外，可能还有*khlj-/*qhlj-，后两音是《广韵》昌母和书母反切的来源。在"齐鲁"方言里可能读作后两音，故刘熙曰："齐鲁谓库曰舍。"

比较：车：舍。（车：居）《释车》：车，古者曰车声如居，言行所以居人也。今曰车声近舍。车，舍也，行者所处若居舍也。

车，尺遮切，昌母麻韵三等郑张-潘*khlja；九鱼切，见母鱼韵三等郑张-潘*kla。舍，始夜切，书母祃韵三等。居，九鱼切郑张-潘*ka。

叶德炯曰：《礼·曾子问》：天子以德为车。注：车，或作居。《释草》：望乘居。《释文》：居，本作车。《庄子·徐无鬼》：若乘日之车。《释文》元嘉本作居。此皆车音如居之证。《疏证补》

郑张先生指出：见母三等"车"是kla，昌母"车"是khljaa。可以比较缅文平行的同源词"象舆"ka，"纺车"khjaa。带l是因为"车"、"舆"*

la 是同源异式词。①

毕沅曰:《说文》:"舒"字舍声,"余"字舍省声。则"舍"字之音,古今不同。"舍"之古音,重读则如"庶",轻读则如"舒"。《诗·何人斯》第五章,舍与车、盱叶,是明证也。故"车"声近"舍",互详《辩释名》。

韦昭《辩释名》:车,古皆音尺奢反,后汉以来,始有居音。注:引见《诗·召南·释文》。案《唐韵·九麻》一部皆非古音。依古音,则麻韵之字,半入鱼、虞、模,半入歌、戈。汉末犹然。韦氏言车之古音尺奢反者,奢音同书,奢、书皆者声,尺奢犹尺书,其音近初,不入"麻"韵,与今人异读也。《疏证补》

《说文》:"库,兵车臧也。从车在广下。"疑"库"字亦车声。"车"字上古音为 *khlja/ *kla,"库"字上古音为 *khlaas/ *qljas/khljas,可证。

例20,呜:舒。《释言语》:呜,舒也,气愤懑,故发此声以舒写之也。

呜,哀都切,平模影一郑张-潘 *qaa。舒,伤鱼切,平鱼书三。

《予部》:舒,伸也。段注:经传或假"荼"或假"豫"郑张-潘*las。

潘悟云先生将"荼"字拟作 *grla。(潘悟云 2000:284)

比较:徐:舒。《释州国》:徐州,徐,舒也,土气舒缓也。

徐,似鱼切,邪母鱼韵三等郑张-潘 *lja。舒,伤鱼切。

尸:舒。《释丧制》:既定死曰尸。尸,舒也,骨节解舒,不复能自胜敛也。

尸,式脂切,平脂书三郑张-潘 *qhlji。舒,伤鱼切。

毕沅曰:《说文》尸,陈也。象卧之形。又尸字云:终主,从尸,外声。徐锴曰:主于身也。《初学记》《御览》引皆作"尸",经典却俱作"尸"。《白虎通》云:尸之为言陈郑张-潘*grliŋ(s)也,失气亡神形体独陈不复能。《疏证补》

如上所述,"舒"字拟作 *qhlj- 的证据有:①呜~舒声训。②假借"荼" *grl-(段说)。③"舒"声训"尸" *qhlj-;"尸"声训"陈" *grl-(《白虎通》)。

《予部》:舒,从予、舍声。段注:此依锴本,今锴本作"从舍、予声"者,浅人不知"舍"之古音而改之也。

《八部》:余,语之舒也。从八,舍省声。《予部》:予,推予也。段注:

---

① 参见郑张尚芳(1995)、《上古音系》。

予、与郑张－潘*k·la古今字。予我之予，《仪礼》古文《左氏传》皆作余，郑曰，余、予古今字。

"舒"字段氏认为是"舍"声。根据库～舍、车～舍声训，"舍"字也应拟作*qhlj－，和"舒"字一样。

例21，轻：胜。《释宫室》：楏，亭也，亭亭然孤立，旁无所依也。齐鲁读曰轻，轻，胜也，孤立独处，能胜任上重也。

轻，去盈切，溪母清韵三等郑张－潘*kheŋ。胜，识蒸切，书母蒸韵三等郑张－潘*lɯŋ。

"齐鲁读曰轻"，吴翊寅曰：吴校作：齐鲁谓楏曰轻。案此与齐鲁谓光为桄，齐人谓凉为惠，齐鲁谓库曰舍同例，当从之。《疏证补》

王先慎曰：《广韵》楏、轻在十四清，"亭"在十五青，青清同部，"胜"在十六蒸，与青、清部不通。段氏《音韵表》盈声、丁声、至声之字在十一部，朕声之字在六部。盖成国乡音"轻"字重读如"胜"，故分别释之。《疏证补》

比较：媵：承。《释亲属》：姪娣曰媵。媵，承也，承事嫡也。

媵，以证切，去蒸以三郑张－潘*lɯŋs；实证切，去蒸船三郑张－潘*ɢljɯŋs。承，署陵切，平蒸禅三郑张－潘*gjɯŋ。

先谦曰：《说文》无媵字，经文或借"腾"为之。然此字当有，疑《说文》脱也。《疏证补》

《说文马部》：腾，从马朕声。一曰牻马也。段注：上文牻马谓之骠，则是"腾"为"骠郑张－潘*ɕjɯŋ"之假借字也。亦有假"腾"为"乘"者，如《月令》累牛腾马，读乘匹之乘。

"胜"或可拟作*qhlj－。

例22，湿：浥。《释言语》：湿，浥也。

湿，失入切，入缉书三郑张－潘*qhljɯb。浥，于汲切，入缉影三B郑张－潘*qrɯb。

《水部》：浥，湿也。

例23，幼：少。《释长幼》：幼，少也，言生日少也。

幼，伊谬切，去幽影三郑张－潘*qriws。少，书沼切，上宵书三郑张－潘*hmljew。

《说文幺部》：幼，少也。

按照郑张－潘的构拟，"幼"、"少"两字上古声母并不近。《释名》中"少"字的声训还有：

少：小。《释形体》：又曰少腹，少，小也，比于脐以上为小也。

少，失照切，去宵书三郑张－潘 *hmljews。小，私兆切，上宵心三郑张－潘 *smew·。

叔：少。《释亲属》：叔，少也，幼者称也。叔亦俶也，见嫂俶然却退也。《释亲属》：仲父之弟曰叔父。叔，少也。

叔，式竹切，入屋书三郑张－潘 *qhljɯwg。少，失照切。俶，昌六切，昌母屋韵三等郑张－潘 *khljɯwg。

王先慎曰：《白虎通》叔者，少也。《疏证补》

我们把这些跟"少"字声训的声母排列一下：

少 *hmlj－ ～幼 *qr－

～小 *sm－

～叔 *qhlj－

它们的上古声母都不跟"少"字相近，这是一组略显特别的声训。

曰 ～

例1，齯：儿。《释长幼》：或曰齯齿，大齿落尽，更生细者如小儿齿也。

齯，五稽切，疑母齐韵四等郑张－潘 *ŋee。儿，汝移切，日母支韵三等郑张－潘 *ŋje。

"或曰齯齿"，苏舆曰：《御览人事二十四》引，"齯"作"儿"。毕沅曰：《诗閟宫》云：黄发儿齿。《说文》齯，老人儿齿也。《疏证补》

二、郑玄经传音注中跟舌根（唇）塞音接触的章组字除了"祁：是"一条前面已经举出外，还有下面两条：

例1，缮：劲。《礼记曲礼》："急缮其怒"郑注："缮读曰劲。"《周礼夏官叙官》"缮人"郑注："缮之言劲也，善也。"

纯训。缮，时战切，禅母，郑张－潘 djens<gj。劲，居正切，见母。

例2，喜：饎。《诗诗·豳风·七月》："田畯至喜"笺云："喜读为饎。饎，酒食也。"

谐训。喜，虚里切，晓母。饎，昌志切，昌母，郑张－潘 *khljɯs。

第二节　从舌齿音腭化来的章组字

Pulleyblank（1962-3）认为舌齿塞音的腭化不仅范围比舌根音广，而且更早。中古腭音对译印度腭音至迟发生在公元 2 世纪末，不过有明显的材料可以证明腭化在汉初尚未发生。Coblin 利用《说文》的材料，认为上古 tj- 一直保存到公元 1 世纪。Bodman 认为刘熙方言中的舌齿塞音在公元 2 世纪左右已经变作腭塞擦音了，这可从《释名》的 tśj- 组和 tsj- 组经常互作声训得到证明。（Bodman1954：30~；1980：210）

《释名》章组字和精组三等字声训的有：

章~

例1，终：尽。《释丧制》：老死曰寿终。寿，久也；终，尽也。生已久远，气终尽也。

纯训。终，职戎切，东韵章母。尽，慈忍切，ᶜ真韵从₌母。

例2，钟：聚。《释形体》：又谓之踵。踵，钟也。钟，聚也。体之所钟聚也。

纯训。钟，职容切，锺韵章母。聚，慈庾切，ᶜ虞韵从₌母；才句切，虞ᵓ韵从₌母。

按：这一条包拟古未收，从文意看可能是义训。

例3，洲：聚。《释水》：水中可居者曰洲。洲，聚也，人及鸟兽所聚息之处也。

纯训。洲，职流切，尤韵章母。聚，才句切，虞ᵓ韵从₌母；慈庾切，ᶜ虞韵从₌母。

例4，静：整。《释言语》：静，整也。

纯训。静，疾郢切，ᶜ清韵从₌母。整，之郢切，ᶜ清韵章母。

例5，墙：障。《释宫室》：墙，障也，所以自障蔽也。

纯训。墙，在良切，阳韵从₌母。障，之亮切，阳ᵓ韵章母。

例6，继：制。《释车》：继，制也，牵制之也。

纯训。继，私列切，薛韵心母。制，征例切，祭韵章母。

昌~

例7，耡：齿。《释用器》：耡，齿也，似齿断物也。

纯训。耡，详里切，ᶜ之韵邪母。齿，昌里切，ᶜ之韵昌母。

禅~

例8，啜：绝。《释饮食》：啜，绝也，乍啜而绝于口也。

纯训。啜，陟卫切，祭韵知母三等；尝芮切，祭韵禅母；殊雪切，薛韵禅母。绝，情雪切，薛韵从母三等。

例9，属：续。《释亲属》：属，续也，恩相连续也。

纯训。属，市玉切，烛韵禅母。续，似足切，烛韵邪母。

例10，祥：善。《释丧制》：期而小祥，亦祭名也，孝子除首服，服练冠也。祥，善也，加小善之饰也。又期而大祥，亦祭名也，孝子除縗服，服朝服缟冠，加大善之饰也。《释车》：羊车。羊，祥也。祥，善也。善饰之车，今犊车是也。

纯训。祥，似羊切，阳韵邪母。善，常演切，ᶜ仙韵禅母。

例11，袖：受。《释衣服》：袖，由也，手所由出入也。亦言受也，以受手也。

纯训。袖，似祐切，尤ᶜ韵邪母。受，殖酉切，ᶜ尤韵禅母。

船~

例12，船：循。《释船》：船，循也，循水而行也。

纯训。船，食川切，仙韵船母。循，详遵切，谆韵邪母。

例13，吮：循。《释饮食》：吮，循也，不绝口稍引滋汋，循咽而下也。

纯训。吮，食尹切，ᶜ谆韵船母；徂兖切，ᶜ仙韵从₌母。循，详遵切，谆韵邪母。

例14，顺：循。《释言语》：顺，循也，循其理也。

纯训。顺，食闰切，谆ᶜ韵船母。循，详遵切，谆韵邪母。

例15，叙：杼。《释典艺》：叙，杼也，杼泄其实，宣见之也。

纯训。叙，徐吕切，ᶜ鱼韵邪母。杼，神与切，ᶜ鱼韵船母。

例16，舌：泄。《释形体》：舌，泄也，舒泄所当言也。

纯训。舌，食列切，薛韵船母。泄，私列切，薛韵心母三等。

书~

例17，烧：燋。《释丧制》：死于火者曰烧。烧，燋也。

纯训。烧，式招切，宵韵书母。燋，即消切，宵韵精母三等。

例18，叔：踧。《释亲属》：叔，少也，幼者称也。叔亦俶也，见嫂俶然却退也。

谐训。叔，式竹切，屋韵书母。踧，子六切，屋韵精₃母。

按：苏舆曰："俶"与"踧"同，"俶然"犹云"踧然"。见《疏证补》包拟古（1954）作踧。

例19，束：促。《释言语》：束，促也，相促近也。

纯训。束，书玉切，烛韵书母。促，七玉切，烛韵清₃母。

例20，少：小。《释形体》：又曰少腹，少，小也，比于脐以上为小也。

纯训。少，失照切，宵ᵓ韵书母。小，私兆切，ᶜ宵韵心母三等。

例21，始：息。《释言语》：始，息也，言滋息也。

纯训。始，诗止切，ᶜ之韵书母。息，相即切，职韵心母三等。

例22，弑：伺。《释丧制》：下杀上曰弑。弑，伺也，伺间而后得施也。

纯训。弑，式吏切，之ᵓ韵书母。伺，相吏切，之ᵓ韵心₃母；息兹切，之韵心₃母。

例23，手：须。《释形体》：手，须也，事业之所须也。

纯训。手，书九切，ᶜ尤韵书母。须，相俞切，虞韵心₃母。

例24，膝：伸。《释形体》：膝，伸也，可屈伸也。

纯训。膝，息七切，质韵心₃母。伸，失人切，真韵书母。

例25，信：申。《释言语》：信，申也，言以相申束，使不相违也。

纯训。信，息晋切，真ᵓ韵心₃母。申，失人切，真韵书母。

例26，席：释。《释床帐》：席，释也，可卷可释也。

纯训。席，祥易切，昔韵邪母。释，施只切，昔韵书母。

例27，徐：舒。《释州国》：徐州，徐，舒也，土气舒缓也。

谐训（？）。徐，似鱼切，鱼韵邪母。舒，伤鱼切，鱼韵书母。

包拟古通过章组字与精组三等字声训证明章组字已经腭化，这种方法是有一点问题的。因为精组三等字并没有腭化的情况发生。更何况，章组和端组也有声训。

章~

例1，旳：灼。《释首饰》：以丹注面曰旳。旳，灼也。此本天子诸侯群妾当以次进御，其有月事者止而不御，重以口说，故注此丹于面，灼然为识，女史见之，则不书其名于第录也。

谐训。旳，丁历切，锡韵端母四等。灼，之若切，药韵章母。

例2，冬：终。《释天》：冬，终也，物终成也。

谐训。冬，都宗切，冬韵端母一等。终，职戎切，东韵章母。

例3，汁：渧。《释形体》：汁，渧也，渧渧然而出也。

纯训。汁，之入切，缉韵章母。渧，他计切，齐ᶜ韵透母四等；他礼切，ᶜ齐韵透母四等。

按：先谦曰：吴校渧、汁二字互乙，删上"也"字。见《疏证补》如按"吴校"则应为渧~渧声训。

例4，朡：团。《释形体》：膝头曰朡。朡，团也。因形团而名之也。

谐训。朡，市兖切，ᶜ仙韵禅母；旨兖切，ᶜ仙韵章母。团，度官切，桓韵定母一等。

按："朡，团也"毕沅曰：团，今本作"围"，《御览》引作"圆"，案下文是"团"字。《疏证补》

昌~

例5，出：推。《释言语》：出，推也，推而前也。

纯训。出，赤律切，术韵昌母。推，他回切，灰韵透母一等。

例6，喘：湍。《释疾病》：喘，湍也；湍，疾也。气出入湍疾也。

谐训。喘，昌兖切，ᶜ仙韵昌母。湍，他端切，桓韵透母一等。

例7，醓：沈。《释饮食》：醓多汁者曰醓。醓，沈也，宋鲁人皆谓汁为沈。

纯训。醓，他感切集韵，ᶜ覃韵透母一等。沈，昌枕切，ᶜ侵韵昌母。

禅~

例8，圌：团。《释宫室》：圌，以草作之，团团然也。

纯训。圌，市缘切，仙韵禅母。团，度官切，桓韵定母一等。

例9，谁：推。《释言语》：谁，推也，有推择，言不能一也。

谐训。谁，视佳切，脂韵禅母。推，他回切，灰韵透母一等。

例10，蝃：蝀。《释天》：虹，又曰蝃蝀。其见，每于日在西而见于东，蝀饮东方之水气也。

谐训。蝃，都计切，齐ᶜ韵端母四等。蝀，昌悦切，薛韵昌母；殊雪切，薛韵禅母；陟卫切，祭韵知母三等；尝芮切，祭韵禅母。

船～

例11，盾：遁。《释兵》：盾，遁也，跪其后避刃以隐遁也。

纯训。盾，食尹切，³谆韵船母。遁，徒困切，魂³韵定母一等；徒损切，³魂韵定母一等。

例12，甸：乘。《释州国》：四丘为甸。甸，乘也，出兵车一乘。

纯训。甸，堂练切，先³韵定母四等。乘，实证切，蒸³韵船母。

例13，绖：实。《释丧制》：绖，实也，伤摧之实也。

纯训。绖，徒结切，屑韵定母四等。实，神质切，质韵船母。

书～

例14，登：升。《释姿容》：乘，升也，登亦如之也。

纯训。登，都滕切，登韵端母一等。升，识蒸切，蒸韵书母。

按：叶德炯曰：《释诂》登，升也。《疏证补》《说文斗部》："升，十合器也。"段注：古经传登多作升，古文假借也。礼经注曰，布八十缕为升，升字当为登，今之礼皆为升，俗误已行久矣。按今俗所用又作陞。经有言升不言登者，如周易是也；有言登不言升者，左传是也。

章组字不但跟端组字声训，而且还跟知组字声训。

章～

例1，冢：肿。《释山》：山顶曰冢。冢，肿也，言肿起也。

纯训。冢，知陇切，ᶜ钟韵知母三等。肿，之陇切，ᶜ钟韵章母。

例2，肘：注。《释形体》：肘，注也，可隐注也。

纯训。肘，陟柳切，ᶜ尤韵知母三等。注，之戍切，虞³韵章母。

例3，胗：展。《释疾病》：胗，展也，痒搔之捷展起也。

纯训。胗，章忍切，ᶜ真韵章母。展，知演切，ᶜ仙韵知母三等。

例4，疹：诊。《释疾病》：疹，诊也，有结聚可得诊见也。

谐训。疹，章忍切，ᶜ真韵章母。诊，直刃切，真³韵澄母三等；章忍切。

例5，诸：储。《释饮食》：桃诸，藏桃也。诸，储也。藏以为储，待给冬月用之也。

谐训。诸，章鱼切，鱼韵章母。储，直鱼切，鱼韵澄母三等。

昌～

例6，趌：赤。《释首饰》：趌粉，趌，赤也，染粉使赤以著颊上也。

纯训。趌，丑贞切，清韵彻母三等。赤，昌石切，昔韵昌母。

例7，蚩：痴。《释姿容》：蚩，痴也。

纯训。蚩，赤之切，之韵昌母。痴，丑之切，之韵彻母三等。

例8，椎：推。《释用器》：椎，推也。

谐训。椎，直追切，脂韵澄母三等。推，尺隹切，脂韵昌母。

禅～

例9，啜：惙。《释言语》：啜，惙也，心有所念，惙然发此声也。

谐训。啜，尝芮切，祭韵禅母；陟卫切，祭韵知母三等；殊雪切，薛韵禅母；昌悦切，薛韵昌母。惙，陟劣切，薛韵知母三等。

例10，汋：泽。《释形体》：汋，泽也，有润泽也。

纯训。汋，市若切，药韵禅母；士角切，觉韵崇母二等。泽，场伯切，陌韵澄母二等。

船～

例11，痔：食。《释疾病》：痔，食也，虫食之也。

纯训。痔，直里切，之韵澄母三等。食，乘力切，职韵船母。

书～

例12，蹑：摄。《释姿容》：蹑，摄也，登其上使其摄服也。

谐训。蹑，尼辄切，叶韵娘母三等。摄，书涉切，叶韵书母。

例13，镊：摄。《释首饰》：镊，摄也，摄取发也。

谐训。镊，尼辄切，叶韵娘母三等。摄，书涉切，叶韵书母。

例14，舂：撞。《释乐器》：舂牍。舂，撞也。牍，筑也。以舂筑地为节也。

纯训。舂，书容切，钟韵书母。撞，直绛切，江韵澄母二等；宅江切，江韵澄母二等。

例15，书：著。《释书契》：书，庶也，纪庶物也。亦言著也，著之简纸永不灭也。

谐训。书，伤鱼切，鱼韵书母。著，陟虑切，鱼韵知母三等。

从上面的材料来看，与其说《释名》章组舌齿音字已经腭化，还不如说它们还没有腭化，最多只是喻化了而已。

第十一章　舌齿鼻音声母

清末，章太炎提出古音娘日二纽归泥。① 高本汉（1915–1926/1940）认为一、二、四等为一类，是泥母 n-；三等为一类，是娘母 nj-。董同和（1944）也认为泥娘同出一源，而与日母不同，故章氏的结论只有一半可信。

罗常培（1931b）主张泥、娘有别。Pulleyblank（1962–3）认为中古存在舌齿、舌面和卷舌的鼻音 n、ɲ、ṇ，它们与上古舌齿塞音的变化类似，来自上古简单的舌齿鼻音。即 ni̯ > ɲi；nl > ṇ。李方桂（1971）的观点与蒲立本基本相同，他认为 *nr- > ṇ-（娘母）。邵荣芬（1982c）比较详细地论证了泥、娘之间的区别。

—

《释名》泥母和泥母声训：

例，弩：怒。《释兵》：弩，怒也，有执怒也。

谐训。弩，奴古切，⸂模韵泥母一等。怒，奴古切；乃故切，模⸃韵泥母一等。

娘母和娘母声训：

例，铙：譊。《释乐器》：铙，声譊譊也。

谐训。铙，女交切，肴韵娘母二等。譊，女交切。

按：孙诒让曰：案《通典乐部四》引作：声譊譊也，是当据正。《疏证补》包拟古（1954）亦作譊。

---

① 见《古音娘日二纽归泥说》。

泥母和娘母声训：

例1，臡：昵。《释饮食》：醢有骨者曰臡。臡，昵也，骨肉相傅昵，无汁也。

纯训。臡，奴低切，齐韵泥母四等。昵，尼质切，质韵娘母三等。

例2，念：黏。《释言语》：念，黏也，意相亲爱，心黏著不能忘也。

纯训。念，奴店切，添²韵泥母四等。黏，女廉切，盐韵娘母三等。

例3，拈：黏。《释姿容》：拈，黏也，两指禽之黏著不放也。

谐训。拈，奴兼切，添韵泥母四等。黏，女廉切，盐韵娘母三等。

例4，脓：䚡。《释形体》：脓，䚡也，汁䚡厚也。

谐训。脓，奴冬切，冬韵泥母一等。䚡，女容切，钟韵娘母三等。

从泥母和娘母相互之间的声训来看，它们似乎没有什么区别。但是，泥母和端组字有一例声训，而和知组字没有声训：

例，难：惮。《释言语》：难，惮也，人所忌惮也。

纯训。难，那干切，寒韵泥母。惮，徒案切，寒²韵定母。

娘母和知组字有一例声训，而和端组字没有声训：

例，丑：纽。《释天》：丑，纽也，寒气自屈纽也。

谐训。丑，敕久切，²尤韵彻母三等。纽，女久切，²尤韵娘母三等。

从泥、娘二母跟端、知组字的关系来看，泥母和娘母之间应该还有一些区别的。

二

《释名》日母和泥母声训：

例，溺：弱。《释丧制》：死于水者曰溺。溺，弱也，不能自胜之言也。

谐训。溺，奴历切，锡韵泥母四等。弱，而灼切，药韵日母。

例，泥：迩。《释宫室》：泥，迩也。迩，近也。以水沃土，使相黏近也。

纯训。泥，奴低切，齐韵泥母四等。迩，儿氏切，²支韵日母。

例，男：任。《释长幼》：男，任也，典任事也。

纯训。男，那含切，覃韵泥母一等。任，汝鸩切，侵²韵日母。

例，襦：暖。《释衣服》：襦，暖也，言温暖也。

谐训。襦，人朱切，虞韵日母。暖，乃管切，ᶜ桓韵泥母一等。

例，入：内。《释言语》：入，内也，内使还也。

纯训。入，人执切，缉韵日母。内，奴对切，灰ᵈ韵泥母一等。

按：毕沅曰：内，本皆作"纳"。案：《说文》入，内也。内，入也，从冂自外而入也。其《纟部》云：纳，丝湿纳纳也。然则"纳"乃别是一义，此当作"内"。。《疏证补》包拟古作纳。

日母和娘母声训：

例，女：如。《释长幼》：女，如也，妇人外成如人也。故三从之义，少如父教，嫁如夫命，老如子言。

谐训。女，尼吕切，ᶜ鱼韵娘母三等。如，人恕切，鱼ᵈ韵日母；人诸切，鱼韵日母。

例，尔：昵。《释典艺》：《尔雅》，尔，昵也；昵，近也。雅，义也；义，正也。五方之言不同，皆以近正为主也。

纯训。尔，儿氏切，ᶜ支韵日母。昵，尼质切，质韵娘母三等。

例，辱：衂。《释言语》：辱，衂也，言折衂也。

纯训。辱，而蜀切，烛韵日母。衂，女六切，屋韵娘母三等。

例，弱：衂。《释言语》：弱，衂也，又言委也。

纯训。弱，而灼切，药韵日母。衂，女六切，屋韵娘母三等；如六切，屋韵日母。

日母和泥母、娘母都有一定数量的声训，日母和娘母的声训都是和娘母三等字，与舌齿塞音声母相似，日母应该也没有腭化，所以它能跟泥母字相训。娘母三等和日母也非常接近。

三

郑玄的日母和泥母的音训：

例，而：能。《易屯释文》："'而不宁'郑读而曰能。能犹安也。"纯训。而，如之切，日母之韵。能，奴代切，泥母咍ᵈ韵。

例，芮：内。《诗经·大雅·公刘》"芮鞫之即"笺云："芮之言内也。"谐训。芮，而锐切，日母祭韵。内，奴对切，泥母灰ᵈ韵。

第十二章 边音：以母以及和以母有密切关系的几个声母

第一节 以 母

曾运乾（1928）尝论证喻母四等古隶舌声定母，即"喻四归定"说。李方桂（1971）提出以母为闪音 * r -。蒲立本（1962 - 3）将以母拟作 * ð -，后来（1973）改作 * l -。Bodman（1980），Pulleyblank（1984）认为一、四等的 * l - 变作中古定母，二等变作中古澄母。潘悟云（2000：272）先生认为定（透澄彻）母可分为两类，一类与端、知母谐声，另一类和以母谐声。他认为不是以母来自 d -，而是这些与以母谐声的定母字原来和以母一样是 l -。到后来，一、二、四等的 l - 变为定母 d -，三等的 l - 变为以母 j -。

定（透澄彻）母和端知母谐声的我们可以称之为 1 类，和以母谐声的我们可以称之为 2 类。以母的演变律是 * l - > ʎ - > j -，定母 2 的演变律是 * l - > ɾ - > d -，定母 1 的演变律是 * d - > d -（不变）。以母和定母 1 语音相差很大，似乎不该声训。

请看《释名》中以母和定母等声训的例子。

例1，《释天》：于《易》为兑，兑，说也，物得备足皆喜说也。

兑，杜外切，去泰定一。郑张 - 潘 * loods。说，弋雪切，入薛以三。郑张 - 潘 * lod。

兑、说谐声，兑字属定母2。

例2，《释山》：山旁陇间曰涌。涌犹桶，桶狭而长也。

涌，余陇切，上钟以三。桶，徒摠切，上东定一；他孔切，上东透一。

涌、桶谐声，桶字属定母2。

例3，《释饮食》：醳酒，久酿酉泽也。

醳，羊益切，入昔以三。泽，场伯切，入陌澄二。

醳、泽二字谐声，泽字属澄母2。

可参考下列声训：

《释形体》：汋，泽也，有润泽也。

汋，市若切，入药禅三；士角切，入觉崇二。泽，场伯切，入陌澄二。

《释饮食》：酪，泽也，乳汁所作使人肥泽也。

酪，卢各切，入铎来一。泽，场伯切，入陌澄二。

以上三例均是以母字和定母2类字声训，且都是谐声声训。也因为都是谐声声训，当然不可能为定母1类字——定母1类字是不和以母字谐声的那类。

例4，《释亲属》：妻之姊妹曰姨。姨，弟也，言与己妻相长弟也。

姨，以母。弟，定母郑张－潘 *liils/ *liil·。

弟声字谐声系列既没有以母字也没有端知母字，似乎无法从谐声判断是定1还是定2。郑张－潘是拟为定2的。《释名》中弟声字的声训还有：弟：弟。娣：弟。悌：弟。绨：缇。这几条或为本字声训或为谐声声训，说服力比较欠缺。

《释书契》：书称题。题，谛也，审谛其名号也。亦言第，因其第次也。

题，杜奚切，平齐定四郑张－潘 *g·lee。第，特计切，去齐定四郑张－潘 *liils。

是声字谐端母，不谐以母，但谐声系列中有见母字，故郑张－潘拟为 *g·l－。

《释宫室》：阶，梯也，如梯之有等差也。

阶，古谐切，平皆见二郑张－潘 *krii。梯，土鸡切，平齐透四郑张－潘 *liil。

《释形体》：体，第也，骨肉毛血表里大小相次第也。

体，他礼切，上齐透四。第，特计切。

豊声字谐透母来母，既无端母也无以母。

《释形体》：汁，涕也，涕涕然而出也。

汁，之入切，入缉章三。涕，他计切，去齐透四；他礼切，上齐透四。

此条可商，参"校议"。

从这些声训来看，郑张－潘将弟字定为定2可从。

例5，《释宫室》：楹，亭也，亭亭然孤立，旁无所依也。齐鲁读曰轻。轻，胜也，孤立独处，能胜任上重也。

楹，以母郑张－潘 *leŋ。亭，定母郑张－潘 *deeŋ。

丁声字和端知母谐声，不和以母谐声，"亭"字当属定母1。这是唯一一条可确定是以母字和定母1类字声训的例子。这两母上古为 *l-～*d-，汉代为 ʎ-～d-，上古比汉代要接近一些。

以母字和端知母字没有声训。从谐声来看，以母和端母的关系比以母和定母疏远，《释名》声训的情况和谐声反映出来的现象完全一致，这说明《释名》声训材料的古老性。

第二节 邪 母

一、李方桂（1971）提出邪母的演变律为：上古 *r+j- > 中古 zj-。梅祖麟（1981）把 *rj- 改为 *lj-。邪母与以母谐声关系密切，两母又都只出现于三等，既然以母是 *l-，剩下来可供邪母拟音的就只有 *lj- 了。（潘悟云 2000：287）

潘悟云（2000：311）又有如下演变律：*sG(l)- > *sɦ- > M.z-。以邪声训甚多。

例1，《释兵》：其旁鼻曰镡，镡，寻也，带所贯寻也。

镡，徐林切，邪母郑张－潘 *sGlum；徒含切，定母郑张－潘 *g·luum；余针切，以母郑张－潘 *k·lum。《说文》："覃，咸省声。"故郑张－潘拟有舌根音。

寻，徐林切郑张－潘 *ljum。

例2，《释衣服》：袖，由也，手所由出入也。亦言受也，以受手也。

袖，似祐切，邪母郑张－潘 *ljiwgs。由，以周切，以母郑张－潘 *liw。

袖、由谐声。比较有趣的是"受"字：殖酉切，禅母郑张－潘 *djuʔ。袖～受：*lj-～*dj-。

例3，《释车》：羊车，羊，祥也。祥，善也。善饰之车，今犊车是也。

羊，与章切，平阳以三郑张－潘＊k·laŋ。祥，似羊切，平阳邪三郑张－潘＊sGlaŋ。

羊、祥谐声，该谐声系列有见组字，故郑张－潘拟有舌根音。

例4，《释言语》：翔，佯也，言仿佯也。

翔，似羊切，平阳邪三郑张－潘＊sGlaŋ。佯，与章切，平阳以三郑张－潘＊kGlaŋ。

例5，《释饮食》：饧，洋也，煮米消烂洋洋然也。

饧，徐盈切，平清邪三郑张－潘＊sGleŋ。洋，与章切，平阳以三郑张－潘＊klaŋ。

《说文食部》：饧，从食昜声。段注：各本篆作餳，云易声，今正。按錫从昜声，故音阳亦音唐，在十部。《释名》曰，饧，洋也。李轨《周礼》音唐是也。其《陆氏音义》《周礼》辞盈反，《毛诗》夕清反，因之《唐韵》徐盈切，此十部音转入于十一部，如行庚觥等字之入庚韵。郭璞《三仓解诂》曰，杨音盈，协韵。晋灼《汉书音义》反杨恽为由婴，其理正同耳。浅人乃易其鰖声之偏旁。《玉篇》《广韵》皆误从易。然《玉篇》曰：餳，徒当切。《广韵》十一唐曰：糖，饴也。十四清曰：饧，饴也。皆可使学者知饧、糖一字，不当从易。至于《集韵》始以饧入唐韵，饧入清韵，划分二字，使人真雁不分，其误更甚，犹赖《类篇》正之。饧古音如洋，语之转如唐。故《方言》曰，饧谓之餹。郭云江东皆言糖，音唐。

段氏的辨正指出"饧"即"糖"。按唐、庚谐声，故郑张－潘拟"糖"音为＊g·laaŋ。饧、糖上古皆有舌根音。

例6，《释言语》：俗，欲也，俗人所欲也。

俗，似足切，邪母郑张－潘sGlog。欲，余蜀切，以母郑张－潘＊k·log。

《人部》：俗，习也。段注：以双声为训。郑张－潘＊sGlɯb"习"。段说有理。

例7，《释言语》：颂，容也，叙说其成功之形容也。

颂，似用切，邪母郑张－潘＊sGloŋs。容，余封切，以母郑张－潘＊k·loŋ。

例8，《释天》：巳，已也，阳气毕布已也。

巳，详里切，邪母郑张－潘＊sGlɯ·。已，羊己切，以母郑张－潘＊k·lɯ·。

例9，《释天》：殷曰祀，祀，巳也，新气升，故气已也。

祀，详里切，邪母郑张－潘＊sGlɯ·。巳，羊吏切，以母郑张－潘＊k·lɯs。

例10，《释水》：水决复入为氾。氾，已也，如出有所为，毕已而还入也。

氾，详里切，邪母郑张－潘＊sɢluɯˀ。已，羊吏切郑张－潘＊kˑlɯs。

二、邪母和精组不同，这已由谐声分析所证明。《释名》声训邪母字与精组字的密切程度也不如邪母字与以母字的密切程度。

邪～精

例1，《释形体》：足，续也，言续胫也。

足，即玉切，入烛精三郑张－潘＊tsoɡ。续，似足切，入烛邪三郑张－潘＊sɢloɡ。

《释名》中"续"字声训还有一例：

《释亲属》：属，续也，恩相连续也。

属，市玉切，入烛禅三郑张－潘＊djoɡ。续，似足切。

例2，《释丧制》：衣尸曰袭。袭，匝也，以衣周匝，覆衣之也。

袭，似入切，入缉邪三。匝，子答切，入合精一郑张－潘＊tsuub。

此条参见例4。

邪～从

例3，《释饮食》：吮，循也，不绝口稍引滋汋，循咽而下也。

吮，食尹切，上谆船三郑张－潘＊ɢljunˀ；徂兖切，上仙从三郑张－潘＊sɢlonˀ。循，详遵切，平谆邪三郑张－潘＊sɢlun。

《释名》中吮字、循字声训还有：

《释山》：山下根之受溜处曰甽。甽，吮也，吮得山之肥润也。

吮，徂兖切；食尹切。甽，姑泫切，上先见四郑张－潘＊kuunˀ。

"吮"字正和见母字声训，郑张－潘将其声母拟作舌根音可从。

《释船》：船，循也，循水而行也。

船，食川切，平仙船三郑张－潘＊ɢljon。循，详遵切。

"船"字上古音声母郑张－潘拟有ɢ，正如"循"字亦拟有ɢ。

《释言语》：顺，循也，循其理也。

顺，食闰切，去谆船三郑张－潘＊ɢjuns。循，详遵切。

"顺"字上古音声母郑张－潘亦拟有ɢ。

邪～心

例4，《释衣服》：靸韦，履深头者之名也。靸，袭也，以其深袭覆足也。

靸，私盍切，入盍心—郑张-潘 *sqaab。袭，似入切。

除了本例和例2，《释名》中"袭"字声训还有：

《释衣服》：褶，袭也，覆上之言也。

褶，徒协切，入帖定四郑张-潘 *gˑlɯɯb。袭，似入切。

皮锡瑞曰：《周礼贾师》注：故书"袭"为"习"，杜子春云：当为"袭"。《仪礼士丧礼》禭者以褶，则必有裳。注：古文"褶"为"袭"。《左传》哀十年卜不袭吉。东晋古文《尚书》作"习"。《玉篇》䙊，古"袭"字。

习，似入切，郑张-潘 *sɢlɯb。袭字是否也应拟作 *sɢlɯb？

第三节 书 母

根据潘悟云（2001）"表六"的统计，书母和以母的谐声关系十分密切，故他将短元音前的清流音 *l̥- 拟作书母的来源。然而值得注意的是，《释名》中没有找到书母字和以母字的声训。不过书母和邪母的声训是有的：

例1，《释牀床》：席，释也，可卷可释也。

席，祥易切，邪母昔韵。郑张-潘 *sɢljag。

释，施只切，书母昔韵。郑张-潘似拟成 *l̥ag。

例2，《释州国》：徐州，徐，舒也，土气舒缓也。

徐，似鱼切，邪母鱼韵。郑张-潘 * lja。

舒，伤鱼切，书母鱼韵。郑张-潘似拟成 *l̥a。

但是据呜～舒、尸～舒声训，"舒"字又似应拟作 *qhlja。

第四节 禅母和船母

一、禅母和船母的同与异

A. 高本汉（1915 – 1926/1940）认为，船禅在反切出现以前的一个时期只是一个单独的浊塞擦音声母,后来有些字发展为浊擦音(禅),有些字还是塞擦音(船)。李方桂(1971)也认为床禅两母有同一的来源,而切韵系统的分床禅两母似乎有收集方音材料而定为雅言的嫌疑。故上古 *d+j- > 中古床三 dẑ-,或者禅ẑ-。

陆志韦(1947)认为等韵床₃跟禅的地位颠倒了。Pulleyblank(1962-3)也认为禅母是塞擦音 M. dẑ,船母是擦音 M. ẑ。持此观点的还有邵荣芬(1982c)。

在《释名》中,船母的例子比禅母少,但船母和禅母声训却与船母和船母的声训一样多。

例,食:殖。《释饮食》:食,殖也,所以自生殖也。

纯训。食,乘力切,职韵船母。殖,常职切,职韵禅母。

例,媵:承。《释亲属》:姪娣曰媵。媵,承也,承事嫡也。

纯训。媵,以证切,蒸ᶜ韵以母;实证切,蒸ᶜ韵船母。承,署陵切,蒸韵禅母。

此外,船母和禅母都跟以、邪母相通。禅母通以母:

例,轺:遥。《释车》:轺车,轺,遥也;遥,远也。四向远望之车也。

纯训。轺,市昭切,宵韵禅母;余昭切,宵韵以母。遥,余昭切。

例,署:予。《释书契》:书文书检曰署。署,予也,题所予者官号也。

纯训。署,常恕切,鱼ᶜ韵禅母。予,余吕切,ᶜ鱼韵以母。

例,肾:引。《释形体》:肾,引也,肾属水,主引水气灌注诸脉也。

纯训。肾,时忍切,ᶜ真韵禅母。引,羊晋切,真ᶜ韵以母;余忍切,ᶜ真韵以母。

例,善:演。《释言语》:善,演也,演尽物理也。

纯训。善,常演切,ᶜ仙韵禅母。演,以浅切,ᶜ仙韵以母。

例,媵:承。《释亲属》:姪娣曰媵。媵,承也,承事嫡也。

纯训。媵,以证切,蒸ᶜ韵以母;实证切,蒸ᶜ韵船母。承,署陵切,蒸韵禅母。

例,铤:延。《释兵》:铤,延也,达也,去此至彼之言也。

谐训。铤,市连切,仙韵禅母;以然切,仙韵以母。延,以然切。

例,夷:常。《释兵》:夷矛,夷,常也。其矜长丈六尺。不言常而曰夷者,言其可夷灭敌,亦车上所持也。

纯训。夷，以脂切，脂韵以母。常，市羊切，阳韵禅母。

按：吴翊寅曰：吴校删"夷常也"。案，此三字当在"不言常"上，不当删。《疏证补》此条可商。

禅母通邪母：

例，属：续。《释亲属》：属，续也，恩相连续也。

纯训。属，市玉切，烛韵禅母。续，似足切，烛韵邪母。

例，袖：受。《释衣服》：袖，由也，手所由出入也。亦言受也，以受手也。

纯训。袖，似祐切，尤ʳ韵邪母。受，殖酉切，ᶜ尤韵禅母。

例，祥：善。《释丧制》：期而小祥，亦祭名也，孝子除首服，服练冠也。祥，善也，加小善之饰也。又期而大祥，亦祭名也，孝子除缞服，服朝服缟冠，加大善之饰也。《释车》：羊车。羊，祥也。祥，善也。善饰之车，今犊车是也。

纯训。祥，似羊切，阳韵邪母。善，常演切，ᶜ仙韵禅母。

要说禅母和船母有什么不同的话，那么，禅母字跟章母字大量声训而船母字从不跟章母字声训，这一点，还显得比较突出。

例，誓：制。《释言语》：誓，制也，以拘制之也。

纯训。誓，时制切，祭韵禅母。制，征例切，祭韵章母。

例，孰：祝。《释亲属》：荆豫人谓长妇曰孰。孰，祝也。祝，始也。

纯训。孰，殊六切，屋韵禅母。祝，之六切，屋韵章母。

例，埴：臌。《释地》：土黄而细密曰埴。埴，臌也，黏昵如脂之臌也。

纯训。埴，昌志切，之ʳ韵昌母；常职切，职韵禅母。臌，之翼切，职韵章母。

按：毕沅曰：今本"臌"作"腻"，据《庄子马蹄篇释文》引作"臌"，之食反。《一切经音义》三引，一引作"腻"，一引作"臌"，一引作"（左土右戠）"。"臌"是也，余皆讹。疏证补

例，裳：障。《释衣服》：下曰裳。裳，障也，所以自障蔽也。

纯训。裳，市羊切，阳韵禅母。障，之亮切，阳ʳ韵章母。

例，褟：属。《释衣服》：褟，属也，衣裳上下相联属也。

谐训。褟，市玉切，烛韵禅母。属，之欲切，烛韵章母。

B. 下面将郑玄的船母、禅母与以、邪、章母的音注做一比较。

禅~以

慎：引。《礼记檀弓》："其慎也"郑注："慎当为引，礼家读然，声之误也。"纯训。慎，时刃切，禅母真$^{?}$韵。引，余忍切，以母^{c}真韵。

禅~章

酬：周。《仪礼乡饮酒礼》："主人实觯酬宾"郑注："酬，劝酒也。酬之言周，忠信为周。"纯训。酬，市流切，禅母尤韵。周，职流切，章母尤韵。

船~邪

食：嗣。《诗丘中有麻释文》："'来食'一云郑音嗣。"纯训。食，乘力切，船母职韵。嗣，祥吏切，邪母之$^{?}$韵。

术：遂。《礼记学记》："术有序"郑注："术当为遂，声之误也。"纯训。术，食聿切，船母术韵。遂，徐醉切，邪母脂$^{?}$韵。

船~以

射：亦。《易井释文》："'射'郑王肃皆音亦。云，厌也。"纯训。射，神夜切，船母麻$^{?}$韵。亦，羊益切，以母昔韵。

神：引。《礼记礼运》"列于鬼神"郑注："神者引物而出。"纯训。神，食邻切，船母真韵。引，余忍切，以母^{c}真韵。

船~章

实：至。《礼记杂记》"使某实"郑注："实当为至，此读周秦之人声之误也。"纯训。实，神质切，船母质韵。至，脂利切，章母脂$^{?}$韵。

虽然例子不多，但船母的例子本就比禅母少得多，故其通以、邪母的情形还是很明显的。

二、禅母

潘悟云（2001）将长元音前的 *lj - 暂定变作中古禅母。这样的例子似乎非常少，《释名》中禅母字和以母字的声训虽然不算少，但是只有下面这一条的禅母可能来自 *lj - ：

埏，《释兵》：埏，延也，达也，去此至彼之言也。

埏，市连切，平仙禅三郑张 - 潘 *ljaan；以然切，平仙以三郑张 - 潘 *lan。延，以然切郑张 - 潘 *lan。二字同声符。

潘悟云（2001）还将短元音前的 *lj - 拟作中古心母的来源之一，《释名》中似乎找不到有关的例子。心母还可以来自 *sl-，参见本文"咝冠音"一节的内容。

三、船母

潘悟云先生将大多数的船母拟作 *ɡlj- > *ɦlj- > M.ʑ-，"*ɡlj-的词根是 *l-，所以能与以母谐声"。（潘悟云 2001）

Sagart（1999：译本 89）指出，词根声首 *l-前，一、四等音节的演变式为 *m-l- > m-，三等的演变式为 *m-l- > zy-。三等音变是 Schuessler（1989）首次发现的。

例 1，《释书契》：笔，述也，述事而书之也。

笔，鄙密切，帮母质韵重纽三等郑张-潘 *prud。述，食聿切，船母术韵三等郑张-潘 *ɡljud。

比较：《释言语》：说，述也，宣述人意也。

说，失爇切，书母薛韵三等郑张-潘 *l̥od。

《释水》：人所为之曰潏。潏，术也，偃水使郁术也，鱼梁水碓之谓也。

潏，食聿切，入术船三郑张-潘 *ɡwljid。术，食聿切郑张-潘 *ɡljud。

沙加尔（1999）指出："聿"（ɕə-）lut > ywit 的"随着、于是"义属于词根为 *lut（跟随）的词族。同族词有：

"述" *ᵇm-lut > zywit，"钛" *ᵇm-lut > zywit，"秫" *ᵇm-lut：原始苗语（王辅世 1979）*mləᴅ（黏［稻］）；

"遹" *ᵇ（ɕə）-lut > ywit。（参见译本 48，89，95）

沙加尔的构拟对于本条声训来说显得很有吸引力。

例 2，《释天》：日，实也，光明盛实也。

日，人质切，日母质韵。实，神质切，入质船三郑张-潘 *ɡljig。

《说文日部》："日，实也。"

王启原曰：《开元占经五》引《春秋元命苞》云：日之为言实也、节郑张-潘 *tsiig 也，含一开度立节，使物咸别，故谓之日。言阳布散如一，故其立字，四合共一者为日。《后汉书·丁鸿传》鸿疏云：臣闻，日者阳精，守实不亏。是日之名义取于实，故经传或即以"实"为"日"。《孝经》故亲生之膝下以养父母。《释文》云：日者实也，日日行孝故无阙也，象日。《春秋

传》：王室实蠢蠢焉，《说文》引"实"作"日"。《疏证补》

潘悟云（2000：318）拟"日"字的音为 ∗m·ljik > m·ljit > m·njit > ȵit。

比较：《释言语》：吉，实也，有善实也。

吉，居质切，入质见三A，郑张-潘 ∗kid。

《释宫室》：室，实也，人物实满其中也。

室，式质切，入质书三郑张-潘 ∗qhljig。

王先慎曰：《说文》室，实也。《广雅》同。《曲礼正义》因其财物充实曰室，室之言实也。《疏证补》

《说文宀部》："室，实也。从宀、至声。室、屋皆从至所止也。"段注："大徐无'声'字，非也。古至读如质，至声字皆在十二部。"

《释丧制》：绖，实也，伤摧之实也。

绖，徒结切，入屑定四郑张-潘 ∗g·liig。

毕沅曰：《丧服传》云：苴绖，麻之有蕡者也，苴绖大搹左本在下。郑注：麻在首在要皆曰绖，绖之言实也，明孝子有忠实之心，故为制此服焉。"绖之言实"云云，本《檀弓》文。

沙加尔（1999）把"实"字拟作 ∗ᵇm-lit > zyit：泰语 let、mlet、ma-let（颗粒）。词根同为 ∗lit（坚实）的有：

"栗" ∗ᵇcə-lit > lit，他认为有些中古的 l- 来源于上古的 ∗l- 而不是 ∗r-；

"密" ∗ᵇmr-lit（Ⅲ），上古带中缀，中古演变为 m-。

《释名》"吉～实"声训沙加尔认为"吉"字可能带 ∗k-前缀 ∗ᵇk-lit > kjit。"结"在粤方言中山话里说成 khə-lit。（参见译本 37，89，114，141）

"日～实"声训似乎也跟沙氏的这一拟音很相宜。

例3，《释形体》：舌，泄也，舒泄所当言也。

舌，食列切，入薛船三郑张-潘 ∗sbljed。泄，私列切，入薛心三郑张-潘 ∗sled。

沙加尔："舌" ∗bm-lat：原始苗语（王辅世 1979）∗mblei_D（舌头）。（参见译本 89）

郑张尚芳（1995）指出：舌，勉瑶语 bjet[8]，标敏瑶语 blin[4]，苗语

mplai⁸，可见原来声母都是 fiblj－，苗语鼻冠音则是 fi－ 的遗迹。

沙加尔拟音的弱点是缺少苗瑶语中的唇浊塞成分 b。

《说文舌部》："舌，从干口，干亦声。"这个干声符很不好理解。

例 4，《释船》：船，循也，循水而行也。

船，食川切，平仙船三郑张－潘 ＊ɢljon。循，详遵切，平谆邪三郑张－潘 ＊sɢlun。

沙加尔（1999）将"船"字拟作 ＊ᵇm－lon ＞ zywen，可解释为动词"沿" ＊blon ＞ ywen 的名物化派生词。《说文舟部》："船，㕣声。"

"循"字沙氏拟作 ＊ᵇs－lun ＞ zjwin。

比较：《释饮食》：吮，循也，不绝口稍引滋汋，循咽而下也。

吮，食尹切，上谆船三郑张－潘 ＊ɢljun·；徂兖切，上仙从三郑张－潘 ＊sɢlon·。循，详遵切。

《释言语》：顺，循也，循其理也。

顺，食闰切，去谆船三郑张－潘 ＊ɢjuns。循，详遵切。

王启原曰：《说文》循，行顺也。皮锡瑞曰：《仪礼大射仪》顺左右隈。注：今文顺为循。《月令》顺彼远方。《吕氏春秋》顺作循。《疏证补》

"顺"沙氏拟作 ＊ᵇm－lun（?）－s，和"循"字有共同的词根 ＊lun（跟随）。同源词还有"驯" ＊ᵇs－lun。（参见译本 92，95，226）

《释天》：《易》谓之坤。坤，顺也，上顺乾也。

坤，苦昆切，溪母魂韵一等郑张－潘 ＊khuun。顺，食闰切。

毕沅曰：《易系辞》：夫坤天下之至顺也。《彖》曰：至哉坤元，万物资生乃顺承天。《疏证补》

郑张尚芳（1995）认为"顺"filjuns，使动式"驯"sfiljun：藏文 srun 驯服。

"坤～顺"声训似说明"顺"字声母带有舌根音成分，这显然不支持沙氏的构拟 m－lun。

第十三章 重纽问题

第一节 重纽和"重纽类"

一、重纽

雅洪托夫（1960a）指出："有介音i或ĭ的字也可能有过带l的复辅音声母……不过、声母 k、p、ph、m 和介音ĭ、i 之间的 l 消失后没有留下痕迹，主要元音在大多数情况下没有发生变化。"Pulleyblank（1962-3：译本 68 页）对此评论到："事实上，-l-失落以后对喻化韵是产生影响的。它是促使 i 和 e 前的介音 -ĭ- 产生分化的主要原因，使舌根音和唇音后的 -j- 后化作 -ï-……以下的事实也进一步证明 -l- 的失落与较后的 -ï- 有联系：卷舌音在有重纽对立的韵中，倾向于用重纽三等韵作为反切下字……反过来，卷舌音则用作重纽三等字的反切下字。虽然情况并不都是如此，但这是一个引人注意的趋势。"

郑张尚芳（1983）说："中古三等有 A、B 二类。B 类指重纽三等、庚₃、蒸的唇喉牙音字，这类字限于唇音和喉牙音，而且唇音不变轻唇。A 类字出现声母不限，并且除前元音和 -u 尾宵韵外，唇音都变轻唇……我们认为三等 A 组 B 组的区别跟一、二等一样，在于 r 介音的有无。"俞敏（1984b）据梵文 r、ṝ、ḷ 等的对音推断重纽三等与重纽四等的对立就如"乙"念 ʔrid、"一"念 ʔyid 一样。

1.《释名》中的重纽

《释名》中重纽的声训情况如下表所示。

被训	韵	等	主训	韵	等	体例
碑	支	三B	被	支	三B	纯
羁	支	三B	检	盐	三B	纯
仪	支	三B	宜	支	三B	纯
倚	支	三B	伎	支	三B	纯
髲	支	三B	被	支	三B	谐
跪	支	三B	危	支	三B	谐
縻	支	三B	廰	支	三B	谐
陂	支	三B	披	支	三B	谐
皮	支	三B	被	支	三B	谐
绮	支	三B	敧	支	三B	谐
委	支	三B	萎	支	三B	谐
谊	支	三B	宜	支	三B	谐
鄙	脂	三B	否	脂	三B	纯
否	脂	三B	鄙	脂	三B	纯
宄	脂	三B	佹	支	三B	纯
肌	脂	三B	懻	脂	三B	纯
几	脂	三B	庪	支	三B	纯
軌	脂	三B	轨	脂	三B	谐
眉	脂	三B	媚	脂	三B	谐
湄	脂	三B	眉	脂	三B	谐
楣	脂	三B	眉	脂	三B	谐
敏	真	三B	闵	真	三B	纯
旻	真	三B	闵	真	三B	谐
莂	薛	三B	别	薛	三B	谐
蹩	薛	三B	躄	薛	三B	谐
弁	仙	三B	抃	仙	三B	纯
冕	仙	三B	俛	仙	三B	谐
检	盐	三B	禁	侵	三B	纯
急	缉	三B	及	缉	三B	谐
金	侵	三B	禁	侵	三B	纯
衿	侵	三B	禁	侵	三B	纯
紟	侵	三B	禁	侵	三B	纯

被训	韵	等	主训	韵	等	体例
衾	侵	三B	广	严/盐	三/三B	纯
饮	侵	三B	奄	盐	三B	纯
襟	侵	三B	禁	侵	三B	谐
锦	侵	三B	金	侵	三B	谐
阴	侵	三B	荫	侵	三B	谐
乔	宵	三B	桥	宵	三B	谐
妖	宵	三B	夭	宵	三B	谐
表	宵	三B	表	宵	三B	本
臂	支	三A	裨	支	三A	纯
髀	支	三A	裨	支	三A	谐
脾	支	三A	裨	支	三A	谐
弭	支	三A	弭	支	三A	本
膍	支/脂/齐	三A/四	卑	支	三A	谐
季	脂	三A	癸	脂	三A	纯
寐	脂	三A	谧	质	三A	纯
癸	脂	三A	揆	脂	三A	谐
妣	脂	三A	比	脂	三A	谐
印	真	三A	因	真	三A	纯
殡	真	三A	宾	真	三A	谐
鬓	真	三A	滨	真	三A	谐
嫔	真	三A	宾	真	三A	谐
姻	真	三A	因	真	三A	谐
鞅	真	三A	因	真	三A	谐
鹜	祭/薛	三A	瞥	薛	三A	谐
绵	仙	三A	涵	仙	三A	纯
榜	仙	三A	绵	仙	三A	纯
缥	宵	三A	漂	宵	三A	谐
蘖	薛	三B	缺	屑/薛	四/三A	纯
晷	脂	三B	规	支	三A	纯
密	质	三B	蜜	质	三A	谐
颊	支	三A	倾	清	三	纯
跐	支	三	弭	支	三A	纯
眇	宵	三A	小	宵	三	纯
要	宵	三A	约	药	三	纯
吉	质	三A	实	质	三	纯
匹	质	三A	辟	昔	三	纯
铍	物	三	拌	质	三A	纯

被训	韵	等	主训	韵	等	体例
印	真	三A	信	真	三	纯
彻	薛	三	紧	真	三A	纯
抉	祭	三A	掣	薛/祭	三	纯
鼻	脂	三A	嚏	齐	四	纯
眠	先	四	泯	真	三A	谐
绢	仙	三A	坚	先	四	纯
蹁	先	四	扁	仙	三A	谐
陛	齐	四	卑	支	三A	纯
细	齐	四	弭	支	三A	纯
批	齐	四	裨	支	三A	纯
睥	先	四	卑	支	三A	谐
甓	齐	四	裨	支	三A	谐
企	支	三A	启	齐	四	纯
面	仙	三A	漫	桓	一	纯
疼	冬	一	痹	脂	三A	纯
縊	支	三A	陔	佳	二	纯
痞	脂	三B	拂	物	三	纯
懿	脂	三B	偯	哈/微	一/三	纯
墍	脂/微	三B/三	煟	微	三	纯
跽	脂	三B	忌	之	三	谐
痞	脂	三B	否	尤	三	谐
耆	脂	三B	指	脂	三	谐
屺	之	三	圯	脂	三B	谐
笔	质	三B	述	术	三	纯
巾	真	三B	谨	欣	三	纯
廩	侵	三	矜	真	三B	纯
瀾	祭	三B	竭	月	三	纯
冕	仙	三B	文	文	三	纯
乾	仙	三B	健	元	三	纯
吻	文	三	免	仙	三B	纯
晕	文	三	卷	仙	三B	纯
甗	仙/元	三B/三	甑	蒸	三	纯
骑	支	三B	支	支	三	纯
屝	微	三	皮	支	三B	纯
旗	微	三	倚	支	三B	纯
庡	微	三	倚	支	三B	纯
湿	缉	三	浥	缉	三B	纯

被训	韵	等	主训	韵	等	体例
邑	缉	三B	俋	缉	三	谐
吟	侵	三B	严	严	三	纯
欠	凡	三	钦	侵	三B	纯
枕	侵	三	检	盐	三B	纯
剑	凡	三	检	盐	三B	谐
镳	宵	三B	苞	肴	二	纯
庙	宵	三B	貌	肴	二	纯
披	支	三B	摆	佳	二	纯
雅	麻	二	义	支	三B	纯
乙	质	三B	轧	黠	二	谐
危	支	三B	阢	没	一	纯
火	戈	一	毁	支	三B	纯
祸	戈	一	毁	支	三B	纯
懿	脂	三B	傿	咍/微	一/三	纯
奔	魂	一	变	仙	三B	纯
衮	魂	一	卷	仙	三B	纯
瘖	侵	三B	唵	覃	一	纯
坎	覃	一	险	盐	三B	纯
庵	覃	一	奄	盐	三B	谐
蘖	薛	三B	缺	屑/薛	四/三A	纯

从上表不难看出：

（1）重纽三等、重纽四等自相声训的很多，互相声训的很少。

（2）重纽两类和普通三等声训都比较多。

（3）重纽四等和四等字声训也很多，重纽三等和四等声训却很少。

（4）重纽三等和一等声训也较重纽四等和一等声训为多。

总之，《释名》中重纽四等和重纽三等区别是非常明显的。

2. 郑玄经传音注中的重纽

（1）在郑玄经传音注中，重纽两类自相接触的比较多，互相接触的比较少。

重纽三等与重纽三等相训的例子有：

例1，被：髲。《仪礼少牢馈食礼》："主妇被锡衣移袂。"郑注："被锡读为髲鬄。"

被，平义切，支韵，重纽三等。髲，平义切，重纽三等。谐训。

例2，辩：贬。《周礼士师》："若邦凶荒，则以荒辩之灋治之。"郑注："玄谓'辩'当为'贬'，声之误也。"

辩，符蹇切，仙韵，重纽三等。贬，方敛切，盐韵，重纽三等。纯训。

例3，觭：掎。《周礼大卜》"二曰觭梦"郑注："玄谓觭读如诸戎掎之掎，掎亦得也。"

觭，居宜切_{集韵}，支韵，重纽三等。掎，支韵，重纽三等。谐训。

例4，鬈：权。《诗齐风卢令》"其人美且鬈"笺云："鬈读当为权。权，勇壮也。"

鬈，巨员切，仙韵，重纽三等。权，巨员切，重纽三等。纯训。

例5，烜：毁。《周礼秋官叙官》"司烜氏"郑注："烜，火也。读于卫侯毁之毁。"

烜，许委切，支韵，重纽三等。毁，许委切，重纽三等。纯训。

例6，阴：荫。《诗桑柔释文》："'阴女'郑音荫。覆荫也。"《礼记祭义》："阴为野土"郑注："阴读为依荫之荫，言人之骨肉荫于地中为土壤。"

阴，于金切，侵韵，重纽三等。荫，于禁切，侵韵，重纽三等。谐训。

重纽四等与重纽四等相训的例子有：

例1，必：䡠。《周礼考工记玉人》"天子圭中必"郑注："必读如'鹿车䡠'之䡠。"

必，卑吉切，质韵，重纽四等。䡠，卑吉切，重纽四等。纯训。

例2，婢：卑。《礼记曲礼》"自称曰婢子"郑注："婢之言卑也。"

婢，便俾切，支韵，重纽四等。卑，府移切，支韵，重纽四等。谐训。

例3，庳：痹。《周礼夏官司弓矢》"庳矢"郑注："玄谓庳读如痹病之痹，痹之言伦比。"

庳，便俾切，支韵，重纽四等。痹，府移切，支韵，重纽四等。谐训。

例4，痹：比。《周礼夏官司弓矢》"庳矢"郑注："玄谓庳读如痹病之痹，痹之言伦比。"

痹，府移切，支韵，重纽四等。比，脂韵，重纽四等。纯训。

例5，裨：埤。《仪礼觐礼》"侯氏裨冕"郑注："裨之为言埤也。"

裨，支韵，重纽四等。埤，符支切，支韵，重纽四等。谐训。

例6，辟：裨。《礼记玉藻》："终辟。大夫素带，辟垂。士练带，率下辟"郑注："辟读如裨冕之裨，裨谓以缯采饰其侧。"

辟，频弥切_{集韵}，支韵，重纽四等。裨，符支切，支韵，重纽四等。纯训。

例7，辟：弭。《礼记郊特牲》"有由辟焉"郑注："辟读为弭，谓弭灾兵、远罪疾也。"

辟，母婢切_{集韵}，支韵，重纽四等。弭，绵婢切，支韵，重纽四等。纯训。

例8，弭：敉。《周礼春官男巫》"春招弭，以除疾病"郑注："玄谓弭读为敉，字之误也。"

弭，绵婢切，支韵，重纽四等。敉，绵婢切，重纽四等。纯训。

例9，纰：埤。《礼记玉藻》"缟冠素纰"郑注："纰读如埤益之埤。"

纰，符支切，支韵，重纽四等。埤，符支切，支韵，重纽四等。纯训。

例10，嫔：频。《周礼大宰释文》："'嫔贡'郑音频。"

嫔，符真切，真韵，重纽四等。频，符真切，重纽四等。纯训。

例11，挼：堕。《仪礼少牢馈食礼》"上佐食以绥祭"郑注："绥或作挼，挼读为堕。"

挼，翾规切_{集韵}，支韵，重纽四等。堕，呼恚切_{集韵}，支韵，重纽四等。纯训。

例12，厌：黡。《礼记大学》"见君子而后厌然"郑注："厌读为黡。黡，闭藏貌也。"

厌，于叶切，叶韵，重纽四等。黡，于琰切，盐韵，重纽四等。谐训。

例13，壹：一。《礼记表记》："节以壹惠"郑注："壹读为一。"

壹，于悉切，质韵，重纽四等。一，于悉切，重纽四等。纯训。

重纽三等跟重纽四等相训的例子有：

例，吉：姞。《诗小雅都人士》："谓之尹吉"笺云："吉读为姞。"

吉，居质切，质韵，重纽四等。姞，巨乙切，质韵，重纽三等。谐训。

（2）在郑玄经传音注中，重纽三等跟三等相训的例子比较多：

例1，轨：范。《礼记少仪》"祭左右轨范"郑注："轨与范声同。"

轨，居洧切，脂韵，重纽三等。范，防鋄切，凡韵，三等。纯训。

例2，扐：宣。《易谦释文》："'扐'郑读为宣。"

扐，许为切，支韵，重纽三等。宣，须缘切，仙韵，三等。纯训。

例3，觐：勤。《周礼大宗伯》"秋见曰觐"郑注："觐之言勤也，欲其劝王之事。"

覲，渠遴切，真韵，重纽三等。勤，巨斤切，欣韵，三等。谐训。

例4，伾：不。《书金縢》"是有伾子之责于天"注："郑音不。"

伾，敷悲切，脂韵，重纽三等。不，物韵/尤韵，三等。谐训。

例5，伾：负。《史记》卷三十三"若尔三王是有负子之责于天"《索隐》："《尚书》'负'为'伾'，今此为'负'者，谓三王负于上天之责，故我当代之。郑玄亦曰'伾'读曰'负'。"

伾，敷悲切，脂韵，重纽三等。负，房久切，尤韵，三等。纯训。

例6，廞：兴。《周礼司裘》"廞裘"郑注："玄谓廞，兴也。"

廞，侵韵，重纽三等。兴，蒸韵，三等。纯训。

例7，佛：弼。《诗敬之释文》："'佛时'郑音弼。辅也。"

佛，符弗切，物韵，三等。弼，房密切，质韵，重纽三等。纯训。

例8，富：备。《礼记曲礼》"不饶富"郑注："富之言备也。"

富，方副切，尤韵，三等。备，平秘切，脂韵，重纽三等。纯训。

例9，楗：倦。《周礼辀人释文》"'不楗'郑音倦。"

楗，其偃切，元韵，三等。倦，渠卷切，仙韵，重纽三等。纯训。

例10，娩：媚。《礼记内则》"姆教婉娩听从"郑注："娩之言媚也。"

娩，无远切，元韵，三等。媚，明秘切，脂韵，重纽三等。纯训。

例11，壝：委。《周礼鬯人》"社壝用大罍"郑注："壝，谓委土为埒坛，所以祭也。"

壝，以水切，脂韵，三等。委，支韵，重纽三等。纯训。

例12，兴：歆。《礼记学记》"不兴其艺"郑注："兴之言喜也，歆也。"

兴，蒸韵，三等。歆，许金切，侵韵，重纽三等。纯训。

重纽四等跟三等相训的例子有：

例1，均：沿。《史记夏本纪第二》"均江海"《集解》郑玄曰："均，读曰沿。沿，顺水行也。"

均，居匀切，谆韵，重纽四等。沿，与专切，仙韵，三等。纯训。

例2，苹：平。《周礼秋官叙官》"萍氏"郑注："玄谓今《天问》萍号作萍。《尔雅》曰：'萍，蓱，其大者苹。'读如'小子言平'之平。"

苹，符真切，真韵，重纽四等。平，符兵切，庚韵，三等。纯训。

例3，茀：蔽。《诗小雅采芑》"簟茀鱼服"笺云："茀之言蔽也。"

茀，敷勿切，物韵，三等。蔽，必袂切，祭韵，重纽四等。纯训。

例4，旬：均。《礼记内则》"旬而见"郑注："旬当为均，声之误也。"

旬，详遵切，谆韵，三等。均，居匀切，谆韵，重纽四等。谐训。

（3）重纽四等与四等相训的例子比较多，重纽三等与四等相训的例子比较少。如，重纽四等与四等相训的例子有：

例1，妣：媲。《礼记曲礼》"王母曰皇祖妣"郑注："妣之言媲也，媲于考也。"

妣，脂韵，重纽四等。媲，匹诣切，齐韵，四等。谐训。

例2，谦：厌。《礼记大学》"此之谓自谦"郑注："谦读为慊，慊之言厌也。"

谦，苦兼切，添韵，四等。厌，叶韵/盐韵，重纽四等。纯训。

例3，缺：頍。《仪礼士冠礼》"缁布冠缺项青组"郑注："缺读如有頍者弁之頍。"

缺，苦穴切，屑韵，四等。頍韵，丘弭切，支韵，重纽四等。纯训。

重纽三等与四等相训的例子有：

例，密：闭。《礼记乐记》："阴而不密"郑注："密之言闭也。"

密，美毕切，质韵，重纽三等。闭，博计切，齐韵，四等。纯训。

（4）重纽三等还与二等、一等相训，而重纽四等则否。重纽三等与二等相训的例子有：

例1，庙：貌。《礼记祭法》"设庙祧坛墠而祭之"郑注："庙之言貌也。"

庙，眉召切，宵韵，重纽三等。貌，莫教切，肴韵，二等。纯训。

例2，牺：沙。《礼记明堂位》"尊用牺象山罍"郑注："牺尊以沙羽为画饰，象骨饰之。"

牺，许羁切，支韵，重纽三等。沙，所加切，麻韵，二等。纯训。

例3，扱：吸。《礼记曲礼》"以箕自乡而扱之"郑注："扱读曰吸。"

扱，楚洽切，洽韵，二等。吸，许及切，缉韵，重纽三等。谐训。

例4，茅：苗。《易泰释文》："'茅'郑音苗。"

茅，莫交切，肴韵，二等。苗，武瀌切，宵韵，重纽三等。纯训。

重纽三等跟一等相训的例子有：

例，委：安。《仪礼士冠礼》"委貌"郑注："委犹安也。言所以安正容貌。"

委，支韵，重纽三等。安，乌寒切，寒韵，一等。纯训。

3. 佛经对音中的重纽

在汉末佛经翻译对音中我们无法找到更多的重纽三等带 – r – 的例子。只有一例符合这个条件：康孟祥《修行本起经》"尼揵"对应梵文 nirgrantha，"揵"是重纽三等字。但巴利文是 nigantha。可能汉末重纽三等的 – r – 已经变成了其他的音。

附：汉末佛经翻译对音中重纽字的表现[①]

A. 重纽四等例

鼻，毗至切，并母、脂韵去声，3a，郑张 – 潘至1。对音：阿鼻 支,阿阇世王经 Skt. avici

比，卑履切，帮母、脂韵上声，3a，郑张 – 潘脂2。对音：比丘尼 支,道行般若经 Skt. bhikṣuṇī 比伊潘罗 支,道行般若经 Skt. bṛhatphala 阿比舍 支,阿閦佛国经 Skt. avici 阿比罗提 支,阿閦佛国经 Skt. abhirati 阿比 大支,道行般若经 Skt. avṛha 比丘 安,长阿含十报法经 Skt. bhikṣu P. bhikkhu Gd. bhikhu

俾，并弭切，帮母、支韵上声，3a，支部。对音：郁俾罗 康,中本起经 Skt. uruvilvā P. uruvela

弥，武移切，明母、支韵平声，3a，郑张 – 潘歌2。对音：鸠睒弥 支,般舟三昧经 Skt. kauśāmbī P. kosambī 弥勒 支,道行般若经 Skt. maitreya Kuchean maitrāk Agnean metrak 阿弥陀 支,般舟三昧经 Skt. amitābha 须弥 支,道行般若经 Skt. sumeru

蜜，弥毕切，明母、质韵，3a，郑张 – 潘质2。对音：波罗尼蜜和耶越 支,阿閦佛国经 Skt. paranirmitavasavartin 般若波罗蜜 支,道行般若经 Skt. prajñāpāramitā P. paññā Gd. praña (= Skt. prajñā) 波罗尼蜜和邪拔致 支,道行般若经 Skt. paranirmitavaśavartin (~ – vaśavartī)

藐，亡沼切，明母、宵韵上声，3a，郑张 – 潘宵1。对音：三藐三菩提 支,般舟三昧经 Skt. samyaksaṃbodhi P. sammāsambodhi

毘，房脂切，并母、脂韵平声，3a，郑张 – 潘脂2。对音：赖毘 支,般舟三昧经 Skt. raśmi 荼毘 支,阿阇世王经 P. jhāpita 罗毘 支,阿阇世王经 Skt. raśmi

---

[①] 参见 Coblin（1983）。支＝支娄迦谶；安＝安世高；康＝康孟祥。

频，符真切，并母、真韵平声，3a，郑张－潘真1。对音：频头 康,中本起经 Skt. bandhumā

祇，巨支切，群母、支韵平声、开口，3a，支部。对音：摩祇 支,道行般若经 Skt. maghī 须葦祇耨 支,道行般若经 Skt. sudarśana P. sudassi 阿僧祇 支,道行般若经 Skt. asaṅkhya ~ asaṅkhyeya 罗阅祇 支,道行般若经 Skt. rājagrha P. rājagaha 祇洹 支,文殊师利问菩萨署经 Skt. jetavana 祇 安,长阿含十报法经 Skt. jetavana 祇陀 康,中本起经 Skt. jetavana

伊，于脂切，影母、脂韵平声、开口，3a，郑张－潘脂1。对音：比伊潘罗 支,道行般若经 Skt. bṛhatphala 沙罗伊檀 支,道行般若经 Skt. saḍāyatana 伊沙 支,道行般若经 Skt. īśāna

因，于真切，影母、真韵平声、开口，3a，郑张－潘真1。对音：释提桓因 支,道行般若经 Skt. śakro devānām indra 因坻达 支,般舟三昧经 Skt. indradatta 因坻 支,道行般若经 Skt. indra

B. 重纽三等例

陂，彼为切，帮母、支韵平声，3b，郑张－潘歌1。① 对音：陂陀劫 支,阿閦佛国经 Skt. bhadrakalpa 三陂谩 支,文殊师利问菩萨署经 Skt. sampadī

邠，府巾切，帮母、真韵平声，3b，郑张－潘文1。对音：阿难邠坻 支,般舟三昧经 Skt. anāthapiṇḍika 邠耨文陀弗 支,文殊师利问菩萨署经 Skt. pūrṇamaitrāyanī putra P. puṇṇamantānī putta 邠那文陀弗 支,道行般若经 Skt. pūrṇamaitrāyanī putra P. puṇṇamantānī putta

羇，居宜切，见母、支韵平声、开口，3b，郑张－潘歌1。对音：罗陀那羇头 支,阿闍世王经 Skt. ratnaketu

偈，其憩切，群母、祭韵、开口，3b，郑张－潘祭1。对音：偈 支,般舟三昧经 Skt. gāthā Gd. gadha

犍，渠焉切，群母、仙韵平声、开口，3b，郑张－潘元1。② 对音：犍阇洹 支,兜沙经 Skt. kāñcanavarṇa

密，美毕切，明母、质韵，3b，郑张－潘质2。对音：波罗尼密和耶拔致 支,道行般若经 Skt. paranirmitavaśavartin (~ －vaśavartī)

---

① 《一切经音义》笔皮、彼皮切。
② 《一切经音义》巨焉切。

耆，渠脂切，群母、脂韵平声、开口，3b，郑张-潘脂2。对音：阿波罗耆陀 支,阿阇世王经 Skt. aparājita 耆阇崛 支,道行般若经 Skt. gṛdhrakūṭa P. gijjhakūṭa 楼耆洹 支,兜沙经 Skt. rucivarṅa 拔耆 康,中本起经 Skt. vṛji P. vajji 按：Pulleyblank（1962-3：译本87页）指出：

"耆"M. gii 的情况有点麻烦。从它的主元音看，原来应为 *gleð。但是"焉耆"M. ʔian-gii = *Argi，应是没有复辅音的。匈奴称号"屠耆"M. dou-gii，我相信就是突厥语 tegin 的来源，其中也没有复辅音。"耆"也出现于佛经翻译，有时候代表 j-，如"耆域"M. gii-ɦiwək = jīvaka，比耆陀 M. bii-gii-dɑ = vijita（？）（T.202 大约译于公元425年）。耆那 M. gii-nɑ = Jina。这些译音说明它的读音为 M. dʐii < *gēð，但字典没有收入。我们还注意到，在《诗经》里，它还假借为"嗜"M. dʐii。译音材料也有代表 g- 的，如耆阇 M. gii-dʐia = 梵文 gṛdhra-（T.224）。按照巴利文的形式 gijja，我们不必要假设汉语中是 gl-，但是古和阗语 Suvarnabhāsa 中则发现 grjakū luggaru = 佛经梵文的 gṛdhrakuṭa-，其中的 -rj- 来自古印度俗语。最好的解释是认为"耆"有两个读音 *gēð 和 *gleð，只有后者收入韵书。

乾，渠焉切，群母、仙韵平声、开口，3b，郑张-潘元1。对音：乾陀罗 支,道行般若经 Skt. gandhārva ~ gāndhārva

揵，渠焉切，群母、仙韵平声、开口，3b，郑张-潘元1。对音：目揵兰 支,文殊师利问菩萨署经 Skt. maudgalyāyana P. moggallāna 揵陀罗耶 支,道行般若经 Skt. gandhālaya ~ gandhalaya 揵陀诃尽 支,道行般若经 Skt. gandhahastin 揵陀越 支,道行般若经 Skt. gandhavatī 须揵提 支,道行般若经 Skt. sugandhika 尼遮揵陀波勿 支,道行般若经 Skt. nityagandhapramuditā（？）揵沓憨 支,阿閦佛国经 Skt. gandhārva 目揵连 安,四谛经 Skt. maudgalyāyana P. moggallāna 尼揵 康,修行本起经 Skt. nirgrantha P. nigaṇṭha

二、重纽类

陆志韦（1947）说：

庚系三等只有喉牙唇（跟可疑的穿审二等切），可是他跟严元系又绝不是同类的。他的重唇字在现代方言不变轻唇，相当于祭韵、盐系跟仙系的三等字。祭盐仙的喉牙字有三等又有四等。庚有了三等，那些四等喉牙字移到清系里去了。清系的喉牙字只有四等，绝没有三等（也没有照穿床审二等切）。然而庚₃陌₃又并不与清昔同韵，反而跟庚₂陌₂同韵。

周法高（1945：58）说：

至于清韵开口并无重纽，切语下字也不分二类，而第三十三开列庚，清诸韵，把清韵唇、牙、喉、齿头音放在四等；第三十五开列耕、清、青诸韵，把清韵舌音、正齿音、来纽放在三等。

95页又说：

在韵图上，清韵的位置和A类相同，但是清韵并没有B类，在三等B类的位置和它配合的恰是庚₃韵，属 β_2 型。

Pulleyblank（1962-3：译本71页）指出：

庚三 iaŋ 是跟庚二 aŋ、耕 aəŋ 对应的喻化韵……它与清韵 jeŋ 互补，占据了重纽三等 ieŋ 的位置。

但是我们还不敢说，阳韵 iɑŋ、清韵 jeŋ 前头有一失落的 -l- 就变成庚韵 iɑŋ，因为卷舌音，包括塞音和咝音也出现于阳韵 iɑŋ，卷舌塞音（不包括咝音）也出现于清韵 ieŋ……不同的声母显然需要不同的处理方法。在舌根音、喉音、唇音的情况下，-l-元音化作 -a- 是发生在长元音变作喻化音以前，或者喻化音还没有发展到足以阻止 -a- 对主元音的影响，所以会有如下的变化：klāŋ > k a̠āŋ > kāŋ > k i̠aŋ；plēŋ > pa̠ēŋ > pāŋ > p iaəŋ > p iaŋ。但是在舌齿音的情况下，-a- 并没有扩大自己的影响（在咝音和 -eŋ 之间的情况除外，如生 M. siaŋ < *sleŋ），也许这个 -l- 不是简单的元音化，而是吸收到前头声母去成为卷舌音，在长元音变作喻化音以前这个进程还没有完成。

李新魁（1984）也主张把庚三和清韵合成一重纽韵（庚₃为B，清为A）。

《释名》中有一例庚₃~清的声训。

例，名：明。《释言语》：名，明也，名实使分明也。

名，武并切，清韵明母。明，武兵切，庚₃明母。

Baxter（白一平）1977年的博士论文 "Old Chinese Origins of the Chinese Chongniu Doublets: A Study Using Multiple Character Readings" 指出耕部的清与庚₃是典型的重纽韵。清韵与青韵谐声的例子很多，但是庚三与青韵谐声的例子很少，这是由于清韵和青韵都不带r介音，而庚₃带r介音的缘故。（潘悟云2000：299）《释名》中清韵与青韵唇牙喉音的声训有：

例1，軿：屏。《释车》：軿车，軿，屏也。四面屏蔽，妇人所乘牛车也。

谐训。䉀，薄经切，青韵并母。屏，必郢切，清韵帮母。

例2，铭：名。《释典艺》：铭，名也，述其功美，使可称名也。《释言语》：铭，名也，记名其功也。

谐训。铭，莫经切，青韵明母。名，武并切，清韵明母。

例3，颈：俓。①《释形体》：颈，俓也，俓挺而长也。

谐训。颈，居郢切，清韵见母；巨成切，清韵群母。俓，古定切，青韵见母。

非唇牙喉音的声训有：

例1，囹：领。《释宫室》：又谓之囹圄。囹，领也。圄，御也。领录囚徒，禁御之也。

谐训。囹，郎丁切，青韵来母。领，良郢切，清韵来母。

例2，听：静。《释姿容》：听，静也。静然后所闻审也。

纯训。听，他丁切，青韵透母。静，疾郢切，清韵从母。

例3，郑：町。《释州国》：郑，町也，其地多平，町町然也。

纯训。郑，直正切，清韵澄母。町，徒鼎切，青韵定母；他鼎切，青韵透母；他丁切，青韵透母。

例4，楹：亭。《释宫室》：楹，亭也，亭亭然孤立，旁无所依也。齐鲁读曰轻。轻，胜也，孤立独处，能胜任上重也。

纯训。楹，以成切，清韵以母。亭，特丁切，青韵定母。

例5，贞：定。《释言语》：贞，定也，精定不动惑也。

纯训。贞，陟盈切，清韵知母。定，徒径切，青韵定母。

例6，清：青。《释言语》：清，青也，去浊远秽，色如青也。

谐训。清，七情切，清韵清母。青，仓经切，青韵清母。

而青韵与庚$_三$也有声训：

例1，病：并。《释疾病》：病，并也，于正气并在肤体中也。

纯训。病，皮命切，庚$_三$并母。并，蒲迥切，青韵并母。

例2，荣：荧。《释言语》：荣犹荧也。荧荧照明貌也。

谐训。荣，永兵切，庚三云母。荧，户肩切，青韵匣母。

---

① 包氏"俓"作"径"。

雅洪托夫（1960a）注意到二等和来母的特殊关系，指出二等的上古介音为 l，和来母相同。① 李方桂（1971）认为二等有介音 r（故使知庄组变为卷舌音）。但是李氏将来母仍拟作 l，而将以母拟作 r。这一点与雅氏不同。

《释名》中二等字和来母字或者重纽三等字的关系都不密切，这似乎表明二等字在《释名》方言里 r 介音已经脱落了。

---

① 后来雅洪托夫（1976）将来母改作 *r>l。

第十四章　CL-型复辅音声母

第一节　来母与舌根（小舌）音、唇音声母声训

按照中古音，《释名》中舌根音、唇音字与来母字的声训可表示为：k-/p-：l-。这在理论上有三种可能：

Ⅰ　kl-/pl-：l-

Ⅱ　k-/p-：gl-/bl-

Ⅲ　kl-/pl-：gl-/bl-

第Ⅰ种类型中，如果 k/p 不是塞音而是鼻音，则可以衍生出一个变体 ŋl-/ml-：l-。

第Ⅱ、第Ⅲ类型中，来母被构拟成由舌根塞音、唇塞音加流音组成的复辅音。Bodman（1954）遵从高本汉的来母构拟 gl-。后来，来母上古音被改拟为 r-，又为了与二等拟音 -r- 相区别，他（Bodman1980）把与塞音谐声的来母字拟作 *b-r-、*d-r-、*g-r-，但是没有说明中间的连字符的意思。潘悟云师1999《汉藏语中的次要音节》指出这些来母字在上古应该是 *Cr->r-，圆点前为次要音节。

于是将Ⅰ、Ⅱ、Ⅲ型重新调整为：

Ⅰ　kl-/pl-：l- →①kr-/pr-：r-

②kl-/pl-：r-

③ŋr-/mr-：r-

④ŋl-/ml-：r-

Ⅱ　k-/p-：gl-/bl- →k-/p-：k·r-/p·r-

Ⅲ kl‑/pl‑ : gl‑/bl‑ → ① kr‑/pr‑ : k·r‑/p·r‑
　　　　　　　　　　　② kl‑/pl‑ : k·r‑/p·r‑
　　　　　　　　　　　③ ŋr‑/mr‑ : k·r‑/p·r‑
　　　　　　　　　　　④ ŋl‑/ml‑ : k·r‑/p·r‑

无论是哪一种类型，都可说明塞音（或鼻音）加上流音组成的 CL‑型复辅音的存在。

例1，《释水》：水正出曰滥泉。滥，衔也，如人口有所衔，口闾则见也。

滥，胡黤切，上衔匣二开郑张‑潘 * graam˙。衔，户监切，平衔匣二开郑张‑潘 * Graam。

包拟古（1954）举了这个例子。《广韵》阚韵：滥，卢瞰切（来母一等），叨滥泛滥。槛韵：滥，胡黤切，泉正出也。按《广韵》义应是胡黤切，匣母二等。《说文金部》：衔，从金行。段注："盖金亦声。"《说文通训定声》也说金亦声。包氏说"金"的声系从不跟 l 接触，故"衔"字的后汉音当为 ɣam。这样，"滥"的后汉音具有复声母：glam > M. l‑。但包氏忽略了"滥"字应取胡黤切而不是卢瞰切，"滥""衔"都是匣母二等。此条虽不能算作来母和舌根音声母字的声训，但"滥"字有来母和匣母的异读，意义上也相关。再结合谐声，"滥"字来母一读上古音应拟为 k·r‑。

例2，《释床帐》：裘溲犹娄数，毛相杂之言也。

裘，巨鸠切，平尤群三开郑张‑潘 * gu。娄，落侯切，平侯来一开郑张‑潘 * g·roo。

包氏也举了这个例子。"裘"字谐声上没有拟作复辅音的证据。娄声字有见组和来母字的谐声。西域地名 Krorayina，汉代译作"楼兰"，是众所周知的例子。Bodman（1954）把"娄"字的后汉音拟为 gl‑。此条应为 Ⅱ 型 g‑ : k·r‑。可参考：

《释姿容》：娄数，犹局缩，皆小意也。

娄，其矩切，上虞群三郑张‑潘 * glo˙。局，渠玉切，入烛群三郑张‑潘 * gog。

《补》引毕沅曰："《汉书东方朔传》著树为寄生，盆下为娄数。又《杨恽传》云：鼠不容穴衔娄数。"苏林曰："窶数，钩灌，四股钩也。"师古不同意苏的说法，他说："窶数，戴器也，以盆盛物戴于头者，则以窶数荐之，今卖白团饼人所用者是也。寄生者，芝菌之类，淋潦之日，着树而生，形有周圜象娑数者，今关中俗亦呼为寄生，非为茑之寄生寓木宛童有枝叶者也。故朔云：着树为寄生，盆下为娑数。明其常在盆下。盆下之物有饮食气，故鼠衔之，四股铁钩，非所衔也。"而朱骏声《说文通训定声》认为是："茑萝之属可施于盆以借食物者。"

见于《汉书》之"娑数"为一物事，而《释姿容》之"娑数"则为形容词。但从"盆下为娑数"来看，似亦有局缩、小意。《释床帐》之"娄数"则有"毛相杂"之意。大概《释姿容》之"娑数"、《释床帐》之"娄数"皆从《汉书》"娑数"一物之形状分别引申而来———一取"局缩"，一取"毛相杂"而已。

娄数、娑数有语源关系，两者可能是同一词的不同写法，"娄数"即是"娑数"。故"娄数"之"娄"拟为 *g·r-，而"娑数"之"娑"拟为 *gl-，其音本相近。

例3，《释宫室》：瓦，䯨也。䯨，确坚貌也。亦言髁也，在外髁见也。

瓦，五寡切，上麻疑二郑张-潘 *ŋwraal·。裸，郎果切，上戈来一郑张-潘 *k·rool·。䯨，胡瓦切，上麻匣二郑张-潘 *grool·。

包氏也举了这个例子。《补》引毕沅曰："'髁'字《说文》所无，据外见之义，字当作裸袒之'裸'。"包氏认为"裸"字是 gl-，我们拟为 k·r-。此条为"再易字"例，"䯨"字 gr- 可证"裸"字之拟。瓦~裸：ŋʷr- ~k·r-正符合Ⅲ③型。可比对：

《释亲属》：无夫曰寡。寡，䯨也。䯨䯨单独之言也。

寡，古瓦切，见母二等郑张-潘 *kwraa·。

此条包氏引作"寡：倮"。毕沅曰："《说文》䯨，足䯨也。与单独无涉。《王制正义》引作倮，谊似近之。但《说文》无倮字，不便遽易。䯨䯨《王制正义》引作倮然。""倮"是"裸"的异体。如果"倮"字是正确的，它显然应拟为带有舌根音的复辅音 k·r-，因为"寡"是 kʷr-，寡~倮：kʷr- ~k·r-符合类型Ⅲ①。

例4，《释言语》：乐，乐也，使人好乐之也。

按《广韵》"乐"五角切，觉韵疑母二等，礼乐之"乐"；卢各切，铎韵来母一等，喜乐之"乐"；五教切，效韵疑母二等，好乐之"乐"。此条前一"乐"字当为卢各切郑张-潘 *g·raawg，后一"乐"字当为五教切郑张-潘 *ŋraawgs。此条可算作Ⅲ③型或Ⅲ①型。

例5，《释言语》：雅，耀也，为之难，人将为之，耀耀然惮之也。

《补》引毕沅曰：《说文隹部》云：雅，楚乌也。其《疋部》解"疋"字有云：古文以为《诗大疋》字。然则此当作"疋"。"雏"与"疋"，音不相近，盖误也，疑当作"雅"。叶德炯曰：毕改"雏"为"雅"，是，"雅雅"即"哑哑"，《淮南原道训》：乌之哑哑。盖乌声也。今南楚之间俗以闻雅声为事不成，盖本古谚。

《说文页部》"额"字下段注曰：《释名》云，额额然惮之。额，五陌切，疑母二等郑张-潘 *ŋgraag。雅，五下切，疑母二等郑张-潘 *ŋgraa'。雏，卢各切，来母一等郑张-潘 *g·raag。额（额）、雏声符相通，"雏"字似不误。此条符合Ⅲ③/Ⅲ①型。

例6，《释疾病》：小儿气结曰哺。哺，露也。哺而寒露，乳食不消生此疾也。

哺，薄故切，去模并一郑张-潘 *baas。露，洛故切，去模来一郑张-潘 *g·raags。

甫声字不与来母字谐声。这条声训甚为奇怪，因为"各"声字系列中，来母字和见组字的接触是为人所熟知的，而和唇塞音的接触却未闻。包氏没有收录这条声训。可比较：

《释天》：露，虑也，覆虑物也。

虑，良倨切，去鱼来三郑张-潘 *b·ras。

《补》引皮锡瑞曰："覆虑"盖古语，亦谓之"覆露"。《汉书·晁错传》：覆露万民。《严助传》：陛下垂德惠以覆露之。《淮南子·时则篇》：包裹覆露。皆以"覆露"连文，即"覆虑"也。虑、露一声之转。

《释宫室》：寄止曰庐。庐，虑也，取自覆虑也。

《补》引苏舆曰：《晋语》先主覆露子。

覆虑、覆露是以唇塞音起始的叠韵连绵词，这不免令人联想到"露"字和唇塞音的关系。卢声字同来母、唇音、舌根音都有谐声，包氏将"虑"字拟作l-。

《释名》中"露"字的声训还有：

《释道》：路，露也，言人所践蹈而露见也。

然而，我们没有足够的证据表明"露"字和唇塞音有关系。

例7，《释衣服》：留幕，冀州所名大襦下至膝者也。留，牢也。幕，络也。言牢络在衣表也。《释床帐》：幕，幕络也，在表之称也。

幕，慕各切，明母一等郑张-潘*maag。络，卢各切，来母一等郑张-潘*g·raag。

莫声字系列有一些是二等明母字，"幕"字或许应该拟为 ml-。ml-：r-应该是Ⅰ④型。

例8，《释言语》：勒，刻也，刻识之也。

勒，卢则切，入德来一郑张-潘*g·rɯɯg。刻，苦得切，入德溪一郑张-潘*khɯɯg。

《说文革部》：勒，从革力声。该谐声系列没有舌根音声母字。但"勒"有刻谊。《玉篇力部》：勒，刻也。《礼记月令》：物勒工名。郑玄注：勒，刻也。"勒""刻"是否为同源词呢？若然，可为"勒"字复辅音之证。

"刻"字谐声系列没有和来母字接触，此条应是Ⅱ型。

例9，《释兵》：剑，检也，所以防检非常也。又敛也，以其在身，拱时敛在臂内也。

剑，居欠切，梵韵见母三等郑张-潘*kloms。敛，良冉切，来母三等郑张-潘*g·rom˙。检，居奄切，见母重纽三等郑张-潘*krom˙。

剑~敛：kl-~g·r-是Ⅲ②型。

例10，《释衣服》：领，颈也，以壅颈也。

领，良郢切，上清来三郑张-潘*g·reŋ˙。颈，巨成切，平清群三郑张-潘*geŋ；居郢切，上清见三郑张-潘*keŋ˙。

Bodman（1954）认为"颈"字应拟为 kl-。但从圣声字谐声系列看不出有拟为 kl- 的必要。包拟古这样拟，是因为他将"领"字拟为 l-。关于"领"字的构拟，参见下例。

例11，《释宫室》：廪，矜也，宝物可矜惜者投之于其中也。

廪，力稔切，来母三等郑张-潘*b·rɯm˙。

《说文矛部》：矜，矛柄也。段注：字从令声。令声古音在真部，故古假"矜"为"怜"，《毛诗鸿雁传》曰：矜，怜也。言假借也。《释言》曰：矜，苦也。其义一也。各本篆作"矜"，解云：今声。今依汉石经《论语》、溧水校官碑、魏受禅表，皆作"矜"，正之。《毛诗》与天、臻、民、旬、填等字韵，读如"邻"，古音也。汉韦元成《戒子孙诗》始韵"心"。晋张华《女史箴》、潘岳《哀永逝》文始入蒸韵。由是，巨巾一反仅见《方言》注、《过秦论》李注、《广韵》十七真，而他义则皆入蒸韵，今音之大变于古也。矛柄之字改而为"矜"，云古作"矜"。他义字亦皆作"矜"，从今声。又古今字形之大变也。徐铉曰居陵切，又巨巾切，此不达其原委之言也。

《广韵》高宗本二十一欣巨斤切下曰：矜，矛柄，古作矜。《广韵》十六蒸居陵切下曰：矜，本矛柄也，巨巾切，字样借为矜怜字。《广韵》十七真巨巾切云：矜，矛柄也，古作矜。

诚如段氏所说，"矜"字实为"令"声。令声字中和舌根音发生关系的还有一个"鸰"字，《广韵》"鸰"除了郎丁切来母四等外，还有巨巾一切，群母重纽三等。据此，"领"字可拟为带有舌根音的复辅音 k·r－，领～颈：g·r－～k－属Ⅱ型。

"廪"字谐声系列中除了多数的来母字外，还有唇音声母字"禀"：笔锦切，帮母重纽三等。又，《说文》：癛，癛癛寒也，从仌廪声。《说文通训定声》曰：字亦作凛，又作懔。《广韵》"癛"力稔切：粟体。"凛"力稔切：寒凛；又巨金切，群母重纽三等：寒状。"懔"力稔切：敬也畏也。这是该谐声系列中和舌根音声母相接触的一例。

《补》引毕沅曰：颜师古注《急就篇》云：京，方仓也。一曰京之言矜也，宝贵之物可矜惜者藏于其中也。案师古注书好窃前人之说掩为己有，凡所称引辄没其由来，所称"一曰"云云，大略与此文同，其正引此书与？意此条之"廪"当为"京"也。

如果师古所引真的是《释名》，或许可以证明"廪""京"二字相通，则"廪"字声母亦有舌根音欤？"矜"巨巾切 gr－，"廪"如果声母带舌根音则为 g·r－，廪～矜属Ⅲ①型。如果"廪"为 r－，则廪～矜属Ⅰ①型。

例12，《释形体》：尻，廖也，尻所在廖牢深也。

尻，苦刀切，溪母一等郑张－潘＊khuu。廖，落萧切，来母四等郑张－潘＊g·ruɯw。

假定"廖"字带有舌根音为宜。"廖牢"为连绵词，如果"廖"字不带有舌根音头，"廖牢"就变成既叠韵又双声，不符合连绵词的规律。九声字有二等字、重纽三等字，"尻"也有可能是 khl－。如果这样，就是Ⅲ②型 khl－：k·r－；否则，就是Ⅱ型 kh－：k·r－。

例13，《释长幼》：老，朽也。

老，卢晧切，来母一等郑张－潘＊g·ruː。朽，许久切，晓母三等郑张

－潘 *qhuˑ。

《补》引叶德炯曰：蔡邕《独断》云：老谓久也，旧也，寿也。《续汉礼仪志》注引应劭《汉官仪》云：老者，久也，旧也。二说并同。

包拟古（1954）提到"老""考"这对转注字，并说他们可能是 word family。郑张尚芳先生就认为"转注"来自同源词。（郑张尚芳 2000）"考"和"朽"有共同的声符"丂"。老、考、朽，上古同在幽部，"旧"上古也属幽部，"久"上古属之部。这些字可能都是同源词。包氏将"老"字拟为 gl－。老～朽：g·r－～qh－应属Ⅱ型。

例 14，《释言语》：来，哀也，使来入己哀之，故其言之低头以招之也。

来，落哀切，平咍来—郑张－潘 *m·ruɯ。哀，乌开切，平咍影—郑张－潘 *quɯl。

衣声字没有和来母字接触的，来声字也无和舌根塞音字接触的。"哀"字或可拟为 ql－，来～哀：r－～ql－属Ⅰ②。包氏亦推测"哀"字可能有复声母。

例 15，《释言语》：乱，浑也。

乱，郎段切，去桓来—郑张－潘 *g·roons。浑，户昆切，平魂匣—郑张－潘 *guun。

军声字没有跟来母字接触的，郑张－潘将"乱"字拟为带舌根音的复辅音。乱～浑：g·r－～g－属Ⅱ型。

纵观以上诸例，各型之中缺Ⅰ③、Ⅲ④二型。Ⅰ④型仅一例，可将Ⅰ③/④、Ⅲ④列为少见型。Ⅱ、Ⅲ①/③/②几型可列为常见型。

第二节　端知组与舌根音（唇音）声母声训

潘悟云（2000：283）将和舌根音（唇音）谐声的端知组进行了构拟，列表如下。

端组	知组
*k·l－＞M. t－	*krl－＞M. ṭ－
*kh·l－＞M. th－	*khrl－＞M. ṭh－
*g·l－＞M. d－	*grl－＞M. ḍ－

或者（潘悟云 2000：285）：

端组	知组
*C·t– > M.t–	*Crt– > M.ṭ–
*C·th– > M.th–	*Crth– > M.ṭh–
*C·d– > M.d–	*Crd– > M.ḍ–

透母～见组

例1,《释宫室》：阶，梯也，如梯之有等差也。

阶，古谐切，见母皆韵二等郑张－潘 *kriid。梯，土鸡切，透母齐韵四等。

"梯"字也许可拟作 *kh·liil，但该谐声系列不与舌根音声母字接触。

例2,《释言语》：苦，吐也，人所吐也。

苦，康杜切，溪母姥韵一等郑张－潘 *khaaˑ。吐，他鲁切，透母姥韵一等郑张－潘 *kh·laaˑ。

参考《释疾病》：吐，泻也，故扬豫以东，谓泻为吐也。

泻，司夜切，心母祃韵三等郑张－潘 *sqags。

《补》引毕沅曰：《说文》吐，写也。此作"泻"，近字也。

"吐"字可拟作 *kh·l–，正如潘悟云（2000：285）所说：

土 *kh·laˑ，可解释《庄子讓王》"其土苴以治天下"中"土"字在《释文》中的注音下贾反 *graˑ，北方土话"圪垃"$_{土块}$，以及景颇语 ka$^{55}_{土}$。还可比较 Benedict（1972）"地"义的几个藏缅语语词：巴兴语 kha–pi，洛霍语 ba–kha，卡杜语 ka，莫尚语 ga，加罗语 ha。杜 *g·laˑ，《方言》"东齐谓根曰杜"，格曼僜语 kɹa$^{53}_{根}$。

（参潘悟云 1987 例23）

透母～晓母

例3,《释天》：天，豫司兖冀以舌腹言之。天，显也，在上高显也。青徐以舌头言之。天，坦也，坦然高而远也。

天，他前切，平先透四。显，呼典切，铣韵晓母四等郑张－潘 *qhleenˑ。坦，他但切，上寒透一郑张－潘 *thaanˑ。

此条声训明确指出"天"字在"豫司兖冀""青徐"两地的读音，显为当时语音，与那些可能传袭自古代的声训不同。

《释车》：轘，经也，横经其腹下也。

轘，呼典切郑张－潘＊qhleenˀ。经，古灵切，青韵见母四等郑张－潘＊keeŋ。

《补》引毕沅曰：《说文》韅，著掖鞁也。从革、显声。胡玉缙曰：韅是正字，"轘"则隶写之省耳。徐锴《系传·革部》引《释名》，"轘"作韅，经也，经其腹下也。

"轘"为显声，同为呼典切，而与见母字"经"声训，"显"拟为qh-应该没有问题。

叶德炯曰：坦字与天同透字母，透为舌头音之次清等。缓读为"祁连"。《汉书霍去病传》：出北地至祁连山，师古注：祁_{渠脂切郑张－潘＊gril/职雉切郑张－潘＊kljiɫ}连即天山是也。又为"撑犁"，《匈奴传》"匈奴谓天为撑犁"是也。连、犁，字母在舌齿音之来，去舌头音不远，此西域音之微变者。今国书译为"阿卜喀"，直唇音矣。然古中土音读舌头者多。《白虎通》及《释天释文》引《春秋说题词》云：天之为言镇_{郑张－潘＊krlin(s)}也；《说文》：天，颠_{郑张－潘＊k(h)-liin(s)}也；《礼月令疏》引《春秋说题词》天之为言颠也；《诗君子偕老疏》引《春秋元命苞》：天之言瑱_{郑张－潘＊kh-liins/krlins}，均作舌头音读。其作舌腹音读者，惟《礼记缁衣》郑注："天"当为"先_{郑张－潘＊suɯɯn(s)}"字之误；《艺文类聚》引《白虎通》：天者身_{郑张－潘＊qhjin}也。一以"天"为"先"，一以"天"为"身"，及此以"天"为"显"，数音而已。

撑，丑庚切，彻母庚韵二等郑张－潘＊khrlaaŋ。"撑"为尚声字。《说文八部》：尚，从八、向声。《释名》中有这样的声训：

《释州国》：上党，党，所也。在山上其所最高，故曰上党也。

党，多朗切，端母荡韵一等郑张－潘＊k·laaŋˀ。所，疏举切，山母语韵三等郑张－潘＊sqraˀ。

皮锡瑞曰：《公羊文十三年传》往党，卫侯会公于沓；反党，郑伯会公于棐。注：党，所也。所犹时，齐人语也。

所以"撑"可拟作＊khrl-。"祁连"、"撑犁"古音与"显"相近。正巧，"祁连"是北地的山，"撑犁"是匈奴语，跟"豫司兖冀"的地理方位大致相当。

但突厥语"天"为tengri（潘悟云2000：269），为舌尖音，可能是"撑犁"。

《礼记》郑注"天"为"先"字之误，可能只是形误。

"天、身"之训，除了《艺文类聚》引《白虎通》"天者身也"外，还有：《吕氏春秋·本生》："故圣人之制万物也，以全其天也。"高诱注："天，身也。"宋范晔《后汉书·西域传天竺》："天竺国一名身毒。"

唐玄奘《大唐西域记印度总述》："详夫天竺之称，异议纠纷，旧云身毒，或曰贤_{郑张-潘}*giin豆。今从正音，宜云印_{郑张-潘}*qiŋs度。"后汉安世高译作天竺。古伊朗语为 hinduka ~ hindukka。（Coblin, W. S. 1983）"贤"、"印"古伊朗语 h－都和"显"训相似。

《说文通训定声》天声三名：天、吞、忝。都是舌尖塞音声母。《集韵先韵》：袄，关中谓天为袄。"袄"乃说文新附字，《广韵》呼烟切，先韵晓母四等。"关中"与"豫司兖冀"也大体相当，读晓母正符"天、显"之训。

郑张尚芳（1995）指出，"天"字是复声母塞化 hl－→th－，青徐变得较早，中州变得较晚。《释名》时代青徐已经转变了而中州还没有转变，故出现了中州读"舌腹"音而青徐读"舌头"音的方言现象。"比较同一谐声的吞，泰文为 klɯːn，傣文为 lɯɯn^2，武鸣壮语说 klwan^1 或 tan^1，就可明白天字声母 hl－塞化过程之一斑。"

潘悟云（2000：273）在论述公式 *i̭-＞th－（一、二、四等透母）时也提到了《释名》的这个例子，他说："在不同的方言中可能会有不同的变化结果。如 *i̭－一般是变作透母 th－，但是在另一个方言中可能变作晓母 h－。"

知~见

例4，《释车》：辀，句也，辕上句也。

辀，张流切，知母尤韵三等郑张－潘*krliw。句，古侯切，见母侯韵一等郑张－潘*koo。

舟声字谐知章组，但有一个"貈"字为下各切，铎韵匣母一等。又假"貉"为"貈"。"貉"《广韵》有下各、莫白（陌韵明母二等）二切。

加上此处辀~句声训，郑张－潘"辀"字拟为 *krl－可从。

彻~见

例5，《释宫室》：又谓之彻。彻，紧也，诜诜然紧也。

彻，直列切，薛韵澄母三等；丑列切，薛韵彻母三等。紧，居忍切，轸韵见母重纽四等郑张－潘*kinˀ。

《释名》中"彻"字声训还有：

《释言语》：达，彻也。

达，唐割切，曷韵定母一等郑张－潘＊daad。

这两条声训，"彻"字一训舌根塞音声母字、一训舌尖塞音声母字。有两种可能：一是这两条声训反映的是同一时代的语音；二是这两条声训是刘熙从不同时代的典籍中采来，反映的是不同时代的语音。如果是第一种情况，则要求"彻"字同时能和舌根音声母字、舌尖音声母字声训。那样的话，"彻"字也许可拟为 krth－/krd－。如果是第二种情况，也许可将和"紧"声训的"彻"字拟为 khrl－/grl－，其时代较早；和"达"的声训时代较晚，"彻"字已变为舌尖音。

澄～影

例6，《释州国》：四井为邑，邑犹偪也，邑人聚会之称也。

邑，于汲切，缉韵影母重纽三等郑张－潘＊qrɯb。偪，直立切，缉韵澄母三等郑张－潘＊grlɯb。悒，于汲切郑张－潘＊qrɯb。

《补》引毕沅曰：今本"偪"作"悒"。《初学记》《御览》皆引作"偪"。案，《说文》悒训不安，谊与此无涉。《庄子·天地篇》云：偪偪乎耕而不顾。《释文》云：偪，耕人行貌。其谊似与此近，因据改。但《说文》无偪字。

此条毕校为"偪"字，若依"今本"则为"悒"字。悒、邑同音。

第三节　以母与舌根音声母声训

《释名》中没有以母字和唇音声母字的声训。

以～见

例1，《释车》：舆，举也。

舆，以诸切，平鱼以三郑张－潘＊k·la。举，居许切，上鱼见三郑张－潘＊klaˀ。

苏舆曰：《众经音义》引《苍颉篇》轝，举也。舆、轝同。《疏证补》

第四节 其他有关的声训

① *Klj-~*r-/ *K·l-~*r-

例1,《释用器》：锥，利也。

锥，职追切，平脂章三郑张－潘 * kljul。利，力至切，去脂来三郑张－潘 * rids。

例2,《释用器》：耒，来也，亦推也。

耒，卢对切，去灰来一郑张－潘 * ruuls。推，他回切，平灰透一郑张－潘 * kh·luul。

毕沅曰：今本作"耒亦椎也"以承"椎推也"之下。《御览》引作：耒，来也。据改。且区别别为一条，与"耞"相比近，其"亦推也"三字亦当有。《考工记》车人为耒庛长尺有一寸，直庛则利推，句庛则利发。发谓杷土来，推谓推土前进也。《疏证补》

② *Klj-~*l-/ *Klj-~*K·l-

例1,《释书契》：书文书检曰署。署，予也，题所予者官号也。

署，常恕切，去鱼禅三郑张－潘 * gljas。予，余吕切，上鱼以三郑张－潘 * la·。

例2,《释形体》：肾，引也，肾属水，主引水气灌注诸脉也。

肾，时忍切，上真禅三郑张－潘 * gjin·。引，羊晋切，去真以三郑张－潘 * lins；余忍切，上真以三郑张－潘 * lin·。

"肾"字似当拟为 * gljin·。

例3,《释言语》：善，演也，演尽物理也。

善，常演切，上仙禅三郑张－潘 * gjen·。演，以浅切，上仙以三郑张－潘 * len·。

比较：0624 祥：善。祥，似羊切，平阳邪三郑张－潘 * sGlaŋ。

"善"字似当拟为 * gljen·。

例4, 夷：常。《释兵》：夷矛，夷，常也。其矜长丈六尺，不言常而曰夷者，言其可夷灭敌，亦车上所持也。

按，此条可疑。

例5，媵：承。《释亲属》：侄娣曰媵。媵，承也，承事嫡也。

媵，以证切，去蒸以三郑张－潘 * luɯŋs；实证切，去蒸船三郑张－潘 * Gljɯŋs。承，署陵切，平蒸禅三郑张－潘 * gljɯŋ。

例6，谥：曳。《释典艺》：谥，曳也，物在后为曳，言名之于人亦然也。

谥，神至切，去脂船三郑张－潘 * Gljigs。曳，余制切，去祭以三郑张－潘 * leds。

例7，唇：缘。《释形体》：唇，缘也，口之缘也。

唇，食伦切，平谆船三。缘，与专切，平仙以三郑张－潘 * k·lon。

"唇"字似有舌根音和唇音两种拟法 * sbljun/ * Gljun。

例8，痍：侈。《释疾病》：痍，侈也，侈开皮肤为创也。

痍，以脂切，平脂以三郑张－潘 * li。侈，尺氏切，上支昌三郑张－潘 * khljal·。

③ * K·r－ ~ * sKl－

例1，岨：胪。《释山》：石载土曰岨。岨，胪然也。土载石曰崔嵬。因形名之也。

岨，七余切，平鱼清三郑张－潘 * skhla。胪，力居切，平鱼来三郑张－潘 * g·ra。

"胪"虍声，谐舌根音声母字，故拟作 * g·r－。

"岨"且声，且声字上古声母带有舌根音成分，关于这一点潘悟云先生在给我的来信中有一段精彩的论述：

覷，《说文》："且往也，从且虡声。""覷"中古从母鱼韵，"虡"则是群母鱼韵 * ga，所以"覷"的上古音只能是 sga，才能解释它与"虡" ga 的谐声关系。这里的问题是"且"在这个字形中担任什么角色，《说文》把它定为义符是很勉强的。我们不妨先来看几个古汉语的词组。

《尔雅·释诂》：嫁徂，往也

《方言》：嫁徂，往也

《说文》：徂，往也。

与这些词同根的还有"徦、假、格"等字，词根是 ka、kra、klak 之类的音。所以"徂"只能是 * sgla > MC. dz－。"徂"与"覷"同音，它们最有可能就是同一个词。《说文》既然认为"虡"为声符，"且"就只能解释为义符，于是就硬给"往也"加上一个"且"义，成为"且往也"。实际上"覷"

为双声符，与"鼻"中的"自"、"畀"为双声符是同样的类型。"覷"读 sga，与"且"的读音 skha 谐声，"虡"ga 是它的词根。

我们还可以看一系列的词，它们都有 sK- 与 K- 的关系：

且～姑

祖～古

罝～罟

租～假

阻～格

关于＊sKl-复声母并参见下文。

但是"胪"字还有与唇音有关的一些材料，如：

《说文肉部》：胪，皮也，从肉，卢声。肤，籀文胪。

段注：今字皮肤从籀文作"肤"，"肤"行而"胪"废矣。《晋语》：听胪言于市。《史》《汉》胪句传，苏林曰：上传语告下为胪。此皆读为"敷奏以言"之"敷"也。《史记》胪于郊祀。《汉书》：大夫胪岱。韦昭《辨释名》：鸿，大也；胪，陈序也。谓大以礼陈序寡客。此皆读为"廷寡旅百"之"旅"也。刘熙《释名》：鸿胪，腹前肥者曰胪。以京师为心体，王侯外国为腹胰，以养之也。此读为"夏右腴"之"腴"。皆假借也。其本义则皮肤也。

锤按：段氏引刘熙《释名》，王先谦《疏证补》"腹腴"二字作"腹胪"。

"胪"字的声母究竟是来自 ＊K·r- 抑或是 ＊P·r-，尚有待考证。

例 2, 0498 柳：聚。柳，力久切，上尤来三郑张-潘 ＊b·ruˑ。聚，慈庾切，上虞从三郑张-潘 ＊sgoˑ。

此条参见下文。

④ ＊sKl-～＊K·l-／＊sKl-～＊l-

例 1, 酒：酉。《释饮食》：酒，酉也，酿之米麹酉泽，久而味美也。亦言踧也，能否皆强，相踧持饮之也。又入口咽之，皆踧其面也。

酒，子酉切，上尤精三郑张-潘 ＊skluˑ。酉，与久切，上尤以三郑张-潘 ＊k·luˑ。

潘悟云（2000：307）对"酒"字有这样一段描述："酒 ＊sklǔˑ，战国陶文作'酳'，从九 ＊klǔˑ 得声。'酒'在很早以前就借到南方各民族，如幺佬语为 khγaːu³，水语为 qhaːu³，毛难语为 khaːu³。这些语言中的 aːu 来自古代的 u，幺佬语的 khγ- 来自 khl-，说明'酒'在古代侗台语中的借词曾为 ＊

khlu 之类的形式。"

例2，檐：接。《释宫室》：檐，接也，接屋前后也。

檐，余廉切，平盐以三郑张－潘＊k·lam。接，即叶切，入叶精三郑张－潘＊skeb。

此条声训可商，参校议。

例3，淫：浸。《释言语》：淫，浸也，浸浸旁人之言也。

淫，余针切，平侵以三郑张－潘＊lɯm。浸，七林切，平侵清三郑张－潘＊skhlim。

潘悟云（2000：307）指出："浸＊sklims，藏文 stim$_{渗透}$ ＜＊sklim，独龙语 xıɑm$^{53}_{渗入}$，越南语 ngam$^5_{渗透}$。同声符字'祲'＊skl ims$_{郑玄谓日旁之气}$，对应于藏文的 khjim$_{日月晕}$。"

⑤ ＊sKr － ～ ＊K·l －

例，襈：缘。《释衣服》：襈，缘也，青绛为之缘也。

襈，士恋切，去仙崇三郑张－潘＊sgrons。缘，与专切，平仙以三郑张－潘＊k·lon。

此条声训可商，参校议。

第十五章　带 s- 的复辅音声母

第一节　鼻音前：sN- 类型
（鼻音声母和齿音声母的接触）

Pulleyblank（1962-3）有：

＊sm- > s-　　　　　　　　＊m-

戌　　　　　　　　　　　　灭

丧　　　　　　　　　　　　亡

李方桂（1971）有：

＊sm- > s-　　　　＊smr- > ṣ-　　　　＊sn- > s-

丧　　　　　　　　李　　　　　　　　絮

郑张尚芳（1995）有：

＊sm- > s-　　　　＊sŋ- > s-　　　　＊sn- > s-

戌　　　　　　　　薛　　　　　　　　絮

例 1，眇：小。《释疾病》：目匡陷急曰眇。眇，小也。

眇，亡沼切，明母小韵重纽四等郑张-潘＊mew·。小，私兆切，心母小韵三等郑张-潘＊smew·。

毕沅曰：《说文》眇，一目小也，从目从少，少亦声。此云目匡陷急，谊少异。《疏证补》按："少亦声"为段注。

郑张尚芳（1990）指出，"小""渺"、"朴""杪"皆音义相同，故"小""朴"＊smeu。

少：小。《释形体》：又曰少腹，少，小也，比于脐以上为小也。

少，失照切，笑韵书母郑张－潘 * hmljews。

Bodman（1954）认为"少""小"同源，可能都有复辅音 sm。

蒲立本（1962－3：译本 107）指出清鼻音 * mh－变成 hw－，"少"来自 * mh－，但由于圆唇韵尾对 hw－的异化作用，使得它变成 h－，在 －j－ 前腭化成 ç。

"少"又和"幼""叔"声训：

叔：少。①《释亲属》：叔，少也，幼者称也。叔亦俶也，见嫂俶然却退也。②《释亲属》：仲父之弟曰叔父。叔，少也。

王先慎曰：《白虎通》叔者，少也。《疏证补》

叔，式竹切，屋韵书母郑张－潘 * qhljɯwg。

幼：少。《释长幼》：幼，少也，言生日少也。

幼，伊谬切，幼韵影母三等郑张－潘 * qriws。

"少"如拟作唇鼻音声母 * hmlj－之类，"叔：少""幼：少"的声训就不好解释。

例2，细：弭。《释言语》：细，弭也，弭弭，两致之言也。

细，苏计切，心母四等郑张－潘 * snɯɯs。弭，绵婢切，明母支韵重纽四等郑张－潘 * meʔ。

毕沅曰："细"本皆作"纳 郑张－潘 * nuub"，误也。此篇皆两两反对，"粗"之对当作"细"。王先慎曰：本书《释兵》弓末谓之弭，以骨为之，滑弭弭也。则"弭弭"是光滑之义。"致"同"致"。今俗言"细致"既其义。"两"无义，盖讹字。《疏证补》

《说文糸部》：细，从糸、囟声。声符为"囟"的谐声系列，除心母外，还颇多泥娘母字。故郑张－潘拟为 * sn－。

例3，言：宣。《释言语》：言，宣也，宣彼此之意也。

言，语轩切，元韵疑母三等郑张－潘 * ŋan。宣，须缘切，仙韵心母三等郑张－潘 * sqon。

语：叙。《释言语》：语，叙也，叙己所欲说也。

语，鱼巨切，语韵疑母三等郑张－潘 * ŋaʔ。叙，徐吕切，语韵邪母三等郑张－潘 * ljaʔ。

Bodman（1954）比较了这两个声训。他提出"语"、"言"可能同源，因此只要证其中之一为复声母，另一个也应该相同。尽管他给出了 zng－的构拟，但是又在后面打上问号，表示不能确定。在谐声系列中，"语"、"言"都没有跟咝音的接触。"宣"和舌根音声母字谐声，潘悟云（2000：311）拟作 * sqən。蒲立本（1962-3：译本97）提出"叙"字声母有 sŋð 的可能，因为他觉得"余"可能跟"吾"同源。

总之这一例并不确知有 sN-型声母，暂列于此。

例4，消：弱。《释疾病》：消，弱也，如见割削，筋力弱也。

消，相邀切，心母宵韵三等郑张-潘 * smew。弱，而灼切，日母药韵三等郑张-潘 * njewg。

毕沅曰："消，弱也"案下云"割削"则似当以"削"训"消"。《易林》耗减寡虚，日以削消。或云当作"削弱也"联上为一条，若依此则上条"酸逊也"之上亦当总标"酸削"二字，而后分释之。《疏证补》此条不知道究竟是"消~削"声训，还是"消~弱"声训。

第二节　流音前：sl-／sr-

以母 l-冠 s-中古为心母，来母 r-冠 s-中古为生母。（郑张尚芳1990）

心~以

例1，锡：易。《释丧制》：锡缞，锡，易也。治其麻，使滑易也。

笔者按："锡，易也"《补》引毕沅曰：今本作：锡，治也。据《御览》引改正。《说文》有"緆"字，云：细布也，或从麻作"纄"。葢即经典之所谓"锡"也。《丧服传》云，锡者何也？麻之有锡者也。锡者，十五升抽其半，无事其缕、有事其布曰锡。郑注：谓之锡者，治其布使之滑易也。

锡、缞，先击切，入锡心四开。易，以豉切，去支以三开。

郑张尚芳（1990）认为："赐" * slegs 是"易" * leeg 的转注字，又与"锡" * sleeg 通假。可比较泰文 lɛɛk[8]（交换、互易），藏文 legs-so（赏赐）。

可比较：鬄：剔。《释首饰》：鬄，剔也，剔刑人之发为之也。

鬄，思积切，入昔心三开。剔，他历切，入锡透四开。

《说文髟部》：鬄，髢也。从髟、易声。髢，鬄或从也声。

髢，特计切，去齐定四开，郑张-潘歌2，leels。"鬄" sleg，只是韵尾不同。"剔" *leeg。

例2，髓：遗。《释形体》：髓，遗也。遗，遗也。

笔者按：《补》引毕沅曰：《说文》无"遗"字，《广韵》鱼盛皃。《集韵》始有膏液一释。本或作（左氵右匮），更讹。先谦曰：吴校作：髓，遗也，遗遗然也。

髓，息委切，上支心三合。遗，以醉切，去脂以三；以追切，平脂以三。遗，以水切，上脂以三合。此条包拟古引作"髓：遗"。

潘悟云（2000：281）将"遗"拟作 *k·lǔls。"遗"可拟 *k·lul。"髓"郑张－潘系统拟为 *sqlol。

例3，酉：秀。《释天》：酉，秀也，秀者，物皆成也。

笔者按：《补》引毕沅曰：《律书》：酉者，万物之老也。《白虎通》：酉者，老也。《律志》留孰于酉。《说文》：酉，就也。八月黍成，可为酎酒。诸说不同，其义皆是。"秀""老""留""就"皆与"酉"声叶。

酉，与久切，上尤以三开。秀，息救切，去尤心三开。

比较：酒：酉。《释饮食》：酒，酉也，酿之米麹酉泽，久而味美也。亦言踧也，能否皆强，相踧持饮之也。又入口咽之，皆踧其面也。

笔者按：《补》引毕沅曰：《说文》酒，就也。从水从酉，酉亦声。酉亦训就。酉泽，酋绎也。《说文》酋下训云：绎酒也，从酉水半见于上。《礼记郊特牲》曰：犹明清与酰酒于旧泽之酒也。是泽亦绎义也。《初学记》"泽"引作"怿"，误。

酒，子酉切，上尤精三开。

李方桂指出，原始台语用 *r- 代替"酉"的声母，Ahom 语 rāo，Lü 语 hrau。（参见潘悟云 2000：267）

《淮南天文》："酉者，饱也。"

"秀"和以母字谐声，郑张－潘系统拟 *slus。

可比较：须：秀。《释形体》：颐下曰须。须，秀也，物成乃秀，人成而须生也。亦取须体干长而后生也。

须，相俞切，平虞心三合。秀，息救切，去尤心三开。

例4，抴：泄。《释言语》：抴，泄也，发泄出之也。

抴，羊列切，入薛以三开。泄，私列切，入薛心三开。

郑张－潘系统"抴"拟为 *led，"泄"拟为 sled。

可比较：舌：泄。《释形体》：舌，泄也，舒泄所当言也。

舌，食列切，入薛船三开。

山~来

例5，疏：寥。《释采帛》：纺粗丝织之曰疏。疏，寥也，寥寥然也。

笔者按：《补》先谦曰：《说文》"寥"作"廫"，云：空虚也。许克勤曰：疏字亦作"练"，黎刻《玉篇糸部》"练，所间反"引作：纺粗丝织曰练。练，料也，料料然疏也。

疏，所葅切，平鱼山三合。寥，落萧切，平萧来四开。

"疏"比较：梳：疏。《释首饰》：梳，言其齿疏也。

梳，所葅切。

《说文木部》：梳，从木、疏省声。

疏：索。《释言语》：疏，索也，获索相远也。

索，苏各切，入铎心一开。

郑张尚芳（1990）认为："疋"*sngra 借为"雅"*ngraa，又作"疏"*sngra 和"胥"*snga 的声符。藏文 sngo（蔬）。"索"*sngaag 与"蔬"通，《荀子王制》："养山林薮泽草木鱼鳖百索。"与"苏"通，《淮南修务》"苏授世事"注"苏犹索"。藏文 sngog-pa（搜索）。

"寥"可比较声训：

尻：廖。《释形体》：尻，廖也，尻所在廖牢深也。

例6，林：森。《释山》：山中丛木曰林。林，森也，森森然也。

林，力寻切，平侵来三开。森，所今切，平侵山三开。

潘悟云（1991）在讨论上古汉语使动前缀*s-的时候，列举了许多以母为自动词、书母为使动词的成对例子，书母拟作*slj-。潘悟云（2001）又指出，这些书母也可能来自短元音前的*l-，或者这些书母字就经过了从 slj-向 l-的变化。短元音前的*lj-可能变作中古的心母三等。

心~书

例7，膝：伸。《释形体》：膝，伸也，可屈伸也。

膝，息七切，入质心三郑张-潘*sig。伸，失人切，平真书三郑张-潘*lin/slin。

例8，信：申。《释言语》：信，申也，言以相申束，使不相违也。

信，息晋切，去真心三郑张-潘*sins。申，失人切郑张-潘*lin/slin。

皮锡瑞曰：《仪礼士相见礼》注：古文"伸"作"信"。《谷梁范宁解》

云：信、申字古今所共用。《疏证补》

比较：晨：伸。《释天》：晨，伸也，旦而日光复伸见也。

晨，植邻切，禅母真韵三等郑张－潘＊gljɯn。伸，失人切。

《说文人部》：伸，屈伸。段注：伸，古经传皆作信。《周易》诎信相感而利生焉。又尺蠖之诎以求信也。又引而信之。韦昭《汉书音义》云：信，古伸字。谓古文假借字。

辰：伸。《释天》：辰，伸也，物皆伸舒而出也。

辰，植邻切郑张－潘＊gljɯn。伸，失人切。

申：身。《释天》：申，身也，物皆成，其身体各申束之，使备成也。

申，失人切。身，失人切郑张－潘＊qhjin。

《说文身部》：身，从人申省声。

毕沅曰：《白虎通》：少阴见于申，中者身也。《疏证补》

身：伸。《释形体》：身，伸也，可屈伸也。

身，失人切。伸，失人切。

王先慎曰：《周礼大宗伯》侯执信圭。注："信"当为"身"，声之误也。"信"，古"伸"字。《荀子儒效》注："伸"读为"身"。身、伸二字声同而义通。《疏证补》

潘悟云（1991）举了汉语"引"＊lin·与"申"＊sljin，和藏文两个形式 riŋ长、sriŋ使伸长严格对应。

第三节 塞音前：sK-/sP-类型
（精庄组和见帮组的声训）

一、精清从（庄初崇）

潘悟云（1987）、郑张尚芳（1990）有：

sk（1）－>精　　　skh（1）－>清　　　sg（1）－>从

skr－>庄　　　　　skhr－>初　　　　　sgr－>崇

例1，餐：乾。《释饮食》：餐，乾也，乾入口也。

笔者按：《补》引毕沅曰：《说文》餐，吞也。此"乾"字当为"吞"。"吞"与入口之义正合。

餐，七安切，清母寒韵一等。奴声字谐精组。

乾，古寒切，见母寒韵一等。该谐声系列朱氏《通训定声》共列22名，包括见匣等母的"戟"系，和邪母的"旋"系。

没有理由将"餐"拟为带舌根音的声母。包拟古（1985）第14例是关于南亚语（Austroasiatic）中的原始越芒语 * traw B"乾"，和福州话 ta[1]，厦门话 ta[1]"乾"，原始闽语为 * tau，据说 * – au 对应于中古音二等肴韵。包氏说本字尚未找到。从韵母来看，"乾"字为寒韵，不知能否对应得上。如果 * tau 的本字是"干"，到是和"餐"字声母相近，自然可以解释此条声训。但 * tau 怎样变为中古见母的，又难以解释。比较：

乾：健。《释天》：乾，健也。健行不息也。

笔者按：《补》引毕沅曰：《易系辞》云：夫乾，天下之至健也。

乾，渠焉切，仙韵群母重纽三等。健，渠建切，愿韵群母三等。

干：乾。《释饮食》：干饭，饭而暴乾之也。

笔者按："干饭"《补》引毕沅曰："干"与"乾"音同得相假借。《御览》引即作"干"。成蓉镜曰：司马彪《续汉书》羊陟拜河内尹，常食乾饭。谢承《后汉书》左雄为冀州刺史，常食乾饭。羊茂为东郡太守，常食乾饭。胡劭为淮南太守，使铃下阁外吹曝作干饭。并见《御览》八百五十。亦通作"干饭"。《后汉书独行传》明堂之奠干饭寒水。

干、乾，古寒切。《说文干部》：干，犯也。《乙部》：乾，上出也。"干饭"本字当为"乾"。这两条声训，"健""干"都是舌根塞音声母，看来，"乾"字也应为舌根塞音声母。

例2，趋：赴。《释姿容》：疾行曰趋。趋，赴也，赴所期也。

笔者按：《补》引毕沅曰：《说文》赴，趋也。

趋，七逾切，清母虞韵三等。赴，芳遇切，滂母遇韵三等。

Bodman（1954）注释中认为此条声训可能是叠韵声训。刍声字谐庄组精组，无唇音字。

例3，侧：偪。《释姿容》：侧，偪也。

笔者按：《补》引叶德炯曰：《文选上林赋》偪侧泌瀄，注引司马彪：偪仄，相迫也。字本与"厌"通。《考工记车人》山行者仄輮。仄輮正言其偏也。

侧，阻力切，庄母职韵三等。则声字谐精组庄组，无唇音字。

偪，彼侧切，帮母职韵三等。《说文》无"偪"字。

例4，截：戳。《释兵》：又曰激矛，激，戳也，可以激戳敌陈之矛也。

笔者按：《补》引苏舆曰：王氏念孙《广雅疏证》云：激，长貌也。《尔雅释木》：又无枝为檄，注云：檄，擢直上。《广雅释诂二》云：檄，长也。"檄"与"激"义并相近。

激，古历切，锡韵见母四等。敫声字谐见组。"激"字声训还有：

檄：激。《释书契》：檄，激也，下官所以激迎其上之书文也。

檄，胡狄切，锡韵匣母四等。

截，昨结切，屑韵从母四等。雀声字谐精组，无舌根音字。"截"字声训有：

札：截。《释天》：札，截也，气伤人如有断截也。

笔者按：《补》引毕沅曰：今本"札"字加"疒"，俗也。《均人》云：凶札则无力政。《左昭四年传》：民不夭札。皆止作"札"，不从疒。

札，侧八切，黠韵庄母二等。乙声字谐影母二等。

疾：截。《释言语》：疾，截也，有所越截也。

疾，秦悉切，质韵从母三等。疾声字谐精组。

绝：截。《释言语》：绝，戳也，如割戳也。

绝，情雪切，薛韵从母三等。卪声字谐精组。

只有"札"字上古和舌根音有关，东汉时为什么音呢？比较以下声训：

札：栉。《释书契》：札，栉也，编之如栉齿相比也。

栉，阻瑟切，栉韵庄母三等。卪声字同前。从这条声训来看，"札"字东汉可能已变为齿音字。

"截"除了和"札"字声训外，还和"疾"字"绝"字声训，这两个字都不会是舌根音字，所以"截"字似没有舌根音声母。俟考。

例5，甽：吮。《释山》：山下根之受溜处曰甽。甽，吮也，吮得山之肥润也。

笔者按：《补》引毕沅曰：《说文》𤰝，古文く。从田，从巜。𤰝，田之巜也。畎，篆文く，从田、犬声。

く、甽、畎，姑泫切，铣韵见母四等。吮，徂兖切，狝韵从母三等；食尹切，准韵船母三等。允声字主要谐精组、以母。

例6，丘：聚。《释州国》：四邑为丘。丘，聚也。

笔者按：《补》引王先慎曰：《尚书孔安国序》丘，聚也。《家语正论》注：九丘，国聚也。

丘，去鸠切，尤韵溪母三等。聚，慈庾切，虞韵从母三等。

"丘"声训有：

丘：区。《释典艺》：九丘，丘，区也。区别九州之土气，教化所宜施者也。

区，岂俱切，虞韵溪母三等。

疣：丘。《释疾病》：疣，丘也，出皮上聚高如地之有丘也。

疣，羽求切，尤韵云母开口。

"聚"声训有：

洲：聚。《释水》：水中可居者曰洲。洲，聚也，人及鸟兽所聚息之处也。

笔者按：《补》引毕沅曰：案《说文》"州"从重川。俗作"州"傍加"水"，非。"洲，聚也，人及鸟兽所聚息之处也"当云：州，匓也，水匓绕其外也。

洲，职流切，章母尤韵三等。州字声训还有：

州：注。《释州国》：州，注也，郡国所注仰也。

注，之戍切，遇韵章母三等。"洲"东汉声母似不带舌根音。

柳：聚。《释丧制》：其盖曰柳。柳，聚也，众饰所聚，亦其形偻也。

笔者按：《补》引叶德炯曰：羽谓之柳，唐徐景安《乐书》引刘歆注：五音备成如物之聚而为柳。苏舆曰：《尚书大传》度西曰柳谷。郑注：五色聚为柳。《周礼丧记》贾疏：柳者，诸色所聚。

柳，力久切，有韵来母三等。偻，力主切，虞韵来母三等。

《周礼缝人》：衣翣柳之材。郑玄注：柳之言聚，诸饰之所聚。书曰："分命和仲，度西曰柳谷。"故书"翣柳"作"接槤"。郑司农云：接读为翣，槤读为柳，皆棺饰。孙诒让《周礼正义》疏：惠士奇云：柳，一作偻。《庄子达生》曰：生有轩冕之尊，死得于腞楯之上，聚偻之中。柳之言聚，故曰聚偻，棺之饰也。《吕氏春秋节丧》曰：世俗之行丧，载之以大輴，偻翣以督之。一作"缕翣"，见《荀子礼论篇》。案：引"书曰分命和仲度西曰柳谷"者，贾疏云：是济南伏生《书传》文，故云度西曰柳谷，见今《尚书》，云宅西曰昧谷。柳者，诸色所聚。日将没，其色赤兼有余色，故云柳谷。引之者，见柳有诸色。丁晏云：《史记·五帝本纪集解》曰：昧谷，徐广曰：一作柳谷。《书尧典正义》引夏侯等书，昧谷为柳谷。《仪礼经传通解续》引《书大传虞传》：秋祀柳谷。注：柳，聚也，齐人语。案：据《尧典》疏及《大传》，则作"柳谷"者，盖今文《尚书》。郑注《尚书》从古文作昧谷。故《三国志吴志虞翻传》裴松之注引翻奏郑解《尚书》违失事，云：古柳卯同字，而以为昧，即指此也。此注欲证"柳聚"之义，故从今文引之。徐养原云：槱字字书所无。《释文》音柳，亦就此经而作音耳，其本音本义则不可考，殆亦传写之误也。段玉裁云：槱从木从貿声，貿从贝从卯声，而先郑读槱为桺，此于叠韵求之也。《庄子·德充符篇》云：战而死者，其人之葬也，不以翣资。资盖即槱之讹文。

《礼记·檀弓下》：设蒌翣。注：蒌翣，棺之墙饰。《周礼》"蒌"作"柳"。蒌，来母。

《说文木部》：桺，少杨也。从木、丣声。丣，古文酉。酉，与久切，有韵以母三等。《酉部》：酉，就也。八月黍成，可为酎酒。象古文酉之形也。（段注：古文酉谓丣也。仿佛丣字之形而制酉篆。此与弟从古文弟之形，民从古文民之形，革从古文革之形，为一例。周伯琦乃谓不可解矣。）丣，古文酉从丣。丣为春门，万物已出；丣为秋门，万物已入。一，闭门象也。锺案："丣""卯"形似，"柳"会不会是卯声？"卯"莫饱切，明母巧韵二等。昧，莫佩切，明母队韵一等。虞翻"古柳卯同字"似已指出。段玉裁云"槱"字先郑读为"桺"，乃"叠韵求之"，若"柳"以"卯"声，则两字实同音耳。但"酉"和来母字有一些接触，以"酉"作"柳"的声符证据也很充足。

潘悟云（2000：281）指出："柳（《尚书大传》"秋祀柳谷华山"郑玄注："柳，聚也。"）对应 sgrug（藏文：收集，蓄积）。"故"柳"可拟作 $k \cdot r - > r - > l -$。"柳：偻"又为声训，"偻" $k \cdot l -$。东汉"柳"声母或许还带舌根音。

钟：聚。《释形体》：踵，钟也。钟，聚也。体之所钟聚也。

此为转易字例，"钟"、"聚"可能不是声训，包拟古未收。

"聚"如果我们拟为 $sgl-$，似可解释它和"柳""丘"二字的声训，但

"洲：聚"声训就只能作为叠韵了。

二、心、邪

李方桂（1971）提出 *sk（w）->s（w）-。同时，他认为 *skh->tsh-、*sg->dz-，唯一缺少精母 ts-。包拟古（1980）按照音系配置上的这种理由，提出有四套塞音的系统，以和中古精组声母相配。

原始汉语			中古汉语
*sk-,	*st-,	*s-	s-
*sg-,	*sd-,	*ts-	ts-
*skh-,	*sth-,	*tsh-	tsh-
*sgh-,	*sdh-,	*dz(h)-	dz-

但是与他有一组浊送气塞音不同，大多数的音韵学家是主张上古汉语塞音三分的。

潘悟云（1987）将有舌根音来源的心（邪）母构拟为：

*sk-l->s-   *skh-l->s-   (*sg-l->z-)
*sk-r->ʂ-   *skh-r->ʂ-   (*sg-r->ʐ-)

郑张尚芳（1995）提出的解决方法是：

*sk->ts-   *skh->tsh-   *sg->dz-   *sh->s-
*skr->tʂ-   *skhr->tʂh-   *sgr->dʐ-   *shr->ʂ-

潘悟云（2000）指出擦音不与塞音谐声，*sh（r）-也就不能与舌根音谐声了。他又提出了一套新的构拟：

*sq(l)->s-   *sqh(l)->*sh->s-   *sɢ(l)->*sɦ->z-
*sqr->*sr->ʂ-   *sqhr->*shr->ʂ-   *sɢr->*sɦr->ʐ-

但是与唇塞音谐声的心（山）母该如何构拟还是一个问题。

例1，昏：损。《释天》：昏，损也，阳精损灭也。

昏，呼昆切，魂韵晓母一等。损，苏本切，混韵心母一等。

"昏"和明母字谐声，又对应藏文的 smun 痴人、愚人。（潘悟云2000：328）如果依照郑张先生，"昏"可拟 hm->h-。

潘悟云（2000：312）把"损"拟为 *sqǔn·。刘熙时代，似已到 sh-，故与晓母字"昏"声训。可比较：

婚：昏。《释亲属》：妇之父曰婚，言婿亲迎用昏，又恒以昏夜成礼也。

笔者按：《补》引毕沅曰：《白虎通》云：昏时行礼，故谓之婚也。

婚，呼昆切。

例2，殣：瘗。《释丧制》：假葬于道侧曰殣。殣，瘗也。

笔者按：《补》引毕沅曰，《说文》无"殣"有"䐣"，云：瘗也，从歹、隶声。《玉篇》"䐣"训同《说文》。又出"殣"字，云：思利切，埋棺坎下也，瘗也，亦假葬于道侧曰殣。案今《礼》文皆作"殣"。《士丧礼》云：掘殣见衽。注云：殣，埋棺之坎也，掘之于西阶上。盖"殣"本未葬而涂殡之名，假葬者亦依此以为名也。

殣，息利切，至韵心母三等。瘗，乌奚切（于计切），齐（霁）韵影母四等。䐣，羊至切，至韵以母。

"瘗"声训还有：

曀：瘗。《释天》：阴而风曰曀。曀，瘗也，言云气掩瘗日光使不明也。

曀，于计切。

殪：瘗。《释丧制》：殪，瘗也，就隐瘗也。

笔者按：《补》引毕沅曰：《诗皇矣》云：其菑其翳，《韩诗》作"其殪"，是殪、翳通也。

殪，于计切。

"瘗"可拟 *q- > ʔ- 。"殣"可拟 *sq- > sʔ- 。

例3，印：信。《释书契》：印，信也，所以封物为信验也。亦言因也，封物相因付也。

印，于刃切，震韵影母三 A。信，息晋切，震韵心母三等。因，于真切，真韵影母三 A。

"信"声训还有：

信：申。《释言语》：信，申也，言以相申束，使不相违也。

笔者按：《补》引皮锡瑞曰：《仪礼士相见礼》注：古文"伸"作"信"。《谷梁范宁解》云：信、申字古今所共用。

申，失人切，真韵书母。

此外还有一个心母字和"伸"字声训的例子：

膝：伸。《释形体》：膝，伸也，可屈伸也。

笔者按：《补》引叶德炯曰："膝"字本作"厀"，《说文》厀，胫头卪也。苏舆曰:"伸"从申声,"膝"从桼声,段氏《音均表》申声、桼声之字同在古音十二部。

膝,息七切,质韵心母三等。桼声字似和舌根音无关。

伸,失人切。

"印"、"因"可拟 *q->?-。"信"声训"印",可拟 *sq->s?-。

例4,轘:散。《释丧制》:车裂曰轘。轘,散也,肢体分散也。

轘,胡惯切,谏韵匣母二等。散,苏旱切,翰韵心母一等。

"散"声训有:

星:散。《释天》:星,散也,列位布散也。

星,桑经切,青韵心母四等。

霰:散。霰:星。《释天》:霰,星也,水雪相抟如星而散也。

笔者按:《补》引王启原曰:吴校"星也"下有"散也"二字。

霰,苏佃切,霰韵心母四等。《说文雨部》:霓,霰或从见。段注:见声。

飱:散。《释饮食》:飱,散也,投水于中解散也。

飱,思浑切,魂韵心母一等。

巽:散。《释天》:于易为巽,巽,散也,物皆生布散也。

巽,苏困切,恩韵心母一等。

"轘"fil-。"霰"或体从见声,"散"或可拟作 *sq->s?-。

例5,縠:粟。《释采帛》:谷,粟也,其形戚戚,视之如粟也。又谓之沙,亦取戚戚如沙也。

笔者按:"粟也"《补》引毕沅曰:《急就篇补注》引作:沙也。苏舆曰:《御览布帛三》引"谷"作"縠",云:縠,粟也,其形戚戚如也。无以下文。

縠,胡谷切,屋韵匣母一等。谷,古禄切,屋韵见母一等。粟,相玉切,烛韵心母三等。

《说文糸部》:縠,细缚也。《禾部》:谷,续也,百谷之总名也。"縠"、"谷"谐声。

《说文卤部》:粟,嘉谷实也。孔子曰,粟之为言续也。

许慎"谷续也"、孔子"粟之为言续也",皆以"续"为声训。续,似足切,烛韵邪母。

例6,岁:越。《释天》:岁,越也,越故限也。

笔者按:《补》引王启原曰:《说文》岁,木星也。越历二十八宿,宣遍阴阳，十二月一次。从步、戌声。"岁"从戌不从戉。

岁，相绝切（相锐切），薛韵（祭韵）心母三等合口。越，王伐切，月韵云母合口。《说文走部》：越，度也。从走、戉声。

梅祖麟（1992）指出，甲骨文"歲"用"戉（钺）"作假借字，金文"歲"作"戉"字上下加两"止"，故"歲"字为"戉"声。此说和《说文》有所不同。梅文指出，"岁"、"越"是同源词，并和藏文 skyod-pa "行走、逾越、时间之逝去"同源。

潘悟云（2000：311）指出："岁 *sqʰʷāts，闽语读 h-，反映一个不带 s- 的形式 *qʰʷāts。"潘悟云（2000：347）将"越"拟作 *Gʷ(l)ăt。

例7，膈：塞。《释形体》：膈，塞也。隔塞上下，使气与穀不相乱也。

笔者按：《补》引毕沅曰："鬲"加"月"旁作，俗字也，当作"鬲"。先谦曰，吴校"塞也"作"隔也"。

膈，古核切，麦韵见母二等。塞，苏则切，德韵心母一等。

《释名》中"塞"字声训还有：

息：塞。《释言语》：息，塞也，言物滋息塞满也。

息，相即切，职韵心母三等。

按吴校当是"膈"、"隔"相训。

例8，辟：析。《释天》：又曰辟历，辟，析也，所历皆破析也。

笔者按：《补》引毕沅曰：今本"析"皆作"折"，据义当作"析"。成蓉镜曰："礔礰"（《一切经音义十五》引《苍颉篇》）、"劈历"、（《说文雨》注、《方言二》郭注）"霹雳"（《尔雅释文》郭注）并叠韵字，成国义近凿。苏舆曰："辟"字衍，"辟歷"即"析"之合音。故云：辟歷，析也，所歷皆破析也。亦总申"辟歷"之义，承"析"字言之。《御览天部十三》引正作：霹雳，析也。虽字不同而无"辟"字，成疑其义近凿，不知"辟"本衍字也。

辟，芳辟切，滂母昔韵三等。析，先击切，心母锡韵四等。

"析"字未和唇音字谐声。如按"今本"作"折"：《广韵》旨热切（常列切），章母（禅母）薛韵三等。"折"字也未和唇音字谐声。

例9，旞：滑。《释兵》：全羽为旞，旞犹滑也，顺滑之貌也。

旞，徐醉切，去脂邪三合郑张-潘 *sGluds（?）。滑，户八切，入黠匣二郑张-潘 *gruud。

《补》引毕沅曰："旞"《初学记》引作"䍰"。

《说文㫃部》:"旞,导车所载,全羽目为允,从㫃、遂声。旞,或从遗作。"《通训定声》曰:"旞,或从遗声。"遗声字和见组字谐声。

郑张尚芳(2003a)认为邪母开口字来自 *lj-,邪母合口字和喉音字关系密切(如穗跟惠、旬跟匀,声符同),当来自 *sgw。此条正是邪母合口和匣母字声训,可证郑张先生之说。"旞"郑张-潘列在队2,韵母拟为-uds,为圆唇元音,所以声母可能不用拟-w-。

第十六章 清鼻流音声母

一、有一部分明母字与晓母字谐声关系密切，董同和（1944）依据李方桂的构想，将这部分晓母字构拟为清鼻音m̥。李方桂（1971）根据有一部分泥母字和透母字谐声，将这部分透母字拟作清鼻音n̥。同时，他又根据有疑母字和晓母字谐声，将这部分晓母拟作ŋ̊。李方桂的构拟可以表示如下：

鼻音	晓母	送气清塞音
*m- > m-	*m̥- > h-	
*n- > n-		*n̥- > th-
*ŋ- > ŋ-	*ŋ̊- > h-	

郑张尚芳（1995）指出李方桂清鼻音m̥、n̥、ŋ̊的变化方向不一致，他提出了另一套公式：

鼻音	晓母	送气清塞音
*m- > m-	*hm- > h-	*m̥- > ph-
*n- > n-	*hn- > h-	*n̥- > th-
*ŋ- > ŋ-	*hŋ- > h-	*ŋ̊- > kh-

其中hm-、hn-、hŋ-是喉冠音。

潘悟云（2000：329）指出：辅音序列hN-中，h是一个通音，通音的发音强度比鼻音弱，先失落的应该是h。hN-变成了晓母，先失落的实际上是N。他给出了一种解释，认为原始形式可能是sN-，sN-先变成xN-，鼻音的发音强度比x-弱，鼻音在这个阶段失落，剩下x-变作h-。但是这一解释与*sm->s-；*sn->s-；*sŋ->s-的音变又发生了矛盾。

如果将李方桂和郑张尚芳先生的公式作一个调整，这个矛盾似乎就可以化解了。见下表：

鼻音	晓母	送气清塞音
*m- >m-	*m̥- >h-	*hm- >ph-
*n- >n-	*n̥- >h-	*hn- >th-
*ŋ- >ŋ-	*ŋ̥- >h-	*hŋ- >kh-

此表将郑张先生的清鼻音和 hN- 复辅音调了一下位置：清鼻音变成晓母，跟李方桂双唇、舌根清鼻音的变化方向一致；hN- 却变成送气清塞音，而不是如郑张先生变成晓母。且聊备一说。

我们来看《释名》中的例子。

例1，庑：幠。《释宫室》：大屋曰庑。庑，幠也；幠，覆也。

庑，文甫切，明母三等郑张-潘 * ma·。幠，荒乌切，晓母一等郑张-潘 * hmaa。

"庑"、"幠"是同声符字，该谐声系列还有滂母字，如"抚"。

冔：幠。《释首饰》：冔亦殷冠名也。冔，幠也，幠之言覆，言以覆首也。

冔，况羽切 上虞晓三，鱼部郑张-潘 * qʷʰa·。

例2，墨：晦。《释书契》：墨，晦也，言似物晦黑也。

墨，莫北切，明母一等。《说文土部》：墨，从土黑。段注：小徐曰会意，大徐有黑亦声三字。朱骏声《说文通训定声》也排在黑声字系列。黑声字也属明母晓母谐声系列，但"墨"为明母字仍拟为 m-。

晦，荒内切，晓母一等郑张-潘 * hmɯɯs。

霾：晦。《释天》：风而雨土曰霾。霾，晦也，言如物尘晦之色也。

霾，莫皆切，明母二等。"晦"字连和两个明母字声训。

晦：灰。《释天》：晦，灰也，火死为灰，月光尽似之也。

灰，呼恢切 平灰晓一，传统微部，郑张-潘之部 * qʷʰɯɯ。

海：晦。《释水》：海，晦也，主承秽浊，其色黑而晦也。

海，呼改切 上哈晓一。郑张-潘 * hmlɯɯ·。

黑：晦。《释采帛》：黑，晦也，如晦冥时色也。

黑，呼北切 入德晓一开。郑张-潘 * hmɯɯg。

醢：晦。《释饮食》：醢，晦也。晦，冥也。封涂使密，冥乃成也。

醢，呼改切 上咍晓一，之部郑张－潘＊qhɯɯˑ。

例3，埋：薶。《释丧制》：葬不如礼曰埋。埋，薶也。趋使腐朽而已也。

埋，莫皆切。

薶，莫佩切，明母一等郑张－潘＊mɯɯs；荒内切郑张－潘＊hmɯɯs。"薶"字本身就有明母和晓母的异读。

例4，卧：化。《释姿容》：卧，化也，精气变化，不与觉时同也。

卧，吾货切，疑母一等郑张－潘＊ŋʷaals。化，呼霸切，晓母二等郑张－潘＊hŋʷraals。

"化"字谐声系列包括疑母和晓母。可比较：

火：化。《释天》：火，化也，消化物也。亦言毁也，物入中皆毁坏也。

火，呼果切，上戈晓一。毁，许委切，晓母重纽三等郑张－潘＊qhʷralˑ。

例5，槈：薅。《释用器》：槈，似锄，妪薅禾也。

槈，奴豆切，候韵泥母一等。薅，呼毛切，豪韵晓母一等。

笔者按：《补》引毕沅曰：今本作：槈，以锄槈禾。一本作：槈，以锄妪槈禾。《一切经音义》两引。一引作：以锄薅槈禾。一引作：似锄薅槈禾。《齐民要术》引作：似锄以薅禾。据《左氏僖卅三年正义》引作：槈，锄妪薅禾也。亦有妪字。盖以槈去草不容灭裂，惧其伤禾也，妪有爱护苗根之谊。诸本以义稍僻，遂妄改之，或径删去，皆非是。今参酌诸书，从其善者。《说文木部》云：槈，薅器也。《蓐部》云：薅，拔田草也。

此处共有"妪薅"、"妪槈"、"薅槈"三种说法，"妪槈"、"薅槈"类似，好像是叠韵连绵词。"妪薅"甚怪，疑误。"槈"字《说文》未收，应即"櫌"字。"櫌"奴豆切。《说文木部》：櫌，从木、辱声。《蓐部》：薅，拔田草也，从蓐，好省声。茠，薅或从休。段注：古好声、休声同在三部。"薅""櫌"不同声符。《说文》：蓐，陈草复生也。从草、辱声。一曰蔟也。蓐，而蜀切，烛韵日母三等。"蓐"、"薅"、"櫌"三字词义相关，似是同族词。

例6，丑：纽。《释天》：丑，纽也，寒气自屈纽也。

丑，敕久切，有韵彻母三等。纽，女久切，有韵娘母三等。

笔者按：《补》引毕沅曰：《律书》：丑者，纽也。言阴气在上未降，万物厄纽未敢出。《白虎通》：丑者，纽也。《汉志》：纽牙于丑。《说文》：丑，纽也。

李方桂（1971）认为"丑"字来自清鼻音声母n。潘悟云（2000：285）指出："丑 * phrlǔ，地支名，在布依语中为 piu。"这两种构拟显然是矛盾的。蒲立本（1962－3：译本83）将之构拟为 * nhl － > * θl －，台语的 * pl －也许代表 fl －，是 * θl －的替代形式。按，台语借词似应比刘熙要早，而借去时已经是 * θl －了。所以东汉末"丑"应不是一个鼻音字，娘母和彻母声训应该是没问题的。

例7，兄：荒。《释亲属》：兄，荒也。荒，大也，故青徐人谓兄为荒也。

兄，许荣切_{平庚晓三合}，阳部。郑张－潘 * qʰʷraŋ。

荒，呼光切_{平唐晓一合} 郑张－潘 * hmaaŋ；呼浪切_{去唐晓一合} 郑张－潘 * hmaaŋs。阳部。"荒"亡声。

例8，婚：昏。《释亲属》：妇之父曰婚，言婿亲迎用昏，又恒以昏夜成礼也。

婚，呼昆切_{平魂晓一}，郑张－潘文2（?）* hmuun。昏，呼昆切，郑张－潘文2（?）* hmuun。

昏声字声训还有：

昏：损。《释天》：昏，损也，阳精损灭也。

损，苏本切，上魂心一。郑张－潘 * squunˑ。因为和"昏"字声训，也许应拟为 * sqhuunˑ > shuunˑ 更好一些。

"昏"和明母字谐声，又对应藏文的 smun_{痴人、愚人}，故可拟 hm － > h －。（潘悟云 2000：328）

例9，笏：忽。《释书契》：笏，忽也，君有教命，及所启白，则书其上，备忽忘也。

笏，呼骨切_{入没晓一}，郑张－潘物1 * hmɯɯd。忽，呼骨切，郑张－潘物1 * hmɯɯd。

"勿"声符字谐明母晓母，故郑张－潘有如此构拟。

二、h＋鼻流音声母可分为两类：①不带 j 介音的 * hm －、* hn －、* hŋ －、* hl －、* hr －变成晓母；②带 j 介音的 * hnj －、* hmj －、* hŋj －、* hlj －、* hj －变成书母。（郑张 1995）

例1，手：须。《释形体》：手，须也，事业之所须也。

手，书九切，上尤书三郑张－潘＊hmlju·。须，相俞切，平虞心三郑张－潘＊so。

郑张尚芳（1995）指出，手 hnju 与"扭"同族，泰文手指 niu 与缅文 hnjouh 同源。

例2，少：小。《释形体》：又曰少腹，少，小也，比于脐以上为小也。

少，失照切，去宵书三郑张－潘＊hmljews。小，私兆切，上宵心三郑张－潘＊smew·。

第十七章 鼻冠音

潘悟云（2000）提出了这样一些鼻冠塞音的变化：

①

Nk −＞Ng −＞Nŋ −＞ŋ −　　　　　Np −＞Nb −＞Nm −＞m −

Nkh −＞Ng −＞Nŋ −＞ŋ −　　　　Nph −＞Nb −＞Nm −＞m −

Ng −＞Nŋ −＞ŋ −　　　　　　　　Nb −＞Nm −＞m −

或者②

Nk −＞k −　　　　　　　　　　　Np −＞p −

Nkh −＞kh −　　　　　　　　　　Nph −＞ph −

Ng −＞Nŋ −＞ŋ −　　　　　　　　Nb −＞Nm −＞m −

这两套公式，鼻冠浊塞音的变化是一致的，而鼻冠清塞音①式先将清塞音浊化，再同化为鼻音；②式鼻音脱落，剩下清塞音。

除了舌根、唇塞音外，还有小舌音的一套公式：

　*Nq −＞N −　　　　*Nqh −＞N −　　　　*NG −＞N −

*N −是指*m −和*ŋ −，上古有两个鼻冠音。

郑张尚芳（1995）还提出上古汉语有鼻流音前的 m −冠音，如：

汉语	藏文
闻	mnjan（听）
麛	mŋal（胎）
弭	mnje（揉平）
浼	mnol（污染）
媆	mnun（奶孩子）

例1，业：捷。《释言语》：业，捷也，事捷乃有功业也。

业，鱼怯切，业韵疑母三等。捷，疾叶切，叶韵从母三等。捷业，连绵词。《说文丵部》：业，大版也，所以饰县钟鼓，捷业如锯齿。《诗有瞽传》同。《汉书·司马相如传》：嵯峨嶵巍，刻削峥嵘。郭璞曰：嶵音昨盍反。巍音五盍反。《文选上林赋》同，李善注：嶵音捷，巍音业。《史记·司马相如列传》作"礁礏"《集解》引徐广曰：礁音杂。礏音五合反。《索隐》：礁礏，《埤苍》云：高皃也。《字林》音：礁，才帀反。礏，五帀反。《玉篇石部》：礁，才合、才盍二切。礁礏，高也。《文选张衡西京赋》：状巍峨以岌嶪。《广韵三十三业》嶪字注：岌嶪，山皃。岌，《广韵》鱼及切，缉韵疑母重纽三等。捷业、嶵巍、礁礏、岌嶪，似乎是同一个连绵词的不同写法。"岌"字的出现比较特别。"聿"字"入"声，"入"日母字。这似乎暗示了聿声字和鼻音声母的某种联系。潘悟云（2000：137）指出＊nd->＊nn->n-，因此不可拟为 nd->Mȡ. dz-。"业"字谐声系列似与咝音字没有什么接触。

例2，袂：掣。《释衣服》：袂，掣也。掣，开也。开张之以受臂屈伸也。

笔者按：《补》引毕沅曰：《说文》无"掣"字。《易睽》六三爻辞：见舆曳，其牛掣。《尔雅释训》粤夆，掣曳也。郭注谓牵挽。《释文》掣，本或作瘛。《说文》：引纵曰瘛。是有开之义。《玉篇》亦云：掣同瘛。

袂，弥弊切，祭韵明母重纽四等。夬声的字多为见组字。

掣，尺制切，祭韵昌母；昌列切，薛韵昌母。《说文手部》：瘛，从手、瘈省声。瘈，从疒、㹙声。㹙，《集韵》讫黠切，见母黠韵；又诘计切，溪母霁韵。"瘛"字《广韵》除了有昌列切、尺制切，还有一个胡计切，匣母。郑张尚芳（2003a）认为："上古即有的后垫音 j 使 kj、pj、tj 都混合为 tj，再一起变成中古章 tɕ 系。""掣"字或"瘛"字照此可拟为 khj->M. tɕh-。"袂"字潘悟云（2000：323）拟为：＊mqʷets。

例3，能：该。《释言语》：能，该也，无物不兼该也。

笔者按：《补》引叶德炯曰：《说文》能，熊属，足似鹿，从肉、㠯声。"能"古音同"台"，与"该"叠韵。

能，奴登切，登韵泥母一等。该，古哀切，哈韵见母一等。《说文言部》：该，从言亥声。读若心中满该。

Bodman（1954）将此条与"慝：忒"条比较。

慝：忒。《释天》：慝，忒也，有奸忒也。

慝，他德切，德韵透母一等。"慝"字《说文》未收。

忒，他代切，代韵透母一等。《说文心部》：忒，从心能。段注：能亦声。

李方桂（1971）将"态"这样的字拟为清鼻音声母 $*\mathring{n}-$。"愿"字假如算匿声，也应拟作清鼻音声母 $*\mathring{n}-$。只是不知道东汉时是清鼻音还是送气塞音 th-。

不知读若"满该"怎么读，"满"是否暗示"该"字声母有鼻音呢？例如"该"可否拟作 mk-？

例4，瘢：漫。《释疾病》：瘢，漫也，生，漫故皮也。

笔者按：《补》引毕沅曰："漫"字俗，说见前。

瘢，薄官切，并母桓韵一等。漫，莫半切，明母换韵一等。

面：漫。《释形体》：面，漫也。

笔者按：《补》引毕沅曰：《说文》无"漫"字，疑当作"𦱤"。皮锡瑞曰：《汉书食货志注》如淳曰：民盗摩漫面。臣瓒曰：摩钱漫面。苏舆曰：《文选甘泉赋》注：漫漫，无厓际之貌。又与"曼"同。《封禅文》引《音义》云：曼羡广散也。是漫为广大之义。

"漫""曼"相通，似不必改为"𦱤"字。潘悟云（2000：137）有 $*mb-> *mm-> m-$，但是若这样拟，那么从曼声的字就都应该照这样拟。比如下面这些声训：

幔：漫。《释床帐》：幔，漫也，漫漫相连缀之言也。

慢：漫。《释言语》：慢，漫也，漫漫心无所限忌也。

"幔"字、"慢"字就也得拟作 mb- 不可。然而"面"字又将如何？

故"漫"仍拟为 m- 为好。"瘢"为浊塞音声母，读音与唇鼻音声母字本来很近似，当能声训。

例5，樸：复。《释车》：樸，复也，重复非一之言也。

笔者按：《补》引毕沅曰：樸，今本作"辐"。《说文》无"辐"字。且未闻车制有所谓辐者，似非也。《御览》引作"轴"，亦非。《小戎诗》云：五楘梁辀。《传》云：五，五束也。樸，历录也。一辀五束，束有历录。据云"重复非一之言"，则与五束谊合。而"樸"与"复"，音又相近，遂改作"樸"。先谦曰：吴校"樸"作"輹"。

樸，莫卜切，明母屋韵一等。复，扶富切，奉母宥韵三等。輹，方六切，非母屋韵三等；房六切，奉母屋韵三等。轴，直六切，澄母屋韵三等。

《说文车部》：輹，车轴缚也。从车、复声。易曰：舆说輹。《衣部》：复，重衣也，从衣、复声。

这一条毕改今本"辘"字为"櫐",《御览》引作"轴",吴校作"辁",未知孰是,俟考。

例6,骂：迫。《释言语》：骂,迫也,以恶言被迫人也。

笔者按：《补》先谦曰：骂从马声,迫从白声。段氏《音韵表》皆在古音弟五部,足证汉音去古不远。《广雅释诂》：被,加也。

骂,莫驾切,明母祃韵二等。迫,博陌切,帮母陌韵二等。

"马",缅甸语 mraŋ²。(潘悟云 2000：290)"骂"拟 mr- 应没有问题。"迫"拟 pr-,和"骂"拟音亦相近。

例7,跪：危。《释姿容》：跪,危也,两膝隐地,体危(左阝右儿)也。

笔者按：《补》引毕沅曰：古人危坐乃跪也,故管宁坐榻当膝处皆穿(左阝右儿)。今本作"倪",据《一切经音义》引改。

跪,去委切(渠委切),纸韵溪母(群母)重纽三等。危,鱼为切,支韵疑母重纽三等。比较声训：

危：阢。《释言语》：危,阢也,阢阢不固之言也。

笔者按：《补》引苏舆曰："阢"与"杌"同。《书秦誓伪孔传》杌陧不安言危也。

阢,五忽切,没韵疑母一等。《说文自部》：陧,危也。周书曰：邦之阢陧。读若虹蜺之蜺。"阢陧"、"危(左阝右儿)"皆双声连绵词。"危"谐声系列舌根塞音声母、舌根鼻音声母字相接触,故"危"可拟作 ŋgr-。(潘悟云 2000：137)兀声系列疑母和晓母接触,潘悟云(2000：322)有如下的公式：

| *Nq- ->N- | *Nqh- ->N- | *NG- ->N- |

而潘悟云(2000：137)又有：*ŋg- > *ŋŋ- > ŋ-。"阢"不知应拟为哪一个。

例8,启：诣。《释书契》：启,诣也,以启语官司所至诣也。

笔者按：《补》引毕沅曰：今本作：诣,启也。系误到。又下"启"字误作"君",今并据文义改正。又疑"启"当作"榮"。《说文》榮,传信也。

启,康礼切,荠韵溪母四等。诣,五计切,霁韵疑母四等。《说文旨部》：旨,从甘、匕声。匕,卑履切,上声旨韵帮母,重纽四等。朱骏声《通训定声》匕声字共收 81 名,有唇塞音声母的"比"字等,有舌尖鼻音声母的"尼"字等,有舌根音声母(包括章组)的"旨"字等,还有精组的"此"字等。这么复杂的谐声系列,我们暂且撇开其他,只看一个"旨"系列。"诣"字声训还有:

  谒:诣。《释书契》:谒,诣也。诣,告也。书其姓名于上,以告所至诣者也。

  谒,于歇切,月韵影母三等。谐见组。

  "诣"可拟成鼻冠音声母 ŋg- >MC. ŋ-。

  例9,衾:广。《释衣服》:衾,广也,其下广大,如广受人也。

  笔者按:《补》引毕沅曰:《说文》广,因广为屋,象对刺高屋之形,读若俨然之俨。

  衾,去金切,溪母侵韵重纽三等。广,鱼检切,疑母琰韵重纽三等;又鱼埯切,疑母俨韵三等。俨,鱼埯切。"俨"谐声舌根塞音声母,可拟 ŋg->MC. ŋ-。"广"读若"俨",也可拟作 ŋg-。

  例10,糱:缺。《释饮食》:糱,缺也,渍麦覆之使生芽开缺也。

  糱,鱼列切,薛韵疑母重纽三等。缺,苦穴切,屑韵溪母四等;倾雪切,薛韵溪母重纽四等。薛声字谐疑母心母,没有舌根塞音字。前文"袂:掣"条"袂"字潘悟云(2000:323)拟为:*mqʷets,"缺"或许也有鼻冠音声母 mkh->MC. kh-(潘悟云 2000:322),鼻冠音 m- 可能被后面的声母同化为 ŋ-。

  例11,月:阙。《释天》:月,阙也。满则阙也。

  月,鱼厥切,月韵疑母三等。阙,去月切,月韵溪母三等。

  笔者按:《补》引毕沅曰:《说文》云,月,阙也。十五稍减,故曰阙也。王先慎曰:《春秋元命苞》《白虎通》月之为言阙也。

  《说文月部》:月,阙也。段注:《释名》曰:月,缺也,满则缺也。锤按:段引为"月"、"缺"声训,上文"缺"拟为 ŋkh-,亦通。"月"谐疑母字,"阙"谐见组塞音字,均无复补音迹象。

第十八章 中古喉音声母古读塞音

第一节 影母和晓母

Pulleyblank(1962-3;译本第41页)曾说:"从台语的借词推测,汉语也可能像台语一样在舌根音以外还有一套独立的小舌辅音:q、qh、G(Haudricourt, 1954)。但是从汉语中分出这一套音来还缺乏证据。试想,汉代有时候用喉塞音来替代外国小舌音,这个设想如果正确的话,这似乎是否定汉语有小舌音的有力证据。"潘悟云(1997)则为中古喉音声母的上古形式构拟了一套小舌音。

一、《释名》中的影母和晓母

《释名》中影母～见组、晓母～见组的声训都不乏其例。
(1)影母和见组声训有:
例1,《释兵》:交龙为旂。旂,倚也,画作两龙相依倚,诸侯所建也。
旂,群母。倚,影母。
例2,《释姿容》:倚筷。倚,伎也。筷,作清筷也。言人多技巧,尚轻细如筷也。
倚,影母。伎,群母。
例3,《释首饰》:缨,颈也,自上而下,系于颈也。
缨,影母。颈,见母,群母。
例4,《释车》:楇,扭也,所以扭牛颈也。
楇,见母。扭,影母。

例5,《释饮食》：羹，汪也，汁汪郎也。

羹，见母。汪，影母。

(2) 晓母和见组声训有：

例1,《释车》：鞧，经也，横经其腹下也。

鞧，晓母。经，见母。

例2,《释疾病》：齲，齿朽也，虫啮之齿缺朽也。

齲，溪母。朽，晓母。

例3,《释饮食》：麹，朽也，郁之使生衣朽败也。

麹，溪母。朽，晓母。

例4,《释言语》：好，巧也，如巧者之造物，无不皆善，人好之也。

好，晓母。巧，溪母。

例5,《释言语》：凶，空也，就空亡也。

凶，晓母。空，溪母。

例6,《释衣服》：靴，跨也，两足各以一跨骑也。本胡服，赵武灵王服之。

靴，晓母。跨，溪母。

例7,《释衣服》：袪，虚也。

袪，溪母。虚，晓母。

例8,《释言语》：怯，胁也，见敌恐胁也。

怯，溪母。胁，晓母。

例9,《释天》：气，忾也，忾然有声而无形也。

气，溪母。忾，晓母。

例10,《释天》：于《易》为坎，坎，险也。

坎，溪母。险，晓母。

毕沅曰：《象传》习坎，重险也。疏证补说与此同。

二、郑玄经传音注中的影母和晓母

(1) 影母～见组相训的例子有：

例，谦：厌。《礼记大学》"此之谓自谦"郑注："谦读为慊，慊之言厌也。"

谦，苦兼切，溪母。厌，影母。纯训。

（2）晓母～见组相训的例子有：

例1，荒：康。《易泰释文》：" '荒'郑读为康。云，虚也。"

荒，晓母。康，苦冈切，溪母。纯训。

例2，既：饩。《礼记中庸》"既廪称事"郑注："既读为饩。饩廪，稍食也。"

既，居豙切，见母。饩，许既切，晓母。纯训。

第二节　匣母和云母

一、《释名》中的匣母和云母

高本汉将匣母并于群母读送气浊塞音 g'，云母则读不送气浊塞音 g。曾运乾(1928)证喻三归匣。罗常培(1939)引了李方桂一个非正式的假设：匣类有两个上古的来源，一读 *g‑，跟群母 *g'(i)‑同类；一读 *ɣ‑，跟云母 *ɣ(i)‑同类。Pulleyblank(1962‑3；译本33页)根据梵汉对音和日本吴音进一步论证了匣母可分为两类。郑张尚芳(1991)提到，匣母应分 g、gw 和 ɦ、ɦw。邵荣芬(1991,1995)运用谐声、通假、异文、《说文》读若等材料将匣母字分为匣₁（读 g，同群母），匣₂（读 ɣ，同云母）两类。潘悟云(1997)将匣母拟为 *g‑和 *G‑。

Bodman(1954:24)指出，在《释名》中，g'i 和 k i 有 12 次接触，但是 g'i 却从不跟 g' 接触。同时，g' 经常跟 ng 和 x 声训，但 g'i 从来不，显示匣母在后汉已经和中古音一样为 ɣ 了。然而，我们注意到，匣母和见、溪母的声训只有一例是和三等字：怀：归，其余都是见、溪母的一、二、四等字。群母和见、溪母的声训则相反，见下表：

体例	X	声母	等	Y	声母	等
谐	健	群	三	建	见	三
谐	强	群	三	畺①	见	三

① 包拟古"畺"作"僵"。

续

体例	X	声母	等	Y	声母	等
纯	矜	群	三B	禁	见	三B
纯	柩	群	三	究	见	三
纯	舅	群	三	久	见	三
谐	距	群	三	矩	见	三
纯	虡	群	三	举	见	三
纯	觡	群	三	久	见	三
谐	葵	见	三A	揆	群	三A
谐	急	见	三B	及	群	三B
纯	灡	见	三B	竭	群	三
纯	掬	见	三	局	群	三
纯	曲	溪	三	局	群	三
纯	衮	见	一	卷	群	三B
谐	颈	群	三	俓①	见	四

其中，只有最后两例是群母和非三等字声训。可见，匣母不和群母声训，是由于"洪细"的不同造成的。Pulleyblank(1962-3;译本35页)则不同意包拟古的论断，他说："尽管在《释名》中有许多匣母 ɦ（= K.ɣ）与见母 k 发生关系的例子，但是包拟古仍然得出有些令人吃惊的结论：匣母在公元 2 世纪就已经是一个擦音了。"

潘悟云(2000:342)认为塞音擦化的顺序是：$G^w - \to G - \to g^w - \to g - \to gi -$。《释名》中匣母字和见组字的声训有两例是 *G-：

例1，髋：缓。《释形体》髋，缓也，其腋皮厚而缓也。

纯训。髋，苦昆切，魂韵、溪母一等。缓，胡管切，桓韵、匣母、合口，郑张-潘 *G-。

例2，校：号。《释兵》：校，号也，将帅号令之所在也。

纯训。校，古孝切，肴韵、见母二等。号，胡到切，豪韵、匣母，郑张-潘 *G-。

---

① 包拟古"俓"作"径"。

剩下的都是 *g-。其中匣母合口字与见组字声训有：

例3，怀：归。《释姿容》：怀，回也，本有去意，回来就己也。亦言归也，来归己也。

纯训。怀，户乖切，皆韵、匣母合口，郑张－潘 *g-。归，举韦切，微韵、见母三等。

例4，栝：会。《释兵》：其末曰栝，栝，会也，与弦会也。

纯训。栝，古活切，末韵、见母一等。会，黄外切，泰韵、匣母、合口，郑张－潘 *g-。

皮锡瑞曰：《诗》曷其有佸。《传》佸，会也。德音来括。《传》：括，会也。《仪礼士丧礼》醫用组。注：古文"醫"皆为"括"。佸、括、栝，古字盖通，故"栝"亦训会。疏证补

例5，脍：会。《释饮食》：脍，会也，细切肉令散，分其赤白异切之，已乃会合和之也。

谐训。脍，古外切，泰韵、见母一等。会，黄外切，泰韵、匣母、合口，郑张－潘 *g-。

例6，浍：会。《释水》：注沟曰浍。浍，会也，小沟之所聚会也。

谐训。浍，古外切，泰韵、见母一等。会，黄外切，泰韵、匣母、合口，郑张－潘 *g-。

例7，桄：横。《释车》：枕，横也，横在前，如臥床之有枕也。

按王念孙、苏舆说，"枕"字当为"桄"字。

纯训。桄，古旷切，唐韵、见母一等。横，户盲切，庚韵、匣母、合口，郑张－潘 *g-。

例8，光：晃。《释天》：光，晃也。晃晃然也。亦言广也，所照广远也。

谐训。光，古黄切，唐韵、见母一等。晃，胡广切，唐韵、匣母、合口，郑张－潘 *g-。

例9，寡：踝。《释亲属》：无夫曰寡。寡，踝也。踝踝，单独之言也。

纯训。寡，古瓦切，麻韵、见母二等。踝，胡瓦切，麻韵二等、匣母、合口，郑张－潘 *g-。

例10，輠：裹。《释车》：輠，裹也，裹轵头也。

谐训。輠，古火切，见母；胡果切，戈韵、匣母合口，郑张－潘 *g-。裹，古火切，戈韵、见母一等。

例11，骨：滑。《释形体》：骨，滑也，骨坚而滑也。

谐训。骨，古忽切，没韵、见母一等。滑，户八切，黠韵、匣母、合口，郑张－潘＊g－。

例12，铧：刳。《释用器》：或曰铧，铧，刳也，刳地为坎也。

纯训。铧，户花切，麻韵二等、匣母合口，郑张－潘＊g－。刳，苦胡切，模韵、溪母一等。

中古不分开合的匣母字有：

例13，教：效。《释言语》：教，效也，下所法效也。

纯训。教，古孝切，肴韵、见母二等。效，胡教切，肴韵、匣母，郑张－潘＊g－。

《说文》："教，上所施下所效也。"说与此同。

例14，桷：确。《释宫室》：桷，确也，其形细而疏确也。

谐训。桷，古岳切，觉韵、见母二等。确，胡觉切，觉韵、匣母，郑张－潘＊g－。

例15，缄：函。《释丧制》：棺束曰缄。缄，函也，古者棺不钉也。

纯训。缄，古咸切，咸韵、见母二等。函，胡男切，覃韵、匣母，郑张－潘＊g－。

例16，甲：闸。《释形体》：甲，闸也，与胸胁背相会闸也。

纯训。甲，古狎切，狎韵、见母二等。闸，胡腊切，盍韵、匣母，郑张－潘＊g－。

例17，颊：挟。《释形体》：颊，夹也，面旁称也。亦取挟敛食物也。

谐训。颊，古协切，帖韵、见母四等。挟，胡颊切，帖韵、匣母，郑张－潘＊g－。夹，见母。

例18，挟：夹。《释姿容》：挟，夹也，在傍也。

谐训。挟，胡颊切，帖韵、匣母，郑张－潘＊g－。夹，古洽切，洽韵、见母二等。

例19，绀：含。《释采帛》：绀，含也，青而含赤色也。

纯训。绀，古暗切，覃韵、见母一等。含，胡男切，覃韵、匣母，郑张－潘＊g－。

例20，甘：含。《释言语》：甘，含也，人所含也。

纯训。甘，古三切，谈韵、见母一等。含，胡男切，覃韵、匣母，郑张－潘＊g－。

例21，虹：攻。《释天》：虹，攻也，纯阳攻阴气也。

谐训。虹，户公切，东韵、匣母，郑张－潘＊g－。攻，古红切，东韵、见母一等；古冬切，冬韵、见母一等。

例22，红：绛。《释采帛》：红，绛也，白色之似绛者也。

纯训。红，户公切，东韵、匣母，郑张－潘＊g－。绛，古巷切，江韵、见母二等。

例23，峃：学。《释山》：山多大石曰峃。峃，学也，大石之形学学然也。

谐训。峃，苦角切，觉韵、溪母二等。学，胡觉切，觉韵、匣母，郑张－潘＊g－。

匣母开口字跟见组字声训的有：

例24，疥：骱。《释疾病》：疥，骱也，痒搔之齿龂骱也。

谐训。疥，古拜切，皆韵、见母二等。骱，胡介切，皆韵、匣母、开口，郑张－潘＊g－。

例25，观：翰。《释姿容》：观，翰也，望之延颈翰翰也。

纯训。观，古丸切，桓韵、见母一等。翰，侯旰切，寒韵、匣母、开口，郑张－潘＊g－。

例26，艮：限。《释天》：艮，限也，时未可听物生，限止之也。

谐训。艮，古恨切，痕韵、见母一等。限，胡简切，山韵、匣母、开口，郑张－潘＊g－。

例27，痕：根。《释疾病》：痕，根也，急相根引也。

谐训。痕，户恩切，痕韵、匣母、开口，郑张－潘＊g－。根，古痕切，痕韵、见母一等。

例28，鞵：解。《释衣服》：鞵，解也，著时缩其上如履，然解其上则舒解也。

纯训。鞵，户佳切，佳韵、匣母、开口，郑张－潘＊g－。解，佳买切，佳韵、见母二等。

例29，夏：假。《释天》：夏，假也，宽假万物使生长也。

纯训。夏，胡驾切，麻韵二等、匣母开口，郑张－潘＊g－。假，古匹切，麻韵、见母二等。

例30，檄：激。《释书契》：檄，激也，下官所以激迎其上之书文也。

谐训。檄，胡狄切，锡韵、匣母开口，郑张－潘＊g－。激，古历切，锡韵、见母四等。

例31，害：割。《释天》：害，割也，如割削物也。

谐训。害，胡盖切，泰韵、匣母开口，郑张－潘＊g－。割，古达切，曷韵、见母一等。

例32，牵：弦。《释姿容》：牵，弦也，使弦急也。

纯训。牵，苦坚切，先韵、溪母四等。弦，胡田切，先韵、匣母开口，郑张－潘＊g－。

潘悟云(1997)指出云母字和见组字的关系也很密切，因此不能拟作＊ɣ－；同时，云母也不能拟作＊g－，因为那样将无法解释它与群母的分化条件。最终他把云母拟作＊G－。

《释名》中云母和见组声训有：

例1，晕：卷。《释天》：晕，卷也，气在外卷结之也，日月俱然。

纯训。晕，王问切，文韵、云母、合口。卷，居转切，见母。

叶德炯曰：《吕览》高诱注："晕"读如"君国子民"之"君"，气围绕日周帀，有似军营相围守，故曰晕也。《疏证补》"君"、"军"见母。

例2，墍：塈。《释宫室》：墍犹塈。塈，细泽貌也。

纯训。墍，群母/晓母。塈，于贵切，微韵、云母、合口。

例3，疣：丘。《释疾病》：疣，丘也，出皮上聚高如地之有丘也。

纯训。疣，尤韵、云母。丘，溪母。

云～匣声训有：

例1，淮：围。《释水》：淮，围也，围绕扬州北界东至海也。

纯训。淮，户乖切，皆韵、匣母合口，郑张－潘＊g－。围，于贵切/雨非切，微韵、云母合口。

例2，荣：荧。《释言语》：荣犹荧也。荧荧照明貌也。

谐训。荣，永兵切，庚韵、云母合口。荧，户扃切，青韵、匣母合口，郑张－潘＊g－。

《释名》中云母字和舌根塞音声母字的关系也是比较密切的。

二、郑玄音注的匣母和云母

郑玄音注中匣母字与见组字的音训也是喉音声母中最多的。像《释名》

一样，匣母只和非三等的见组字音训，所以没有群母字。其中，*G-类匣母跟见组音训的有一例：

例1，皋：号。《周礼乐师》"诏来瞽皋舞"郑注："皋之言号。"

皋，古劳切，豪韵、见母一等。号，豪韵、匣母，郑张-潘*G-。纯训。

*g-类匣母字与见组字音训的有：

例2，祮：溃。《周礼庶氏》"以攻说祮之"郑注："玄谓此祮读如溃痈之溃。"

祮，古外切，泰韵、见母一等。溃，胡对切，灰韵、匣母合口，郑张-潘*g-。纯训。

例3，串：患。《诗皇矣释文》："'患夷'或云，郑音患。"

串，古患切，删韵、见母二等。患，胡惯切，删韵、匣母合口，郑张-潘*g-。

例4，校：校。《诗郑风子衿》"刺学校废也。"注："郑国谓学为校，言可以校正道艺。"

前"校"字胡教切，肴韵、匣母，郑张-潘*g-。后"校"字古孝切，肴韵、见母二等。本训。

例5，教：效。《礼记·中庸》"脩道之谓教"郑注："治而广之，人放效之是曰教。"

教，肴韵、见母二等。效，胡教切，肴韵、匣母，郑张-潘*g-。纯训。

例6，皋：嘷。《周礼大祝》"令皋舞"郑注："皋读为卒嘷呼之嘷。"

皋，古劳切，豪韵、见母一等。嘷，胡刀切，豪韵、匣母，郑张-潘*g-。谐训。

例7，旱：干。《艺文类聚》卷一百引《洪范五行传》曰："旱之为言干。万物伤而干，不得水也。"

旱，胡笴切，寒韵、匣母开口，郑张-潘*g-。干，古寒切，寒韵、见母一等。纯训。

例8，艮：很。《易艮释文》："'艮'郑云：艮之言很也。"

艮，古恨切，痕韵、见母一等。很，胡垦切，痕韵、匣母开口，郑张-潘*g-。谐训。

云母跟见组音训有一例：

例，越：蹶。《礼记缁衣》"毋越厥命"郑注："越之言蹶也。"

越，王伐切，月韵、云母合口。蹶，其月切，月韵、群母。纯训。

云～匣音训有：

例1，皇：往。《礼记少仪》"齐齐皇皇"注："齐齐皇皇读如归往之往。"皇，胡光切，唐韵、匣母合口，郑张－潘*g-。往，于两切，阳韵、云母合口。纯训。

例2，或：有。《诗小雅天保》："无不尔或承"笺云："或之言有也。"或，胡国切，德韵、匣母合口，郑张－潘*g-。有，云久切，尤韵、云母。纯训。

例3，羽：㕆。《周礼考工记弓人》"弓而羽䪐"郑注："羽读为㕆，㕆，绥也。"羽，虞韵、云母。㕆，侯古切，模韵、匣母，郑张－潘*g-。纯训。

第十九章 开合口问题

第一节 舌根音声母字的开合口声训

舌根音声母字大致可以互谐,且开口韵多与开口韵谐声,合口韵多与合口韵谐声。中古分开合的韵有:歌、戈、麻、咍、灰、皆、祭、齐、泰、夬、废、佳、支、脂、之、微、寒(曷)、桓(末)、删(鎋)、仙(薛)、先(屑)、山(黠)、元(月)、痕、魂(没)、臻(栉)、真(质)、谆(术)、欣(迄)、文(物)、唐(铎)、阳(药)、庚(陌)、青(锡)、耕(麦)、清(昔)、登(德)、蒸(职)。(参李方桂1971)

《释名》里这些韵舌根音声母字的开合口的声训情况可表列如下:

被训	声母	韵部	开合	w/0	主训	声母	韵部	开合	w/0	体例
火	晓	歌1	合	w	化	晓	歌1	合	w	纯
火	晓	歌1	合	w	毁	晓	歌1	合	w	纯
靴	晓	歌1	合	w	跨	溪	鱼	合	w	纯
卧	疑	歌1	合	w	化	晓	歌1	合	w	纯
瓦	疑	歌1	合	w	踝	匣	歌3	合	0	纯
戈	见	歌3	合	0	过	见	歌3	合	0	纯
科	溪	歌3	合	0	课	溪	歌3	合	0	纯
危	疑	歌3	合	0	阢	疑	物2	合	0	纯
祸	匣	歌3	合	0	毁	晓	歌1	合	w	纯
輠	见/匣	歌3	合	0	裹	见	歌3	合	0	谐
委	影	歌3	合	0	萎	影	歌3	合	0	谐
跪	群/溪	歌3	合	0	危	疑	歌3	合	0	谐

续1

被训	声母	韵部	开合	w/0	主训	声母	韵部	开合	w/0	体例
踝	匣	歌3	合	0	踝	匣	歌3	合	0	本
戉	云	月1	合	w	豁	晓	月1	合	w	纯
栝	见	月3	合	0	会	匣	盖3	合	0	纯
月	疑	月3	合	0	阙	溪	月3	合	0	纯
夬	见	祭1	合	w	决	见	月2	合	w	谐
缓	匣	元1	合	w	浣	匣	元3	合	0	纯
辕	云	元1	合	w	援	云	元1	合	w	纯
眩	匣	元2	合	w	县	匣	元2	合	w	纯
鞙	匣	元2	合	w	县	匣	元2	合	w	纯
玄	匣	元2	合	w	县	匣	元2	合	w	纯
县	匣	元2	合	w	县	匣	元2	合	w	本
观	见	元3	合	0	观	见	元3	合	0	本
宛	影	元3	合	0	宛	影	元3	合	0	本
冠	见	元3	合	0	贯	见	元3	合	0	纯
棺	见	元3	合	0	关	见	元3	合	0	纯
原	疑	元3	合	0	元	疑	元3	合	0	纯
塤	晓	元3	合	0	喧	晓	元3	合	0	纯
纨	匣	元3	合	0	焕	晓	元3	合	0	纯
垣	云	元3	合	0	援	云	元1	合	w	纯
券	溪	元3	合	0	绻	溪	元3	合	0	谐
腕	影	元3	合	0	宛	影	元3	合	0	谐
闱	云	微1	合	0	卫	云		合		谐
袆	晓	微2	合	0	翚	晓	微2	合	0	纯
怀	匣	微2	合	0	回	匣	微2	合	0	纯
桅	疑	微2	合	0	巍	疑	微2	合	0	纯
威	影	微2	合	0	畏	影	微2	合	0	纯
帷	云	微2	合	0	围	云	微2	合	0	纯
怀	匣	微2	合	0	归	见	微2	合	0	纯
淮	匣	微2	合	0	围	云	微2	合	0	纯
纬	云	微2	合	0	围	云	微2	合	0	谐
骨	见	物2	合	0	滑	匣	物2	合	0	谐
胃	云	队2	合	0	围	云	微2	合	0	纯
贵	见	队2	合	0	归	见	微2	合	0	纯
谓	云	队2	合	0	谓	云	队2	合	0	本
昆	见	文2	合	0	贯	见	元3	合	0	纯

续2

被训	声母	韵部	开合	w/0	主训	声母	韵部	开合	w/0	体例
鲧	见	文2	合	0	昆	见	文2	合	0	纯
裈	见	文2	合	0	贯	见	元3	合	0	纯
困	溪	文2	合	0	绻	溪	元3	合	0	纯
云	云	文2	合	0	运	云	文2	合	0	纯
衮	见	文2	合	0	卷	群	元3	合	0	纯
晕	云	文2	合	0	卷	见	元3	合	0	纯
髡	溪	文2	合	0	缓	匣	元1	合	w	纯
裙	群	文2	合	0	群	群	文2	合	0	谐
郡	群	文2	合	0	群	群	文2	合	0	谐
云	云	文2	合	0	云	云	文2	合	0	谐
癸	见	脂1	合	w	揆	群	脂1	合	w	谐
穗	匣	至1	合	w	惠	匣	至1	合	w	谐
季	见	至1	合	w	癸	见	脂1	合	w	纯
渊	影	真1	合	w	宛	影	元3	合	0	纯
血	晓	质2	合	w	瀎	晓	月1	合	w	纯
颎	溪	支	合	w	倾	溪	耕	合	w	纯
卦	见	支	合	w	挂	见	支	合	w	谐
桂	见	支	合	w	圭	见	支	合	w	谐
䂮	溪	支	合	w	挂	见	支	合	w	谐
画	匣	赐	合	w	绘	匣	盖3	合	0	纯
荣	云	耕	合	w	荧	匣	耕	合	w	谐
简	见	代	合	w	恢	溪	之	合	w	纯
寡	见	鱼	合	w	踝	匣	歌3	合	0	纯
郭	见	铎	合	w	廓	溪	铎	合	w	谐
椁	见	铎	合	w	廓	溪	铎	合	w	谐
䂮	晓		合		霍	晓	铎	合	w	纯
胱	见	阳	合	w	广	见	阳	合	w	纯
光	见	阳	合	w	广	见	阳	合	w	纯
黄	匣	阳	合	w	晃	匣	阳	合	w	纯
王	云	阳	合	w	往	云	阳	合	w	纯
桄	见	阳	合	w	横	匣	阳	合	w	纯
圹	溪	阳	合	w	旷	溪	阳	合	w	谐
簧	匣	阳	合	w	横	匣	阳	合	w	谐
往	云	阳	合	w	眶	云	阳	合	w	谐
光	见	阳	合	w	晃	匣	阳	合	w	谐

续3

被训	声母	韵部	开合	w/0	主训	声母	韵部	开合	w/0	体例
宄	见	幽1	合	w	佹	见	歌3	合	0	纯
晷	见	幽2	合	w	规	见	支	合	w	纯
氿	见	幽2	合	w	轨	见	幽2	合	w	谐
脍	见	盖3	合	0	会	匣	盖3	合	0	谐
浍	见	盖3	合	0	会	匣	盖3	合	0	谐
仪	疑	歌1	开	0	宜	疑	歌1	开	0	纯
河	匣	歌1	开	0	下	匣	鱼	开	0	纯
倚	影	歌1	开	0	伎	群	支	开	0	纯
歌	见	歌1	开	0	柯	见	歌1	开	0	谐
枷	见	歌1	开	0	加	见	歌1	开	0	谐
绮	溪	歌1	开	0	鼓	溪	歌1	开	0	谐
谊	疑	歌1	开	0	宜	疑	歌1	开	0	谐
阿	影	歌1	开	0	何	匣	歌1	开	0	谐
瞎	晓	月1	开	0	迄	晓	物1	开	0	纯
谒	影	月1	开	0	诣	疑	脂2	开	0	纯
潎	溪	月1	开	0	渴	溪	月1	开	0	谐
颊	影	月1	开	0	鞍	影	元1	开	0	谐
辖	匣	月1	开	0	害	匣	祭1	开	0	谐
啮	疑	月2	开	0	齾	疑	月1	开	0	纯
挈	溪	月2	开	0	结	见	质1	开	0	纯
蠥	疑	月2	开	0	蘖	疑	月2	开	0	谐
瀾	见	祭1	开	0	竭	群	月1	开	0	纯
艾	疑	祭1	开	0	乂	疑	祭1	开	0	谐
害	匣	祭1	开	0	割	见	月1	开	0	谐
契	溪	祭2	开	0	刻	溪	职	开	0	纯
疥	见	祭2	开	0	龄	匣	祭2	开	0	谐
乾	群	元1	开	0	健	群	元1	开	0	纯
奸	见	元1	开	0	奸	见	元1	开	0	纯
肝	见	元1	开	0	干	见	元1	开	0	纯
干	见	元1	开	0	乾	见	元1	开	0	纯
偃	影	元1	开	0	安	影	元1	开	0	纯
寒	匣	元1	开	0	扞	匣	元1	开	0	纯
涧	见	元1	开	0	閒	见	元2	开	0	谐
铜	见	元1	开	0	间	见	元2	开	0	谐
鞬	见	元1	开	0	建	见	元1	开	0	谐

续4

被训	声母	韵部	开合	w/0	主训	声母	韵部	开合	w/0	体例
安	影	元1	开	0	晏	影	元1	开	0	谐
轩	晓	元1	开	0	宪	晓	元1	开	0	谐
健	群	元1	开	0	建	见	元1	开	0	谐
间	见	元2	开	0	简	见	元2	开	0	谐
肩	见	元2	开	0	坚	见	真1	开	0	纯
砚	疑	元2	开	0	研	疑	元2	开	0	纯
鼸	晓	元2	开	0	经	见	耕	开	0	纯
简	见	元2	开	0	閒	见	元2	开	0	谐
妍	疑	元2	开	0	研	疑	元2	开	0	谐
哀	影	微1	开	0	爱	影	队1	开	0	纯
衣	影	微1	开	0	倚	影	歌1	开	0	纯
启	溪	微1	开	0	诣	疑	脂2	开	0	纯
旂	群	微1	开	0	倚	影	歌1	开	0	纯
铠	溪	微1	开	0	垲	溪	微1	开	0	谐
衣	影	微1	开	0	依	影	微1	开	0	谐
机	见	微1	开	0	机	见	微1	开	0	本
气	溪	队1	开	0	忾	晓	队1	开	0	谐
眼	疑	文1	开	0	限	匣	文1	开	0	谐
筋	见	文1	开	0	靳	见	文1	开	0	纯
斤	见	文1	开	0	谨	见	文1	开	0	纯
巾	见	文1	开	0	谨	见	文1	开	0	纯
跟	见	文1	开	0	根	见	文1	开	0	谐
艰	见	文1	开	0	根	见	文1	开	0	谐
檼	影	文1	开	0	隐	影	文1	开	0	谐
垦	见	文1	开	0	限	匣	文1	开	0	谐
痕	匣	文1	开	0	根	见	文1	开	0	谐
肌	见	脂1	开	0	愢	见	微1	开	0	纯
牵	溪	真1	开	0	弦	匣	元2	开	0	纯
姻	影	真1	开	0	因	影	真1	开	0	谐
鞇	影	真1	开	0	因	影	真1	开	0	谐
咽	影	真1	开	0	咽	影	真1	开	0	本
乙	影	质2	开	0	轧	影	质2	开	0	谐
懿	影	至2	开	0	偯	影	微1/队1	开	0	纯
瞖	影	至2	开	0	繄	影	支	开	0	纯
殪	影	至2	开	0	繄	影	支	开	0	纯

续5

被训	声母	韵部	开合	w/0	主训	声母	韵部	开合	w/0	体例
印	影	真2	开	0	因	影	真1	开	0	纯
雅	疑	鱼	开	0	义	疑	歌1	开	0	纯
夏	匣	鱼	开	0	假	见	鱼	开	0	纯
戟	见	铎	开	0	格	见	铎	开	0	纯
额	疑	铎	开	0	鄂	疑	铎	开	0	纯
恶	影	铎	开	0	扼	影	锡	开	0	纯
垩	影	铎	开	0	亚	影	暮	开	0	谐
脚	见	铎	开	0	却	溪	铎	开	0	谐
亚	影	暮	开	0	亚	影	暮	开	0	本
疆	群	阳	开	0	置	见	阳	开	0	谐
景	见	阳	开	0	竟	见	阳	开	0	纯
庚	见	阳	开	0	更	见	阳	开	0	纯
镜	见	阳	开	0	景	见	阳	开	0	纯
疆	群	阳	开	0	强	群	阳	开	0	纯
鞅	影	阳	开	0	婴	影	耕	开	0	纯
乡	晓	阳	开	0	向	晓	阳	开	0	纯
行	匣	阳	开	0	抗	匣	阳	开	0	纯
冈	见	阳	开	0	亢	溪	阳	开	0	纯
僵	见	阳	开	0	置	见	阳	开	0	谐
韁	见	阳	开	0	疆	见	阳	开	0	谐
橿	见	阳	开	0	僵	见	阳	开	0	谐
霓	疑	支	开	0	詣	疑	月2	开	0	纯
笄	见	支	开	0	系	见	赐	开	0	纯
企	溪	支	开	0	启	溪	微1	开	0	纯
輗	疑	支	开	0	詣	疑	月2	开	0	纯
鞮	匣	支	开	0	解	见	支	开	0	纯
懈	见	支	开	0	解	见	支	开	0	谐
蹊	匣	支	开	0	僟	匣	支	开	0	谐
嗌	影	锡	开	0	厄	影	锡	开	0	纯
益	影	锡	开	0	厄	影	锡	开	0	纯
槅	见	锡	开	0	扼	影	锡	开	0	纯
檄	匣	锡	开	0	激	见	锡	开	0	谐
屐	群	锡	开	0	屐	群	锡	开	0	本
繄	影	赐	开	0	陭	影	赐	开	0	纯
系	匣	赐	开	0	系	匣	赐	开	0	纯

续6

被训	声母	韵部	开合	w/0	主训	声母	韵部	开合	w/0	体例
荆	见	耕	开	0	警	见	耕	开	0	纯
婴	影	耕	开	0	膺	影	蒸	开	0	纯
缨	影	耕	开	0	颈	见/群	耕	开	0	纯
敬	见	耕	开	0	警	见	耕	开	0	谐
泾	见	耕	开	0	俓	见	耕	开	0	谐
颈	见/群	耕	开	0	俓	见	耕	开	0	谐
侄	见	耕	开	0	经	见	耕	开	0	谐
经	见	耕	开	0	径	见	耕	开	0	谐
磬	溪	耕	开	0	馨	溪	耕	开	0	谐
瘿	影	耕	开	0	婴	影	耕	开	0	谐
胫	匣	耕	开	0	茎	匣	耕	开	0	谐
膺	影		开		缨	影	耕	开		谐
起	溪	之	开	0	启	溪	微1	开	0	纯
纪	见	之	开	0	记	见	之	开	0	谐
己	见	之	开	0	纪	见	之	开	0	谐
记	见	之	开	0	纪	见	之	开	0	谐
跽	群	之	开	0	忌	群	之	开	0	谐
旗	群	之	开	0	期	群	之	开	0	谐
疑	疑	之	开	0	亿	疑	之	开	0	谐
噫	影	之	开	0	忆	影	职	开	0	谐
亥	匣	之	开	0	核	匣	职	开	0	谐
忆	影	职	开	0	意	影	代	开	0	谐
克	溪	职	开	0	刻	溪	职	开	0	纯
臆	影	职	开	0	抑	影	职	开	0	纯
欬	溪	代	开	0	刻	溪	职	开	0	谐
应	影	蒸	开	0	应	影	蒸	开	0	本
兴	晓	蒸	开	0	兴	晓	蒸	开	0	本
盖	见	盖1	开	0	加	见	歌1	开	0	纯
疟	疑	药1	开	0	虐	疑	药1	开	0	谐
屩	见	药2	开	0	蹻	见	药2	开	0	谐
蘗	疑	月2	开	0	缺	溪	月2	合	w	纯
汗	匣	元1	开	0	涣	晓	元3	合	0	纯
燕	影	元2	开	0	宛	影	元3	合	0	纯
绢	见	元2	合	w	坚	见	真1	开	0	纯
观	见	元3	合	0	翰	匣	元1	开	0	纯

续7

被训	声母	韵部	开合	w/0	主训	声母	韵部	开合	w/0	体例
墍	群/晓	队1	开	0	煟	云	队2	合	0	纯
几	见	脂1	开	0	庋	见	支	合	w	纯
衡	匣	阳	开	0	横	匣	阳	合	w	纯
爃	见	阳	开	0	汪	影	阳	合	w	纯

注：w表示声母是圆唇舌根音，0表示声母不是圆唇舌根音。

由上表可知，开口～开口、合口～合口的声训远远多于开口～合口的声训（若仅统计纯声训，亦是如此）。这恰好和谐声相平行。

舌根音合口字有一部分来自上古的圆唇舌根音。

第二节 圆唇舌根音和唇音字声训

Pulleyblank（1962-3）指出：把圆唇喉音和圆唇舌根音中的-w-看作是声母的形容性成分，可以解释圆唇舌根音、喉音和唇音的一些谐声现象。①

《释名》中圆唇舌根音声母和唇音声母字声训的有：

例1，《释形体》：鼻，嘒也，出气嘒嘒也。

鼻，毗至切，郑张-潘* bids。嘒，呼惠切，郑张-潘* qhweeds。

例2，《释姿容》：脉摘，犹谲摘也，如医别人脉知疾之意，见事者之称也。

脉，莫获切，郑张-潘* mbreeg。谲，古穴切，郑张-潘* kwliid。

还有一例虽然跟唇音声母字声训的是合口舌根音声母字，但在郑张-潘系统里并未拟成圆唇舌根音：

例，《释言语》：败，溃也。

败，薄迈切，郑张-潘* braads。溃，胡对切，郑张-潘* gluuls。

"溃"字郑张-潘列在微2部，微2部是圆唇元音故未拟有圆唇舌根音声母。

---

① 李方桂（1971）也立了一套圆唇舌根音。

附录一：释名声谱

黄侃先生曾做《释名声类表》，以《广韵》四十一声类排列，将《释名》声训各字按其声纽分别填入相应栏目中。他说，《释名》只单就每字论，而无系统条贯，可为求语根之书，不能为求语根之学。（任继昉1998）故本文作此声纽之谱，以求条理统贯，便于比较。声声相训，两处有一处为重出，则注"重"字以示。

帮

帮 ①谱：布。披：摆。辕：复。腹：富。腹：复。脯：搏。斧：甫。
　　甫：夫。韨：韠。福：富。幅：偪。绋：发。柫：拨。肤：布。
　　风：放。粉：分。馈：分。法：逼。发：拨。布：布。不：搏。
　　镈：迫。搏：博。伯：把。拨：播。饼：并。丙：炳。鬓：滨。
　　殡：宾。莂：别。表：表。镳：苞。弊：憋。髀：卑。臂：裨。
　　妣：比。奔：变。邦：封。鞞：半。板：版。柏：伯。霸：霸。

并　辕：复。夫：扶。非：排。发：拔。轙：伏。莂：别。鄙：否。背：
　　倍。碑：被。鞲：缚。鞯：屏。嫔：宾。埤：卑。胚：否。鼙：裨。
　　脾：裨。陴：裨。袍：苞。杷：播。负：背。父：甫。符：付。扶：
　　傅。否：鄙。坟：分。氛：粉。鞶：藩。薄：迫。髀：卑。陛：卑。
　　抱：保。

滂　辔：拂。风：氾。不：搏。搏：拍。壁：辟。璷：捧。崩：硼。批：

---
① 表示帮 – 帮声训，下同。

	裨。拍：搏。敷：赋。纷：放。氛：粉。妃：辈。髆：迫。鞞：秘。
明	重。
定	疼：痹。
船	笔：述。
庄	侧：偪。

滂

	仆：踣。缥：漂。帔：披。脬：鞄。脬：赴。攀：翻。覆：孚。副：覆。抚：敷：咐：抚。锋：蜂。旛：幡。
滂	
帮	重。
并	匹：辟。捧：逢。脬：鞄。肺：勃。蒲：敷：符：赴。浮：孚。伏：覆。旛：幡：帆：汎。
清	趋：赴。
心	辟：析。
晓	重。

并

	匍：捕。仆：踣。枰：平。蹁：扁。皮：被。彭：旁。佩：倍。鞍：复。缚：薄。妇：服：纵：伏。匍：伏。罘：复。服：服。扉：皮。肥：肥。房：旁。樊：樊。烦：繁。步：捕。鞊：伏。铺：哺。病：并。弁：抃。髲：被。鲍：腐。雹：跑。
并	
帮	重。
滂	重。
明	重。
溪	白：启。圮：圮。
匣	阜：厚。败：溃。
晓	鼻：嘒。

来　哺：露。

明

明　雾：冒。戊：茂。武：舞。吻：抆。吻：免。未：昧。尾：微。望：
　　望。望：惘。望：茫。辋：罔。韈：末。霂：沐。墓：慕。目：默。
　　木：冒。母：冒。牟：冒。牟：冒。莫：幕。摩：末。膜：幕。铭：
　　名。名：铭。名：明。敏：闵。旻：闵。庙：貌。面：漫。冕：文。
　　冕：俛。㮨：绵。绵：湎。眠：泯。密：蜜。弭：弭。糜：麋。蒙：
　　蒙。蕽：蒙。盟：明。门：扪。寐：谧。妹：昧。楣：眉。湄：眉。
　　眉：媚。帽：冒。卯：冒。髦：冒。矛：冒。毛：貌。毛：冒。盲：
　　茫。慢：漫。幔：漫。霂：脉。埋：痗。曀：末。帨：貌。

晓　虍：忾。墨：晦。霾：晦。埋：痗。
心　眇：小。细：弭。
并　瘿：漫。桼：复。
帮　罵：迫。
清　趾：弭。
见　脉：谲。
定　牒：睦。
昌　袂：挚。
来　幕：络。

端

端　嚁：疐。蛛：东。德：得。岛：鸟。岛：到。刀：到。挡：当。带：
　　蒂。舠：貂。
定　题：谛。蹄：底。地：谛。地：底。断：段。嫡：敌。镝：敌。
知　妒：褚。笃：筑。栋：中。典：镇。蟅：啜。党：长。
章　冬：终。旳：灼。

精 载：戴。戴：载。
从 载：戴。戴：载。
庄 丁：壮。
昌 蝃：嚄。
禅 蝃：嚄。
书 重。
山 党：所。
日 重。

透

透 土：吐。痛：通。帖：帖。天：坦。愿：态。贪：探。
定 通：洞。体：第。柂：拕。檀：坦。踢：榻。鼗：铁。荡：荡。
知 瑱：镇。禋：坦。
彻 挮：摘：抶：铁。
澄 退：坠。
章 汁：涕。
昌 醓：沈。喘：湍。出：推。
禅 谁：推。
从 听：静。
心 吐：泻。鬄：剔。
以 重。
来 礼：体。耒：推。坮：脱。
见 阶：梯。
溪 苦：吐。
晓 天：显。

定

定 侄：迭。柂：拕。臀：殿。图：度。涂：杜。涂：度。头：渎。头：

　　　　独。艇：挺。停：定。亭：停。廷：停。跳：条。田：填。悌：弟。
　　　　题：第。绨：螲。提：地。䮾：腾。靴：导。堂：堂。铎：度。囤：
　　　　屯。兑：兑。断：段。渎：独。胆：投。堞：叠。簟：覃。电：殄。
　　　　奠：停。娣：弟。弟：第。篴：涤。道：蹈。道：导。悼：逃。蹈：
　　　　道。导。陶。襌：淡。黛：代。酶：投。铎：独。翿：陶。

透　重。
端　重。
澄　童：重。台：持。达：彻。浊：渎。幢：童。幢：童。侄：迭。沈：
　　淡。篪：啼。迟：穄。
知　牍：筑。贞：定。嫡：敌。
彻　棠：樘：达：彻。
禅　朜：团。圌：团。
船　经：实。甸：乘。盾：遁。
章　朜：团。
以　重。
邪　褶：袭。镡：寻。
心　戌：脱。
山　钦：杀。
帮　重。
明　重。
泥　难：惮。
影　翳：陶。
来　圬：脱。

知

知　啄：琢。驻：株。筑：竹。廚：诛。诛：株。铚：挃。智：知。帐：
　　张。传：转。啜：憨。
彻　超：卓。捎：摘。
澄　长：苌。传：传。仲：中。滞：轶。

端 重。
定 重。
透 重。
章 肘：注。冢：肿。胗：展。
昌 啜：惙。
禅 啜：惙。
从 啜：绝。
书 重。
见 輈：句。

彻

彻 敕：饬。
澄 轴：抽。绌：抽。肠：畅。
知 重。
透 重。
定 重。
昌 赪：赤。蚩：痴。
娘 丑：纽。
见 彻：紧。

澄

澄 柱：住。治：值。郑：町。濯：濯。濯：擢。赵：朝。旐：兆。宅：择。泽：泽。宁：佇。坻：迟。橡：传。传：传。持：跱。
定 重。
知 重。
彻 重。
章 诸：储。疹：诊。

昌　椎：推。
禅　汋：泽。
船　痔：食。
透　重。
以　重。
崇　汋：泽。
邪　隰：蛰。
来　酪：泽。椎：末。
书　重。
见　重。
影　邑：佁。

泥

泥　弩：怒。
日　溺：弱。泥：迩。男：任。檽：暖。入：内。
娘　钀：昵。念：黏。拈：黏。脓：醲。
晓　耨：薅。
见　能：该。
精　年：进。
定　重。

娘

娘　铙：挠。
日　女：如。尔：昵。辱：衄。弱：衄。
泥　重。
书　镊：摄。蹑：摄。
心　糁：黏。

彻　重。

初　摣：叉。

日

日　弱：衄。绥：桑。褥：辱。孺：濡。儒：儒。肉：柔。鞣：柔。衽：任。壬：妊。仁：忍。人：仁。热：爇。壤：臁。髯：冄。饵：而。珥：耳。耳：耏。辆：耳。

泥　重。

娘　重。

疑　齯：儿。

端　儋：任。

昌　衽：襜。

船　日：实。

清　毳：芮。

心　消：弱。

章

章　椵：侏。赘：属。祝：属。柷：祝。注：注。渚：遮。粥：粥。舟：周。州：注。踵：钟。肿：钟。伀：忪。炙：炙。钘：指。趾：止。纸：砥。沚：止。脂：砥。胑：枝。政：正。震：战。疹：诊。诏：照。掌：掌。章：灼。氈：旃。旃：战。

昌　识：帜。掣：制。埴：膱。柷：祝。

禅　誓：制。孰：祝。埴：膱。襡：属。裳：障。

从　洲：聚。钟：聚。终：尽。静：整。墙：障。

精　指：节。卒：止。

知　重。

澄　重。

端　重。
定　重。
透　重。
来　锥：利。
心　继：制。
群　骑：支。耆：指。扆：楮。
溪　钟：空。拙：屈。
见　重。
疑　序：正。
书　重。

昌

昌　春：蠢。吹：推。川：穿。丑：臭。
章　重。
透　重。
端　重。
彻　重。
知　重。
澄　重。
崇　崇：充。
明　重。
日　重。
以　重。
邪　粗：齿。
见　枢：机。
溪　康：昌。
晓　赤：赫。
书　重。

禅

禅	殳：殊。视：是。是：嗜。侍：时。尚：上。上：上。豉：嗜。城：
	盛。成：盛。常：常。
以	重。
邪	属：续。袖：受。祥：善。
船	食：殖。朕：承。
章	重。
书	重。
定	重。
透	重。
端	重。
知	重。
澄	重。
庄	爪：绍。
从	啜：绝。
见	寿：久。石：格。
溪	考：成。
群	时：期。仇：雠。
影	婴：是。

船

船	潏：术。蚀：食。
禅	重。
日	重。
书	重。
以	重。

邪　船：循。吮：循。顺：循。叙：杼。
定　重。
澄　重。
见　吉：实。䦆：吮。
溪　坤：顺。
帮　重。
心　舌：泄。

书

书　书：庶。叔：少。首：始。饰：拭。轼：式。尸：舒。身：伸。申：
　　身。舍：舍。殇：伤。脡：挺。
章　执：摄。识：帜。诗：之。庶：摭。水：准。矢：指。暑：煮。
昌　齿：始。车：舍。
禅　辰：伸。晨：伸。
船　乘：升。室：实。说：述。
端　登：升。
知　书：著。
澄　春：撞。
娘　重。
精　叔：踧。烧：燋。
清　束：促。
心　手：须。弑：伺。始：息。少：小。膝：伸。信：申。
山　朔：始。
邪　席：释。徐：舒。
溪　库：舍。轻：胜。
影　湿：浥。幼：少。呜：舒。

精

精 佐：左。走：奏。宗：尊。姊：积。子：孳。髭：姿。姿：资。曾：
　　增。赞：纂。簪：疢。载：载。灾：灾。酒：啾。旌：精。晋：进。
　　津：进。睫：接。嗟：佐。浆：将。箭：进。翦：进。济：济。迹：
　　积。脊：积。齑：济。齌：遒。鏓：总。
从 祖：祚。镞：族。踪：从。紫：疵。灶：造。葬：藏。镌：镌。楫：
　　捷。蹙：遒。齐：齐。坐：挫。笮：作。皁：早。秦：津。
清 井：清。祲：侵。妾：接。鞒：遒。
心 躁：燥。借：腊。燥：焦。腈：馔。
庄 奏：邹。帻：迹。簪：疢。
以 重。
邪 足：续。袭：匝。
章 重。
书 重。
初 睫：插。栅：迹。
端 重。
山 栅：迹。
泥 重。
疑 甂：甄。
来 赞：录。

清

清 取：趣。秋：缩。清：青。圊：清。寝：寝。寝：侵。戚：戚。浸：
　　侵。爨：铨。粗：错。粗：措。
从 鞒：遒。斨：戕。槧：渐。妻：齐。撮：捽。缞：摧。仓：藏。
　　茨：次。

精　重。
初　操：钞。亲：衬。窗：聪。
庄　捉：促。
山　青：生。嗽：促。杀：窜。
心　嗽：促。仙：迁。削：陏。
见　餐：乾。
滂　重。
来　岨：胪。
以　重。
书　重。
日　重。
明　重。

从

从　脐：剂。绝：截。咀：藉。践：残。贱：践。踏：藉。疾：截。疾：
　　疾。徂：祚。餐：渍。慈：字。
精　重。
清　重。
章　重。
心　嚼：削。竦：从。
庄　斩：暂。札：截。
初　厕：杂。创：戕。
端　重。
见　激：截。蚓：吮。
邪　吮：循。
崇　栈：靖。
禅　重。
透　重。
知　重。

疑 业：捷。
溪 重。
来 柳：聚。

心

心 巽：散。雪：绥。癣：徙。絮：胥。须：秀。戌：恤。绣：修。星：
散。囟：峻。辛：新。心：纤。箫：肃。萧：肃。销：削。消：削。
缃：桑。霰：星。霰：散。舄：腊。玺：徙。息：塞。索：素。笋：
峻。飧：散。孙：逊。酸：逊。宿：宿。宋：送。嵩：竦。死：澌。
緫：丝。罳：思。斯：斯。思：司。私：恤。私：私。嫂：叟。腊：
昔。鞴：速。囟：峻。

山 修：缩。妥：杀。绥：衰。睃：缩。叟：缩。朔：苏。疏：索。
霜：丧。

书 重。

初 笑：钞。绡：钞。楚：辛。玼：洗。譏：纤。

以 重。

精 重。

清 重。

透 重。

明 重。

晓 昏：损。

匣 镮：散。毂：粟。

从 重。

影 殡：翳。印：信。

日 重。

定 重。

娘 重。

邪 鞭：袭。

云 重。

见　膈：塞。
疑　言：宣。
　　滂　重。
　　船　重。
　　章　重。

邪

邪　绪：叙。序：序。序：抒。镡：寻。姒：似。寺：嗣。词：嗣。
以　重。
船　重。
禅　重。
书　重。
昌　重。
疑　语：叙。
定　重。
澄　重。
精　重。
从　重。
心　重。
匣　旟：滑。

庄

庄　诅：阻。菹：阻。缁：滓。庄：装。筝：筝。鲊：菹。札：枥。
　　笮：迮。
精　重。
崇　床：装。事：傅。
从　重。

初　辋：厕。
清　重。
禅　重。
端　重。
帮　重。

初

初　辋：厕。锸：插。钗：叉。
崇　册：赜。
庄　重。
山　榱：衰。
清　重。
精　重。
从　重。
心　重。
娘　重。

崇

崇　锄：助。助：乍。岑：嶄。
庄　重。
初　重。
从　重。
澄　重。
昌　重。
以　重。

山

山　绷：筅。缩：缩。溲：数。刷：帅。刷：瑟。数：缩。梳：疏。眚：
　　省：省：瘦。甥：生。笙：生。疝：诜。衫：芟。山：产。瑟：瑟。
心　重。
清　重。
来　疏：寥。林：森。
精　重。
初　重。
书　重。
端　重。
定　重。

见

见　懈：解。裨：贯。昆：贯。觉：告。屐：跻。绢：坚。屦：拘。锯：
　　倨：据。居：裾：踞：裾：倨：裾：居：厩：匄：疚：久：镜：景。
　　敬：警。迳：经。颈：迳：景：竟。经。径：泾：俓：荆：警。锦：
　　金。襟：禁。筋：靳。衿：禁。金。禁。斤：谨。巾：谨。铰：交。
　　绞：交。狡：交。交：交。绛：工。彊：强。橿：僵。僵：畺。江：
　　公。剑：检。涧：闲。铜：间。简：间。检：禁。鞬：建。艰：根。
　　缣：兼。奸：奸。肩：坚。甲：甲。颊：夹。枷：加。记：纪。纪：
　　记。季：癸。戟：格。己：纪。几：皮。鞯：检。机：机。基：据。
　　笄：系。肌：懀。轘：裹。贵：归。晷：规。氿：轨：宄：危：桂：
　　圭。胱：广。光：广。观：观。鳏：昆。棺：关。冠：贯。夬：决。
　　卦：挂。瞽：鼓。鼓：郭。股：固。孤：顾。姑：故。考：垢：構：
　　沟。钩：沟。沟：构。恭：拱。恭：供：功。攻：公：君：公：广。
　　庚：更。跟：根。歌：柯。戈：过。告：觉。高：皋。杠：公。钉：

|匣| 铰。肝：干。干：乾。盖：加。车：居。闲：简。
校：号。栝：会。脍：会。桷：确。疥：龂。教：效。缄：函。甲：
阖。颊：挟：浍：会。桄：横。光：晃。观：翰。寡：踝。骨：滑。
艮。限。绀：含。甘：含。鞂：解。挟：夹。夏：假。檄：激。虹：
攻。红。绛：痕。根。害：割。粿：裹。怀：归。

|群| 掬：局。灂：竭。急：及。衮：卷。葵：揆。麲：久。虞：举。距：
矩。舅：久。枢：究。颈：径。纻：禁。彊：置。健：建。

|溪| 洁：确。脚：却。槲：廓。郭：廓。箧：恢。縠：圬。宫：穹。弓：
穹。矼：空。冈：亢。挚：结。椐：居。絓：挂。

|影| 楄：扼。羹：汪。缨：颈。

|禅| 重。

|船| 重。

|从| 重。

|来| 剑：敛。领：颈。

|知| 重。

|彻| 重。

|澄| 彻：紧。

|透| 重。

|云| 晕：卷。

|以| 重。

|章| 枕：检。

|昌| 重。

|清| 重。

|心| 重。

|泥| 重。

|明| 重。

|晓| 辖：经。

溪

|溪| 困：绻。券：绻。麸：麯。躯：区。糗：麯。丘：区。磬：罄。巧：

	考：欠。钦：契。刻。绮：敧。起：启。企：启。頯：倾。圹：旷。绮：跨。口：空。箜：空。克：刻。科：课。考：槁。欬：刻。铠：垲。潵：渴。
见	重。
晓	齲：朽。麹：朽。祛：虚。怯：胁。气：忾。坎：险。好：巧。凶：空。靴：跨。
疑	佥：广。启：诣。跪：危。月：阙。齾：缺。
匣	髋：缓。岩：学。牵：弦。铧：刳。
章	重。
书	重。
来	尻：廖。勒：刻。
并	重。
群	曲：局。
船	重。
昌	重。
禅	重。
从	丘：聚。
透	重。
云	疣：丘。

群

群	裙：群。衢：衢。乔：桥。乾：健。旗：期。郡：群。窭：局。剧：巨。强：强。踞：忌。屐：屐。
见	重。
章	重。
影	旂：倚。倚：伎。缨：颈。
来	袤：娄。领：颈。廉：矜。
禅	重。
溪	重。

疑　跪：危。
云　堅：熲。

疑

疑　原：元。御：语。敔：衙。圉：御。虞：虞。吟：严。谊：宜。仪：
　　宜。疑：儗。砚：研。严：俨。妍：研。雅：义。瘖：忤。伍：五。
　　午：忤。梧：悟。牾：悟。牾：忤。娪：忤。吴：虞。桅：巍。危：阢。耦：
　　遇：疟：虐。蟹：蘖：喈：齧：逆：遻：霓：喈：觬：喈：额：鄂：
　　翱：敖：磤：尧。艾：乂。
溪　重。
群　重。
匣　眼：限。瓦：踝。狱：确。隙：翱。
晓　卧：化。
影　谒：诣。
精　重。
从　重。
心　重。
邪　重。
章　重。
来　雅：雒。瓦：裸。乐：乐。
日　重。

影

影　渊：宛。癕：壅。拥：翁。瘿：婴。膺：壅。应：应。婴：膺。檍：
　　隐：印：因。饮：奄。鞇：因。喑：俺。阴：荫。姻：因。懿：傻。
　　臆：抑。缢：厄。殪：翳。暍：翳。忆：意。益：厄。㞋：倚。乙：
　　轧。噫。忆。衣：依。窔：幽。要：约。妖：夭。鞅：婴。燕：宛。

偃：安。咽：咽。亚：亚。鋈：沃。屋：奥。污：洿。幄：屋。委：
萎：威。畏。腕：宛。宛；宛。呕：伛。颈：鞍。垩：亚。恶：扼。
盎：瀴。庵：奄。安：晏。嗌：厄。哀：爱。腰：缨。臐：奥。

群　重。
见　重。
书　重。
心　重。
疑　重。
匣　重。
晓　俺：歆。
云　竿：污。
定　重。
澄　重。
禅　重。
来　来：哀。

晓

晓　圴：喧。血：瀎。昮：帆。胸：腔。兄：荒。兴：兴。孝：好。乡：
　　向。瞎：迄。火：毁。火：化。婚：昏。晦：灰。祔：翚。黑：晦。
　　醯：晦。海：晦。　：宪。秽：霍。膴：蒿。笏：忽。
溪　重。
匣　重。
云　塈：焑。戉：豁。
影　重。
见　重。
疑　重。
明　重。
泥　重。
透　重。

滂 帆：覆。
昌 重。
并 重。
心 重。
来 老：朽。

匣

匣 鞈：县。眩：县。玄：县。行：抗。项：确。县：县。辖：害。系：
　 系。穗：惠。蹊：徯。滥：衔。胫：茎。舰：槛。簧：横。黄：晃。
　 缓：浣。怀：回。踝：确。踝：踝。画：绘。岵：怙。户：护。胡：
　 洰。胡：互。胡：糊。候：护。厚：后。后：后。糇：候。篌：侯。
　 侯：解。衡：横。河：下。昊：颢。颔：含。寒：扞。含：合。亥：
　 核。胲：衔。
见 重。
晓 祸：毁。纳：涣。号：呼。汗：涣。胁：挟。
疑 重。
溪 重。
云 淮：围。荣：荧。
心 重。
并 重。
影 阿：何。
邪 重。
来 乱：浑。

云

云 云：运。云：云。辕：援。垣：援。雨：羽。宇：羽。友：有。谓：
　 谓。胃：围。纬：围。闱：卫。帷：围。往：眭。王：眭。

晓　重。
匣　重。
影　重。
群　重。
溪　重。
见　重。
心　岁：越。

以

以　锐：融。籥：跃。育：育。庚：裕。斾：誉。褕：裕。勇：踊。墉：
　　容。靷：引。引：演。寅：演。疫：役。斾：斾。颐：养。怡：怡。
　　宣：养。腋：绎。曜：耀：轺：遥。痒：扬。阳：扬。羊：阳。演：
　　延。筵：衍。容：用。容：容。铤：延。

邪　袖：由。翔：佯：饧：洋。俗：欲。颂：容。祀：巳。汜：巳。巳：
　　巳。羊：祥。镡：寻。

禅　轺：遥。署：予。肾：引。善：演。铤：延。夷：常。脓：承。
船　谥：曳。唇：缘。
昌　瘈：侈。
定　兑：说。涌：桶。楹：亭。姨：弟。
透　涌：桶。
澄　醳：泽。
心　锡：易。髓：遗。西：秀。抴：泄。
精　酒：酉。进：引。檐：接。
清　淫：浸。
崇　禩：缘。
见　舆：举。

来

来 练：烂。良：量。履：履。绿：浏。肋：勒。廉：敛。晋：历。晋：
　 离。虑：旅。醴：礼。绿：浏。赢：累。麓：陆。露：虑。雷：硍。
　 厉：厉。陆：漉。卤：炉。黎：藜。卢：卢。揽：敛。砾：料。离：
　 丽。砾：料。沦：伦。澜：连。澜：连。路：露。邻：连。立：林。
　 陵：隆。勒：络。绫：凌。谏：累。镰：廉。耒：来。犁：利。路：
　 路。郎：朗。论：伦。辚：燎。令：领。橹：旅。丽：离。聋：笼。
　 麻：懔。瘤：流。掠：狼。柳：偻。轮：纶。枱：旅。縡：捋。裲：
　 两。留：牢。履：礼。囹：领。论：伦。梁：梁。纶：伦。栌：卢。
　 栾：挛。篱：离。溜：流。楼：娄。橹：露。庐：虑。嫌：廉。
　 律：累。

影 疑 晓 匣 溪 群 见 明 并 透 定 澄 山 从 清 精 章
重。重。重。重。重。重。重。重。重。重。重。重。重。重。重。重。

附录二：释名声训声符索引

本索引按声符笔画数排序。

1

丿 {少} 少:小 幼:少 叔:少 {钞} 绡:钞 笑:钞 操:钞 {眇}
眇:小 {弟} 弟:弟 悌:弟 娣:弟 姨:弟 {娣} 娣:弟 绨
绨:蜴 {悌} 悌:弟 {梯} 阶:梯 {蜴} 绨:蜴 涕 汁:涕
{第} 体:第 题:第
乙 {乙} 乙:轧 {札} 札:枊 札:截 {轧} 乙:轧 {扼} 恶:扼
榎:扼 {厄} 嗌:厄 益:厄 {陀} 缢:厄

2

勹 {鲍} 鲍:腐 {抱} 抱:保 {袍} 袍:苞 {鞄} 脬:鞄 {跑}
雹:跑 {鼋} 鼋:跑 {苞} 袍:苞 镳:苞 {陶} 翳:陶 导:陶
翻:陶
卜 {仆} 仆:踣 {赴} 脬:赴 趋:赴 符:赴
刀 {刀} 刀:到 {轺} 轺:遥 {超} 超:卓 {诏} 诏:照 {绍}
爪:绍 {貂} 鲷:貂 {照} 诏:照 {到} 刀:到 {岛} 岛:到
丁 {丁} 丁:壮 {町} 郑:町 {亭} 亭:停 {楟} 亭:停 停 定
廷:停 亭:停 奠:停 {成} 成:盛 考:成 {城} 城:盛 {盛}

城:盛 成:盛

冫 {次} 茨:次 {姿} 姿:资 髭:姿 {睿} 睿:渍 {茨} 茨:次
{资} 姿:资

几 {几} 几:皮 {肌} 肌:懻

九 {尻} 尻:廖 {宄} 宄:佹 {句} 厩:句 {究} 枢:究 {沈}
沈:轨 {仇} 仇:雠 {鼽} 鼽:久 {轨} 沈:轨

丂 {巧} 巧:考 好:巧 {朽} 老:朽 麹:朽 齲:朽 {考} 考:成
考:槁 {考} 巧:考

力 {勒} 勒:络 勒:刻 肋:勒 {肋} 肋:勒

人 {人} 人:仁 {仁} 仁:忍 人:仁

入 {入} 入:内

十 {汁} 汁:渧

厶 {私} 私:恤 私:私

乂 {乂} 艾:乂 {艾} 艾:乂

又 {友} 友:有 {有} 友:有 {醢} 醢:晦

匕 {化} 卧:化 火:化

厂 {曳} 谥:曳 {系} 系:系 {系} 笒:系 {鞵} 鞵:解 {蹊}
蹊:傒 {傒} 蹊:傒 {蹄} 蹄:底 {啼} 篪:啼 {篪} 啼:嗁
{延} 演:延 {铤} 铤:延 {铤} 铤:延 {脡} 脡:挺 {挺} 脡:挺
{筳} 筳:衍 {抴} 抴:泄 {绁} 绁:制 {堞} 堞:叠 {泄}
舌:泄 抴:泄

巳 {汜} 风:汜

3

才 {载} 载:载 载:戴 戴:载 {戴} 戴:载 载:戴 {灾} 灾:灾

叉 {叉} 擔:叉 钗:叉 {钗} 钗:叉

巛 {灾} 灾:灾 {缁} 缁:滓 {辐} 辐:厕

川 {川} 川:穿 {顺} 顺:循 坤:顺

大 {钛} 钛:杀 {达} 达:彻

凡 {帆} 帆:泛 {风} 风:氾 风:放 {泛} 帆:泛
干 {干} 干:干 {汗} 汗:涣 {肝} 肝:干 {奸} 奸:奸 {扞}
　:寒 扞{舌} 舌:泄 {桰} 桰:会
工 {工} 绛:工 {杠} 杠:公 {红} 红:空 {缸} 缸:铰 {虹} 虹:攻
　 {江} 江:公 {红} 红:绛 {功} 功:攻 {攻} 功:攻 虹:攻
　 {项} 项:确 {空} 钟:空 {箜} 箜:空 {口} 口:空 {凶} 凶:空 {缸} 缸:空 {箜}
　 箜:空 {喀} 胸:喀
弓 {弓} 弓:穹 {穹} 宫:穹 弓:穹
己 {己} 己:纪 {记} 记:纪 纪:记 {纪} 纪:记 记:纪 己:纪
　 {屺} 屺:圮 {圮} 圮:屺 {妃} 妃:辈 {起} 起:启 {忌}
　 跽:忌 {跽} 跽:忌
卩 {绝} 绝:截 啜:绝 {节} 指:节 {柿} 札:柿
巾 {巾} 巾:谨
久 {久} 疚:久 舅:久 寿:久 疚:久 {疚} 疚:久 {枢} 枢:究
口 {口} 口:空
女 {女} 女:如 {如} 女:如 {絮} 絮:胥 {弩} 弩:怒 {怒}
　 弩:怒
千 {年} 年:进
山 {山} 山:产 {疝} 疝:诜 {仙} 仙:迁
上 {上} 上:上 尚:上
勺 {汋} 汋:泽 {旳} 旳:灼 {灼} 章:灼 旳:灼 {约} 要:约
尸 {尸} 尸:舒
之 {之} 诗:之 {蚩} 蚩:痴 {寺} 寺:嗣 {持} 持:跱 台:持
　 {侍} 侍:时 {时} 时:期 侍:时 {诗} 诗:之 {痔} 痔:食
　 {跱} 持:跱
土 {土} 土:吐 {吐} 吐:泻 苦:吐 土:吐 {杜} 涂:杜
毛 {宅} 宅:择
丸 {纨} 纨:焕
亡 {盲} 盲:茫 {望} 望:惘 望:望 望:茫 {罔} 辋:罔 {辋}
　 辋:罔 {惘} 望:惘 {茫} 望:茫 盲:茫 {丧} 霜:丧 {荒}
　 兄:荒

小　{小}　眇:小　少:小　{消}　消:弱　消:削　{趙}　趙:朝　{销}
　　销:削　{绡}　绡:钞　{陗}　削:陗　{削}　削:陗　消:削　销:削
　　嚼:削
也　{地}　地:谛　地:底　提:地
已　{巳}　巳:已　汜:巳　祀:巳　{已}　巳:已　{汜}　汜:巳　{祀}
　　祀:巳
弋　{代}　黛:代　{黛}　黛:代　{式}　轼:式　{拭}　饰:拭　{轼}
　　轼:式　{弒}　弒:伺
于　{宇}　宇:羽　{竽}　竽:污　{污}　竽:污　{戽}　戽:帆　{污}
　　污:洿　{绔}　绔:跨　{洿}　污:洿　{跨}　绔:跨　靴:跨　{刳}
　　铧:刳
子　{子}　子:孳　{字}　慈:字
广　{广}　衾:广
乞　{迄}　瞎:迄
刃　{忍}　仁:忍
兀　{阢}　危:阢　{融}　锐:融
下　{下}　河:下
彡　{衫}　衫:芟　{寻}　镡:寻

4

巴　{杷}　杷:播　{把}　伯:把
比　{比}　妣:比　{陛}　陛:卑　{妣}　妣:比　{批}　批:裨
不　{不}　不:搏　{罘}　罘:复　{否}　否:鄙　胚:否　鄙:否　{痞}
　　胚:否　{踣}　仆:踣　{倍}　背:倍　佩:倍
丑　{丑}　丑:纽　{䶊}　弱:䶊　辱:䶊　{纽}　丑:纽
办　{梁}　梁:梁
从　{踪}　踪:从　{从}　踪:从　竦:从
丹　{旃}　旃:战　氊:旃
反　{板}　板:昄　{昄}　板:昄

方	{房}	房:旁	{放}	风:放	纷:放	{旁}	彭:旁	房:旁
分	{分}	粉:分	坟:分	馌:分	{粉}	粉:分	氛:粉	{氛}	氛:粉
	{纷}	纷:放							
丰	{捧}	捧:逢	{琫}	捧:琫	{琫}	琫:捧	{锋}	锋:蜂	逢	捧:逢
	{蜂}	锋:蜂	{邦}	邦:封						
夫	{夫}	夫:扶	甫:夫	{扶}	扶:傅	夫:扶				
市	{肺}	肺:勃								
父	{父}	父:甫	{斧}	斧:甫	{布}	布:布	谱:布	肤:布		
戈	{戈}	戈:过								
公	{公}	公:君	{公}	公:广	江:公	杠:公	{凇}	凇:松	{松}	凇:松
	{颂}	颂:容	{翁}	拥:翁	{滃}	盇:滃	{衮}	衮:卷		
夬	{夬}	夬:决	{袂}	袂:掣	{缺}	蕨:缺	{决}	夬:决		
火	{火}	火:毁	火:化							
及	{及}	急:及	{靸}	靸:袭	{急}	急:及				
旡	{堲}	堲:焆								
丯	{挈}	挈:结	{契}	契:刻	{喈}	喈:鸃	锐:喈	霓:喈	{洁}	
	洁:确	{宪}	蠛:宪	{蠛}	蠛:宪	{害}	害:割	辖:害	{辖}	
	辖:害	{瞎}	瞎:迄	{割}	害:割	{豁}	戈:豁			
介	{疥}	疥:龄	{龄}	疥:龄						
今	{衿}	衿:禁	{衿}	衿:禁	{矜}	廪:矜	{吟}	吟:严	{岑}	
	岑:崭	{贪}	贪:探	{衾}	衾:广	{念}	念:黏	{含}	含:合	
	绀:含	颔:含	甘:含	{颔}	颔:含	{饮}	饮:奄	{阴}	阴:荫	
	{荫}	阴:荫	{金}	金:禁	{锦}	锦:金	{锦}	锦:金	{钦}	欠:钦
	{衔}	滥:衔	胎:衔							
斤	{斤}	斤:谨	{旂}	旂:倚	{靳}	筋:靳				
井	{井}	井:清								
巨	{巨}	剧:巨	{距}	距:矩	{矩}	距:矩				
六	{灶}	灶:造	{陆}	陆:漉	麓:陆	{睦}	睦:睦	{朕}	朕:睦	
	朕:筑	{溇}	溇:独	头:溇	浊:溇	{续}	足:续	属:续		
毛	{毛}	毛:貌	毛:冒	{髦}	髦:冒					
冃	{冒}	毛:冒	髦:冒	牟:冒	矛:冒	牟:冒	雾:冒	母:冒	木:	

		冒	卯:冒	帽:冒	{帽}	帽:冒				
丏	{宾}	嫔:宾	殡:宾	{殡}	殡:宾	{嫔}	嫔:宾	{滨}	鬓:滨	
	{鬓}	鬓:滨								
木	{木}	木:冒	{沐}	霂:沐	{霂}	霂:沐				
疋	{疋}	疋:辟								
气	{气}	气:忾	{忾}	气:忾						
欠	{欠}	欠:钦	{坎}	坎:险						
爿	{床}	床:装	{斨}	斨:戕	{戕}	创:戕	斨:戕	{墙}	墙:障	
	{将}	浆:将	{浆}	浆:将	{壮}	丁:壮	{庄}	庄:装	{装}	
	床:装	庄:装	{藏}	仓:藏	葬:藏					
犬	{甽}	甽:吮								
日	{日}	日:实								
氏	{纸}	纸:砥								
手	{手}	手:须								
殳	{殳}	殳:殊	{投}	胶:投	酘:投					
水	{水}	水:准								
天	{天}	天:显	天:坦							
屯	{屯}	囤:屯	{囤}	囤:屯	{春}	春:蠢	{蠢}	春:蠢		
瓦	{瓦}	瓦:踝	瓦:裸							
王	{王}	王:眭	{汪}	羹:汪						
文	{文}	冕:文	{旻}	旻:闵	{忟}	吻:忟	{闵}	敏:闵	旻:闵	
五	{五}	伍:五	{伍}	伍:五	{敔}	敔:衙	{梧}	梧:忤	梧:悟	
	{姁}	姁:忤	{语}	语:叙	御:语	{牾}	梧:牾	{圄}	圄:御	
	{瘉}	瘉:忤	{衙}	敔:衙						
午	{午}	午:忤	{忤}	午:忤	{忤}	瘉:忤	姁:忤	梧:忤	{御}	
	御:语	{御}	圄:御							
勿	{笏}	笏:忽	{吻}	吻:免	吻:忟	{忽}	笏:忽			
心	{心}	心:纤								
凶	{凶}	凶:空	{胸}	胸:啌						
牙	{雅}	雅:雏	雅:义	{序}	序:正					
夭	{妖}	妖:夭	{夭}	妖:夭	{沃}	鋈:沃	{笑}	笑:钞	{鋈}	

鉴:沃
尤 {沈} 沈:淡 {枕} 枕:检 {醓} 醓:沈
引 {引} 引:演 进:引 肾:引 靷:引 {靷} 靷:引
尢 {疣} 疣:丘
予 {予} 署:予 {序} 序:抒 序:序 {舒} 徐:舒 尸:舒 鸣:舒
{杼} 叙:杼 {抒} 序:抒
元 {元} 原:元 {冠} 冠:贯 {浣} 缓:浣
月 {月} 月:阙
云 {云} 云:云 {云} 云:运 云:云
匀 {筍} 笋:峻
允 {吮} 吮:循 呦:吮 {酸} 酸:逊 {峻} 笋:峻 囟:峻
支 {支} 骑:支 {枝} 职:枝 {伎} 倚:伎 {跂} 跂:嗜 {頍}
頍:倾 {展} 展:楮 展:展 {皮} 几:皮
止 {止} 卒:止 趾:止 沚:止 {沚} 沚:止 {址} 址:址 {趾}
趾:止 {齿} 齿:始 耜:齿
中 {中} 仲:中 栋:中 {仲} 仲:中
爪 {爪} 爪:绍
卞 {抃} 弁:抃
壬 {壬} 壬:妊 {袵} 袵:襜 袵:任 {妊} 壬:妊 {任} 袵:任
儋:任 男:任 {铁} 鳌:铁 挟:铁 {廷} 廷:停 {艇} 艇:挺
{挺} 艇:挺
毌 {贯} 冠:贯 昆:贯 裤:贯
互 {互} 胡:互 {冱} 胡:冱
户 {户} 户:护 {所} 党:所 {顾} 孤:顾
亢 {亢} 冈:亢 {抗} 行:抗
内 {内} 入:内 {芮} 蠹:芮
升 {升} 登:升 乘:升
市 {匝} 袭:匝

5

犮 {犮} 犮:犉 发 发:拔 {拔} 发:拔
必 {密} 密:蜜 {蜜} 密:蜜 {瑟} 瑟:瑟 刷:瑟 {秘} 鞞:秘
   {谧} 寐:谧
弁 {弁} 弁:抃 {挙} 挙:藩
丙 {丙} 丙:炳 {病} 病:并 {炳} 丙:炳 {更} 庚:更
册 {册} 册:赜
旦 {坦} 檀:坦 天:坦 {禮} 禮:坦 {毡} 毡:旃 {禮} 禮:坦 {檀}
   檀:坦
氐 {坻} 坻:迟 {砥} 脂:砥 纸:砥 {底} 地:底 蹄:底
冬 {冬} 冬:终 {疼} 疼:痹 {终} 终:尽 冬:终
弗 {拂} 拂:拨 绋 绋:发 {拂} 髴:拂
付 {付} 符:付 {符} 符:付 符 赴:附 附:抚 {腐} 鲍:腐
白 {白} 白:启 {柏} 柏:伯 伯 伯:把 柏:伯 {拍} 拍:搏
搏:拍 {迫} 薄:迫 膊:迫 镈:迫 罵:迫
半 {半} 鞶:半 {鞶} 鞶:半
北 {背} 背:倍 负:背
出 {出} 出:推 {拙} 拙:屈 {屈} 拙:屈
甘 {甘} 甘:含 {绀} 绀:含
古 {姑} 姑:故 {苦} 苦:吐 {岵} 岵:怙 {怙} 岵:怙 {故}
   姑:故 {固} 股:固 {胡} 胡:互 胡:糊 胡:沍 {糊} 胡:糊
   {居} 据:居 车:居 {椐} 椐:居 {裾} 裾:倨 裾:踞 {椐} 椐:居
   {锯} 锯:倨 倨 锯:倨 裾:倨 {踞} 裾:踞
瓜 {孤} 孤:顾
冎 {祸} 祸:毁 {过} 戈:过
号 {号} 号:呼 校:号
禾 {科} 科:课
左 {左} 佐:左 {佐} 佐:左 嗟:佐 {嗟} 嗟:佐 {髓} 髓:遗

加	{加}	枷:加	盖:加	{枷}	枷:加				
甲	{甲}	甲:阖	甲:甲						
句	{句}	軥:句	{耇}	耇:垢	{钩}	钩:沟	{拘}	屦:拘	
可	{河}	河:下	{阿}	阿:何	{何}	何:阿	{柯}	歌:柯	{歌}
	歌:柯								
立	{立}	立:林							
令	{令}	令:领	{领}	领:颈	图:领	令:领	{图}	图:领	
矛	{矛}	矛:冒	{柔}	肉:柔	鍒:柔	{鍒}	鍒:柔	{楘}	楘:复	
	{雾}	雾:冒							
卯	{卯}	卯:冒	{柳}	柳:聚	柳:偻	{留}	留:牢	{溜}	溜:流	
	{瘤}	瘤:流	{浏}	绿:浏					
民	{眠}	眠:泯	{鈱}	鈱:绵	{泯}	眠:泯				
母	{母}	母:冒	{晦}	晦:灰	墨:晦	黑:晦	醢:晦	海:晦	霾:
	晦	{海}	海:晦	{敏}	敏:闵	{痗}	埋:痗			
目	{目}	目:默							
尼	{泥}	泥:迩	{昵}	尔:昵	嬲:昵				
宁	{宁}	宁:伫	{伫}	宁:伫					
皮	{皮}	皮:被	扉:皮	{披}	披:摆	帔:披	{帔}	帔:披	{被}
	碑:被	皮	被	髲:被	{髲}	髲:被			
平	{平}	枰:平	{枰}	枰:平					
且	{助}	助:乍	鉏:助	{鉏}	鉏:助	诅:阻	{咀}	咀:藉	
	{祖}	祖:祚	{徂}	徂:祚	{阻}	菹:阻	诅:阻	{岨}	岨:胪	
	{菹}	菹:阻	{菹}	鲊:菹	{摣}	摣:叉			
丘	{丘}	丘:区	丘:聚	疣:丘					
去	{祛}	祛:虚	{麮}	麮:龋					
冉	{冄}	髯:冄	{髯}	髯:冄					
申	{申}	申:身	信:申	{伸}	身:伸	辰:伸	膝:伸	晨:伸	{电}
	电:珍	{身}	身:伸	申:身					
生	{生}	甥:生	青:生	笙:生	{笙}	笙:生	{星}	星:散	霰:星
	{眚}	眚:省	{甥}	甥:生	{旌}	旌:精	{青}	青:生	清:青
	{圊}	圊:清	清	清:青	井:清	圊:清	{靖}	栈:靖	{精}

旌:精

失 {抶} 抶:铁 {䩋} 䩋:䩅 {泆} 佚:泆
石 {石} 石:格 {妬} 妒:褚
史 {事} 事:傳 {傳} 事:傳
示 {视} 视:是
司 {司} 思:司 {词} 词:嗣 {嗣} 词:嗣 寺:嗣 {伺} 弑:伺
它 {柂} 柂:扡 {扡} 柂:扡
田 {田} 田:填 {甸} 甸:乘
未 {未} 未:昧 {妹} 妹:昧 {寐} 寐:谧 {昧} 未:昧 妹:昧
戊 {戊} 戊:茂 {茂} 戊:茂
兄 {兄} 兄:荒
玄 {玄} 玄:县 {眩} 眩:县 {弦} 牵:弦
疋 {胥} 胥:胥 {絮} 胥 {楚} 楚:辛 {梳} 梳:疏 {疏} 疏:索
疏:寥 梳:疏

央 {盎} 盎:瀹 {鞅} 鞅:婴
矢 {矢} 矢:指 {嬰} 嬰:是 {翳} 翳:陶 {斁} 斁 {暳} 翳 {殪} 翳
目 {䀏} 䀏:齿 {能} 能:该 {态} 態:态 {似} 似:似 {似}
似:似 {饴} 饴:怡 {治} 治:值 {始} 始:息 朔:始 首:始
齿:始 {怡} 怡:怡

印 {印} 印:信 印:因
用 {用} 容:用 {痛} 痛:通 {通} 通:洞 痛:通 {涌} 涌:桶
{踊} 勇:踊 {桶} 涌:桶 {勇} 勇:踊 {墉} 墉:容
由 {由} 袖:由 {袖} 袖:由 袖:受 {轴} 轴:抽 {紬} 紬:抽
{抽} 紬:抽 轴:抽
幼 {幼} 幼:少
夗 {宛} 宛:宛 渊:宛 腕:宛 燕:宛 {腕} 腕:宛
戉 {戉} 戉:豁 {越} 岁:越 {岁} 岁:越 {瀎} 血:瀎
乍 {乍} 助:乍 {笮} 笮:迮 {作} 笮:作 {笮} 笮:作 {酢}
酢:菹 {祚} 祖:祚 {祖} 祚:迮 笮:迮
占 {拈} 拈:黏 {帖} 帖:帖 {黏} 念:黏 拈:黏 糁:黏
㐱 {疹} 疹:诊 {胗} 胗:展 {诊} 疹:诊 {㐱} 电:㐱

正｛正｝ 序:正 政:正 ｛政｝ 政:正 ｛整｝ 静:整 ｛定｝ 贞:定
        停:定
只 ｛肒｝ 肒:枝 ｛织｝ 织:指
主 ｛驻｝ 驻:株 ｛注｝ 注:注 肘:注 州:注 ｛柱｝ 柱:住 ｛住｝
    柱:住
匆 ｛聪｝ 窗:聪
弘 ｛强｝ 强:强 强
乎 ｛呼｝ 号:呼
末 ｛末｝ 韈:末 摩:末 曤:末
术 ｛述｝ 笔:述 说:述 ｛术｝ 潏:术

6

安 ｛安｝ 安:晏 偃:安 ｛頞｝ 頞:鞍 ｛鞍｝ 頞:鞍 ｛晏｝ 安:晏
并 ｛并｝ 饼:并 ｛饼｝ 饼:并 ｛鲆｝ 鲆:屏 ｛屏｝ 鲆:屏
臣 ｛肾｝ 肾:引 ｛坚｝ 肩:坚 绢:绁 ｛紧｝ 彻:紧
此 ｛跐｝ 跐:玭 ｛髭｝ 髭:姿 ｛紫｝ 紫:疵 疵 紫:疵
朿 ｛策｝ 策:策 ｛掜｝ 掜:摘 ｛谛｝ 题:谛 地:谛 ｛帻｝ 帻:迹
    ｛积｝ 姊:积 迹:积 脊:积 ｛迹｝ 栅:迹 帻:迹 ｛渍｝ 眷:渍
    ｛赜｝ 册:赜 ｛镝｝ 镝:敌 ｛嫡｝ 嫡:敌 ｛摘｝ 掜:摘 ｛敌｝
    嫡:敌 镝:敌
多 ｛宜｝ 仪:宜 谊:宜 ｛谊｝ 谊:宜 ｛侈｝ 瘻:侈
而 ｛而｝ 饵:而 ｛輀｝ 輀:耳 ｛耏｝ 耳:耏 ｛襦｝ 襦:暖 ｛儒｝
    儒:儒 ｛孺｝ 孺:濡 ｛濡｝ 孺:濡
耳 ｛耳｝ 耳:耏 ｛珥｝ 珥:輀 耳 ｛珥｝ 珥:珥 细:珥 跐:珥 ｛饵｝
    饵:而 ｛珥｝ 珥:耳
伏 ｛伏｝ 伏:覆 轐:伏 繇:伏 匐:伏 ｛獃｝ 獃:伏
各 ｛路｝ 路:路 路:露 ｛酪｝ 酪:泽 ｛络｝ 勒:络 幕:络 ｛格｝
    石:格 戟:格 ｛雒｝ 雅:雒 ｛露｝ 露:虑 哺:露 路:露 檴:
    露 ｛额｝ 额:鄂

亘 {垣} 垣:援 {宣} 言:宣 {喧} 埍:喧
艮 {艮} 艮:限 {跟} 跟:根 {痕} 痕:根 {眼} 眼:限 {限}
眼:限 艮:限 {根} 艰:根 跟:根 痕:根
共 {恭} 恭:拱 恭:供 {供} 恭:供 {拱} 恭:拱
光 {光} 光:广 光:晃 {胱} 胱:广 {桄} 桄:横 {晃} 光:晃
黄:晃
圭 {圭} 袿:圭 {卦} 卦:挂 {缡} 缡:挂 {袿} 袿:圭 {挂}
缡:挂 卦:挂
亥 {亥} 亥:核 {欬} 欬:刻 {刻} 欬:刻 勒:刻 契:刻 克:刻
{该} 能:该 {核} 亥:核
合 {合} 含:合 {会} 栝:会 洽:会 脍:会 {洽} 洽:会 {脍}
脍:会 {绘} 画:绘
后 {后} 后:后 {垢} 耇:垢
虎 {卢} 卢:卢 {栌} 栌:卢 {庐} 庐:虑 {栌} 栌:卢 {炉} 卤:炉
{胪} 岨:胪 {肤} 肤:布 {虑} 虑:旅 庐:虑 露:虑 {虚}
袪:虚
吉 {吉} 吉:实 {结} 挈:结 {殪} 殪:翳 {暗} 暗:翳 {懿}
懿:傻
开 {筓} 筓:系 {妍} 妍:研 {研} 砚:研 妍:研
夆 {绛} 绛:工 红:绛 {隆} 陵:隆
交 {交} 交:交 绞:交 铰:交 狡:交 {铰} 铰:交 釭:铰 {绞}
绞:交 {狡} 狡:交 {校} 校:号 {窔} 窔:幽 {效} 教:效
臼 {舅} 舅:久
老 {老} 老:朽
耒 {耒} 耒:推 耒:来 椎:耒 {诔} 诔:累
吕 {梠} 梠:旅
名 {名} 名:明 铭:名 {铭} 铭:名
牟 {牟} 牟:冒 牟:冒
屰 {朔} 朔:苏 朔:始 {逆} 逆:遌 遌 逆:遌 {鄂} 额:鄂
辰 {脉} 脉:谲 {脉} 霢:脉 {霢} 霢:脉
企 {企} 企:启

曲 {曲} 曲:局
杀 {杀} 杀:窜 鈇:杀 娑:杀
向 {向} 乡:向 {尚} 尚:上 {常} 常:夷 {裳} 裳:障
{掌} 掌:掌 {棠} 棠:樘 {堂} 堂:堂 {樘} 棠:樘 {党}
党:所 党:长 {当} 裆:当 {裆} 裆:当
尗 {叔} 叔:少 叔:踧 {踧} 酒:踧 叔:踧 {戚} 戚:戚 {蹙}
蹙:道 {戚} 戚:戚

死 {死} 死:澌
危 {危} 危:阢 跪:危 {跪} 跪:危 {桅} 桅:巍 {佹} 宄:佹
劦 {胁} 胁:挟 怯:胁
囟 {囟} 囟:峻 {思} 思:司 罳:思 {緦} 緦:丝 {罳} 罳:思
{细} 细:珥 {脓} 脓:醲 {醲} 脓:醲

刑 {荆} 荆:警
行 {行} 行:抗 {衡} 衡:横
戍 {戍} 戍:脱 戍:恤
血 {血} 血:濊 {恤} 私:恤 戍:恤
羊 {羊} 羊:阳 羊:祥 {翔} 翔:佯 {祥} 祥:善 羊:祥 {洋}
飏:洋 {佯} 翔:佯 {养} 颐:养 宫:养 {痒} 痒:扬
衣 {衣} 衣:依 {㞐} 㞐:倚 {哀} 哀:爱 来:哀 {依} 衣:依
夷 {夷} 夷:常 {痍} 痍:侈 {姨} 姨:弟
亦 {迹} 迹:积 {帟} 帟:帟 {腋} 腋:绎
因 {因} 姻:因 印:因 鞇:因 {咽} 咽:咽 {姻} 姻:因 {鞇}
鞇:因

聿 {律} 律:累 {笔} 笔:述
早 {早} 皁:早 {皁} 皁:早
兆 {兆} 旐:兆 {鞉} 鞉:导 {跳} 跳:条 {逃} 悼:逃 {旐}
旐:兆

争 {静} 静:整 听:静 {筝} 筝:筝
旨 {脂} 脂:砥 {指} 指:节 轵:指 者:指 矢:指 {诣} 启:诣
谒:诣 {者} 者:指 嗜:嗜 是:嗜 {楮} 展:楮
至 {侄} 侄:迭 {铚} 铚:铚 {经} 经:实 {銍} 銍:铁 {室}

室:实
州{州} 州:注 {洲} 洲:聚
舟{舟} 舟:周 {辀} 辀:句 {朝} 赵:朝 {庙} 庙:貌 {受}
袖:受
朱{诛} 诛:株 厮:诛 {殊} 殳:殊 {株} 诛:株 驻:株 {侏}
椓:侏
竹{竹} 筑:竹 {筑} 筑:竹 {筑} 牍:筑 笃:筑 {笃} 笃:筑
丞{承} 朕:承
充{充} 崇:充
灰{灰} 晦:灰 {恢} 簋:恢
回{回} 怀:回
全{铨} 爨:铨
同{洞} 通:洞
先{洗} 龀:洗 {诜} 疝:诜
肉{肉} 肉:柔 {遥} 轺:遥 {育} 育:育
羽{羽} 宇:羽 雨:羽
类{卷} 衮:卷

7

贝{败} 败:溃
别{别} 莂:别 {莂} 莂:别
步{步} 步:捕
车{车} 车:居 车:舍 {库} 库:舍
辰{辰} 辰:伸 {震} 震:战 {唇} 唇:缘 {晨} 晨:伸
赤{赤} 赤:赫 赨:赤 {赫} 赤:赫
囱{窗} 窗:聪 {总} 总:总 {总} 总:总
吹{吹} 吹:推
豆{头} 头:渎 头:独 {脰} 脰:投
兑{兑} 兑:说 兑:兑 {锐} 锐:融 {说} 说:述 兑:说 {脱}

埒:脱　戍:脱

孚　{孚}　浮:孚　覆:孚　{脬}　脬:鞄　脬:赴　{浮}　浮:孚

甫　{甫}　甫:夫　父:甫　斧:甫　{捕}　匍:捕　步:捕　{铺}　铺:哺
　　{匍}　匍:捕　{脯}　脯:搏　哺　哺:露　铺:哺　{蒲}　蒲:敷
　　{搏}　搏:拍　搏:博　拍:搏　不:搏　脯:搏　{镈}　镈:迫　{缚}
　　缚:薄　轉:缚　{轉}　轉:缚　{膊}　膊:迫　{博}　搏:博　{傅}
　　扶:傅
　　{薄}　薄:迫　缚:薄

告　{告}　告:觉　觉:告　{造}　灶:造

谷　{容}　容:容　容:用　{颂}　容:埔　容:俗　{欲}　俗:欲　{裕}　庚:裕
　　揄:裕　{欲}　俗:欲

好　{好}　好:巧　孝:好　{薅}　耨:薅

夹　{夹}　挟:夹　颊:夹　{颊}　颊:夹　颊:挟　{挟}　挟:夹　胁:挟
　　颊:挟

见　{砚}　砚:研

角　{桷}　桷:确　{确}　狱:确　踝:确　桷:确　项:确　{埆}　縠:埆

圣　{俓}　俓:经　颈:俓　泾:俓　{径}　经:径　{胫}　胫:茎　{经}
　　经:径　輕:经　俓:经　{蜼}　俓:赤　{泾}　泾:俓　{轻}　轻:胜
　　{颈}　颈:俓　领:颈　缨:颈　{茎}　胫:茎

君　{君}　公:君　{郡}　郡:群　{裙}　裙:群　{群}　郡:群　裙:群

克　{克}　克:刻

里　{埋}　埋:痗　{霾}　霾:晦

丽　{丽}　丽:离　离:丽　{缡}　缡:篱

利　{利}　犁:利　锥:利　{犁}　犁:利　{黎}　黎:藜　{藜}　黎:藜

良　{良}　良:量　{狼}　掠:狼　{硠}　雷:硠

孚　{埒}　埒:脱　{捋}　絆:捋

儿　{帨}　帨:貌　{貌}　帨:貌　庙:貌　毛:貌

免　{免}　吻:免　{冕}　冕:文　冕:俛　{俛}　冕:俛

男　{男}　男:任

启　{启}　启:诣　白:启　企:启　起:启

求　{裘}　裘:娄

沙 {娑} 娑:杀
删 {栅} 栅:迹
束 {束} 束:促 {速} 鞣:速 {嗽} 嗽:促 {竦} 竦:从 嵩:竦
宋 {宋} 宋:送
妥 {绥} 绥:衰 雪:绥 { } 緌:榮
我 {义} 雅:义 {仪} 仪:宜
吴 {吴} 吴:虞 {虞} 虞:虞 吴:虞
孝 {孝} 孝:好
辛 {辛} 辛:新 楚:辛 {新} 辛:新 {亲} 亲:衬 {衬} 亲:衬
言 {言} 言:宣
晏 {偃} 偃:安
役 {役} 疫:役 {疫} 疫:役
邑 {邑} 邑:俋 {俋} 邑:俋 {浥} 湿:浥
攸 {脩} 脩:缩 {修} 绣:修 {条} 跳:条 {涤} 篠:涤
酉 {酉} 酉:秀 酒:酉 {鞧} 鞧:逌 {酒} 酒:踧 酒:酉 {绪}
秋:绪 逌 蹙:逌 鞧:逌 {丑} 丑:臭 {柳} 柳:聚 柳:偻
余 {徐} 徐:舒 {涂} 涂:度 {叙} 叙:杼 语:叙 {绪} 叙 {涂}
涂:杜 {舍} 舍:舍 车:舍 库:舍 {舒} 徐:舒 尸:舒
鸣:舒
肙 {绢} 绢:绠 {鞘} 鞘:县
折 {誓} 誓:制
肘 {肘} 肘:注
姊 {姊} 姊:积
走 {走} 走:奏
足 {足} 足:续 {捉} 捉:促 {促} 嗽:促 束:促 捉:促
坐 {坐} 坐:挫 {挫} 坐:挫
孛 {勃} 肺:勃
豕 {坠} 退:坠
局 {局} 曲:局 窭:局 掬:局
牢 {牢} 留:牢
卵 {关} 棺:关

芰 {芰} 衸:芰
抑 {抑} 臆:抑

8

卑 {卑} 髀:卑 陛:卑 琕:卑 {琕} 琕:卑 {脾} 脾:裨 {髀}
髀:卑 {鞞} 鞞:秘 {碑} 碑:被 {陴} 陴:裨 {鼙} 鼙:裨
{裨} 臂:裨 批:裨 陴:裨 脾:裨 鼙:裨
畁 {鼻} 鼻:嘒 {痹} 疼:痹
表 {表} 表:表
长 {长} 长:苌 党:长 {帐} 帐:张 {张} 帐:张 {苌} 长:苌
典 {典} 典:镇
儿 {儿} 觊:儿 {觊} 觊:儿 {輗} 輗:啮 {霓} 霓:啮
法 {法} 法:逼
非 {非} 非:排 {扉} 扉:皮 {輩} 妃:輩 {排} 非:排
肥 {肥} 肥:肥
服 {服} 服:服 妇:服
奔 {奔} 奔:变 {馈} 馈:分 {坟} 坟:分
豕 {啄} 啄:琢 {豕} 豕:肿 {琢} 啄:琢
阜 {阜} 阜:厚
冈 {冈} 冈:亢
庚 {庚} 庚:更 {康} 康:昌
股 {股} 股:固
官 {棺} 棺:关
果 {裸} 裸:裹 {踝} 踝:确 踝:踝 瓦:踝 寡:踝 {课} 科:课
{裸} 瓦:裸 {裹} 輠:裹
昊 {昊} 昊:颢 {颢} 昊:颢
昏 {昏} 昏:损 婚:昏 {婚} 婚:昏
或 {阖} 阖:恢
季 {季} 季:癸

戈 {栈} 栈:靖 {践} 践:残 贱:践 {贱} 贱:践 {残} 践:残
肩 {肩} 肩:坚
建 {建} 鞬:建 健:建 {鞬} 鞬:建 {健} 健:建 乾:健
疌 {睫} 睫:插 睫:接 {捷} 业:捷 楫:捷
疘 {疘} 簪:疘 {簪} 簪:疘
京 {掠} 掠:狼 {景} 景:竟 镜:景
咎 {晷} 晷:规
匊 {麹} 麹:朽 {掬} 掬:局
卷 {券} 券:绻 {绻} 券:绻 困:绻 {卷} 晕:卷
坤 {坤} 坤:顺
昆 {昆} 昆:贯 鲲:昆
来 {来} 来:哀 耒:来
林 {林} 林:森 立:林 {襟} 襟:禁 {麻} 麻:懔 {禁} 金:禁
襟:禁 衿:禁 衿:禁 检:禁
夌 {绫} 绫:凌 {陵} 陵:隆 {凌} 绫:凌
录 {绿} 绿:浏 {录} 赞:录
仑 {纶} 纶:伦 轮:纶 {论} 论:伦 {沦} 沦:伦 {轮} 轮:纶
{伦} 论:伦 沦:伦 纶:伦
门 {门} 门:扪 {扪} 门:扪
明 {明} 名:明 盟:明 {盟} 盟:明
佩 {佩} 佩:倍
朋 {崩} 崩:硼 {硼} 崩:硼
妻 {妻} 妻:齐
其 {基} 基:据 {旗} 旗:期 {斯} 斯:斯 {澌} 死:澌 {期}
旗:期 时:期
奇 {倚} 倚:伎 庡:倚 旖:倚 {绮} 绮:敧 {骑} 骑:支 {羁}
鞿:检 {敧} 绮:敧
妾 {妾} 妾:接 {接} 妾:接 檐:接 睫:接
怯 {怯} 怯:胁 {盖} 盖:加 {阖} 甲:阖
取 {取} 取:趣 {趣} 取:趣 {聚} 洲:聚 钟:聚 柳:聚 丘:聚
{撮} 撮:捽

困	{困}	困:绻							
刷	{刷}	刷:帅	刷:瑟						
往	{往}	往:眭	王:眭	{眭}	往:眭				
委	{委}	委:萎	{萎}	委:萎					
臥	{臥}	臥:化							
武	{武}	武:舞	{賦}	賦:敷					
昔	{昔}	腊:昔	{借}	借:腊	{腊}	腊:昔	烏:腊	借:腊	{踖}
	踖:藉	{错}	粗:错	{措}	粗:措	{藉}	踖:藉	咀:藉	
臽	{脂}	脂:衔							
亞	{亞}	亞:亞	堊:亞	{恶}	恶:扼	{堊}	堊:亞		
沿	{船}	船:循							
奄	{奄}	饮:奄	庵:奄	{掩}	掩:敛	{唵}	喑:唵	{庵}	庵:奄
易	{易}	锡:易	{锡}	锡:易	{鬄}	鬄:剔	{剔}	鬄:剔	
臾	{庚}	庚:裕	{贵}	贵:归	{溃}	败:溃	{颓}	迟:颓	{遺}
	髓:遺								
禺	{耦}	耦:遇	{遇}	耦:遇					
雨	{雨}	雨:羽							
禹	{齲}	齲:朽	麸:齲	糗:齲					
者	{绪}	绪:叙	{诸}	诸:储	{渚}	渚:遮	{褚}	妒:褚	{储}
	诸:储	{暑}	暑:煮	{署}	署:予	{书}	书:著	书:庶	{煮}
	暑:煮	{著}	书:著						
知	{知}	智:知	{智}	智:知					
直	{填}	埴:臙	{值}	治:值	{殖}	食:殖	{德}	德:得	{得}
	德:得								
炙	{炙}	炙:炙							
东	{东}	蛛:东	{栋}	栋:中	{蛛}	蛛:东	{重}	童:重	{肿}
	肿:钟	冢:肿	{踵}	踵:钟	{钟}	钟:聚	钟:空	肿:钟	踵:
	钟	{撞}	舂:撞	{童}	童:重	幢:童	{幢}	幢:童	
	幢:童								
周	{周}	舟:周	{輖}	輖:貂					
帚	{妇}	妇:服							

叀 {传} 传:传 传:传 传:转 椽:传 胗} 胗:团 {转} 传:转
　 {团} 胗:团 圆:团 {断} 断:段 {辕} 辕:散 辕:辕 辕:援
佳 {椎} 椎:朱 椎:推 {淮} 淮:围 {锥} 锥:利 {帷} 帷:围
　 {谁} 谁:推 {推} 椎:推 出:推 朱:推 吹:推 谁:推 {准}
　 水:准 {摧} 缞:摧
卓 {卓} 超:卓 {悼} 悼:逃
叕 {蝃} 蝃:啜 {啜} 啜:惙 啜:绝 蝃:啜 {棳} 棳:侏 {惙}
　 啜:惙
宗 {宗} 宗:尊 {崇} 崇:充
卒 {卒} 卒:止 {捽} 撮:捽
并 {并} 病:并
昌 {昌} 康:昌
函 {函} 缄:函
罙 {探} 贪:探
析 {析} 辟:析
秀 {秀} 须:秀 酉:秀

9

癹 {拨} 拨:播 柿:拨 发:拨 {发} 发:拨 绋:发
扁 {扁} 踽:扁 {踽} 踽:扁
畱 {锸} 锸:插 {插} 睫:插 锸:插
尚 {喘} 喘:湍 {湍} 喘:湍 {圆} 圆:团 {段} 断:段
盾 {盾} 盾:遁 {循} 顺:循 船:循 吮:循
畐 {幅} 幅:偪 {福} 福:富 {偪} 侧:偪 幅:偪 {逼} 法:逼
　 {富} 福:富 腹:富 {匐} 匐:伏 {副} 副:覆
复 {腹} 腹:复 腹:富 {鞥} 鞥:复 {复} 黎:复 鞥:复 腹:复
　 {复} 罘:复 {覆} 覆:孚 副:覆 伏:覆 虩:覆
负 {负} 负:背
宫 {宫} 宫:穹

骨 {骨} 骨:滑 {滑} 骨:滑 䑏:滑
癸 {癸} 癸:揆 季:癸 {揆} 癸:揆
曷 {竭} 瀾:竭 {渴} 澌:渴 谒:诣 {澌} 澌:渴
侯 {侯} 侯:解 箥:侯 {候} 候:护 糇:候 {糇} 糇:侯 {箥}
    箥:侯
厚 {厚} 厚:后 阜:厚
奸 {奸} 奸:奸
柬 {练} 练:烂 {澜} 澜:连 {烂} 练:烂
皆 {阶} 阶:梯
津 {津} 津:进 秦:津
军 {裈} 裈:贯 {浑} 乱:浑 {运} 云:运 {晕} 晕:卷 {翚}
    袆:翚
马 {骂} 骂:迫
眉 {眉} 眉:媚 楣:眉 湄:眉 {楣} 楣:眉 {湄} 湄:眉 {媚}
    眉:媚
面 {面} 面:漫 {湎} 绵:湎
虐 {虐} 疟:虐 {疟} 疟:虐
甶 {楫} 楫:捷
前 {箭} 箭:进 {剪} 剪:进
侵 {浸} 浸:侵 淫:浸 {侵} 浸:侵 祲:侵 寝:侵 {祲} 祲:侵
    {寝} 寝:寝 寝:侵
秋 {秋} 秋:緧
省 {省} 省:瘦 眚:省
食 {食} 食:殖 痔:食 蚀:食 {饰} 饰:拭 {蚀} 蚀:食 {饬}
    敕:饬
是 {是} 是:嗜 视:是 婴:是 {题} 题:第 题:谛 {提} 提:地
首 {首} 首:始 {道} 道:导 道:蹈 蹈:道 {导} 导:陶 靴:导
    道:导
叟 {叟} 叟:缩 嫂:叟 {嫂} 嫂:叟 {溲} 溲:数 {瞍} 瞍:缩
    {瘦} 省:瘦
咸 {缄} 缄:函 {罩} 簟:罩 {镡} 镡:寻 {檀} 檀:澹 {簟}

篝:罩
象　{橡}　橡:传　{缘}　唇:缘　襈:缘
退　{退}　退:坠
威　{威}　威:畏
韦　{袆}　袆:翚　{纬}　纬:围　{闱}　闱:卫　{围}　淮:围　帷:围
　　纬:围　胃:围　{卫}　闱:卫
胃　{胃}　胃:围　{谓}　谓:谓　{煟}　墬:煟
屋　{屋}　屋:奥　幄:屋　{幄}　幄:屋
乌　{鸣}　鸣:舒
相　{缃}　缃:桑　{霜}　霜:丧
信　{信}　信:申　印:信
易　{饧}　饧:洋　{肠}　肠:畅　{阳}　阳:扬　羊:阳　{殇}　殇:伤
　　{扬}　痒:扬　阳:扬　{伤}　殇:伤　{畅}　肠:畅　{荡}　荡:荡
　　{荡}　荡:荡
垚　{尧}　礅:尧　{烧}　烧:燋　{饶}　饶:谎　{谎}　饶:谎
要　{要}　要:约
音　{喑}　喑:奄
俞　{褕}　褕:裕　{酭}　酭:投
昪　{舆}　舆:举
爰　{缓}　缓:浣　髋:缓　{援}　辕:援　垣:援
则　{侧}　侧:偪　{厕}　厕:杂　辐:厕
贞　{贞}　贞:定
制　{制}　掣:制　继:制　誓:制　{掣}　掣:制　袂:掣
祝　{祝}　祝:属　柷:祝　孰:祝　{柷}　柷:祝
兹　{慈}　慈:字　{孳}　子:孳
奏　{奏}　奏:邹　走:奏
保　{保}　抱:保
穿　{穿}　川:穿
封　{封}　邦:封
鬼　{巍}　桅:巍
后　{后}　后:后　厚:后

奂 {奂} 汗:奂 {焕} 纨:焕
假 {假} 夏:假
奭 {暖} 襦:暖
帅 {帅} 刷:帅
送 {送} 宋:送
畏 {畏} 威:畏
衍 {衍} 筵:衍
彦 {产} 山:产
幽 {幽} 窔:幽
追 {归} 贵:归 怀:归

10

敖 {敖} 翱:敖 {磝} 磝:尧
般 {瘢} 瘢:漫
仓 {创} 创:戕 {仓} 仓:藏
乘 {乘} 乘:升 甸:乘
臭 {臭} 丑:臭 {糗} 糗:龋
匆 {趋} 趋:赴 {邹} 奏:邹
带 {带} 带:蒂 {蒂} 带:蒂
乾 {乾} 乾:健 干:乾 餐:乾 {幹} 肝:干 {翰} 观:翰
皋 {皋} 高:皋 {翱} 翱:敖 隞:翱
高 {高} 高:皋 {蒿} 雁:蒿 {槁} 考:槁 {隞} 隞:翱
鬲 {槅} 槅:扼 {膈} 膈:塞
冓 {沟} 沟:搆 褠:沟 鞲:沟 {褠} 褠:沟 {搆} 沟:搆
雀 {雁} 雁:蒿 {确} 洁:确
华 {靴} 靴:跨 {铧} 铧:刳
疾 {疾} 疾:疾 疾:截
脊 {脊} 脊:积
兼 {兼} 缣:兼 {嫌} 嫌:廉 {缣} 缣:兼 {廉} 廉:敛 嫌:廉

镰:廉 {镰} 镰:廉
畕 {畺} 僵:畺 强:畺 {强} 强:强 强:畺 {疆} 疅:强 {僵}
僵:畺 橿:僵 {疅} 疅:强 {橿} 橿:僵
晋 {晋} 晋:进
离 {离} 离:丽 篱:离 罥:离 丽:离 {篱} 篱:离
冢 {蒙} 薨:蒙 蒙:蒙 {蒙} 蒙:蒙
莫 {莫} 莫:幕 {膜} 膜:幕 {墓} 墓:慕 {幕} 幕:络 莫:幕
膜:幕 {慕} 墓:慕
匿 {慝} 慝:态
鸟 {鸟} 岛:鸟 {岛} 岛:到 岛:鸟
岂 {铠} 铠:垲 {垲} 铠:垲
秦 {秦} 秦:津
辱 {辱} 辱:衂 褥:辱 {褥} 褥:辱 {耨} 耨:薅
弱 {弱} 弱:衂 消:弱 溺:弱 {溺} 溺:弱
衰 {衰} 榱:衰 绥:衰 {榱} 榱:衰 {缞} 缞:摧
孙 {孙} 孙:逊 逊 酸:逊 孙:逊
索 {索} 索:素 疏:索 {鞲} 鞲:速
息 {息} 息:塞 始:息
罦 {怀} 怀:回 怀:归 尾 尾:微 {迟} 迟:穊 坻:迟
郤 {却} 脚:却 {脚} 脚:却
夏 {夏} 夏:假
舀 {蹈} 蹈:道 道:蹈
益 {益} 益:厄 {缢} 缢:厄 {嗌} 嗌:厄 {谥} 谥:曳
盈 {楹} 楹:亭
邕 {拥} 拥:翁 瘫 瘫:壅 {壅} 膺:壅 瘫:壅 {痈} 瘫:壅
原 {原} 原:元
员 {䏖} 儹:儹 {埙} 埙:喧 {损} 昏:损
真 {瑱} 瑱:镇 {镇} 典:镇 瑱:镇 {填} 田:填
朕 {滕} 滕:承 {滕} 滕:腾 {胜} 轻:胜 {腾} 滕:腾
逐 {篴} 篴:涤
荧 {荣} 荣:荧 {荧} 荣:荧

毕 {毕} 铋:毕
欮 {欮} 月:欮
秝 {历} 罾:历
连 {连} 邻:连 澜:连
料 {料} 砾:料
流 {流} 溜:流 瘤:流
旅 {旅} 橹:旅 虑:旅 梠:旅
桑 {桑} 缃:桑
宋 {沈} 酖:沈
素 {素} 索:素
宰 {滓} 缁:滓
展 {展} 胗:展

11

秒 {秒} 秒:霍
畐 {鄙} 鄙:否 否:鄙
敝 {鷩} 鷩:憋 {憋} 鷩:憋
参 {糁} 糁:黏
敇 {敇} 敇:饬
春 {春} 春:撞
敢 {严} 严:俨 吟:严 {俨} 严:俨
郭 {郭} 郭:廓 鼓:郭 {榔} 榔:廓 {廓} 郭:廓 榔:廓
奐 {髋} 髋:缓
黄 {黄} 黄:晃 {簧} 簧:横 {横} 衡:横 桄:横 簧:横 {广} 胱:广 光:广 公:广 {圹} 圹:旷 {旷} 圹:旷
嘒 {雪} 雪:绥 {嘒} 鼻:嘒
教 {教} 教:效
堇 {谨} 巾:谨 斤:谨 {难} 难:悑 {齉} 齉:昵
竟 {竟} 景:竟 {镜} 镜:景

壳 {縠} 縠:埆 {縠} 縠:粟
娄 {娄} 楼:娄 袤:娄 {窭} 窭:局 {楼} 楼:娄 {偻} 柳:偻
　　{数} 数:缩 溲:数 {屡} 屡:拘
卤 {卤} 卤:炉
鹿 {麓} 麓:陆 {漉} 陆:漉
率 {縡} 縡:捋
麻 {摩} 摩:末 {糜} 糜:靡 {靡} 糜:靡
曼 {慢} 慢:漫 {幔} 幔:漫 {漫} 慢:漫 瘢:漫 幔:漫 面:漫
票 {缥} 缥:漂 {漂} 缥:漂
桼 {膝} 膝:伸
殷 {磬} 磬:罄 {罄} 磬:罄
区 {区} 躯:区 丘:区 {躯} 躯:区 {枢} 枢:机 {呕} 呕:伛
{伛} 呕:伛
章 {章} 章:灼 {障} 裳:障 墙:障
孰 {孰} 孰:祝
庶 {庶} 庶:摭 书:庶 {遮} 渚:遮 {摭} 庶:摭 {席} 席:释
　　{度} 铎:度 图:度 涂:度
宿 {宿} 宿:宿 {缩} 缩:缩 睨:缩 俯:缩 数:缩 叟:缩
万 {厉} 厉:厉
习 {褶} 褶:袭
执 {热} 热:爇 {爇} 热:爇
寅 {寅} 寅:演 {演} 演:延 寅:演 引:演 善:演
淫 {淫} 淫:浸
鱼 {橹} 橹:旅 橹:露 {苏} 朔:苏
斩 {斩} 斩:暂 {槧} 槧:渐 {崭} 岑:崭 {渐} 槧:渐 {暂}
斩:暂
执 {执} 执:摄 {蛰} 隰:蛰
族 {族} 镞:族 {镞} 镞:族
勇 {敷} 蒲:敷 赋:敷 抚:敷
规 {规} 晷:规
雀 {截} 激:截 疾:截 札:截 绝:截

翏 {寥} 疏:寥 {廖} 尻:廖
顷 {倾} 颍:倾
豚 {遁} 盾:遁
徙 {徙} 玺:徙 癣:徙 {筵} 縰:筵

12

奥 {奥} 腴:奥 屋:奥 {腴} 腴:奥
毳 {毳} 毳:芮
登 {登} 登:升
奠 {奠} 奠:停 {郑} 郑:町
番 {旛} 旛:幡 {翻} 攀:翻 {播} 拨:播 杷:播 {幡} 旛:幡
{藩} 墦:藩
樊 {樊} 樊:樊 {攀} 攀:翻
寒 {寒} 寒:扞
黑 {黑} 黑:晦 {墨} 墨:晦 {默} 目:默
画 {画} 画:绘
惠 {惠} 穗:惠 {穗} 穗:惠
几 {机} 机:机 枢:机
戟 {戟} 戟:格
间 {间} 铜:间 {闲} 简:闲 涧:闲 闲:简 {铜} 铜:间 {涧}
涧:闲 {简} 简:闲 闲:简
筋 {筋} 筋:靳
敬 {敬} 敬:警 {警} 荆:警 敬:警
厩 {厩} 厩:勾
隽 {镌} 镌:鑴
罥 {罥} 罥:离 罥:历
寮 {辚} 辚:橑 {橑} 辚:橑
粦 {邻} 邻:连
彭 {彭} 彭:旁

羹	{轑}	轑:伏								
普	{谱}	谱:布								
牵	{牵}	牵:弦								
乔	{乔}	乔:桥	{桥}	乔:桥	{跻}	屛:跻	{屛}	屛:跻		
楸	{散}	霰:散	巽:散	飱:散	星:散	镊:散	{霰}	霰:星	霰:散	
善	{善}	善:演	祥:善							
遂	{旝}	旝:滑								
飱	{飱}	飱:散								
无	{抚}	抚:敷	咐:抚	{怃}	怃:覆	冔:怃	庑:怃	{庑}	庑:怃	
	{舞}	武:舞								
乌	{乌}	乌:腊	{泻}	吐:泻						
乡	{乡}	乡:向								
须	{须}	手:须	{须}	须:秀						
巽	{巽}	巽:散	{襈}	襈:缘						
矞	{潏}	潏:术	{谲}	脉:谲						
渊	{渊}	渊:宛								
葬	{葬}	葬:藏								
曾	{曾}	曾:增	{甑}	甑:甑	{增}	曾:增				
戠	{识}	识:帜	{臓}	埴:臓	{帜}	识:帜				
蒴	{蒴}	蒴:铁								
粥	{粥}	粥:粥								
单	{战}	旃:战	震:战	{惮}	难:惮					
集	{杂}	厕:杂								
焦	{焦}	燥:焦	{燋}	烧:燋						
量	{量}	良:量								
森	{森}	林:森								
丝	{丝}	緦:丝								
粟	{粟}	毂:粟								
楘	{縵}	绫:縈								
尊	{尊}	宗:尊	{镈}	镈:镈						

13

辟 {辟} 辟:析 壁:辟 匹:辟 {臂} 臂:裨 {壁} 壁:辟
禀 {廩} 廩:矜 {懍} 麻:懍
粲 {餐} 餐:干
殿 {殿} 臀:殿 {臀} 臀:殿
烦 {烦} 烦:繁
罜 铎 铎:度 {泽} 泽:泽 汋:泽 醳:泽 酪:泽 {醳} 醳:泽
{释} 释:独 {择} 宅:择 {释} 席:释 {绎} 腋:绎
鼓 {鼓} 鼓:郭 瞽:鼓 {瞽} 瞽:鼓
敫 {檄} 檄:激 {激} 激:截 檄:激
解 {解} 鞯:解 侯:解 懈:解 {懈} 懈:解
虞 {虞} 虞:举
康 {剧} 剧:巨 据:据 居:基 基:据
豊 {醴} 醴:礼 {礼} 礼:体 醴:礼 履:礼 {体} 体:第 礼:体
乱 {乱} 乱:浑
梦 {薨} 薨:蒙
佥 {劍} 劍:检 剑:敛 {敛} 俺:敛 揽:敛 剑:敛 廉:敛 {检}
检:禁 枕:检 剑:检 鞒:检 {险} 坎:险
圣 {听} 听:静
蜀 {浊} 浊:渎 {独} 头:独 渎:独 鐲:独 {属} 属:续 褟:属
赘:属 祝:属 {褟} 褟:属 {厲} 厲:诛
肆 {殔} 殔:瘞
嵩 {嵩} 嵩:竦
肃 {肃} 萧:肃 箫:肃 {箫} 箫:肃 {萧} 萧:肃 {绣} 绣:修
岁 {岁} 岁:越 {濊} 血:濊
业 {业} 业:捷
意 {意} 忆:意 {忆} 忆:意 噫:忆 {噫} 噫:忆 {臆} 臆:抑
与 {旟} 旟:誉 {誉} 旟:誉 {举} 舆:举 虞:举

杲{躁} 躁:燥 {操} 操:钞 {燥} 燥:焦 躁:燥
詹{檐} 檐:接 {儋} 儋:任 {襜} 袩:襜 {澹} 沈:澹 {襌} 襌:澹
爱{爱} 哀:爱 {僾} 懿:僾
毁{毁} 祸:毁 火:毁
蔓{护} 候:护 戶:护
塞{塞} 膈:塞 息:塞
微{微} 尾:微
僊{迁} 仙:迁

14

㬎{隰} 隰:蚕 {轘} 轘:经 {湿} 湿:浥 {显} 天:显
尔{尔} 尔:昵 {玺} 玺:徙 {迩} 泥:迩
寡{寡} 寡:踝
监{槛} 槛:槛 {滥} 滥:衔 {揽} 揽:敛
绵{绵} 绵:涵 甿:绵 榜:绵
蔑{曚} 曚:末 {韈} 韈:末
齐{齐} 妻:齐 齌:齐 {济} 济:济 齑:济 {脐} 脐:剂 {齑}
齑:济 {齌} 齌:齐 {剂} 脐:剂
寿{寿} 寿:久 {翿} 翿:陶
台{台} 台:持
图{图} 图:度
疑{疑} 疑:儗 {痴} 蚩:痴 {儗} 疑:儗
䫹{婴} 婴:膺 鞅:婴 瘿:婴 瘿:婴 {腰} 腰:缨 {缨}
缨:颈 腰:缨
狱{狱} 狱:确
翟{趯} 趯:擢 濯 {曜} 曜:耀 {濯} 濯:濯 {跃} 龠:跃
{擢} 擢:擢 {耀} 曜:耀
嚔{嚔} 嚏:嚔 {嚏} 嚏:嚔
繇{繁} 烦:繁

縠 {系} 系:系
尽 {尽} 终:尽
实 {实} 室:实 经:实 日:实 吉:实
算 {纂} 赞:纂

15

麃 {镳} 镳:苞
彻 {彻} 彻:紧 达:彻
乐 {乐} 乐:乐 {砾} 砾:料
畾 {雷} 雷:佷 {累} 律:累 逮:累 赢:累
履 {履} 履:履 履:礼
舉 {樏} 樏:绵
罢 {摆} 披:摆

16

閵 {进} 进:引 蓟:进 津:进 年:进 晋:进 箭:进
龙 {聋} 聋:笼 {笼} 聋:笼
县 {县} 县:县 鞘:县 眩:县 玄:县
兴 {兴} 兴:兴
薛 {蠥} 蠥:蘖 {蘖} 蘖:缺 {蘖} 蠥:蘖
学 {学} 岩:学 {岩} 岩:学 {觉} 觉:告 告:觉
燕 {燕} 燕:宛
虞 {甋} 甋:甋 {齮} 啮:齮
颐 {颐} 颐:养 {宦} 宦:养
雏 {雏} 仇:雏
霍 {霍} 矜:霍
冀 {懻} 肌:懻

17

龀 {龀} 龀:洗
雚 {观} 观:观 观:翰
屩 {灛} 灛:竭
艰 {艰} 艰:根
爵 {嚼} 嚼:削
蹋 {蹋} 蹋:榻 {榻} 蹋:榻
鐵 {谶} 谶:纤 {纤} 心:纤 谶:纤
鲜 {癣} 癣:徙
襄 {壤} 臁:臁 {臁} 壤:臁
隐 {隐} 檼:隐 {檼} 檼:隐
应 {应} 应:应 {膺} 膺:壅 婴:膺
龠 {籥} 籥:跃
赘 {赘} 赘:属

18

瞿 {衢} 衢:戄 {戄} 衢:戄
聂 {镊} 镊:摄 {蹑} 蹑:摄 {摄} 蹑:摄 执:摄 镊:摄
窜 {窜} 杀:窜

19

羹 {羹} 羹:汪
赞 {赞} 赞:录 赞:纂 {饡} 胹:饡
孌 {栾} 栾:挛 {挛} 栾:挛 {变} 奔:变

21

霸 {霸} 霸:霸
鯤 {鯤} 鯤:昆
纍 {纍} 纍:累

22

艴 {艴} 艴:拂
疊 {疊} 堞:疊

30

爨 {爨} 爨:銓

32

襲 {襲} 襲:匜 褶:襲 鞈:襲

33

粗 {粗} 粗:錯 粗:措

附录三：刘熙著述辑佚

一、《孟子》注

《隋书·经籍志》载《孟子》七卷刘熙注。

刘师培曾辑刘熙《孟子》注，其《小学丛残序》曰："师培于弱冠以前亦据慧琳希麟诸音义……采辑刘熙《孟子》注……"但其文似已不存。

[1] 惠琳《一切经音义》卷一：东域：刘熙注《孟子》云：居处也。

[2] 惠琳《一切经音义》卷二十一：霈泽清炎暑：刘熙注《孟子》曰：霈然注雨兒。

[3] 惠琳《一切经音义》卷三十四：麰麦：刘熙注《孟子》云：麰麦有两锋者。卷八十七：麰麳。刘熙注《孟子》云：麰，麦有两缝者也。

[4] 惠琳《一切经音义》卷四十三：善濡。刘熙注《孟子》：濡亦沉滞需意也。

[5]《文选卷十三谢惠连雪赋》乱曰：白羽虽白，质以轻兮；白玉虽白，空守贞兮。李善注曰：《孟子》曰，白羽之白也，犹白雪之白也欤？白雪之白也，犹白玉之白也欤？刘熙曰：孟子以为，白羽之白性轻，白雪之性消，白玉之性坚，虽俱白其性不同。问告子，告子以为三白之性同。

《文选卷六十颜延年祭屈原文》物忌坚芳，人讳明洁。李善注曰：刘熙《孟子》注曰：白玉之性坚。

锤案：《孟子告子》文，赵注略同。

[6]《文选卷第一班孟坚东都赋》：弦不睼禽，辔不诡遇。李善注曰：《孟子》曰赵简子使王良与嬖奚乘，终日不获一禽，反曰天下贱工也。王良请复之，一朝而获十，反曰良工也。简子曰，我使汝掌乘。王良曰，不可，吾

为范我,驰驱终日不获一焉;为之诡遇,一朝而获十。刘熙曰:横而射之曰诡遇。

《文选卷第三张平子东京赋》驭不诡遇,射不剪毛。李善注曰:《孟子》曰为之诡遇一朝而获十。刘熙曰:横而射之曰诡遇。

锤案:《滕文公下》文,赵注同。

[7]《文选卷十一何平叔景福殿赋》驺虞承献,素质仁形。李善注曰:刘熙《孟子》注曰:献犹轩,轩,在物上之称也。

[8]《文选卷十六潘安仁寡妇赋》荣华晔其始茂兮,退人忽以捐背。李善注曰:《孟子》曰:齐人有一妻一妾而处室者,其良人出必餍酒肉而后反。刘熙曰:妇人称夫曰良人。

《文选卷二十一颜延年秋胡诗》燕居未及好,良人顾有违。李善注曰:《孟子》曰:良人出必厌酒肉。刘熙曰:妇人称夫曰良人。

锤案:《离娄下》文。

[9]《文选卷十八马季长长笛赋》激朗清厉,随光之介也。李善注曰:刘熙《孟子》注曰:介,操也。

《文选卷二十七颜延年始安郡还都与张湘州登巴陵城楼作一首》存没竟何人,炯介在明淑。李善注曰:刘熙《孟子》注曰:介,操也。

惠琳《一切经音义》卷四十七:耿价。刘熙注《孟子》云:价,操也。

锤案:《尽心》曰:孟子曰:柳下惠不以三公易其介。

[10]《文选卷十八嵇叔夜琴赋并序》或搂搥櫟捋,缥缭潎洌。李善注曰:刘熙《孟子》注曰:搂,牵也。

锤案:《告子》曰:逾东家墙而搂其处子则得妻,不搂则不得妻,则将搂之乎?赵注同。

[11]《文选卷十九束广微补亡诗六首》养隆敬薄,惟禽之似。李善注曰:《孟子》曰:食而不爱,豕畜之;爱而不敬,兽畜之。刘熙曰:爱而不敬,若人畜禽兽,但爱而不能敬也。

锤案:《尽心》文。赵注同。

[12]《文选卷二十六颜延年和谢监灵运一首》采茨葺昔宇,剪棘开旧畦。李善注曰:《孟子》曰,病于夏畦。刘熙曰:今俗以二十五畒为小畦。

《文选卷二十六潘安仁在怀县作二首》瓜瓞蔓长苞,姜芋纷广畦。李善注曰:刘熙《孟子》注曰:今俗以五十畒为大畦也。

惠琳《一切经音义》卷六十一：田畦。刘熙《释名》云俗以二十五晦为小畦五十晦为大畦。卷七十二：畦稻。《孟子》云病乎夏畦。刘熙云：今俗二十五亩为小畦五十亩为大畦也。卷九十：畦啜。刘熙曰：二十五亩为小畦五十亩为大畦。

[13]《文选卷四十五杨子云解嘲》禽肩蹈背，扶服入橐。李善注曰：《孟子》曰：胁肩谄笑。刘熙曰：胁肩，悚体也。

锤案：《滕文公下》胁肩谄笑，病于夏畦。赵注：胁肩，竦体也。焦循《正义》曰：赵氏注与之同，悚、竦字通也。

[14]《文选卷二十九张景阳杂诗十首》取志于陵子，比足黔娄生。李善注曰：《孟子章句》曰：陈仲子岂不诚廉士哉。居于陵三日不食，耳无闻，目无见，井上有李实，螬食者过半矣，匍匐往将而食之，三咽然后耳有闻目有见也。仲子织屦，妻辟𬘡以易之。刘熙曰：陈仲子，齐一介士也。螬，虫也。李实有虫食之过半，言仲子目无见也。仲子自织屦，妻纺𬘡以易食也。缉续其麻曰辟，练丝曰𬘡也。

锤案：《滕文公下》文。赵注略同。

[15]《文选卷四十七刘伯伦酒德颂》捧罂承槽，衔杯漱醪。李善注曰：刘熙《孟子》注曰：槽者，齐俗名之如酒槽也。

[16]《文选卷三十四枚叔七发八首》景春佐酒，杜连理音。李善注曰：《孟子》景春曰，公孙衍张仪岂不诚大丈夫哉！孟子曰，是焉得为大丈夫！刘熙曰：景春，孟子时人，为纵横之术者。

锤案：《滕文公下》文。赵注同。

[17]《文选卷三十九江文通诣建平王上书》剖心摩踵，以报所天。李善注曰：《孟子》曰：墨子兼爱，摩顶致于踵，利天下为之。刘熙曰：致，至也。

锤案：《尽心上》。焦循《正义》曰：又《文选任昉奏弹曹景宗》注引《孟子》：墨子兼爱，摩顶致于踵。赵岐曰：致，至也。周氏广业《孟子古注考》云：据此，则赵、刘所有之本注并同矣。《困学纪闻》言《选》注引赵岐作致于踵，今本作放踵，注无致至也三字。孙宣公《音义》放踵下，据丁氏云方往切，至也。是唐宋本已皆作放。今考《文选刘峻广绝交论》：皆愿摩顶至踵，注引《孟子》摩顶放踵，赵岐曰：放，至也。同在一书，所引互异，可见赵氏注本唐世已有其二，非至宋始作放踵也。又《文选洞箫赋》注引毛氏《诗传》颜叔子纳邻之厘妇，使执烛，放乎平旦事，下引赵岐《孟子章句》曰：放，至也。今惟"放乎琅邪"注有"放至也"三字，无"方往切"。"摩顶放踵"注直云：摩突其顶，下至于踵。为致为放，莫可究详矣。翟氏灏《考异》云：《风俗通十反篇》墨翟摩顶以放踵，杨朱一毛而不为。放字与今《孟子》同。江《书》、任《弹》两注所引"致于踵"者，疑当时刘注本独如是。任《弹》下赵岐二字当亦为刘熙，传写者迁讹然尔。

[18]《文选卷四十三孔德璋北山移文》芥千金而不盼，屣万乘其如脱。李善注曰：刘熙《孟子》注曰：屣，草屦可履。

[19]《文选卷五十三李萧远运命论》希圣备体，而未之至。李善注曰：《孟子》曰：子夏子游子张皆有圣人之一体，冉伯牛闵子颜回则具体而微。刘熙曰：体者，四支股脚也。具体者，皆微者也。皆具圣人之体，微小耳。体以喻德也。

锤案：《公孙丑上》文。赵注略同。

[20]《文选卷五十六崔子玉座右铭》隐心而后动，谤议庸何伤。刘熙《孟子》注曰：隐，度也。

《文选卷五十八蔡伯喈郭有道碑文》贞固足以干事，隐括足以矫时。李善注曰：刘熙《孟子》注曰：隐，度也。括犹量也。

[21]《文选卷五十八王仲宝褚渊碑文》亦犹孟轲致欣于乐正，羊职悦赏于士伯者也。李善注曰：孟轲曰：鲁欲使乐正子为政，孟子喜而不寐。公孙丑曰：奚喜？曰：其为人也好善。刘熙曰：乐正，姓也。子，通称也。名克。

锤案：《告子下》文。

[22]《文选卷六十任彦升齐竟陵文宣王行状》置之虚室，人野何辨。李善注曰：《孟子》曰：舜之居深山之中，所以异于深山之野人者几兮。刘熙曰：当此之时，舜与野人相去岂远哉！

锤案：《尽心上》文，赵注同。

[23]《史记田单列传》燕之初入齐，闻画邑人王蠋贤。裴骃《集解》曰：刘熙曰：齐西南近邑。画音获。

《四部丛刊续编史部嘉庆重修一统志》第二千二百八十三册：漕水：在临淄县西，西北流入时水。《水经注》漕水出时水，东去临淄十八里，所谓漕中也。俗以为宿流水，西北入于时水。孟子去齐三宿而后出漕，故世以此而变水名也。《齐乘》漕水俗谓之泥河，北径临淄城北，系水入焉。按《孟子》

作昼，刘熙曰：音获，齐西南近邑，因遭得名。

锤案：《公孙丑下》：孟子去齐，宿于昼，有欲为王留行者。

[24]《史记·五帝本纪》舜从匿空出，去。《集解》刘熙曰：舜以权谋自免，亦大圣有神人之助也。

锤案：《孟子·万章上》曰：父母使舜完廪，捐阶，瞽瞍焚廪。使浚井，出，从而掩之。裴所引应为注《孟子》文。

[25]《史记·五帝本纪》尧崩，三年之丧毕，舜让辟丹朱于南河之南。裴骃《集解》：刘熙曰：南河，九河之最在南者。

[26]《史记·五帝本纪》：舜曰天也，夫而后之中国践天子位焉。《集解》刘熙曰：天子之位不可旷年，于是遂反，格于文祖而当帝位。帝王所都为中，故曰中国。

锤案：《孟子·万章上》：尧崩，三年之丧毕，舜避尧之子于南河之南。天下诸侯朝觐者不之尧之子而之舜，讼狱者不之尧之子而之舜，讴歌者不讴歌尧之子而讴歌舜，故曰天也。夫然后之中国，践天子位焉。裴所引当为刘熙注《孟子》之文。

[27]《史记·夏本纪》帝舜荐禹于天为嗣十七年《集解》刘熙曰：若此，则舜格于文祖，三年之后，摄禹使得祭祀与？

[28]《史记·夏本纪》：三年丧毕，禹辞辟舜之子商均于阳城。《集解》刘熙曰：今颍川阳城是也。

[29]《史记·夏本纪》：三年之丧毕，益让帝禹之子启，而辟居箕山之阳。《集解》：《孟子》"阳"字作"阴"。刘熙曰：嵩高之北。

锤案：《万章上》曰：昔者舜荐禹于天，十有七年。舜崩，三年之丧毕，禹避舜之子于阳城，天下之民从之，若尧崩之后不从尧之子而从舜也。禹荐益于天，七年。禹崩，三年之丧毕，益避禹子于箕山之阴。裴骃所引应是刘熙注《孟子》之文。

[30] 慧琳《一切经音义》卷八十四：氓俗。刘熙注《汉书》云：远郊之界称氓。卷九十七：氓俗。刘熙注《孟子》云：远郊之界称氓。

[31] 慧琳《一切经音义》卷九十七：鶃响。《孟子》云：恶用是鶃者为哉也。刘熙注云：鶃谓鹅鸣声也，或作鶃鶃鶃。

锤案：《滕文公下》文。

[32] 慧琳《一切经音义》卷一百：慊至。《孟子》不慊于心。刘熙云：

快也。

锤案:《公孙丑上》文。

[33]《释名释山》:"山小而高曰岑。岑,崭也,崭崭然也。"《疏证补》引叶德炯曰:唐卷子本《玉篇山部》引《孟子》:可使高于岑嵝。刘熙注:岑嵝,小山锐顶者也。

二、《谥法》注

《隋书·经籍志》大戴礼记注:梁有《谥法》三卷,后汉安南太守刘熙注,亡。清孙彤辑《谥法》三卷,其序云:《谥法》见《逸周书》第五十四篇,《大戴礼记》六有《谥法》篇。孔冲远《尧典正义》云:周书谥法周公所作,《隋书·经籍志·谥法》三卷,荀颢演、刘熙注,宋苏洵犹及引之。

兹将孙氏辑本中的刘熙注移录于下:

[1] 平易不訾曰简。刘熙曰:君能平易不信訾毁,使民易知,则治亦自简。(宋苏洵谥法)

[2] 威强睿德曰武。刘熙曰:睿,智也。威而强果加之以谋,故曰武。(宋苏洵谥法)

[3] 刑民克服曰成。刘熙曰:以法加民而民服治德以成,故曰成。(宋苏洵谥法)

[4] 大虑慈民曰定。刘熙曰:不争小利,务在养全,以安定之,故曰定。(宋苏洵谥法)

[5] 安民大虑曰定。刘熙曰:大虑其患而为之防,以安之,故曰定。(宋苏洵谥法)

[6] 辟地有德曰襄。刘熙曰:襄,除也。除殄四方横逆,得其土地,故曰襄。(宋苏洵谥法)

[7] 慈惠爱亲曰孝。刘熙曰:以己所慈所惠之心推以事亲,孝之至也。(宋苏洵谥法)

[8] 博闻多能曰献。刘熙曰:献犹轩。轩,在物上之称也。(文选景福殿赋注 孙案:《文选》注引作刘熙《孟子》注,非也。宋苏洵谥注引此注在"向惠内德曰献"下)

[9] 轻輶恭就曰齐。刘熙曰:輶亦轻,行轻恭以就事速疾始功齐,故曰

齐。(宋苏洵谥法)

[10] 布德执义曰穆。刘熙曰：穆，和也。德义，人道之贵，能布行之，以此致雍和之化，故曰穆。(宋苏洵谥法)

[11] 明德有功曰昭。刘熙曰：能明明德而任之，则有功而昭显。(宋苏洵谥法)

[12] 始建国都曰元。刘熙曰：此元首之元也。(宋苏洵谥法)

[13] 武而不遂曰壮。刘熙曰：志存节义，事有窘迫，功不得成者也。春秋原心，故谥曰壮。(宋苏洵谥法)

[14] 刚德克就曰肃。刘熙曰：以刚御下，人畏而明令，故肃。(宋苏洵谥法)

[15] 典礼不愆曰戴。刘熙曰：戴者为民所瞻仰也。典礼不愆，此诗谓其容不改，出言有章者也。(宋苏洵谥法)

[16] 违拂不成曰隐。刘熙曰：若鲁隐公让志未究而为谗所拂违使不得成其美故曰隐。(宋苏洵谥法)

[17] 恐惧从处曰悼。刘熙曰：遇灾不能修德，恐惧徙处以死，故曰悼。(宋苏洵谥法)

[18] 不思妄爱曰刺。刘熙曰：不思贤人，妄爱奸佞也。(宋苏洵谥法)

[19] 震动过惧曰顷。刘熙曰：顷惑之顷也。若陈不占者也。(宋苏洵谥法)

[20] 昭功宁民曰商。刘熙曰：汉高帝诛丁公而赏雍齿即其事。(宋苏洵谥法)

[22] 疏远继位曰绍。刘熙曰：此无他德，以世族当继先祖之后者，如汉立萧何后之类也。(宋苏洵谥法)

[23] 贼人多杀曰桀。刘熙曰：多以恶逆累贤人也。(一切经音义十三)

[24] 贱而得爱曰嬖。刘熙曰：嬖卑贱婢妾媚以色事人得幸者也。(一切经音义二十一 孙案：引作《释名》，误)

按：慧琳《一切经音义》卷五十七：佞嬖。《谥法》曰：贱而得爱曰嬖。刘熙曰：嬖，卑也，媟卑接媚以色事人也。卷八十四：嬖臣。刘熙注《汉书》云：卑也。

此外，还有一条：

[25] 慧琳《一切经音义》卷七：迷谬。《谥法》名与实乖曰谬。刘熙

曰：谬，差也。卷八十一：讹谬。刘熙云：差也。

三、出处不明者

《诗绵》：捄之陾陾。毛传：捄，蘽也。陆德明《经典释文》：蘽：刘熙云，盛土笼也。

慧琳《一切经音义》卷二十二：徒令。刘熙曰：徒犹独也。

慧琳《一切经音义》卷九十五：爤瀹。刘熙云：瀹通利之器也。

以上注不知出何书。

按：慧琳《一切经音义》卷五十七：佞嬖。《谥法》曰：贱而得爱曰嬖。刘熙曰：嬖，卑也，媟卑接媚以色事人也。卷八十四：嬖臣。刘熙注《汉书》云卑也。

根据这一条，刘熙可能还有《汉书注》。

《经典释文》卷第一曰刘邵（字孔才广平人魏光禄勋，一云刘熙）注《孝经》。

朱彝尊《曝书亭集》卷第三十四《涪陵崔氏春秋本例序》曰：以例说《春秋》自汉儒始。曰演例，刘熙也。

张介侯曰："刘熙注《孟子》、注《谥法》、作《三礼图》、作《释名》。"_{正钱竹汀刘珍未作释名说}

故刘熙所著除《释名》八卷外，还应有《孟子注》七卷、《谥法注》三卷及《三礼图》，此外可能还有《汉书注》、《孝经注》。其以演例说《春秋》者，未知何书也。

主要参考文献

一、专著、论文类

1. ［美］包拟古（Bodman）．原始汉语与汉藏语．北京：中华书局，1995
2. Bodman. *A Linguistic Study of the Shih Ming*: *Initials and Consonant Clusters*. Harvard：Harvard University Press，1954
3. ［美］包拟古（Bodman）．原始汉语与汉藏语：建立两者之间关系的若干证据．［美］包拟古著，潘悟云、冯蒸译．原始汉语与汉藏语．北京：中华书局，2009
4. ［美］包拟古（Bodman）．上古汉语中具有 l 和 r 介音的证据及相关诸问题．［美］包拟古著，潘悟云、冯蒸译．原始汉语与汉藏语．北京：中华书局，2009
5. 董同龢．汉语音韵学．北京：中华书局，2001
6. 董同龢．广韵重组试释．中央研究院历史语言研究所集刊第 13 本，1948
7. 董同龢．上古音韵表稿（李庄石印出版）．中央研究院历史语言研究所集刊第 18 本第 1 分册，1948
8. 丁邦新．魏晋音韵研究．中央研究院历史语言研究所集刊（第 65 种）
9. ［瑞典］高本汉著，赵元任等译．中国音韵学研究．长沙：商务印书馆，1940．
10. ［瑞典］高本汉著，潘悟云等编译．汉文典（修订本）．上海：上海辞书出版社，1997

11. 宦荣卿．释名的作者及成书年代考．复旦学报，1985（5）
12. 黄侃．黄侃论学杂著，中华书局上海编辑所编辑．北京：中华书局，1964
13. 黄侃述，黄焯编．文字声韵训诂笔记．上海：上海古籍出版社，1983
14. 金理新．上古汉语音系．合肥：黄山书社，2002
15. 柯蔚南（Coblin, W. S.）．*A handbook of Eastern Han sound glosses.* Hong Kong: The Chinese University Press, 1983
16. 林语堂．燕齐鲁卫阳声转变考．语言学论丛．开明出版社，1933
17. 梁敏，张均如．侗台语族概论．北京：中国社会科学出版社，1996
18. 刘师培．中国中古文学史．北京：人民文学出版社，1959
19. 刘师培．《释名》书后．刘师培撰，郑玉孚、钱玄同辑．刘申叔先生遗书·左盦集（卷四）
20. 刘师培．小学丛残序．刘师培撰，郑玉孚、钱玄同辑．刘申叔先生遗书·左盦集（卷四）
21. 罗常培，周祖谟．汉魏晋南北朝韵部演变研究（第一分册）．北京：科学出版社，1958
22. 罗常培．罗常培语言学论文集．北京：商务印书馆，2004
23. 罗常培．《切韵》鱼虞的音值及其所据方音考．中央研究院历史语言研究所集刊（第2本第3分），1931
24. 罗常培．知彻澄娘音值考．中央研究院历史语言研究所集刊（第3本第1分），1931
25. 罗常培．经典释文和原本玉篇反切中的匣于两纽．中央研究院历史语言研究所集刊（第8本1分），1939
26. 李方桂．上古音研究．北京：商务印书馆，1980
27. 李方桂．上古音研究．清华学报，1971年新9卷第1、2期合刊
28. 李方桂．几个上古声母问题．李方桂．上古音研究．北京：商务印书馆，1980
29. 李新魁校证．韵镜校证．北京：中华书局，1982
30. 李新魁．音韵学论集．汕头：汕头大学出版社，1997
31. 李新魁．重纽研究．语言研究，1984（2）
32. 李新魁．论侯鱼两部的关系及其发展．李新魁．李新魁音韵学论集．

汕头：汕头大学出版社，1997

33. 李传书．清人对《释名》的整理与研究．长沙电力学院学报，1998（2）

34. 李茂康．段玉裁《说文解字注》对《释名》的校释．贵州大学学报，2002（3）

35. 陆志韦编．陆志韦语言学著作集（一）．北京：中华书局，1985

36. 陆志韦．古音说略．燕京学报，1947年专号之20；陆志韦．陆志韦语言学著作集》（一）．北京：中华书局，1985

37. ［美］梅祖麟．梅祖麟语言学论文集．北京：商务印书馆，2000

38. ［美］梅祖麟．古代楚方言中"夕（桼）"字的词义和语源．方言，1981（3）

39. ［美］梅祖麟．汉藏语的"岁、越""还（旋）、圜"及其相关问题 中国语文，1992（5）

40. 毛毓松．《段注》与《释名》．古汉语研究，2002（2）

41. ［加］蒲立本（Pulleyblank）著，潘悟云、徐文堪译．上古汉语的辅音系统．北京：中华书局，1999

42. ［加］蒲立本（Pulleyblank）．写在《上古汉语的辅音系统》之后．蒲立本（Pulleyblank）著，潘悟云、徐文堪译．上古汉语的辅音系统．北京：中华华局，1999

43. 潘悟云．著名中年语言学家自选集·潘悟云卷．合肥：安徽教育出版社，2002

44. 潘悟云．中古汉语方言中的鱼和虞．上海市语文学会编．语文论丛（第二辑）．上海：上海教育出版社，1983

45. 潘悟云．汉藏语历史比较中的几个声母问题．杨振麟主编，许宝华等编．语言研究集刊（第一辑）．上海：复旦大学出版社，1987

46. 潘悟云．上古汉语使动词的屈折形式．温州师范学院学报，1991（2）；潘悟云．著名中年语言学家自选集·潘悟云卷．合肥：安徽教育出版社，2002

47. 潘悟云．喉音考．民族语文，1997（5）；潘悟云．著名中年语言学家自选集·潘悟云卷．合肥：安徽教育出版社，2002

48. 潘悟云．汉语历史音韵学．上海：上海教育出版社，2000

49. 潘悟云．流音考．潘悟云主编．东方语言与文化（第1辑）．上海：东方出版中心，2002

50. 任继昉．黄侃与《释名》研究．古籍整理研究学刊，1998（1）

51. 沙加尔（Laurent Sagart）．上古汉语词根（The Roots of Old Chinese）（龚群虎译）．上海：上海教育出版社，2004

52. 邵荣芬．邵荣芬音韵学论集．北京：首都师范大学出版社，1997

53. 邵荣芬．古韵鱼侯两部在前汉时期的分合．中国语言学报，1982（1）

54. 邵荣芬．古韵鱼侯两部在后汉时期的演变．中国语文，1982（6）

55. 邵荣芬．切韵研究．北京：中国社会科学出版社，1982

56. 邵荣芬．匣母字上古一分为二试析．语言研究，1991（1）

57. 邵荣芬．匣母宁上古一分为二再证．中国语言学报，1995（7）

58. 沈兼士．沈兼士学术论文集．北京：中华书局，1986

59. 沈兼士．文字学书目提要叙录．沈兼士．沈兼士学术论文集．北京：中华书局，1986

60. 沈兼士．右文说在训诂学上之沿革及其推阐．沈兼士．沈兼士学术论文集．北京：中华书局，1986

61. 沈兼士．与丁声树论释名潏字之义类书．沈兼士．沈兼士学术论文集．北京：中华书局，1986

62. 沈兼士．声训论．华北文教协会．辛巳文录续集，1941；沈兼士．沈兼士学术论文集．北京：中华书局，1986

63. 王力．同源字典．北京：商务印书馆，1982

64. 王力．汉语语音史．北京：中国社会科学出版社，1985

65. 王力．龙虫并雕斋文集．北京：中华书局，1980

66. 王力．南北朝诗人用韵考．王力．龙虫并雕斋文集（第一册）．北京：中华书局，1980

67. 王力．上古韵母系统研究．王力．龙虫并雕斋文集（第一册）．北京：中华书局，1980

68. 王力．古韵分部异同考．王力．龙虫并雕斋文集（第一册）．北京：中华书局，1980

69. 王力．楚辞韵读．北京：中国人民大学出版社，2004

70. 王力．诗经韵读．北京：中国人民大学出版社，2004

71. 王力．王辅世，毛宗武．苗瑶语古音构拟．北京：中国社会科学出版社，1995

72. 汪启明．先秦两汉齐语研究．成都：巴蜀书社，1998

73. 吴锤．《释名》成书考辨．南京航空航天大学学报（补会科学版），2005（2）

74. 吴锤．汉末齐地诗文用韵考．东南大学学报（哲学社会科学版），2005（6）

75. 吴锤．喻四邪等母从上古到东汉的演变．温州师范学院学报，2006（1）

76. 徐复．徐复语言文字学论稿．南京：江苏教育出版社，1995

77. 徐复．《释名·释姿容》补疏、《释名·释言语》补疏．徐复．徐复语言文学学论稿．南京：江苏教育出版社，1995

78. 雅洪托夫．汉语史论文集．北京：北京大学出版社，1986

79. 雅洪托夫．上古汉语的复辅音声母．赵秉璇，竺家宁．古汉语复声母论文集．北京语言文化大学出版社，1998

80. 雅洪托夫．上古汉语的唇化元音．雅洪托夫．汉语史论文集．北京：北京大学出版社，1986

81. 雅洪托夫．上古汉语的开头辅音 L 和 R．汉语史论文集．北京：北京大学出版社，1986

82. 杨树达．积微居小学金石论丛．北京：中华书局，1983

83. 于安澜著，暴蒸群校改．汉魏六朝韵谱．郑州：河南人民出版社，1989

84. 俞敏．俞敏语言学论文集．北京：商务印书馆，1999

85. 俞敏．后汉三国梵汉对音谱．俞敏．俞敏语言学论文集．北京：商务印书馆，1999

86. 俞敏．等韵溯源．音韵学研究，1984（1）；俞敏．俞敏语言学论文集．北京：商务印书馆，1999

87. 虞万里．榆枋斋学术论集．南京：江苏古籍出版社，2001

88. 虞万里．文献中的山东古方音．古汉语研究，1989（1）；虞万里．榆枋斋学术论集．南京：江苏古籍出版社，2001

89. 章太炎．古音娘日二纽归泥说．国故论衡（上卷），1910

90. 张舜徽．郑学丛著．济南：齐鲁书社，1984

91. 周祖谟．问学集．北京：中华书局，1966

92. 周祖谟撰．尔雅校笺．南京：江苏教育出版社，1984

93. 周祖谟．文字音韵训诂论集．北京：北京大学出版社，2000

94. 周祖谟．周祖谟语言学论文集．北京：商务印书馆，2001

95. 周祖谟．释名校笺·序．周祖谟．周祖谟语言学论文集．北京：商务印书馆，2001

96. 周祖谟．中国大百科全书（语言文字）"释名"条，1988

97. 周祖谟．魏晋宋时期诗文韵部的演变．周祖谟．周祖谟语言学论文集．北京：商务印书馆，2001；周祖谟．文字音韵训诂论集．北京：北京大学出版社，2000

98. 周法高．广韵重组的研究．中央研究院历史语言研究所集刊（第13本），1948

99. 周法高．切韵鱼虞之音读及其流变．中央研究院历史语言研究所集刊（第13本），1948

100. 郑张尚芳．上古音构拟小议．北京大学上古音学术讨论会论文．语言学论丛（14辑），1984

101. 郑张尚芳．上古韵母系统和四等、介音、声调的发源问题．温州师范学院学报，1987（4）

102. 郑张尚芳．上古汉语的s-头．温州师范学院学报，1990（4）

103. 郑张尚芳．切韵j声母与i韵尾的来源问题．朱德熙等主编．《纪念王力先生九十诞辰文集》编委会编．纪念王力先生九十诞辰文集．济南：山东教育出版社，1991

104. 郑张尚芳．上古汉语声母系统．第四届北美语言学会议论文，1995

105. 郑张尚芳．汉语方言异常音读的分层及滞古层次分析．中央研究院第三届国际汉学会议论文，2000

106. 郑张尚芳．中古三等专有声母非、章组、日喻邪等母的来源．语言研究，2003（2）

107. 郑张尚芳．上古音系．上海：上海教育出版社，2003

108. 祝敏彻．释名声训与汉代音系．湖北大学学报，1988（1）

109. 曾运乾．音韵学讲义．北京：中华书局，1996

110. 曾运乾. 喻母古读考. 东北大学季刊, 1928（12）；曾运乾. 音韵学讲义. 北京：中华书局, 1996

二、其他类

（一）清代以前的文献（包括近人的编注本）

1. 逯钦立编. 先秦汉魏晋南北朝诗. 北京：中华书局, 1983
2. （清）陈元龙. 历代赋汇. 南京：江苏古籍出版社, 1987
3. 司马迁. 史记. 北京：中华书局, 1959
4. 费振刚辑校. 全汉赋. 北京：北京大学出版社, 1993
5. 刘文典撰，冯逸、乔华点校. 淮南鸿烈集解. 北京：中华书局, 1989
6. （汉）班固. 汉书. 北京：中华书局, 1962
7. 俞绍初校点. 王粲集. 北京：中华书局, 1980
8. （晋）陈寿. 三国志. 北京：中华书局, 1982
9. 徐震堮. 世说新语校笺. 北京：中华书局, 1984
10. （宋）范晔撰，（唐）李贤等注. 后汉书. 北京：中华书局, 1965
11. （北齐）颜之推撰，王利器集解. 颜氏家训集解. 上海：上海古籍出版社, 1980
12. （唐）房玄龄等撰. 晋书. 北京：中华书局, 1974
13. （唐）陆德明撰. 经典释文. 南京：江苏教育出版社, 1984
14. （唐）魏征等撰. 隋书. 北京：中华书局, 1973
15. （唐）欧阳询撰，汪绍楹校. 艺文类聚. 上海：上海古籍出版社, 1999
16. （宋）陈振孙撰. 直斋书录解题. 上海：上海古籍出版社, 1987
17. （宋）王尧臣等撰，（清）钱东垣等辑释. 崇文总目（粤雅堂丛书本）
18. （明）郑明选. 秕言. 四库全书存目丛书·子部九六. 济南：齐鲁书社, 1995

（二）清代文献

1. 纪昀（1724—1805）等. 四库全书总目. 北京：中华书局, 1965
2. 赵翼（1727—1814）. 陔余丛考

3. 钱大昕（1728—1804）．潜研堂集．上海：上海古籍出版社，1989

4. 段玉裁（1735—1815）．六书音韵表

5. 桂馥（1736—1805）．说文解字义证．济南：齐鲁书社，1987

6. 王念孙（1744—1832）．广雅疏证．南京：江苏古籍出版社，1984

7. 洪亮吉（1746—1809）．洪北江全集（授经堂本）

8. 钱绎（1770—1855）．方言笺疏．上海：上海古籍出版社，1984

9. 严可均（1762—1843）．铁桥漫稿

10. 焦循（1763—1820）．孟子正义．北京：中华书局，1987

11. 张澍（1781—1847）．正钱竹汀刘珍未作释名说，养素堂文集卷二十九

12. 张金吾（1784—1829）．言旧录

13. 朱骏声（1788—1858）．说文通训定声．北京：中华书局，1984

14. 孙彤辑．谥法三卷，续修四库全书（八二六）据清嘉庆孙氏刻问经堂丛书本影印．上海：上海古籍出版社

15. 汪之昌（1837—1895）．后汉书刘珍撰释名隋志作刘熙撰释名考．青学斋集（卷十二），1931 年新阳汪氏青学斋刻本

16. 王先谦（1842—1917）．释名疏证补．上海：上海古籍出版社，1984

17. 孙诒让（1848—1908）．札迻．北京：中华书局，1989

18. 孙诒让撰，王文锦、陈玉霞点校．周礼正义．北京：中华书局，1987

（三）近代文献

1. 冯承钧译．西域南海史地考证译丛．北京：商务印书馆，1962

2. 中国社会科学院语言研究所编．方言调查字表（修订本）．北京：商务印书馆，1981

3. 叶绍钧编．十三经索引（重订本）．北京：中华书局，1983

4. 陆侃如．中古文学系年．北京：人民文学出版社，1985

5. 汪寿明选注．中国历代音韵学文选．上海：上海古籍出版社，1986

6. 陈佳荣，谢方，陆峻岭编．古代南海地名汇释．北京：中华书局，1986

7. ［英］崔瑞德、［英］鲁惟一撰．剑桥中国秦汉史：公元前 221—公元 220 年（杨品泉等译）．北京：中国社会科学出版社，1992

8. ［英］鲁惟一主编．中国古代典籍导读（李学勤等译）．沈阳：辽宁

教育出版社，1997

9. 台湾学者汉语研究文集音韵篇．天津：天津人民出版社，1997

10. 赵秉璇，竺家宁编．古汉语复声母论文集．北京：北京语言文化大学出版社，1998

（四）外国文献

1. ［越］黎崱撰，武尚清点校．安南志略．北京：中华书局，1995

2. ［英］R.L.特拉斯克编．语音学和音系学词典（《语音学和音系学词典》编译组译）．北京：语文出版社，2000

后 记

　　本书是在我于2006年完成的博士学位论文的基础上修改而成的。潘悟云先生是我的导师,也是我语言学道路上有幸遇到的一位恩师。潘先生深厚的学术功底和严谨的治学态度,令人敬仰。潘先生为人之谦虚,对晚辈之勉励,使我感受到一种儒者的温厚。是他建议我把《释名声训研究》作为博士学位论文的选题,论文的撰写也是在其精心的指导下完成的。

　　生活的忙碌使我将这篇旧作庋藏,无心董理。幸亏有刘劲荣先生的一次次催促,让我重新拾起了过去的心情。他的热心和帮助也让初来滇省的我体会到了拉祜族的热情和善良。

　　还要感谢同学巽培兄,他借给我的资料对我帮助很大。

　　我的博士学位论文为繁体字,本书采用了简体字,加之僻字和音标符号很多,检校起来非常麻烦,在此尤其感谢千日编辑的辛勤劳动,使本书得以顺利付梓。

笔　者

2010年2月27日

于昆明荷叶山